錢穆先生全集

錢穆先生全集

［新校本］

素書樓餘瀋

九州出版社

圖書在版編目（CIP）數據

素書樓餘瀋 / 錢穆著 . -- 北京：九州出版社，2011.7（2016.11 重印）
（錢穆先生全集）
ISBN 978-7-5108-0996-5

Ⅰ . ①素… Ⅱ . ①錢… Ⅲ . ①錢穆（1895~1990）－文集 Ⅳ . ① C52

中國版本圖書館 CIP 數據核字（2011）第 101566 號

素書樓餘瀋

作　　者　錢　穆　著
責任編輯　張海濤　郝軍啟
出版發行　九州出版社
裝幀設計　陸智昌　張萬興
地　　址　北京市西城區阜外大街甲 35 號
郵　　編　100037
發行電話　（010）68992190/3/5/6
網　　址　www.jiuzhoupress.com
印　　刷　三河市東方印刷有限公司
開　　本　635 毫米 × 970 毫米　16 開
插頁印張　0.5
印　　張　36.75
字　　數　414 千字
版　　次　2011 年 7 月第 1 版
印　　次　2016 年 11 月第 2 次印刷
書　　號　ISBN 978-7-5108-0996-5
定　　價　78.00 元

蘇州西山錢穆墓

錢穆先生印·賓四六十後所作

新校本說明

錢穆先生全集，在臺灣經由錢賓四先生全集編輯委員會整理編輯而成，臺灣聯經出版事業公司一九九八年以「錢賓四先生全集」為題出版。作為海峽兩岸出版交流中心籌劃引進的重要項目，這次出版，對原版本進行了重排新校，訂正文中體例、格式、標號、文字等方面存在的疏誤。至於錢穆先生全集的內容以及錢賓四先生全集編輯委員會的注解說明等，新校本保留原貌。

九州出版社

出版說明

本書為錢賓四先生全集正文之最後一册，主要以不易歸類之零篇或前此成書失收及新得之短文，彙編而成。全書共分序跋、雜文、書札、诗聯輯存、晚學拾零五部分。

第一部分序跋類。共四十三篇。最前兩文為先生早年任教小學時之作，特具紀念性。蓋先生篤於友于，長兄聲一先生於民國十八年辭世後，為表追思，曾編錢聲一先生紀念文集，當年曾寄送各圖書館收藏。先生辭世後，編者為整理全集文稿，曾數赴上海、無錫、蘇州、北京訪尋，未有所獲。惟在無錫尋得民國九年縣立第四高等小學校校刊所載先生跋吾兄聲一詩選一短文，及在北京意外尋得民國九年先生紀念好友朱懷天先生，為其整編遺稿時所寫之序文。一序一跋，皆見眞情，得之匪易，彌足珍貴。第三文為民國三十年之作，其餘大都為一九四九*年流亡海外後所作。其中與新亞書院有關之五篇序文，當年未刊載於新亞雙周刊，故整理新亞遺鐸一書時遺漏未收入，今且權入本書。先生所作

*新校本編者注：原文為「民國」紀年。下同。

各類序跋文當不止於此，惟收集不易。今全集出版在即，且先彙編已尋得者，餘俟他日再補。

第二部分雜文類。此部分文稿不多，惟其中有三文乃爲先生生平最早在報章發表之文字，亦即先生在師友雜憶中所述及民國十年上海時事新報學燈副刊以大字排版刊出之意志自由與責任、因果、愛與欲三文，時先生尚任教小學。此三文亦於先生身後在北京覓得。又有未曾發表之白話歷史教科書稿，或亦作於民國十年前。先生生前提及，昔年曾有意以白話文寫一部「白話歷史教本」，藉作試驗。今所見稿，僅五課，或爲當年未完之編。另人生小品一文，亦爲未完稿，乃先生晚年病中遺興之筆。後兩稿於遺稿中檢得，棄之可惜，附收於此。

第三部分書札類。整理先生全集，本未計畫收集書函。蓋先生生前曾明白表示，個人學術生命中有價值之信函俱已遺失。惟自先生逝世後，編者絡續收到友人主動寄還先生信函，不得不重作考慮，改變計畫，增添書札一類。且所獲信函，有一部分亦可作先生生平之補充資料，主要在對其創辦新亞書院、辭卸新亞院長職，以及晚年撰寫朱子新學案之一番心路歷程，皆具參考價值。惟所收信函過多，不得不選載，所選大致以上述標準爲依據。既已選錄致海外友人函，則亦宜補入致大陸友人函，今僅取蘇州出版之錢穆先生紀念文集中所收先生早年致及門諸生函，以及家書各數通。大陸自文化大革命後，先生故家所存書籍文稿信函，已片紙無存。音訊中斷數十年，父子再取得聯繫，時先生雙目已不能見字，親筆家信極有限。寥寥數函，聊備一格而已。

第四部分詩聯輯存。先生嘗言，生平喜詩而不能作詩。年青時與長兄聲一先生及好友朱懷天先生同校任教，曾有一段為時短暫之唱和生活。惟此期作品已杳無蹤影。此後先生輒於病中以吟詩解悶消憂，偶而隨興自作，興盡即止，極少發表，亦無意保存。一九六五年，先生長子錢拙曾將先生留存家鄉部分文稿裝一紙盒試寄香港，僥倖重見天日。詩聯輯存部分所收閩南詩稿兩編，以及雜文類中白話歷史教科書五課，皆出乎此。又於遺稿中檢得先生辭去新亞書院院長職後，在香港及馬來亞養病遣懷之作，以及晚年在外雙溪消閒之作。最後附以「春聯輯存」一編。一九五六年先生再組家庭後，每年新春必撰二或三對聯語應景，或大門、客堂兩聯；或大門、客堂、書房三聯；胥隨興戲筆，無意保存，更未記錄。友人抄錄寄贈，則亦何妨存之。惟最早數年之聯語已無從查詢。所存雖不全，亦可見先生生活之一面。

第五部分晚學拾零。先生去世前一二年，常長日無言，稍有精神，即俯案書寫，有時加題，有時無題，隨想隨記。曾言：自知所寫大體皆為老話，惟此等念頭常盤旋於腦海中不能去，恐或有新意，年老易忘，姑且記下，容後再作考量。時先生已高年九十五，且常在病中，加以當時忙於搬遷居處，生活大受影響。此部分草稿，完全未及整理。今既彙編先生全集，特選部分收入本集，讀者庶可藉此以見一位「中國傳統文化中的士」，在其人生走到盡頭時，心中之所思所想。

本書之整理工作，由胡美琦女士負責。

錢賓四先生全集編輯委員會　謹識

目次

序跋

雜文

書札

乙 致及門書……三一四

丙　致大陸親人書

詩聯輯存

晚學拾零

序跋

一　跋吾兄聲一詩選

吾兄聲一，教授之暇每好吟詠，兄弟友朋感時傷國，一一皆自肺腑中出。顧性和易率眞，不修邊幅好詼諧，不耐作世俗嫗煦。非讀其詩，或不得其為人之深也。往者余兄弟同校，有作輒相唱和。余自去梅村，即少作詩，今乃絶不作。吾友懷天謂余：「適性遣情，斯實尾閭，子眞從此捨割邪？」余亦無以報。莊生言「無用之用」，詩乃是邪？寒食前一夕，吾兄返，携一小册詩，謂將刊入其校友雜誌，且笑曰：「吾弟視之當謂何如？」是夜小雨，孤燈開讀，為詩僅十數首，皆舊作素見，然讀不厭。數年兄弟友朋一校聚首之狀，如在目前矣！我雖不作詩，顧好讀詩，猶故我也，況讀我親骨肉兄弟之詩乎！不禁援筆述此，妄附其末，作為報懷天，且以告知我兄弟者焉。

寒食前一夕穆識於鴻模學校

（作於民國九年）

二　松江朱懷天先生遺稿序

余為懷天編遺著，特重其讀書隨筆，以謂可以見懷天之為學。顧既屢向其家索取無有，則已散佚不可得。其僅得者，為集中讀法華經概論等五篇。蓋懷天平日每讀一書，輒有隨筆，而此若其隨筆之自序也。不可見其詳，而可見其要。余既慨其隨筆之遺佚，乃特重其日記，以謂可以見懷天之為人。見懷天之為人，而懷天之為學亦可識也。懷天日記皆奮筆疾書，字跡潦草，驟視之一字不識，細審乃可略誦。余為手鈔一過，眞不識者闕一空格，不識者多則刪去一節，然已得十之八九矣。惟九年日記體例一變，字亦可認。五年日記最難讀，故勿鈔。六年已缺，始自七年至九年六月，凡二年有半，幸讀其書者加詳覽焉。

懷天性好詩，其日常起居瑣節以及意興議論之所到，往往見諸詩。懷天既與余同事，其日常起居幾若形影之不相離，而意興議論之所到，亦多與余有交關出入焉，故其詩亦以與余唱和者為多，余二人所鈔「二人酬唱錄」者是也。余擬為懷天作一「傳」，為其遺集作一「序」，又編鈔其詩為「懷舊錄」，入遺集中。不意初動手而咯血，又患腦衰，不能卒事。今者期限促迫，諸同人將為懷天集會追悼，而懷天遺集亦將於是日勒訂成冊，終不能待余從容為傳序。我病未愈，終不能執筆成意。匆匆草此，弁諸册首。傳、序、錄三者，以俟後日矣。

懷天詩凡六小册、可四五百首，大率疎淡有情，而不拘拘於聲律詞藻。每成一詩必相示，強半又相與唱和之什，曾別錄為二人酬唱錄者是也。九年五月，懷天自寫十餘首登諸梅村校刊。余為編著，讀其詩三四過，皆可愛，取捨不得其道。又欲鈔其詩入懷舊錄。及既病，計不如仍此。懷天生前手十餘首者，或轉足當懷天之意，因不再錄。今集中所鈔詩，卽懷天自寫付校刊者也。別有留悔詩一首，為懷天最後之作，成以寄我。我謂悔可改、可除、可滅，而不可留。悔之深痛斯改猛速，不當云留悔也。作覆書未寄，與晤錫城天眞照相館，出書示之，懷天嗟嘆無言，不意其遂成讖也。茲附於此，誌悼焉。

留悔餘音 並序

曩余為詩，曰：「悔往直當隨除滅。」取自維摩經義，自冀直指本心也。一年以來，學殖荒蕪，雖未嘗不悔，但悔隨滅而督旋疎。既深痛鈍根，念非留悔，何以省焉！始是集。

留悔

昔時意氣今何在？歲月消磨傾業海！養心噓吸輟修行，減讀停書嗟文采！亦嘗悔發芒刺背；日記著之資省改；卻憐悠忽復幾時！雖立規程還懈怠。我聞慧定首持戒，何以戒之暴棄罪；我聞眞道始治身，問我此身竟誰宰！日月至焉太鈍根，習之中人殆乎殆！福多原只輕於羽，亦既憫人莫知載；如何有始不圖終，進則寸分失萬倍。留悔從今考事功，不學妄人空懺悔。

四月廿五日

「以君視我，我固非君；以我視君，君亦非我。各視非我，非我皆人。一人為我，一人為君，不私君我，故曰二人。」此懷天我二人酬唱錄之句也。余與懷天三年之生活如水乳之交融，於懷天之人中有我，於我之人中有懷天。蓋此二人者，幾乎相滲透，而為一人矣。懷天死，我之一部之滲透於懷天之人之中者，亦從而死；我猶生，則凡懷天之一部之滲透於我之人之中者亦猶生也。我之欲以懷天之一部之滲透於我之人之中者，為之爬搜抉剔表而出之，而不圖病魔之來侵也。則僅僅寫此一道萬一，而思潮往復，每不自禁其衰腦之震蕩而興奮。蓋作而止，止而復作，起七月二十日迄廿五日，凡歷六日，而成此區區者。嗟乎！去年今昔不猶與懷天書翰往復相問詢之日乎？人生不可料，舉如此矣。

（作於民國九年七月）

三　羅君倬漢十二諸侯年表考證序

學者或尊傳統，或守門戶，或尚考證，三者其情互異而其貌時相似。謂左邱明、孔子同時，左氏與春秋，如衣之有表裏，此尊左氏傳統者之說也。論六經大義盡於十四博士，左氏乃古文後出，不徒不傳春秋，抑其書多劉歆之徒所僞羼，此守公羊門戶者之見也。其說幾相水火，而皆依考證以自堅。然眞能尙考證之業者，為說復不同。今之人先存一喜新好過之習，而赴之以褊淺躁急之私，又不勝其護前必是之傲，而敢為強辯飾詐之辭，故其論每不樂尊傳統，又好高言考證，然苟非鑿空杜撰，則往往陷於門戶而不肯自拔。輓近世承學之士，稍稍治經籍率好持今文家言，胥以是也。

二十八年春，余避難在昆明，始識興寧羅君倬漢。其容安以雅，其氣沉以定，聽其論學，淵乎有源，朗乎有照，鰓乎有辨，確乎有守，異於今之為學者。心竊敬之。羅君告余方有志於會儒、道，通經、子，為中國古文化闡其初，而先出其緒餘，成史記十二諸侯年表考證一書，明左氏書非晚出，取以闢折近世沿襲今文經學者之讕辭曲說，而為古典籍之研討立之基。余曰：「有是哉！余嘗亦有意於此矣，君乃今先成之。」於是而羅君去澂江，余適宜良，不復相見。

越一載，二十九年秋，余來成都，羅君已先在。一日抱其書就余齋，曰：「能言漢儒今古文經學曲折者，今世莫如子，子必有以序吾書。」余辭不獲而諾之。讀其書密栗謹飭，洵不失尚考證者之榘矱焉。抑余讀羅君書而竊有感者，居嘗以為考證之業有新創、有舊守，其情異，而其貌亦相似。脫落窠臼，闢開新境，考之陳說若獨創，而證之舊聞皆有據。此以考證為發明者也。浮辯瞽說，翳其正解，祛妄破惑，使之復顯。此在當時若異義，而按之往籍盡宿見。此以考證為持守者也。尙考證者，實事求是，固無所用心於其間，而當一世束縛於傳統，循循娖娖，惟舊是守，則尙考證者每若趨於創新。及風氣既變，一世奔競於拓創，怪怪奇奇，惟新是騖，則尙考證者若果於守舊焉。而易世以觀，則創者常有獲，守者僅止於勿失而止爾。此皆時風衆勢之所為，非尙考證之自有優劣於其間也。

今使持羅君之書以示當世，當世之學者，必有為之怫然怒而慚然沮者矣，亦必有為之色然驚而俯然服者矣，亦必有為之欣然和而儼然舉者矣。然使起古人而示之，姑毋遠引，使揖有清嘉、道、咸之同學者而正色告之曰：「太史公十二諸侯年表原本左氏，我考之明而證之詳矣。」則彼有啞然而笑，否則瞢然而唾而已爾。何者？彼固以為此盡人知之，無所事乎考而證也。抑不徒此而已，誠使數十年後風尙既失，人心復定，一時之浮辯瞽說將如霧起於前而煙消於後，蓋未有能凝然常住者，則當是時而讀羅君之書，亦且笑羅君之不憚煩，否則如觀泥中之鬭跡，覩其跡而憫其用力之動則已爾。羅君治哲學，通玄解，余嘗以此意語之，夫余固常以此憮然而自恨者。羅君曰：「子卽以此序吾書可也。」

然羅君之學則固不盡於此，他日者其所為會儒道、通經子之書成，余尤願濡筆而序之。

民國三十年秋錢穆撰於成都北郊賴園之思親彊學室

四　中國政治思想史綱序

論文化必及於政治。而特於我中華民族為尤然。緣我族文化，自始即偏重於人文社會。縱謂我民族以往政治業績，乃佔其全文化活動之最要部門，亦不為過。惟論政治，應分兩大綱，一為政治制度，一為政治思想，而思想尤為制度之先導。而探究我華以往政治思想，厥有極難分析者兩事。一則我族思想向重融通，故傳統政治思想，都滲透包會於各家思想之全體系，不僅修齊治平一以貫之，抑且天人交會，所謂宇宙論形上學種種哲學思想上之本體問題，亦與其政治思想息息相關，水乳難分。此則非於哲學有專詣者，難於勝任而愉快。再則自春秋戰國以來，中國思想界初發奇采，而其時已開士人預政之門。自秦以下，中國正式有士人政府之組織。學者於政治，不僅可以坐而言，抑且可以起而行，故中國政治思想，隨時均已於制度中具體實現。思想之表達，實際已不在文字著作，而在當代之法令。歷朝之興革，名臣之奏議，舉凡兵刑禮樂，戶役賦稅，所謂託之空言，不如寄之行事之深切而著明。驟而觀之，一若就事論事，枝節破碎，或則僅具條文，更不見其背後思想議論之痕跡。此尤為治中國政治思想者一莫大之難題。若蔑此而不顧，而專就各家之僅見於空文著述者，則自秦以還，乃若中國政治思想已陷入於疲弱空洞，而更無鮮明有力之展布。此則非於治史有專精，尤難抉發其底裡。

故欲治中國政治思想者，其首，當就各家思想之全體系而融會求之；其次，又當就各朝代實際政治與其現行制度以及當時各家因事陳言之奏議中旁見側出，而綜合求之，乃有以發明其所以然。否則徒拘拘於政治思想之外貌，孤文散義，必將無當於傳統政治思想之精義所在與其因革遞變之線索，此蓋不待條舉歷辨，而可以知其然者。

試舉一例言之，中國歷史人物，乃絕少所謂政治思想家，並亦無專屬於政治思想之論著與書籍。近代之治中國政治思想，僅循西方轍迹，而苦無探究之所憑。於是姑復襲取西人之已有成說，還就中土，輕相比附。如西人分政治思想為神權、君權、民權之三期，卽據以推論中史，若者當屬神權時代，若者則屬君權時代，而不悟其於中國傳統乃扞格而難通，齟齬而不相入。卽就儒道兩家言，孔孟莊老，其書具在，言辭顯白，乃絕無主張神權者，亦絕無主張君權者。然則中國古人，其遂遽為主張民權思想乎？是又不然。實則中國古人論政治，本不專就主權著眼。而別有其所重。果不明乎此，而一切繩之以西方神權、君權、民權之三分期，則只見其搔不著痛癢，而於中國傳統演進，乃無從識其途逕與嚮往。

其又一流弊，則昧於一切制度，而籠統以「帝皇專制」四字為解釋之不二法門。自秦漢以下，凡一制度之建樹，其淵源所自，明白見諸載籍者，皆忽棄而不論。卽如兩漢鄉舉里選，此為一關係重大之新制度，自此流變，而為魏晉南北朝之九品中正，又變而為隋唐以下之科舉，迄於清末，兩千年禪衍莫能廢。此在漢代初創此制，寧無思想史迹可求。而治學之士，亦僅知有董仲舒天人對策而止，更不能循此上溯，及於伏生之尚書大傳，戰國晚年之周官，乃及其他並時先後之經籍，則此一制度之思想來歷終不顯。而說者遂僅以「天下英雄盡入彀中」，謂為帝皇專制之一手段，謂為愚民政策之一變相。據此為說，其無當古人之情實，蓋稍能平心繙閱古籍者皆知之。而俗見因仍，終不能改絃而易轍，則以治中國政治思想，非具備上述兩專長，上下古今，兼就理論事實，而會通求之，亦終無以尋覓其條貫，把握其宗旨。而由其對於傳統政治觀念之錯誤，乃牽連及於整個文化價值之衡量，此則所關決非淺尠，而惜乎竟亦未有能正其謬而矯其失者。

謝扶雅先生出示其近著中國政治思想史綱，而督余為之序。余伏而讀之，精義絡繹，珠璣盈前。蓋先生深於哲學，既能會通中西而挹其菁英，復能分辨而剖其異同，並我世而能就中國古人自有之觀點，不牽強，不比附，以抉發中國傳統政治思想之精旨，還其本眞，而復有以通於時代潮流之所需，而無使人有抱殘守缺之憾，惟先生此書，堪克當之。微惜乎其猶未涉及於制度，而僅據各家思想以為說。然思想其本也，制度其末也；惟有此思想，始有此制度。承學之士，舉一隅，貴能以三隅反。先生此書，其必為治中國政治思想史者之椎輪大輅，則斷無可疑。爰敢不辭譾陋，特舉先生此書創闢之功，奮筆而識其耑，庶以資讀者用心之一助焉云爾。時維

一九五二年雙十節後十日　錢穆謹拜撰於香港九龍之新亞書院

五　海鹽朱逷先先生史館論議序

昔孔子因魯史，承其策書赴告，筆削而成春秋。左氏多見國史，總百國寶書而作傳。司馬遷紬金匱石室之書，百年之間，天下遺文故事，靡不畢集，父子相續，而成史記。自是以往，蘭臺東觀，記注著作，世歷緜亘，厥名各異，而其事則一。明之亡，顧亭林有「亡國亡天下」之辨，亡國者，亡其一朝之政權。亡天下，則並與其國家民族歷史傳統禮樂名教文化而俱亡之。有清二百六十年，雖曰史學不昌，抑朝有官司，掌當代之典章，野勤考覈，修舊史之罅漏。蓋國之有史，即所以長保此一國之天下於不墜不毀。環顧全球，惟我先民，深洞斯義，兢兢然先後保持而勿輟。民國肇創，一切改為。而二千載史脈，亦於以同斬，此非大可驚歎之事乎！猶憶某年暑，初見餘杭章太炎先生於其蘇州之廬。申而往，戌而歸，太炎具盛饌，抵掌無所不言。余首問：「聞政府有意邀先生出長國史館，亦有意乎？」太炎笑曰：「那有此？即有之，亦不往。」余曰：「何意之決也？」太炎曰：「予好罵，是烏可？」余曰：「此先生私人出處，姑捨弗論。抑世變日新，二十五史舊貫，迄清而止，我儕將何以草新史，先生亦眷意及斯乎？」太炎蹙額搖首有間，徐曰：「此後當不再需有史，君謂猶需有史耶？」

遂狂笑更端而他及。然余於此事，終往來胸中勿能置。竊謂著作佚之能者，而一國之史料，當如何而徵集之？又於何而庋藏之？復若何而部勒整理之？史官舊職，將奈何而改弦更張之？使前無所守，則後來者何述？因念實齋章氏，有「方志體」同「國史」之論，今各縣方競設圖書館博物院，何不因新制，融舊規，別闢一室，專搜羅其本縣之典籍器物，著作產造，博及天文地理，氣候物宜，建置交通，工藝美術，風俗習尚、信仰禁忌，人物家世，流移遷轉，攝影造像，標本圖表，測量統計，一切皆附，而推擇其縣之耆賢學人，組委員會，各以所長，分司編纂調查保管記錄之責，而凡縣之大事，災祥變故，興革利病，並皆按時書之，遵類例而條董之，積歲月而刊布之。此卽一縣之志，亦卽一縣之史也。藏一縣之往，可以知一縣之來。使觀者於是乎得所興瞻，學者於是乎得所研覈，教者有所指陳，作者有所漁獵。而一縣之治者議者，亦於是乎而有所參稽依據。聚一縣之史迹，使其常存而日富，而成一縣之史志，使其常新而毋勞。於是循縣而上之則為省，有省立圖書館，省立博物院，則省通志局可以不設。又上而為國，有國立圖書館，國立博物院，則一統志與國史之任務，亦皆兼焉。復循縣而下而散之，則凡古蹟名勝，興築建造，事屬傳久，可成史跡，莫不別設館院，以為之藏。如曲阜有孔林，則設孔林圖書館，孔林博物院，凡有關孔林史跡資考索者靡不備，固以為隨時修孔林新志之需，此卽孔林之史藏。又如長城史藏，可設於居庸；運河史藏，可設於臨清。如是類推，凡國家民族文化績業之成跡而可傳者，莫不為之設專藏。使可以目擊而心游，使可以徵文而驗物。使一國之史，粲然朗然，如列眉目。昔者一代之史，掌諸一官，今則一國之史，藏之通國。而史藏職權，則轉歸於社會，於學術團體，又明著之於國家之憲章，懸為定制，政府不加以干預。此其意，亦我先民素有，且已見之於制度行事，特因時之變而變通之焉耳。雖若茲事體大，而各地史藏，固可逐步而興修，復可相摩而漸進。他日國史之弗墜益昌，其將由夫斯道。余懷此意，偶以語人，而時值喪亂，聞者勿省。今年夏，羅君香林，袖其婦翁海鹽朱逷先先生所為史館論議示余，書分兩篇，凡創立國史館，搜集史料，貯備史才，編纂史例，事體大者，靡勿論，而以廣東通志略例附。羅君告余，此稿方謀梓行，子試為序之。逷先先生乃太炎及門，治史有名，余讀其書所論列，皆有援據，然亦身當其事，不得於言而退者。昔唐太宗嘗欲觀起居注，朱子奢曰：「恐開後世史官之禍。」魏暮亦曰：「若陛下一見，自此執筆者須有廻避。」全身畏死，亦人情之常。而古者僅避一帝王，今則政體改制，一黨之逆鱗，豈翅頸下之盈寸。良史難為，視昔為尤。太炎所謂不需有史，雖一時之憤辭，或其意指官史不可有而言。而私史又不勝其劇。一手之烈，難期總攬。則何如提倡為公史。國史者，公史之通；方志者，公史之別。抑雖有公史，無害私史官史之互存而並見。則所謂國史館舊統，將僅限於政府之官史，當與公史私史分雁行相鼎足。而此書所論，固可隅反，亦不專為官史設也。讀既竟，竊有感於往懷，爰書以應羅君，並以稔之讀者。錢穆。

六　費子彬先生瀛海回春錄序

余與子彬，遜清時，同學於常州府中學堂，時余年十三，子彬稍長，年十七。余性傲，雖時時跳踉嬉笑，而兀岸於儕伍間，落落心寡合，獨羨子彬，潔衣冠，美風儀，談言有韻致，蘊藉多姿，而不掩其高邁之氣。時余僅能讀三國演義，竊以子彬比張昭顧雍一流，而子彬亦暱就予。上天下地，漫不記當時所談，係何等語也。辛亥革命前一年，余與子彬皆離校他去，其後，余沉淪鄉閭間，日夕課童蒙為生，而子彬翱翔遼、瀋、平、津，出入權要之門，並刊布著作，藉藉有聲華，偶有舊時同學相晤，輒告子彬已騰達，方扶搖直上，不復可限量。忽一日，子彬翩然訪余，相邀品茗於無錫公園中，濶別十餘載，縱談往年同學事，忽忽如夢。而子彬意興瀟灑，若與十年來所聞有異。微叩之，淡然若不欲言。漫游數日，即別去。未幾，聞其已懸壺海上。蓋其家本世醫，名馳江南北，然予未嘗一聞子彬之言醫事也。後余去北平，掌教北京大學，偶披報章，赫然覩子彬名，以治日本僑滬同文書院院長某氏頑疾得愈，日人望門求療者踵相接，輒有救。記其事者連幅滿紙，積旬累月不衰，於是知子彬已成名醫矣。八年前，余避赤禍，南來香港，一日薄暮，忽於九龍街頭見子彬，驚喜大呼，問何以亦來此？子彬微笑，謂不慣長夜開會生活也。子彬之來港，遺其妻子，孑然一身，年已老，髮蒼然，而意興之瀟灑如故。余時患胃病，某夏，忽甚劇，子彬來為余診，服藥數劑，患卽止。時相過從，回憶少年同學時，行五十年矣。一日，子彬袖稿一册，曰瀛海回春錄者，蓋卽彙集其為上海日僑治病諸方，語余曰：「中醫西醫之爭，亦中西文化爭論中一題目也。子好論中西文化異同短長，曷不為我序之。」余自念，平生於醫事無所知，惟東邦人好治漢醫，亦精歐西之術，今子彬能治彼邦人所不能治之疾，而馳譽域外，方案俱在，此豈筆墨口舌之所可爭而得者。則子彬之此册，勝余所空論者抑遠矣。因念童幼時，余與子彬皆志大不檢，今皆垂垂老矣，子彬猶能以實學活人濟世，名噪中外。若使子彬不改操醫業，浮沉政海，不知其果得為張昭顧雍否耶？率以此序子彬書，不知子彬意謂何也。

一九五六年八月同學弟錢穆。

七　印度三大聖典譯本序

中國古人造字，從生從心為「性」，這裏面卻有甚深涵義可說。有人問朱子，「天地亦有心乎？」朱子說：「天地若無心，則須牛生出馬，桃樹上發李花。心便是他箇主宰處。」朱子這一節話，正可闡釋那從生從心之「性」字義。牛不能生出馬，桃樹上不能發李花，正是牛馬桃李之種性不同。種性不同之後面，正像有一個心在主宰著。但有生命的可說它有心，無生命的，照人類語言慣例，好像不好說它也有心。因此中國人便分說「人性」與「物理」。在古代中國，亦言「物性」。在後代，又說「性卽理也」。可見性與理仍是可別可通，這都說天地萬物之有其種性不同，與其類族可辨。

孟子說：「同類者皆相似也。」荀子說：「類不悖，雖久同理。」人與人之間，也有類族可辨，近代人也同有所謂「民族性」之說。孔子不能無端忽然出生在印度，釋迦不能無端忽然出生在猶太，耶穌不能無端忽然出生在阿剌伯，而穆罕默德也不能無端忽然出生在中國，這也如牛不能生出馬，桃樹上不能發李花一般，那便是民族性的關係了。

在中國，孔子可以早生，也可以遲生，甚至不幸而也可以不生，但出生了，便只成其為孔子，卻不能成為釋迦、耶穌與穆罕默德，在印度、猶太與阿剌伯亦然。這後面，好像有一個主宰。在那後面主宰著的，便是那民族的歷史和文化。各民族歷史和文化之形成以及其演進，主要的還是那一民族的心理作用之共同業績。我們從此民族的心理作用之共同業績來看，便見有所謂民族性。

我們若僅從外面環境看，同樣的氣候，生牛也可以生馬。同樣的土壤，生桃樹也可以生李樹。可見牛馬桃李之别，不在外而在裏。只有從它們的裏面看，纔有種性可分，纔有類族可辨。

近代人好言進化，但進化依然漫滅不了種性與類族。言進化，因好言革命，但革命也依然革不了它的種性與類族。各民族的文化演進，在漫長的歷史變動中，似乎仍是那些人物典型，仍是那些思想範疇，仍是那些著述規模。我們若專注意於那些民族之道德教訓、宗教信仰，乃至文學風格、藝術興趣諸方面來看，便見此諸民族之文化淵源，雖各遠有所自，亦各有其不斷的向前演變，而在大體上，則他們似乎各有一段在歷史上比較像似他們文化的開創或完成的時代。在此時代中之幾個傑出人物，便是此諸民族之各具特性之最高象徵。依於孟子同類相似與荀子雖久同理之看法，此諸傑出人物，卻很難為其後人所超越或更替。這也正如桃樹一度發了花，以後的花，也總如以前的花般，總脱不了桃花那一種品格了。

因此，我們研究人類文化，斷不該單拈某一傳統而抹撥了其他相異諸傳統，認為只此一傳統，當成為人類文化此下共同之歸趨。我們也不該單據目前，認為這是人文進化，便可抹撥其以往傳統所隱隱在背後作主宰之那一分力量。我們仍只有類族辨物，各還各的傳統，先具有道並行而不相背，萬物並育而不相害之廣大胸襟，才可以致廣大而盡精微，在此萬物廣大並育之後面更研尋出其精微的共同點。

糜君文開在其譯述印度三大聖典之自序文中說：「我們要了解現代印度，必須了解名震世界的兩位印度偉人聖雄甘地和詩哲泰戈爾。於是我們發現甘地和泰戈爾的思想，都導源於古代印度的聖典，甘地特別崇拜薄伽梵歌，而泰戈爾則是奧義書的新聲。而要了解奧義書和薄伽梵歌，又必溯源於吠陀經。此三大聖典是研究印度文化三部最基本的典籍。」我們也可說：印度之有此三大聖典，正如中國有詩書，猶太之有舊約般。因於有此三大聖典而產生出印度此下之婆羅門教佛教等，因於有詩書而產生出此下的儒家，因於有舊約而產生出新約來。正如牛馬桃李，最先便有它們互殊的個性與異相。而此下無論如何地養育與栽培，牛總還是牛，而仍與馬不同。桃總還是桃，而仍與李不同。我們只要從其最先源頭上看，便易分辨出此下林林總總之原始異相來。

蒙糜君遠道敦促，要我為他譯書作一序。我自問對印度文化只是一門外漢，只遠遠望見其門牆，絕未能跑進裏面，一覩其宮室之美，百官之富，但在那邊有此一排門牆，是絕無可疑的。在此門牆之內，自有它一整批宮室百官之美富，也自可想像而得的。若我們有意跑進去一窺其種種美富之實況，糜君此譯，正是一位最好的引導人。若認為只有跑進此門牆，纔始是我們安身立命之所，我想糜君譯此書時決不曾作如此想。但若你認為此門牆之內，斷非我們人類所能安身立命之所，這一定也是錯誤的想法了。因為幾千年來，正有許多人在此門牆內安身立命呀！

不幸是今天的中國人，正有不少想逃離自己的門牆，來向別人家依牆扶壁，徘徊門外，流戀而不忍去，惶惑而無所歸。老在妄想著牛肚裡生出馬，桃樹上發李花。那麼君此譯，將更是一帖清涼劑，好讓這些人神智清醒，迷途知返了。

一九五八年戊戌新春元宵錢穆序於九龍鑽石山寓廬

八　温君心園編註漢英翻譯文範序

古人云：「言為心聲。」蓋人與人之間，所以泯彼我而通隔閡者，惟心是尚，而心與心之相通，則惟語言是賴。然而因於水土川谷風氣之各別，而人類語言乃不勝其相異。由語言創文字，而文字又不勝其相異焉。於是求彼我之相通，而繙譯之功乃不可缺。

抑猶有難者，語族既判，而文字體制又不同，求譯事之能勝任愉快而達於信達雅之境，使人籀異國書，如晤對故人於一室，彼我相悅以解，而更無扞格齟齬之苦，其為道乃甚不易。

昔者佛法東來，經論迻譯，國人之耗精於此者，至深且久，而佛法終獲大昌於此土。輓近世歐亞棣通，譯事再感亟需，而百年來之成績，實不能與魏晉以下寺院僧人翻經之業相媲美。不僅惟是，蓋國人之譯西籍，較之吾東鄰日本，質量程度莫不遠遜。此一百年來，中日兩邦，治亂盛衰相反，強弱貧富懸殊，一進一退，所由異者，固非一端，而雙方譯業勤惰精窳之間，亦不可不謂其有甚深之影響。

而尤可異者，西方人傳譯中籍，最近已漸成時尚，上自六經諸子，下逮元明以來傳奇說部，西方人莫不樂於從事。蓋不乏畢生獻身於此中者。返視國人，方競言西化，而於譯事終加藐忽，竟不見有長足之進步，此又深堪嗟歎也。

溫君心園編註漢英繙譯文範成，來問序於余。余讀其書，所收一以英譯漢為範圍，其意蓋偏重於欲藉譯事以推介中國文化於西土。全編分篇凡二十二，西人任譯事者得二十篇，國人執筆者兩篇，適為十與一之比。每篇皆自全譯中采摭舉例，上自論、孟，下迄曹雪芹、沈復，不僅窺豹之一斑，並可按圖而索驥，中國古今各家思想文學浩瀚若煙海，得此一編，可以有所津逮。至於譯文得失，溫君並於每篇附註中隨文論列。雖卷帙匪鉅，然西方學人有志譯業，得君此册，殆亦至有所裨助矣。

抑余於溫君書又深有感者。竊謂今日國人務求西化，而不重視翻譯，其道終不能以遠至。欲治譯事而於本國文字乏深邃之造詣，其為業亦終不健全，斷不能收預期之功效。誠使我國青年能人手溫君此一編，而恍然於譯業之當重，又於中國古今典籍庶因西人之傳譯，而亦稍稍引起其寶愛貴重之心，並由此而進窺原書，亦可奠定其操習本國文字之基礎，此豈非一舉而三得之乎！否則鄙視中籍，縱情西文，亦無以勝譯事。而譯業不振，徒慕西化，終亦無道以達耳。

余於溫君書，本無堪作序之資格。顧念生平，每以不能通讀西書為憾。偶有譯本，常循誦非終卷不釋。然又恨國人譯業，為量既薄，質復不高。往往慕名一書而苦無譯本，成譯者，又往往辭不雅馴，極知其有精意，而竊疑所譯之有未信而不達。勉求終卷，意滋不愜。故承溫君之諈諉，敢於忘其譾陋，而卒為之序焉。

己亥首夏錢穆謹撰序於九龍鑽石山寓廬

九　孫君鼎宸歷代兵制考序

余識孫君鼎宸，在民國三十七年冬，時君方膺蘇州城防司令之職。余居婁門小新橋巷，其地三面環水，僅一路與外通，夜色初上，行人卽稀。君來訪，必於清晨或黄昏後。所談皆歷史文化學術界事，余竊心儀之，面告曰：「君少列戎行，能心不忘學，良不易得。」君謙遜若不堪。翌年秋，余來香港，重晤君，時余方創新亞書院。週末之夜，有文化講座，僻街小室，僅容數十人，而每講君必至。散座，輒殷殷有所詢究，戀戀若不忍遽去。如是越五年，新亞始有研究所，君來請，曰：「自審年事已超格，資歷亦不合，願獲一旁聽席。」余曰：「君出席文化講座前後逾百次，恐不能更有所益於君矣。」君請益堅，遂許之。每上午必上堂受課，下午，則埋首圖書館，日盡暑始離去。又告余，夜間則在寓攻讀英文也。兩載，畢其課業。君又造余，謂數年來，已粗知學問門徑，願授題試作一論文，為深造基。余曰：「君乃一軍人，中年遭國難，潛心向學，志良可嘉。然當務求大義，庶他日重為國用，不必一意效書生。」君堅請，余曰：「無已，君其治歷代兵制，他日當於君有助。」君欣然去，自此不復上講堂，漸少相見。歷兩年，君抱稿盈篋，來謁曰：「兵制考已成稿，願請改定。」余以冗雜，竟不遑。然念君在流離中，一意向學，十年如一日，猛進不已，而斐然能有所述作，其志可畏，其人可敬，其所造詣，亦已非尋常矣。今其書將付刊，余故為之序其始末焉。君方重有志治明儒之學，循此再有年，明體達用，國運將隆，君終必復出報國，而君自此益遠矣，豈復是往日之孫君哉！

一九五九年己亥冬至前旬日錢穆序於新亞書院

一〇　蔣公母王太夫人百歲誕辰頌并序

一九六四年十一月九日，為　蔣公母　王太夫人百歲誕辰。文孫經國先生轉輾遺書曰：「子其有一言以彰我先德。」穆雖不文，不敢辭。竊嘗謂人之年壽有盡，而其精神德化可以彌綸宇宙傳之無窮。中庸所謂：「洋洋乎如在其上，如在其左右。」宋儒黄榦說之曰：「南風之奏，今不復見，而絲桐則常有。撫之以指，其聲鏗然矣。向使此心和平仁厚，以奏南風，亦何異於舜樂。」旨哉斯言。蓋後人所受之精神，卽其祖考之精神，故惟賢德乃有達後；而亦惟其後人之精神，乃可以感召其祖考之精神，使常聚而不散。故大孝必以舜與文王周公為極，則善繼志，善述事，志在天下，事在天下，斯其祖考之精神乃亦可以昭昭常在天下人之心目，聲名洋溢。凡有血氣莫不尊親，斯所謂微之顯，誠之不可揜。雖固孝子賢孫，至誠至願之所期，亦其祖德之積厚流光有以臻此。事雖微，而理則顯，豈幽冥難曉，抑一切出之偶然而已乎。今　蔣公以一身繫國家之安危，民族之禍福，越四十年之險阻艱難，而志益勵，氣益定。經國先生承庭訓，左右翊替。孝子賢孫，同為國人所仰望，而　王太夫人之盛德懿徽，乃洋洋乎其長在，又豈百年之期之所能限。抑穆讀　蔣公之哭母文、慈菴記、刊哀思錄所感及報國與思親諸文，一片純孝肫摯之心，流露磅礴於紙上。凡為人子，孰不感動；凡為人母，孰不想願。故曰：「孝子不匱，永錫爾類。」又曰：「苟非其人，道不虛行。」中庸稱鬼神之德，又於此得其證。而亦豈他人之文字，所能彰耀於萬一乎！敬述斯義，以報經國先生。因綴辭以為頌。頌曰：

懿母德，赫常在。子孝掌國命，孫賢承父誨。懿母德，積之家，恢之國，無外亦無內。懿母德，傳代代，為吾中華共無極，隨吾國運為顯晦。值茲百歲，寶島奉酒酹。浙之山水天下秀，白崖魚鱗，嶨母靈所，妥環武嶺，慈雲靉靆。何日旌旗渡海歸，國之人同鼓舞，鄉之人齊頂戴。香花時獻，秋報春賽。懿母德，赫常在。

一九六四年，雙十節錢穆謹拜撰幷書

一一　史記導讀序

昔兩漢博士太學授經，首重家法。宋朱子申其意曰：「漢世專門之學，近世議者深斥之。今百工曲藝，莫不有師，至於學者，尊其所聞，則斥以為專門而深惡之，不知其何說也。」又曰：「治經者，必因先儒已成之說而推之，借曰未必盡是，亦當究其得失之故，而後可以反求諸心，而正其謬。」此漢之諸儒所以專門名家，各守師說，而不敢輕有變焉者也。但其守之太拘，而不能精思明辨，以求眞是，則為病耳。然以此之故，當時風俗，終是淳厚。近年以來，習俗苟偷，學無宗主。朱子之言如此，抑不獨經學為然也。朱子為一代理學大宗，然言及李延平，必稱「先生」。著書立說，必稱「子程子曰」，是朱子之師承與家法也。抑不僅理學為然也，卽文學亦何獨不然。清代言文章，必曰桐城。其先源自明之歸熙甫，及清代方望溪、劉海峯、姚惜抱，遞相師承，故曰天下文章其在桐城乎。自惜抱諸大弟子梅伯言、管異之、劉孟塗、方植之，下逮湘鄉曾文正崛起，猶曰「國藩之粗解文章，由姚先生啓之」，此亦漢儒傳經師法專門之遺意。湘鄉門下有張濂卿、黎蒓齋、吳摯甫，而摯甫籍桐城，是桐城一派，師承遞嬗，上溯明代，下迄清末，三百餘年繩繼不絕。其流風餘韻，義法淵源，粲然可觀，而豈淺薄庸妄之徒，所能輕肆其譏彈。吾友黄子二明，授新亞諸生讀史記，編史記導讀一書，所選篇目，一依張氏、吳氏，又加以吳氏論文，歸方評點，諸家評識四目，謹守桐城榘矱，不欲輕有所踰越。抑評點之學，亦桐城家法所重，近人或加鄙視，是亦不知家法者作門外之妄譚爾。學者一遵斯編，庶乎知為學有軌轍，求道有師承，宗主家法有不可廢，亦足以藥苟偷之風，回淳厚之俗，破門戶之拘攣，而開思辨之正法，而豈僅僅今學為文章而已。余故樂闡二明斯編之意，而為序以張之。

一二　韓文導讀序

吾友黄君二明，授新亞諸生以史記、韓文，有導讀兩編。余既序其史記編，二明曰，韓文一編，願續為之有序。余辭不獲，爰再序之，以塞其請。

竊嘗謂文章之士，每薄校勘、訓詁、考據於不為，而從事於校勘、訓詁、考據之業者，又往往不擅於文事，而不悟其不可以偏廢也。昌黎一集，自有晦翁之考異，而後始有定本，可資循誦。此文章之有所待於校勘者甚顯。抑晦翁之為考異，有曰：「韓子之為文，雖以力去陳言為務，而又必以文從字順各識職為貴。」讀者或未得權度，則其文理意義，正自有未易言者。是從事於為文章，作校勘，苟非深通此一家文事之深趣，亦難勝任而愉快也。至言訓詁，昌黎已自言之，曰：「凡為文辭，宜略識字，苟字義之未明，又何論於文章之精妙。」然雖曰積字成句，積句成篇，而文章之事，有一篇之大義未明，即難定此一句之義；此一句之義未明，即難定此一字之義者。晦翁考異，遇此等處，最見精卓，此則非深通文章，即難下訓詁之說也。至於考據，每一文有其本題之故實，有作者當時之心情，有其文所包羅之萬象，苟非博考旁稽，何以知其所云云。然亦必精熟文理，乃知孰者當考，乃知所考之孰得其是而無疑，固亦非字字而詳、句句而尋者之所與知也。

二明斯編，正文一據世綵堂本，而晦翁考異，亦附見焉，於校勘為不苟矣。下有補注，自有韓集一千年，諸家之訓釋考訂，一字一句，人地官職器物之名，乃至典章義理史實之本末，人物之表裏，無不備。其纂輯之廣，擇取之嚴，於訓詁考據為不苟矣。讀者循此求之，而一文之大義畢顯。抑文章之精微，有非盡摭實之可得，而又有待於心領神會於不以言傳之表者。斯編於補注之後，又繼之以諸家之圈點與評識，斯如布采之有鈎勒，畫龍之有點睛，後世學文之士，則胥不於此而臻妙悟。虛實並盡、校勘訓詁考據之與文章之兼究而深通，其亦斯編用意之所在乎！姑還以質諸二明，其果有當乎否耶？

一九六四年甲辰冬至錢穆拜撰序於沙田之和風臺

一三　黄君伯飛微明集序

黄君伯飛裒其最近所為詩，逾百題，顔曰「微明」，遠道自美遺書，囑余為之序。余冗且懶，久無以應。嗣君講學來港，一日過余齋，暢論及於古今中外詩之異同得失。蓋君為詩皆新體，而愛誦古人之作，又喜為英文詩，故多識西方詩人。每羣集，邀君往，君常為誦中國古今詩而説其意。誦古詩，聽者輒然色喜。説其義，又皆悦，或嗟嘆以為不可及。誦今體，則聽者漠然。説其義，亦若無所興感。君曰：「國人作新詩，汲源西方，時代又相近，宜能相悦而解，而顧不然。而國内青年，讀新詩則易憭，誦舊詩又茫若，是何中西古今之交相錯而不相值有如此。」余曰：「詩，一也，顧人之情則喜新而厭舊。為西人誦中國舊詩，在我為舊，在彼則新；又且古人之詩，其傳至今而不輟者，皆其佳作，西方人驟遇之，既感其新異，又深獲其心之同然，則烏得而不喜。至於新詩，在我曰新，在彼則舊，方怪其何以與彼若陳陳之相因。又且新詩之興，乃輓近事，未經時代淘汰，今日所傳誦，焉知其必歷久而猶存。我之於彼，既僅為模倣，又未經精洗，在彼覺其僅相似而實未至，則何以動其低徊尋味之深情。」君頻頷首曰：「是誠然矣，然則吾儕之於詩，將何去而何從？其一意開新以漸期其至乎？將仍循舊轍，而善保勿更乎？」余曰：「詩，一也。何必刻意論新舊。抑詩者心聲，小雅巧言之篇有曰：『他人有心，予忖度之。』讀詩者，貴能以我心逆彼心。作詩者，求能使彼心識我心。心之相通，而於是乎有感興。讀中國古人詩，讀西方詩，皆欲藉詩以通其心，而吾心遂日躋乎廣大深厚之域。誠有此廣大深厚之心而發為詩，則必眞詩也。眞詩矣，何論於古今之與中外。今爭新舊詩之異同得失者，乃捨其詩心，而徒爭於字句聲律，則是無面目而爭脂粉，何美醜欣厭之可辨乎！今子愛作新詩，又能愛誦舊詩，又能與西方詩人相接而日沉浸涵泳乎其間，則子之詩，方將日新月異，而吾恐其眞至於極之終將無以大異乎古人之舊轍也。子惟深通乎詩心，而知字句聲律之隨心為使用而非詩之極事，斯可矣。」君曰：「有味哉，子言。」君滯港一年，今重去美邦又數月，偶展君集，因撮記當日相語之大意而序之，並乞君恕我之懶而勿罪焉。君詩人，溫柔敦厚，其必有以恕之也。

一九六四年歲甲辰之孟冬錢穆謹序於沙田和風臺厲廬

一四 陳著四書道貫序

今之從政者，一登仕籍，輒欲以官終其身，有進無退，更不復作他想。於是社會百業之中有官業，命為官，則無官不可為。一旦暫失其官，則更無他業可轉，惟有復起為官，故其途甚隘而險。古之為官者則異乎是，逆則有鄉里可隱，有祖宗墳墓祠堂可守，有田園家宅可以送老而待終，今乃一切無之。古有吏，刀筆簿書，職類既分，業有專攻，位卑而俸薄，不為人重視，如是而欲終其身則可耳。若夫仕途顛躓，貶放偏遠，窮荒蠻陬，此之謂待罪，則益謹益勉以冀自贖，此猶之為吏，雖久不遷，人亦諒之。若顯貴矣而無所建樹，小有失，則羣攻之，能全身乞退，則自幸不置。自非權奸大慝，媚於上而黨於下，盤結自固，而禍發亦不可救。否則朝政壞而國運隨之傾，衆口所誅，亦終於身敗而名裂。史筆又從而追伐之，惡迹常昭，子孫亦受連累，遂能懸為炯戒，使為官者人有所警惕。故雖稱一君專制於上，而政局國運終賴以維持達於數百年之久，而此一歷史傳統，乃亦緜亘兩千年而未有所大更張。此亦自有以致此，非盡如今人所想像云云也。官常之既敗，於是失其官則羣目以為不幸。不得躋顯要，則為不幸之大者。不得畢生踞顯要，則又大不幸之至。心懷憤鬱，乃有翻雲而覆雨，朝秦而暮楚，美其說曰自由，張其幟曰革命。民國肇造踰五十載，國事之未臻寧定，政途之未見清明，而循至於當前之大禍，官常不立，要其一因。

陳子立夫，早歲遊學美邦，攻工礦之學。歸國從政，年未踰三十，而驟膺要職，迭長教育黨部組織，熱情敢為，聲名鵲起，而謗亦隨之。一旦赤禍發不可制，隨政府來臺灣，乃遽掛冠，重赴美邦，以養鷄孵蛋販賣為生，夫婦操作，忘其貴盛，忘其顯要，意豁如恬如也。以視一旦為官斯終身焉，更不復治他業者，逴逴乎其遠矣。如是者既有年，不厭不倦，復把捉餘暇以媚於學，久而斐然有述作之意。此非惟為官者所不能，抑亦為工為商操勞營生為常人之業者亦少有能之。辛勤積年，成書曰四書道貫，方將刊布。四書者，論、孟、學、庸，民國以前，為人人所必讀，今乃曰此當時政府之功令利祿之所由出耳，自民國以來，不為人所譏排，則其人已卓然異乎尋常矣。道貫者，乃儒家孔、曾、思、孟之道，民國以來，尤為學人所競斥。不惟比之如冢中之枯骨，乃以為謀國家民族自救之道者所必攻。有人焉，攘臂而起，振吭而呼，則譽之為能獨打孔家店之老英雄。循致於無老無少，無英雄與庸俗，莫不以能打孔家店自豪，此眼前事，誰不知者。卽陳子亦知之。乃曰：「我之為此書，將望國內繼起之青年，與夫外國之學人，能寓目焉，則於吾國運庶有瘥，於世界人類文化前途亦庶有所裨益乎！」嗟乎陳子，其情高，其心遠矣。以一顯要貴盛之人，而能退以勞作治生，此誠難矣。以勞作治生之餘，又能困心衡慮旁溢於學問著述之業，此益難矣。尤且陳子素攻工礦實用科學，方為國人所競尚，退則為謀生之美徑，進則為救國之要道。而陳子不以自足自限，乃有意於為此。若特將以招疑笑而樹敵對，而陳子豁如恬如也。此非其所以為逴逴乎其遠者乎！余於老友劉君百閔之案頭見其稿，劉君方為之校字，又為作長序，每見，又屢屢為余道其書，惜余方病目，不能終卷卒讀。一日百閔告余，陳子書來，亦欲余有一言。余乃以私所仰敬於陳子之為人，與其操心積慮之不猶於人者，直率吐其胸臆。至於陳君之書，既恨不能終卷，抑百閔之序，發揮詳盡，余可不復贊一辭。以此示劉君，劉君曰可。然不知果有當於陳子作此書之深衷於萬一否也。

一九六六年雙十節錢穆序於九龍

一五　劉百閔經學通論序

故友劉君百閔，避共黨之難在香港，設講席於香港大學之中文系。講論之暇，常有撰述。已出版者，有經子肄言、易事理學序論、周易事理學通義，凡三種。不幸逝世，尚有遺稿儒學十講。余每過其齋，常見其自為校訂，身後亦經刊行。尚有一種曰經學通論，似為其在港大之講義。張君曉峯為之付梓，劉夫人陳初雪女士，以穆與劉君有過從之雅，劉君生前未及為此書作序，囑余序之，誼不敢辭。

晚近中國大學設經學科者已不多，劉君早年從學於富陽夏靈峯，又常從講貫於杭縣馬一浮，故多肆力於中國之古經籍，而尤瘁其力於治易，易事理學序論通義，其生平治易之心得萃焉。出其緒餘為經子肄言，為儒學十講，雖旁通橫溢於先秦諸子及宋明理學家言，要之亦其植根於經學之所發也。則此書雖為講堂課業用本，卑之使易趨赴，循循焉求為誘導，而一生治學在此，其異於恒流，可以想見。

余病目有年，又方自有撰著，恨不能於劉君此書，仔細翻閱，既無可作隔世之芹曝，亦不敢為阿私之揄揚，顧死生之際，義終不能以默，則竊就劉君書而粗論其編著之意趣。

竊謂經學既為中國文化淵源所自，於大學文學院設科講授，自屬必要，惟當以發明經籍之大義要旨為務，考據之繁瑣，訓詁之艱澀，能避則避，能免則免，至於家派門戶之分別，更不當以入主出奴之見，繼續前人，推波助瀾，作無謂之紛爭。清代兩百餘年，從事經學，所費功力，不謂不鉅。然謂清儒通經必出於漢唐宋明諸儒之上，其說又誰信之？所以然者，夫亦以清儒治經，不務明其大義要旨，而耗精勞神於支節上之訓詁與考據，而家派門戶之爭。其為禍也尤烈。民國以來之學者，猶多誇張清儒，輕薄前賢，遂使道途愈狹，目標愈小，而經學上之大義要旨，則鮮有厝心及之者。

如詩經之「關關雎鳩」，何以必學音韻；尚書之「曰若稽古」，何以必考天文；周易之「元亨利貞」，何以必究象數；春秋之「春王正月」，何以必治曆法，此等皆專門絶業。清儒腐心於此，遠邁前人，功不可沒。然而求通大義要旨，為明體達用之學者，則非必此之由也。如讀論語，亦豈必通鄉黨堯曰兩篇，乃始謂之善讀乎？

昔漢儒治經，僅以農隙，三冬通一經，自十五歲起，三十而五經畢。其入太學，一年即去，為郎為吏，即以所學治事，雖曰去古未遠，實亦僅知大體大意而已。至唐代，韓昌黎已言儀禮難讀；至南宋，朱子教人，讀四書，用力少而得益多；讀五經，用力多而得益少。清儒相率反朱，競趨於經學，不僅反宋反朱，抑且鄙薄東漢以下，尚欲返東漢而專治西京，然而終無逃於用力多而得益少之途。若使果效西京，如今在大學文學院設「經學通論」一科，以一年之課程，每週兩小時，全年不到一百小時，亦可使學者稍知經學之大體大意，揭示其大義要旨而有餘矣。

劉君此書，若繩之以清儒之榘矱，誠若寡薄，未進於專門之奧窔，然庶有當於大學設教之所期嚮。至其篇章節目之間，與夫其內容之取捨，異義之抉擇，苟使後有繼者，循此軌轍，益臻精善，則劉君此書，要可為之作嚆矢，而豈曰小補之云哉。爰揭此旨以為之序。

一九六九年三月錢穆序於臺北外雙溪之素書樓

一六　徐著中華民族之研究序

竊嘗謂民族之形成與其發展，雖出多端，而惟文化陶冶之功為大。尤其我中華民族，擁有人口之多，所占地面之大，與夫其歷史緜延之悠長，舉世無匹。益見民族之與文化，一而二，二而一，實為相融交成，一體而不可分。論及文化，則當以歷史為主，學術思想為副。學術思想之就實表現為歷史，歷史之一脈貫注展演愈複雜，推擴愈廣大，而不失其中心精神之所在者，厥由於學術與思想。而光大學術，主持歷史，使此文化益臻於篤實光輝可大而可久者，則在人物。人物事為之與學術思想，是亦一而二，二而一，其表現為歷史，其成績為文化。而在其背後，則可窺見此一民族心性之特點。抑歷史以往之展演，必歸宿於當前之社會，而社會當前之活動，又展演為以下之歷史。歷史有成敗與衰，社會有隆替治亂，此亦一而二，二而一者。欲考論一民族之展演與其前途，則以往之歷史，當前之社會，以及流貫散布於此社會與歷史中之傳統學術思想，與夫代表此傳統而踐履，而發揚，而斡旋，以為此社會與歷史之主幹與領導之人物，皆當分別而觀，會通而求。而此民族所居有之土地，乃此民族文化生根發脈所在，乃此民族之主要天賦，亦不當忽。上之五者，乃考論民族文化之主題，而前四者尤為其重點。由此乃可以預卜此民族之命運，指示其當前努力之方向，以期不負此天賦而善盡夫人事。今者，國運方否，民生日瘁，昧者不察，往懔懔於當前之遭遇，而不知深求之於以往之經過，或則拈其一節，而忘其全體。大病在身，當得醫者作一總檢查，而後病況可知，刀藥可投。及門徐君文珊，著為中華民族之研究一書，主要即在討論文化，而能縱觀全體，於我上舉五者皆所論列，庶乎其異於憑虛立論，舉偏概全者之所為，余故樂而為之序。至其書中取捨詳略，輕重得失之間，則俟讀者之自得之。

一九六九年四月，錢穆序於臺北外雙溪之素書樓

一七　許君煥章論學論政嘉言錄序

昔朱子嘗言：「凡看道理，要見得大頭腦處分明，下面節節，只是此理散為萬殊。如孔子教人，只是逐件逐事說箇道理，未嘗說出大頭腦處，然四面八方合聚湊來，也自見得箇大頭腦。」竊謂朱子斯言雖簡，卻已說出中國思想義理之特殊緊要處。如論語逐章各自獨立，一章短者，不過一語兩語，然其中義理皆顛撲不破，亦復涵蘊無窮。會而觀之，則自見得一大頭腦。孔子以下，凡屬大儒，莫弗如是。每能於一語兩語間見義理之深，得義理之大。不僅理學家語錄為然，即諸子百家，文章之士，歷史名人，幾無不然。采其一語兩語，皆可奉以終身，為立己之準繩，處世之標的。苟亦會而觀之，亦可見得一大頭腦。此一大頭腦，即是中國傳統文化精神所繫。若進而論其所以然，則雖萬千言不能盡。然使初學者讀之，一語兩語間，目擊而道存，有不煩言而可引人進入文化傳統之深處大處於不自覺之妙。中國思想義理之確為可貴者在此。許君煥章編為學治事座右銘一書，又名論學論政嘉言錄，采輯孔子以下迄於近代名人之嘉言要語，為上下兩編，分而守之，可以入德；合而思之，可以見道。此書之為功於社會，曷其有極，爰敢不辭譾陋而為之序。

一九六九年秋錢穆謹拜序於臺北外雙溪之素書樓

一八　周冠華著荀子字義疏證序

周君冠華示余以其所著荀子字義疏證而欲余為之序。余讀其書，陳義精卓，妙得荀子之原旨。又謂戴震東原之為孟子字義疏證，乃取荀子理論而仍託庇於孟子，語簡義盡，更為發近代人之所未發。如余淺陋，何足以序周君之書。抑自司馬遷史記孟荀合傳，下迄百世，莫不以孟荀兩家為儒學大宗，而性善、性惡遂不斷為儒學討論中一大問題。推原兩家立論分歧，端在其對「天」之一觀念有不同。孟子曰：「盡心而知性，盡性而知天。」荀子則曰：「惟聖人為不求知天。」又曰：「天地生君子，君子理天地。」「天見其明，地見其光，君子貴其全。」又曰：「並一而不二，則通於神明，參於天地。」又曰：「天地生之，聖人成之。」蓋荀子以天地並言，天字之意義與地位，似已與孔孟之言天者為特出；而人之地位乃若益見提高，可以與天對峙，可以參天地而贊化育；其義於周君之書已深發之。荀子此一觀點，尤與近代人觀點為近。然荀子言天情、言天官、言天君、言天養、言天政、而獨不言天性。此何以故？蓋荀子主張性惡，故獨避「性」不言。然則天之賦於人者，其為獨賦以情而不賦以性歟？抑性亦天所賦，性既為惡，則天僅賦人以惡，故荀子獨避而不及歟？周君則曰：「荀子一書言性，不矜於質而矜於才。」

又曰：「荀子惟主化性，不主滅性。」此皆要言不煩，可以闡申荀子一書之蘊奧。故荀子之特所重視者，乃在心，不在性。因曰：「天下之所謂善者，正心理平治也。」由性言之則重在天，由心言之則重在人。荀子曰：「人之性惡，其善者偽也。不可學不可事而在人者謂之性。可學而能可事而成之在人者謂之偽。」「無性則偽無所知，無偽則性不能自美，性偽合然後聖人之名一，天下之功於是就也。性偽合而天下治。」性偽之合，亦猶後儒之言天人合一也。而其要則在於心。故曰：「心慮而能為之動謂之偽。慮積焉，能習焉，然後成，謂之偽。」又曰：「心者，形之君也，而神明之主也。」周君之書有曰：「我國之有心學，當自荀子始。」然孟子曰「盡心以知性」，所以盡其心者亦必有學矣，是不得謂孟子無心學。曾子曰：「夫子之道，忠恕而已矣。」忠恕皆屬心，是亦不得謂孔子無心學。蓋荀子之所為異於孔孟，推其本原，不在其論性、論心，而端在其論天。至宋儒之興，朱子晦菴之言曰：「天卽理也。」又承伊川謂「性卽理」。而荀子則曰：「性者天之就，情者性之質，欲者情之應。」又曰：「欲不待可得，所受乎天也。求者從所可，受乎心也。」荀子之謂「所可」卽理也。故宋明儒莫不言天理人欲，而依荀子之意，則欲本乎天，理出乎心。此乃荀子持論，所為大異乎儒家傳統所在。故戴氏之孟子字義疏證，乃可取荀子之說以攻宋儒，其所論，固不如荀子尚遠，然若明據荀子，則不易為國人所接受，故仍必託庇於孟子也。因讀周君書，稍抒鄙淺，以還質之周君，不知其果有當否乎？還幸周君之有以教之也。

一九七〇年五月錢穆謹序於臺北外雙溪之素書樓

一九　正中書局再版朱子語類序

正中書局於一九六一年影印國立中央圖書館藏明成化九年江西藩司覆刊宋咸淳六年導江黎氏本朱子語類一百四十卷，為臺灣獨有之語類明刊本。發行以來，士林稱重。惟書多模糊，且有脱字落頁，經該書局商得日本九州大學岡田武彦博士據彼邦内閣文庫藏明版各本讎校修補。全書六千頁，重換者達二千餘頁，實堪為朱子語類當今傳世之最佳印本。又附語類人名、地名、書名索引，以便讀者。新版既定，正中書局編審部特來乞序於余。余此六年來，方草為朱子新學案，正中本語類朝夕在手，欣其得此完美之新本，是不可以無一言。

方語類成書，朱子門人黄榦直卿為之序，有曰：「先生之著書多矣，教人求道入德之方備矣。師生函文間，往復詰難，其辨愈詳，其義愈粘。讀之如侍燕閒，承謦欬也。歷千載而如會一堂，合衆聞而悉歸一己，是書之傳，豈小補哉。」顧不久，又貽書編者李道傳，頗表不滿，且曰：「不可以隨應答之語，易平生著述之書。」直卿為朱門大弟子，其言如此，頗滋後世之疑。

竊謂語類所收，最早在朱子四十一歲，迄於其卒，歷三十年。愈後而來學者愈多，講問辨答愈詳，朱子晚年所學所思，所賴以備後人之窺尋者，蓋莫過於語類。試與文集比讀，欲求朱子四十前成學經過，則惟自當多本之於文集。欲求朱子四十後進學歷程，則不得不旁窺之於語類。此其一。

朱子著書，主要乃在五十以前。有其後不獲改定者，如周易本義，其成在朱子四十八歲。然今讀其語類，四十八歲後語與先成本義相違異者甚多，此皆朱子後定之見，學者貴能取以對讀，不得專以著述成書為重，而以隨時應答為輕。此其二。

尤如論孟集註，雖亦於四十八歲成書，然此後迭有改定，至老不輟。與集註同時成書者有或問。其後集註刪改日精密，而或問不復釐正。今欲求論孟集註之去取與其隨時改易之經過，則惟賴有語類，可以探究其大概。有一字一句而三易四易其說者，有一章一節經四五易而其說始定者。若忽去語類不讀，則此等皆必懵然。讀語類固不如讀集註。然眞能讀集註者，亦必兼讀語類。此其三。

大學中庸兩章句，成書較晚，然亦不斷有改定。即如朱子七十一歲在其易簀前三日改大學誠意章，此事膾炙後世。實則誠意章之改定尚在前，乃經其門人之不斷疑辨而始有最後之改定，其說備著於語類。易簀前三日所改，非在傳之六章，乃在經之一章。所改則僅五字。此有儀禮經傳通解可證。而所以改此五字之意，則非細闡語類朱子在先改定傳之六章之往復討論，亦恐難驟窺而知。此其四。

李性傳之言曰：「語錄與四書異者，當以書為正；而論難往復，書所未及者，當以語為助。與詩易諸書異者，在成書之前，亦當以書為正。而在成書之後者，當以語為是。」此言是矣。然余又考朱子晚年於論孟，尚有續創新義，而集註未及更定者，此雖為例極少，要自有此事實。此其五。

更有朱子平日意見，不欲輕著於文字述作，惟於語類之隨時應答中見之者。李性傳又謂：「先生平日論事甚眾，規恢一也。至其暮年，乃謂言規恢於紹興之間者為正，言規恢於乾道以後者為邪。」非語錄所載，後人安得而知之。此其六。

即如朱子糾正二程說經之誤，語類不啻數百見。又其評騭程門，於龜山、上蔡、定夫、和靖諸大弟子，屢致不滿，並有申斥之辭，散見語類者亦數百處。此皆關係學術大端，寧可置而不論？此其七。

後人治理學，多持朱陸門戶之見。袒陸者以語類中多斥陸語，意存輕蔑。即如陽明集錄朱子晚年定論，獨不及語類。謂是其門人挾勝心以附己見，於朱子平日之說，有大相繆戾者。夫門戶之見不可有，而異同之辨則亦不可不知。黃勉齋為朱子行狀有謂：「求道而過者，病傳註誦習之煩，以為不立文字，可以識心見性。不假修為，可以達道入德。守虛靈之識，而昧天理之眞。借儒者之言，以文老佛之說。學者利其簡便，詆訾聖賢，捐棄經典。猖狂叫呶，側僻固陋，自以為悟。立論愈下者，則又崇奬漢唐，比附三代，以便其計功謀利之私。二說並立，高者陷於空無，下者溺於卑陋。先生力排之。」云云。是則勉齋所不滿於語類者，意別有在，而決不在於其中多斥陸語。今若屏去語類，專閱文集，除有關太極圖皇極等諸篇外，又於何認識朱陸論學多方面之相異。此其八。

抑且朱子之學，浩博無涯涘，其不見於文字著作者何限。今讀語類，一制度，一名物，一小書，一細節，如入寶山，觸目瑰異，俯拾不盡。故凡治朱子學而不涉獵語類，則無以知朱子學之致廣大而盡精微，於其窮理致知之教，必不能深體而確悟。此其九。

語類記者，來自四方，淵源各別，學歷不等。凡其所錄，豈能一一無誤。然此書上自朱子四十一歲下迄朱子七十一歲，緜歷三十載。朱子之學與年進，其前後所語相違異者亦復不少。又且因問置答，隨機應變，有同一義而各竭其一端，不可以方隅盡，不可以階次限者。讀者正貴觀其大而會其通，乃可以窺大賢為學之深際。若局限於一著作，一篇章，則斷乎不足以語此。此其十。

然自來治朱學，眞能寢饋於語類，逐卷逐條求之，通體不遺，又能參互比較以求者，其人蓋尠。余讀語類，最先在抗戰時，臥病成都華西壩，踽居一樓廊上，窮四月之力而始盡。及為論語新解，又通體循覽其凡屬論語部門者凡三十五卷。及發意為朱子學案，於馬來西亞吉隆坡，又窮十月之力，通讀一過。及屬草，此書長在案頭，時備研尋。而仰之彌高，窺之彌深，欲竭其書之精微，而憾智力之不逮。爰揭十綱，以應正中編審部之請，並願與有志治朱學者共寶是書。歷千載而如會一堂，合眾閱而悉歸一己。勉齋所云，誠不吾欺也，洵不誣也。

一九七〇年六月後學錢穆謹序於臺北外雙溪之素書樓

二〇　宋代歷朝帝后遺像集序

孟完先生相告，趙氏宗親會頃方編纂印行宋代歷朝帝后遺像，得現存畫像二十九幀，自太祖開國，下迄帝昺共十八世，囑加題辭。竊念中國歷代皇室，三代以上不計，自秦迄清先後兩千年，得占一統大運者，秦、漢、隋、唐、宋、元、明、清共八代，論其皇室内部之治家謹嚴，有禮有節，以及歷朝帝王之尊師好學，並對天下儒士之優加宏獎崇重不懈，宋代實為兩漢唐明所不逮。秦隋皆短祚，元清以異族入主，更可不論。宋代儒學復興，實受皇室培育之功。而宋皇室之所以獨得為中國歷代皇室之冠冕者，亦還受當代儒學復興之賜。近代中國一千年來，文化傳統之承續不輟，宋代皇室實亦不得謂無功。此乃就中國全部歷史進程言，非為趙氏宗親之編為此集言。謹以此意還復孟完先生，並請教於凡屬展玩此集，而有意於國史進程與文化傳統之國人賢達。

（疑作於一九七一年左右）

二一　樓桐孫譯太戈爾國家主義序

中華民國行憲二十七年紀念日之下午，樓桐孫先生携其五十年前手譯印度詩哲太戈爾國家主義一書，來余外雙溪素書樓寓廬，告余以此書出世之經過。謂在民國十三年，桐孫旅法，獲讀此書之法文譯本而深好之，遂以中文迻譯，寄稿於上海商務印書館何柏丞，商付印。並告以明年將返國。柏丞覆書，明年君返，當携此書新出版本赴碼頭歡迎。翌年，桐孫自法歸。柏丞果往碼頭，見面握手，屢道歉意，謂不克踐往年函中宿諾，携君書來。桐孫問，此書是否已付印，柏丞答已出版。桐孫曰：「書已出版，何必親携來碼頭。」柏丞搖首曰：「不然。」因告以詳情，此書初出版，即曾先寄一部分去廣州商務分館。乃粵垣黨人正號召反對「國家主義」，見分館橱窗陳此書，即破窗攫取毀之。又迫令分館中人，將此書全數繳出，當街焚燒。上海館中聞訊，乃不敢續寄外埠。館中此書，全放倉庫中，不再發售，柏丞亦未私取，桐孫乃亦未見此書之樣本。越數年，「九一八事變」，商務倉庫全燬，此書亦成灰燼。桐孫在粵垣戚屬程方，忽貽書告桐孫，此書在廣州被燬前，彼曾購得一册，當以相贈。桐孫得此書，歡喜如在夢寐中。一友過桐孫齋，乞借一閲，乃歷久不歸，桐孫亦忘其姓字，此書乃如珠沉大海，渺不可索。桐孫來臺，詢之王雲五，囑在臺灣商務分館一查，雲五告以此書從未寄臺灣，不如登報公開徵詢，或萬一有奇遇。桐孫如其言，亦絕無應者。最近忽得吳相湘電話，問桐孫，手邊有此書否。桐孫與相湘初不相識。答無有。相湘曰：「余固知無有。余曾在美國舊金山唐人街一中國書肆得此書，今偶檢得，當以相贈。」桐孫遂携以來曰：「書亦如人，五十年萍飄絮飛，今又重入吾手。特來為君一述此書之身世。此眞海内惟一孤本矣。回首前塵，莫名欣慨。」余曰：「君今得此書，當亟謀再版，使與國人共見，而余尤以先覩為快。君書乞姑留此。」桐孫曰大善。君肯過目，亦願一聞君對此書之意見。抑余當時乃以文言迻譯，今儻再版，君意宜改譯語體否？余略一繙閲，曰：「君譯已極暢達明淨，似當一仍五十年前眞相為佳，何必改語體。」桐孫曰：「余當年亦感以語體迻譯，似不如文言更能符信達雅之標準，並使讀者能獲較深之領會。」余曰：「余亦向與君同抱此意。」桐孫遂留書而去。翌晨，窮半日之力，讀此書一過，乃亦如桐孫之重獲此書，於吾心有無窮之欣慨。乃匆促命筆，既述此書浮沉隱顯之經過，亦略述余讀此書欣慨之鱗爪，以報桐孫携書來訪之雅意，亦以告他日國人之讀此書者。

此書乃五十八年前，太戈爾在日本美國之三番講演辭，太戈爾乃以印度人心情，申述其對印度、對日本、對西方之幾許感想，主要則在檢討東西文化之異同得失，與夫過去當前以及將來之回顧與瞻望。而余則以一中國人心情讀此書，宜乎棖觸多端，有不一吐不快者。近一百五十年來，東方受西方文化衝擊，西方所加於東方之傷殘與壓迫，可謂日進益厲。印度淪為大英帝國一殖民地，感受靈敏如太戈爾，其內心刺激，不可言喻。其時適在歐洲第一次大戰爭之後，西方文化病症，亦已襮露無遺。太戈爾此書所指摘，亦可謂深透骨髓，直刺膏肓。語語中的，針針見血。乃不幸此六十年來，西方創鉅痛深，未能警覺。太戈爾指陳禍害，其不幸而言中者，亦已十居六七。而太戈爾所隱憂在心，蘊蓄婉轉，言有未盡，人類前途，更有其慘酷之遠景，此後顯將絡續呈現，無所逃避。此皆待讀此書者之自為領略，不再多言。而太戈爾懷抱深仁，在西方惟期望一美國，在東方更期望一日本，不幸此六十年來，亦終不免一一陷此翁於失望。而使余猶有所憾者，太戈爾既深愛東方文化，乃似於吾中華四千年歷史傳統，瞭解不深。在此書之後，太戈爾亦曾前來我國，然正值吾全國上下，急切惟求追步西方，想未有人能將吾中華傳統文化深旨相告，未能使此翁有所啓悟，繼續作新窺尋。此則吾中華人士，亦不能謂無負於此翁之一行。今余獲讀此書，竊願單就此書題「國家主義」一名詞，略抒所感，乃亦竊恨不能與此翁當面上下其議論也。

竊意太戈爾心目中，僅知西方國家，卽吾國人今日所豔稱之現代國家者是。在印度則可謂有社會，無國家。然中國則有一套國家體制與精神，與西方國家大異其趣。此一不同，卽足代表雙方文化之不同。太戈爾言，耶教之貢獻於西方者甚大。西方之有近代，亦承其中古時期之所賜。然耶穌明言，上帝事由耶穌管，凱撒事由凱撒管。西方現代國家，乃承凱撒來，不從耶穌來。彼中中古時期，所謂神聖羅馬帝國，僅如一夢，未能實現。印度則束縛於婆羅門、剎帝利嚴格種姓階級之劃分，迄今未得一徹底之解放。以中國人眼光觀之，印度社會，正亦如西方之在中古時期。果使神聖羅馬帝國美夢完成，以耶穌臨駕凱撒之上，則正亦如印度，聖族在上，王族居次，西方現代國家終亦無從興起。而中國歷史傳統則不然。遠自秦漢以降，大一統國家體制，已歷兩千年。直至今日之有中華民國，亦仍是兩千年來之中國。抑且追溯而上，中國一統，至少當從西周開始。惟西周乃屬封建之統一，而秦漢以下則為郡縣之統一。而同有一君主在上，民國肇建，始無此一君主。其分別僅在此而已。

在中國文化傳統中，未曾自創一宗教，固未嘗有一聖族高居於王族之上，然亦未嘗有一至尊無上之王族。周公制禮作樂，乃以禮樂治國，不以法律治國。禮必有雙方，其雙方，則必在同一相通之情感中，而後始有禮之興起。故子孝則必曰父慈，臣敬則必曰君仁，中國人稱此曰「人倫」。凡「倫」必具雙方，即兩面。此雙方兩面，交接相合，則見若有一線介其間，故曰「倫理」。此介乎中之一線，乃若高出乎雙方兩面之上，此則謂之「脊」。詩正月「有倫有脊」，即此義。孔子生平所夢寐以求者，惟周公。惟孔子於周公「禮」字之後，點出一「仁」字，此即禮之雙方同一相通之情感。此一情感本於人性，而人性又本於天。故中國人之禮字，不僅為人與人之交接而合一，亦為人與天之交接而合一。中國人之禮治政體，不僅使社會國家融成一體，而人類內心中所藴有之宗教情緒，亦可消融於其中。秦漢以下，中國傳統國家體制與其精神，實仍無大變，仍是周公孔子傳統，仍重禮治，不重法治。余嘗稱自漢武以下，中國政府為一士人政府，中國社會則為一「四民社會」，四民中惟「士」居首位。故中國文化傳統中之所謂士，乃為政府與社會之同一領導人。士必經教育，士教育之惟一宗主則周公孔子，以下又承之以孟子，而孔子則為「至聖先師」。故中國文化傳統理想所實現於政治教育上者，其實乃頗有當乎太戈爾之所想像與嚮往，此層讀者細讀太戈爾此書，可以自加領悟，而惜乎太戈爾之知識，乃於此有缺憾。

猶憶抗戰時期，余在西南聯大講秦漢史，說明漢代立國與西方羅馬不同。羅馬乃是向外征服，而漢代乃是向心凝結。故不當稱秦漢為帝國。一時聽者愕然。一則羣認人類所有一切體制，惟當奉西方為準則。異於西方，則將不成一體制，將無可存在。二則更疑余有揚中抑西之意，此則更為聽者所不堪接受。曾屢開大會，對此問題，屢加討論。實則中西雙方史迹俱在，平心研索，事不難見。太戈爾此書，對「國家」一觀念，一若深惡痛疾，而又有不可不接受之外勢。若使有人能告以中國歷史之眞相，使此翁能知中國立國與西方羅馬，乃及英法現代國家之有異。想其對國家之持論，亦將不如是其偏激而彷徨也。

余在抗戰時，曾在越南河內，逗留有時。實地查訪其政治遺迹，及河內所藏越南故國遺書。固不謂越南可媲美中國，然其以前之立國體制，固是模倣中國而來。中國之與南越，遠自西周，已通聲氣。下迄秦代，三十六郡中有象郡，即今南越地。然越南終能承接中國文化，自建一國。中國僅接受越南之朝貢，此亦國與國間一種和平共存之禮，可遠溯自西周。中國固未嘗以越南為殖民地，越南之淪為殖民地，乃是法國侵略之成果。余在河內，僅見其咖啡館中，多懸掛關公及孫中山像，其與中國數千年關係，可見者僅此。西方殖民地之越南，乃絕非越南自有其國時之越南。越南固有文字，亦一掃而空。憑弔遺迹，豈勝慨歎。

余今年又親至韓國，自漢城南下至慶州，遍訪其種種政治遺迹，乃及奎章閣藏書。韓國乃自殷箕子東往創國，樂浪碣石山，在今韓境，乃六國之燕，以及秦始皇修長城，東邊之起點。然韓國終亦承接中國文化，自建其國。文字與宗教，一皆與中國無異。其濡染於中國文化者，較之越南，尤深尤密。明清兩代，奉中國為宗主，中國亦僅接受其朝貢，固未淪之為殖民地。其淪為殖民地，則為日本承接西方國家規模，從事侵略之成果。今雖幸復國，然其元氣之傷殘，誠亦有不勝縷指者。

中國人常言，修身、齊家、治國、平天下。而修、齊、治、平，一是皆以修身為本。修身以禮，不以法。中國歷史上之對越對韓，此卽是中國人平天下理想之初步實現也。然此一百年來，中國自身，乃亦受西方國家主義之侵略摧殘。日本明治維新，卽走上了西方國家主義路線，其侵略中國，遠自前清甲午之戰，下迄民國二十六年大舉入侵，其意卽欲淪陷全部中國為其殖民地。中國八年抗戰，元氣大傷。至今中、韓、越三國，乃同樣各趨於分裂。赤化，亦卽是西化之一端。赤色國家，亦復與白色國家面目異，而精神則同。此百年上下之中，韓、越二國其受西方國家之迫蹙摧殘，亦僅次於印度。然吾國人，則受侮愈甚，而對西方傾倒欣慕之情亦愈摯。欲為開新，先務破舊。崇洋更勝於彼方自負之優越感，譴己更過於彼方對我之輕蔑感。今日大陸赤化，亦承民初新文化運動之頹波。至於批孔揚秦，亦不過一意要打倒自己三千年根深柢固之舊國家，來改造一西方最新趨勢中之新國家，如是而已。中國此一百年來，乃不過為西方文化侵略作清道夫，為西方國家侵略作開路先鋒，為中國殖民地化作更深一層之奠基工作。乃不期而在印度，尚有太戈爾其人，能為東方文化作正義之呼籲，對西方文化，作仁心之批判。而聲名洋溢西方，此書之法文譯者，不僅認其為一大哲學家，抑直稱之曰「大聖人」。桐孫在當時，敢於譯此書，夫亦身居海外，間亦接受一部分西方人之鼓勵。乃此書竟沉淪五十年，未獲與國人一面。然使此書，果在五十年前流傳，正亦恐當時國人不免目此翁為迂腐怪誕，冥頑守舊；而桐孫之譯此書，亦不免有不識潮流之誚。此亦余之所以今日讀此書，而不免欣慨交集，亟欲一吐余衷於不自禁也。

太戈爾既親感受西方文化之壓迫與摧殘，乃謂，「東西各有其本，強作效顰，斷難有濟。」當其世，見日本之崛起。太戈爾親履其土，乃深賞日本乃一新舊混合之國。謂近日之新日本，乃無量年舊東方之遺裔，而深憂其不免陷為西方之化身。太戈爾亦惟不知，日本人僅以彼言有詩意，而不免與以亡國之音之輕蔑，然太戈爾仍於日本致其深厚之希望。苦口婆心，深仁不掩其大智。事隔六十年，凡太戈爾所深慮遠憂於西方與日本之前途者，在當時，僅屬弦外微音；而在今日，當已不啻如雷之貫耳。然則桐孫之譯此書，亦幸而於五十年後，始得與國人謀面；或者此書之忠言密旨，當可較易獲得吾國人之同情，此則尤為余之所深望也。

抑余尚有不能已於言者。太戈爾以印度人言國家興建，終隔一膜。於如何由東方固有文化，運用西方科學，以興建新國，為現代文明，別開生面，而在世界進化史中放一異彩，因其自身為印度歷史所限制，究不能有具體之指陳，此惟在吾中華文化傳統中，乃有孫中山先生，巨眼遠矚，唱為「三民主義」。第一，首為民族主義，文化傳統，厥惟為民族之靈魂。其次，始為民權主義，然非西方人所謂之個人自由，所能盡民權之眞義。故於西方政制三權分立之外，尤必增以吾政治傳統中考試、監察之兩權。而在選舉權中，被選舉人必加先經國家考試之一限制。有考試，則必有教育。在中國傳統政制史上，學校、考試、選舉，本屬一氣相承。故能使中國傳統社會，聖賢尊於君相。而傳統政治，則道統尊於治統。此卽中山先生立論，「權在民而能在政」之一意之所由來。其三，始為民生主義。既曰民生，則文化涵義，遠勝於經濟。人生涵義，遠勝於財富。既不許如共產主義之攘奪與宰割，亦不許如資本主義之自由相攫取。太戈爾理想中，務求於東方社會文化中，醞釀出新政府新國家。此一觀念，乃惟吾中山先生之三民主義，足以勝此重任。然吾國人，終不勝其蔑己崇洋之私鄙，乃必欲將中山先生之三民主義，附會之於西方觀念，始感心安。故中山先生提倡之「民族、民權、民生」，轉變為林肯之「民有、民治、民享」。不知民族豈能以民有作解釋，民權亦豈必以民治為歸宿，而民生亦豈能只以民享為宗旨？今日國人，又必以自由與科學，作為民權民生之張本。然如太戈爾此書之所發揮，則科學僅能為人生作奴隸，至於自由，中山先生已言，中國傳統社會中，自由已太多，非太少。而太戈爾則謂近代人溺於自由之名，其為奴隸，實較古代尤重。雖兩人所言不同，要非如吾國人今日所想望崇拜之自由，則言之已極明白，所待吾今日國人之再加熟思體認而已。太戈爾又言：「跬步自封，固屬隘而無中。世界大同，亦嫌誇而寡實。」但吾今日國人，譴己崇外，內心實有一宗主，不惜舍己同人，非欲強人同我。固非誇而寡實之類。惟欲強一世盡如我之能舍己，而惟以西方為宗主，則恐終無到達之一日。

太戈爾又曰：「天之生人，本欲使其所以為人。東方西方人同是人，同知所以為人之道，斯非世界之大同乎！」是則中山先生民族民權民生主義，即教人所以為人也。若欲人脫離其民族傳統，一惟低首於科學，斯則太戈爾所謂之機械化，僅能得物質文明之大同耳。至於人類大同，亦豈可歸之於科學之能事乎？故誠使吾國人能一先讀太戈爾此書，進而討論中山先生之三民主義，庶不致歧途之亡羊。而余於桐孫此譯本，於五十年後，終得與國人相見，所以尤寄以懇切之期望，而不自禁其馨香以禱祝之也。

承桐孫先以此書相示，故敢不辭直率，草為序。儻或有當於桐孫五十年前迻譯此書之本意，則固不勝其欣幸。又儻此文隨此書以行世，得國人中有心者之共同研討，則又欣幸之尤也。

（一九七五年四月東方雜誌復刊第八卷第十期）

二二　李著岳飛史蹟考跋

從來歷史人物之地位，無不一一經後代人之不斷的議論評騭而確定。愈有地位者，愈受後代人不斷的議論評騭而永無休止。若其人，已不在後代人議論評騭之列，則其人之歷史地位已告消失。其人已在歷史中受淘汰。亦可謂其人已失卻了其歷史上之生命，不復在後代人心中活躍。不僅聲名黯晦，而其影響後人之處，亦漸臻於不存在。

中國歷史上最偉大之人物，占中國歷史最崇高之地位者，宜莫如孔子。然孔子乃為最經後代人不斷的議論評騭之人物。當其生時，卽有人鄙之為「東家丘」。逮其身後，並經一世聲名喧赫備受推尊如墨翟莊周輩之譏諷指斥。及其歷史地位奠定，而其所受此下之議論評騭譏諷指斥也如故，而曾無停歇。直至民國初元，新文化運動崛起，孔子則被稱為孔老二。稍減其輕蔑之聲口，則稱之曰孔丘。絕不稱曰孔子或仲尼。最近大陸共黨重有批孔運動。此皆已在孔子身後二千五百年以下。卽此便證孔子歷史地位之崇高，及其歷史生命之悠久，在中國歷史上，古今殆無其匹。

人人知重衡評人物，斯卽中國文化傳統一特徵。而人人可以自由批評，直抒己見，不自禁抑、斯亦中國文化傳統一特色。惟其衡評人物，為中國文化傳統中特別重視之一項，故對此一項之意見，人人各得大量自由，容其暢所欲言，無有忌諱。中國傳統文化用意之宏大而高遠，使今日國人涵濡浸染之深且久，身在廬山中，不識廬山眞面目。乃誤認為今日吾人獲得對孔子作如是大膽而直率之批評，乃莫非受西方文化之賜。則試一繙古籍，中國古人批評孔子之前仆後起，何嘗自新文化運動乃及共產主義之接受西化而始然。人苦不讀書，而書籍俱在，偶一繙閱，自可廢然而返矣。

然在中國歷史上，對孔子人格之推尊，對孔子思想之發揚，乃亦終無停止。而其聲氣高昂，則尤在譏諷指斥一邊之上，眞理愈闡而愈進，眞相愈辨而愈明。若無反對方，則此等所謂擁護道統之正面，豈不如狡兎已死，良弓將藏，何不憚煩而長為此無的之放矢乎？故余嘗謂中國歷史上之人物賢奸，功業高下，一切言論行事之是非得失，皆經一種極高度之民主作風，由後代人不斷投票，表示其自由意見，而作為一種無休止的再評判，無限期的再改選。一若永無定論，而定論卽從此出。西方人僅看重在當前的政權上，而中國人則更看重在永久之道統上。因此在中國文化傳統中更不自產宗教，亦可謂中國人更重信仰自由。孔子並不成為一教主，而孔子地位，乃若更超出於世界各大宗教教主之上。其精神力量之號召與影響之所被及於後世者，世界各大宗教之教主，乃莫不瞠乎其後。而近代國人又不能深察其所以然，乃歸罪於歷代帝皇之為其便利專制而故加崇奉，以欺騙國人，則何其吾兩千年來之中國人如是其易欺？或又謂中國人好古守舊；故使孔子得長踞此高位。此皆不深究其底裏，不讀書，幼稚無知識，而發為此等淺薄狂妄之謬見。若以較之歷史上各時代批評孔子之一切言論思想，則不得不謂今日吾國人之每下而況矣。

或又謂中國人尚文輕武，則孔子固曰：「習御乎，習射乎，我習御矣。」抑且中國後代，又有武聖，南宋之岳武穆，卽武聖也。武穆父子，同受朝廷判死刑。秦檜岳飛一主和，一主戰，不僅引起當時爭議，卽在後代，亦不斷各有主張，各有衡論。越至近代，國人好作翻案文字，是者非之，非者是之，岳武穆乃見譏為當時一軍閥，而秦檜則被尊為深識國際形勢一大政治家。此等議論，亦可在前代覓證人，找先識。孔子且然，何論岳飛。此乃近代吾國人大風氣所趨，則仍待有仗義執言，起而持相反意見者。或可以「衞道」一名詞，加以鄙斥。然此乃中國傳統文化中最見民主精神之所在。不妨有相反意見之提出，以待國人，待後世之再作公正之衡評。當吾世而遇有湯陰李安。係武穆之同鄉。於武穆生平，鉅細畢舉，纖屑靡捐，網羅詳備，作為岳飛史蹟考一書，於武穆之所以得奉為後代之武聖者，闡發不遺餘力。其書刊行於一九七〇年二月，再版於同年之六月。今年四月走告，其書將三版，囑余為一跋。余不自揆，自幼為學，亦竊有意於好古守舊衞道，對當前國人，好新好變，惟務於對傳統文化努力作翻案之風氣，投反對之一票。於六十年來之反孔批孔，曾著有孔子傳、論語新解諸書。於武穆秦檜事，亦於三十六年前所成國史大綱中揭發其衝突祕奧之所在。李君既目為同道，余亦不能無言。然史實餘蘊易盡，所賸亦惟反對與贊同之兩意見而止。則請姑揭武穆「文臣不取錢，武臣不怕死」之十字遺言以質國人。古今易變，眞理難窮。今日吾國人，常陷禍亂中，追原禍始，讁及古人。必求一變以為快。此亦固孟子所謂孤臣孽子，其操心危，其慮患深之心情之流露。讁古人，卽所以教今人。若使今日國人，亦能對此十字唱反調，立異論，文臣愛錢，武臣惜死，而可厝吾國家民族於太平之境，則公私兼顧，義利雙全，吾國人又何憚而不為。而武穆以此十字，養其志氣，完其人格，失言失節，而終為軍閥之歸。斯誠冥頑不靈。而八百年來，羣尊之為武聖，亦見中國之無人。易卦蠱之初六有之，曰：「幹父之蠱，有子，考无咎，厲終吉。」今日吾國人，皆有志為幹父蠱之孝子。雖曰有厲，而他日，此子終吉，其父亦得无咎。一旦吾國家民族重躋太平之境，斯對吾古聖先賢，亦將滅其譴責，而李君此書，雖若崇古衛道，違反潮流，宜亦終將留存於天壤間，斯固余之所馨香以禱者也。敬以此為李君此書跋。

一九七六年七月錢穆謹跋

二三　丁君星五大哉中華序

中國人觀念好言體，言體必期其整全圓滿。由此體上展現出各面，相互會合，乃成此一圓滿整全之體。每一面又可劃分成諸線條，每一線條又可劃成諸點。有起點、有終點，有自始至終全過程中之各中點，要之是會諸異，合一同，而成為一整全體，其中之各部分，則相互融通和會，合成為一，而名之曰「圓」。在此圓中，求其充塞周匝，無虧缺，無罅漏，而形成一滿態，此為中國人之文化理想。

故中國人好言文物。物具體各別，物相雜，斯曰「文」，文則各式各樣，五光十色，蔚為萬象。萬象實本一體。而此一體則惟見於萬象中。故曰「物物一太極，萬物一太極，而太極實無極。」

萬象中最大者，曰天、曰地、曰人。天不可見，惟見於地與人。而地與人，則融和會通，以見其天。

中國人言地，必言山水，在此山水中又必見有人。姑舉泰山西湖為例。此皆好山水，好風景。風景不屬地，屬於天，但必依附於地於山水與人物，名勝古蹟，園亭建築，碑刻藝術，經時代之緜延，彙為一體，而始成其為好山水，好風景。一任自然，此曰洪荒。雖亦同有風景，然風景不殊，而舉目有河山之異。此可歎，非可賞。故中國人每不離地賞天，亦不離人賞地。天、地、人三者融凝一體，乃有風景可言。

如泰山，自秦皇漢武下逮宋眞宗，歷代帝皇來此行封禪禮，此乃祭天地之大典。帝皇親臨，千騎萬步，結隊扈從，山形既擇其莊嚴雄偉，而道路又求暢舒，無崎嶇幽鬱之感。歷史緜延，經千數百年之因承積累，而儼然形成為一體。又有人物遺踪，祠廟古蹟，碑誌銘刻，奇樹怪石，相湊相映，使人觀瞻流連，應接不暇。遊山一如讀史，而泰山則成一自然與人文之薈萃體。其他名山，如嵩高華嶽匡廬峨嵋，不勝列舉，無不皆然。

再言西湖，遠自唐詩人白樂天築白堤，中經吳越王之不斷撈淺濬淤，下逮北宋詩人蘇東坡築蘇堤，以及南宋建都，宮闕邸第，公私興修，前後亦達四百年，乃成此後之西湖。其間有達宦雅隱，高僧名妓，羣倫所萃，顧盼生色，而治亂興亡，亦因而俱見。故西湖雖為一自然勝境，亦為中國歷史人文淵藪，遊者興觀羣怨，乃如讀一大史詩。其他湖渠堰澤，凡以水名景者，亦莫不融凝自然人文為一體，故曰「人傑而地靈」也。姑舉一例，如四川都江堰，以大工程成大名勝，有鑿山導江，鬼斧神工之險。此堰肇始於秦代李冰父子，歷代興修，迄今已逾兩千年，全世界水利工程，殆少其匹，而同時亦為一遊覽勝地。盡人性，盡物性，融凝天地自然與人文歷史為一體，既是一大文化，實卽是一大藝術。

故余嘗謂中國人生，乃一藝術之人生；而中國文化，亦一藝術之文化。再就小器物言，如商彝周鼎，古陶宋瓷，此乃中國人供飲膳及其他日常之使用。然其製作優美，精氣内涵，靈光外露，莫非藝術品之上乘。器物乎！人生乎！文化乎！三者融為一體，既不當目之為自然，亦不得謂其胥出於人力，惟有歸納之謂為藝術。其他如絲綢衣著，宅第構造，節令風俗，造橋植樹，以及文字變化，凡見於中國人生者，幾乎無不含有藝術情調。於是人物亦為一藝術之人物。在如是之山水園亭中，在如是之田野鄉土中，在如是之花草籬落中，在如是之壺鑑盤盂中，在如是之酒茶煙藥中，在如是之衣冠巾拂中，在如是之文學陶冶中，富貴功名，乃至立德立功立言，一切人生大希望大道理，皆可不計不論。即如觀中國人之畫像，只在頰上添毫，眸子傳神，十足是一藝術性之人物。以藝術性之人物，積而為藝術性之歷史。推而言之，為中國民族，上下五千年，縱横一千萬平方公里，人口十億餘，以生以息，繼繼繩繩，不仗兵，不仗財，而長與天地日月以共存，與陰陽晦明以俱新，此非一絶高無上之藝術結晶乎？

故惟有瞭解中國文化，乃可以瞭解中國藝術。亦惟有瞭解中國藝術，乃可以瞭解中國文化。一切中國藝術，則無不可以相通，亦無不可以傳久。中庸有言：「尊德性而道問學，致廣大而盡精微，極高明而道中庸。」研究一民族之傳統文化，其事不易，必從此民族德性之廣大高明面求之。研究一民族之藝術，其事較簡，可從問學途徑，於其精微與中庸面探尋。如玩賞一中國瓷器，一杯一碟，豈不極中庸又極精微，但由此細求，可以窺入中國人德性之内藴，而由此善推，亦可及中國文化廣大高明之一面。如登泰山，泛西湖，一地遊覽，盡人能之，豈不亦是極中庸又極精微。但由此可接觸到中國歷史之悠久綿延，及其人文理想之高明廣大。此亦中國人之德性內蘊之一番暴露也。言民族若有分歧性，言道德若有拘束性，惟言藝術，乃可把握到人類之共通性，而又有其各別之自由性。而惟中國藝術，上自天地山水大自然，下至日常使用之一陶一瓷，一衣一食，無不融通和會，成為一體，此亦大學所言「格物」之一端。大學三綱領，曰「明明德」、曰「親民」、曰「止於至善」。大如泰山、西湖，小至一陶一瓷，其中皆中國民族之明德所寓。然而遊覽玩賞，皆在日常人生中，惟覺其可親，而其中亦皆有一至善可止。惟其有可止，乃亦有可進。故凡中國之山水名勝，乃至器物佳玩，皆極舊亦極新，皆有藝術精神之綿延，而只見其若自然如此。此種格物精神，推其極，則可以治國平天下，使人類共躋於太平大同之境。此人生一最高藝術，惟在人之能善求之而已。

丁君星五纂輯大哉中華一書，共分十大部門，首為山川之部，次為民族語文，再次為歷史人物以至民俗勝蹟、建築、醫藥、藝術。余未覩其書，而丁君屢督余為之序。余即據其分別門類，匯諸異為一同，於具體見精神，竊幸其與余平素主張「由中國藝術窺中國文化」之微旨相符。爰特略抒鄙見，稍述端倪，以應丁君之請。俾讀丁君書者，欣賞其書中之一圖一片，而於小見大，於異見同，能神遊於吾中華民族文化之大體貌與規格，此亦是一種藝術心情、藝術精神也。余不禁企而望之。是為序。

（一九七七年六月七日中國時報）

二四　明代大儒丘文莊公叢書序

珠崖儋耳，遠自西漢，已列版圖，設郡縣。惟中國以廣土眾民，風教普及，文化深厚，賢俊輩出，其進仕中朝，垂名史籍者，初不普遍於偏遠之區。故粵人自張九齡，至初唐始有顯達。閩人自歐陽詹，下逮唐憲宗時，始蒞京師為進士，則瓊島僻在海外，宜乎其闃焉寂焉，無著名之人物彰耀於中土也。

下逮南宋，朱子應瓊州帥韓璧之請，為瓊州學明倫堂記，及瓊州知樂亭記兩篇，尚曰：「瓊筦在中州西南萬里鯨波浩漾之外，以其險且遠，論者因鄙夷之，以為不足以與中國之聲教。」又曰：「萬里炎天，漲海之外，其民之能為士者既少，其記誦文詞之習，不能以先於北方之學者，故其功名事業，遂無以自白於當世。」如朱子之所言，則瓊島文化至於南宋，猶不能與中土達同一水準，亦可見矣。

又下迄於明，而其勢乃驟變。丘文莊公仲深，入仕中朝，達四十餘年，自為編修侍講，國子監祭酒而至禮部侍郎尚書，文淵閣大學士，皆居文臣之要職，而位登輔佐，政聲尤輝煌。其著作著者仿論語作朱子學的二十篇，繼眞西山為大學衍義補一百六十卷，皆卓然得學統之正，偉然攬學林之要，全國學者傳誦其書，至於清末，歷四五百載，弗輟弗衰。蓋文莊不僅為瓊島一人物，乃中國史上之一第一流人物也。

文莊以後，海忠介公剛峯繼起，高風勁節，亦非瓊島一人物，乃中國一人物也。直至最近，共黨踞大陸，不滿者作為劇本，有海瑞罷官，海瑞諫天子，南北並起，資以反抗，良以剛峯之人格正氣，四百年來，深入人心，世局大變，而精魄如昨，以此見中國民族文化精神之無遠而弗屆，歷久而常新有如此。

余恨未能身履瓊島，作旬月周歲之遊覽，然近三十年內，羈旅香港，漫遊南洋、新加坡、馬來亞、泰國各地，瓊島人士所至皆有。文莊之賦有之，曰：「民生存古樸之風，物產有瑰奇之狀。」凡余所接觸不僅古樸猶昔，而瑰奇尤不乏。平生愛讀文莊書，遇瓊人乃益滋嚮往。自遷居來臺，交瓊人益廣，多黨國之俊彥，軍政之先達，然後益知中國文化之廣大無涯涘，與夫丘、海諸公之涵茹深厚之不可測也。楊君瀛山屢顧余廬，藉悉瓊人士方羣策羣力，為丘、海刊遺集，又組丘海學會資講習，此誠 蔣公所號召，當前復興文化一大業也，而豈僅止於瓊人士之惓惓於其鄉前賢之所為乎？

日前楊君又來，告余前年所刊文莊集，分贈已訖，將謀再版，欲余有一言弁其首。回念余始讀文莊大學衍義補，已在五六十年前，此後屢加繙閱，使余略知歷代朝章典故，制度文為之大綱領、大措施，則胥文莊此書啓之，而晚年來漸知尊尚朱子，讀文莊朱子學的之書，遙想余生東海具區之藪，而文莊生南海瑇瑁之鄉，地隔數千里，時隔數百載，生為中國人，同在此深厚文化之孕育中，余曾何敢攀望文莊之毫末；然而增我之信心，慰我之微情者，文莊亦其人也。余亦何以堅拒楊君之囑。若使文莊神靈有知，不肖如余，妄玷其名於文莊大集之前，文莊其亦將哂其為小子之可教，而不加以斥責乎？此則余所深幸而又不勝其引以為榮也，敬以此復楊君。

一九七七年雙十節錢穆謹序，時年八十三。

二五　榮卓亞女士書畫集序

余離鄉日多，留鄉日少，因與鄉之耆老先達，亦少獲晉接。年逾五十，返鄉任江南大學文學院長職，遂幸識榮德生先生。榮巷有樓，上下各三楹。先生居樓下，劃樓上居余。每逢周末，先生伉儷必來宿一宵，晨夕必暢談，凡先生生平志業，表裏始末，榮悴順逆，流離播遷無不及。先生告余，因遊西湖，飲於樓外樓，樓下羣丐環聚，因返而設廠，冀於鄉之失業者小有助。又於榮巷設一中學，以教鄉之子弟。日寇至，中學遂停歇，各廠皆內遷。今幸得復舊，各廠胥交諸子經營，江南大學亦由其子創辦，與己無涉。又謂財富傳家，如過眼雲煙，歷久必衰，皆不足縈懷慮間。惟七十之年，築一七十洞長橋，横跨蠡湖太湖之兩岸，行旅稱便，生平稍愜意者惟此，或堪供鄉人身後留念。存心利濟胸懷曠達有如此，誠吾鄉之賢德也。惜共黨肇禍，未能早避，乃以窮餓終。惜哉！惜哉！

余以三十八年春來香港，又識先生女公子卓亞女士隨其夫婿李君冀曜亦來香港。女士早通詩書，來港後學繪事於吳垣之顧青瑤女士。余特為新亞書院創辦藝術系，青瑤卓亞兩女士皆得羅致任教。而余妻胡美琦亦隨從遊，惟卓亞女士最稱高足，極為師門所賞重，而余妻乃初學，與卓亞女士誼在師友之間。

卓亞女士畫如其人，不僅精於藝，抑且其德內藴，隨筆流露，畫品直追古人，極受同學之愛戴。不幸過七十即逝世。冀曜君薈其作品為一册，將以印行傳世，來問序於余。余念榮氏為吾鄉望族，而余獲識其父女兩代，其父既為商界巨擘，其女又為藝苑傳胤，而其兩代之性敦行篤姿修純美，則有世人所不盡知者，余因敍卓亞女士之畫，而追憶其父德生先生之德，固不僅為吾鄉人增榮，亦足以風末世而詔來祺焉。因不辭而序之。

一九七八年之初春錢穆序於臺北士林外雙溪之素書樓時年八十有四

二六　周宣德先生八十壽序

周子宣德，幼承庭訓，飽飫儒家大義。遊學京都，專治化學工藝。中年從事教育事業，來臺受職於臺糖公司。晚年退休，乃一意宏揚佛道，創為慧炬社，垂二十年。登門著籍者遍國中，逾六七千人。近歲又掌教於美國加州法界大學，任文學院院長。今八十矣，兩地奔波，神益定，氣益旺，休休若無一事牽掛。友人競為之祝壽，又編其近年文字為佛學文叢行世。然周子不出家，不為僧侶，其夫人亦八十矣，伉儷之情甚篤。既破家為慧炬社，乃夫婦即以慧炬為家；任教法界大學，又即以法界大學為其家。不逃俗，不披剃，不入山，不居寺，不治家人生產，而遑遑無一日閒，一似俗人中之尤者。來學於慧炬社者，率以各大學肄業生為主，慕周子之教，亦娶亦嫁，各有家室，或從事教育，或工商界，或政治家，各有俗務，極少出家為僧尼者。亡友楊君管北乃商界鉅子，中年養病習靜，亦治佛家言。與周子不相識，一日往訪，謂從學來社者，當不專研佛典，必兼讀儒籍，乃庶益有當於周子之所教，周子韙之，乃斥資為儒佛獎學金。昔莊周有言：「人相忘於道術，魚相忘於江湖。」若周子楊君，非儒非佛，亦儒亦佛，殆所謂相忘於道術者，然非如魚之相忘於江湖也。余獲交於兩人，兩人者每交相譽。卽日周子來，尙喋喋稱道楊君不離口，然距楊君溘逝，則已踰歲矣。余畢生勤瘁儒籍，僅拘拘儒家言，每交兩人，亦每能相忘於道術。然今日執筆壽周子，悼楊君，又豈能如魚之相忘於江湖乎！余雙目迷矇，不能見字，口述斯文，命余妻代筆之。周子之於余岳，則又畢生不忘，屢屢為余妻稱道之不已。然則余之此文，祝生者，抑悼死者。凡世俗人之生死於此天壤間，若可相忘，若不相忘，豈不相忘者別是在於相忘之外，抑尚猶存於相忘之中。敬以質之周子，其將亦有以教余耶！是為序。

一九七八年八月五日錢穆於外雙溪素書樓時年八十有四

二七　邢湄邱先生集序

余讀清嘉慶一統志，瓊州府人物始宋代，有四人，元一人，明十九人，清九人。明賢自丘濬、海瑞外，尚有邢宥，字克寬，文昌人，正統中進士，擢監察御史。景泰初，治王振黨獄，督運通州糧以實宣府，有能聲；出按福建、遼東、河南，風裁皆震一時；歷臺州蘇州知府，當官廉潔，後以僉都御史巡撫應天，兼理兩浙鹽政，考察屬吏，奏黜不職者七十餘人；居數歲，引疾歸。今按克寬有文集，吳人繆日藻為之序，稱其任蘇州府時，活饑民四十餘萬口，治績表表，為天下最。又稱論者謂公與丘、海二公，為奇甸三名賢，他人之賢弗及，府志傳公鄉評自唐宋以來海南人物莫及。繆文撰於清雍正時，則克寬賢名歷久不衰可知。據行狀，其先自南宋建炎年間自汴南遷，家世業儒。元代邢氏歷世出仕有聲。文莊為克寬著墓誌銘，稱克寬長文莊五歲，早年即以文采政績蜚聲。而其德、功、言三者，俱得與文莊、忠介而合稱為海南一鼎之三足，此決非偶然矣。余自讀文莊忠介書，即知慕海南之文化。自來臺北，獲交瓊島諸賢達，方廣鳩貲力重印文莊忠介集，以宣揚海南之文獻。余既序其文莊一書，頃楊瀛山又携克寬湄邱一集來，集已殘缺，謀為重刊，而囑余為之序。余乃又始知有克寬。余亦吳人也，克寬為吳名宦，有厚德，又深得丘文莊推崇，余安得辭。然年老目眊已不能細誦湄邱一集之文辭，爰略述其人之梗概，亦聊表余對海南諸賢流寓在臺，竭誠表揚其鄉邦文獻之忠忱毅力識深慮遠之私衷欽佩於萬一耳。讀此集者，尚幸諒之。

一九七九年元旦後旬日無錫錢穆謹序於臺北外雙溪之素書樓時年八十有五

二八 文昌縣志序

中國乃一廣土眾民之大國，歷史緜延已有五千年之久。自有文字記載以來，曰夏、商、周三代，乃封建政治。秦漢以下，改為郡縣。然其同有一中央政府，則先後無異。自三代以上，有五帝，自黃帝迄於堯舜。當時乃無文字，口述相傳，史跡雖不詳，然非神話可比。黃帝以前，尚有神農氏，或皆尚在部落時期，與夏、商、周三代封建有不同。然已同為一中國，則遠自神農黃帝始。此一版圖，則曰中國。居住此版圖者，則同為中國人。中國與中國人之名稱，始於何時，已無可考，亦未有人確立此兩名稱。然其確已存在於中國人觀念中，則斷斷無疑。

何以有同此中國同為一中國人之觀念，主要者，尚不在政治上，而在文化上。中庸之書有之曰：「今天下，車同軌，書同文，行同倫。」車同軌，尚為物質文明。書同文，則自物質文明升進至精神文明。而行同倫，則純屬精神文明。惟能有此文化，乃能有此觀念。而政治則亦僅此文化觀念之一種表現而已。

此事在中國人幾乎視若固然，不值一言。然環觀世界，能同具此觀念，同有此歷史者，除中國外，實更無其他民族，其他國家有此成績，則焉得不鄭重提出，以昭示於當前之國人，以珍貴此一奇蹟乎？

瓊州島遠在廣東海外，乃揚越荒徼。然自秦代已列中國版圖，當屬於象郡。及西漢武帝元鼎六年，平南越，翌年遂設儋耳珠崖兩郡。嗣並儋耳入珠崖。故瓊島之確為中國之一部分，其居民之同為中國人，乃自秦漢郡縣時代開始，亦已兩千年於茲矣。

珠崖一郡，自漢屢廢屢建。自三國之吳，下歷晉，迄於隋唐，皆遞見史載。而自唐武德後，為崖州郡。宋以後，為瓊州郡。則在中國歷史上地位已更昭著。唐代有名相李德裕曾貶謫其地，終死不歸。下迄宋代，有蘇軾，乃中國有名第一流文學家，亦貶其地，三年幸得歸。又有名相趙鼎，亦貶其地，終亦死焉。又有李綱及胡銓、李光，亦貶其地。瓊人立五賢祠，奉李德裕、趙鼎、李綱、胡銓、李光五人之神位，又稱五公祠。蘇軾則別建專祠，以祭以禱。則距今亦在八百年上下矣。

自明代洪武始，改立瓊州府。而有明一代，瓊府人才輩起，其著者如丘濬、海瑞，則在中國史上，當列為第一流人物。凡屬中國一識字讀書之人，幾於無不知有丘海二公者。瓊人亦以二公附蘇軾合為景賢祠，亦稱三公祠。則瓊州一府，在中國之地位，亦當躍居第一第二之列可知矣。

下逮民國，國父孫中山先生在廣州建軍，前蔣總統終於北伐成功，統一全國。而瓊州一府，從軍名列將官之位者，在全國佔最多數。以縣論，又以文昌縣佔全國之最多數。公忠衛國瓊人之表現，尤遠出全國之上，亦可居此以推矣。

余之來臺，得識瓊人楊君瀛山，亦名隸軍籍，並曾親隨前蔣總統有年。每與余談及國事，忠愛之忱，溢於言表。又奔走擘劃，為瓊人重印丘文莊、海忠介諸集，其熱心文史事業，尤在其縈懷於軍旅戎馬之上。其高懷雅寄，尤出於余羈留海外三十年一輩交游之上。懿歟賢矣！

楊君乃瓊之文昌人，近年又有意重印文昌縣志。中國之有國史，遠自西漢司馬遷之太史公書始。自此迄於清末，總二十五史。此又為舉世其他各國所無有。方志之書，則國史之輔，遠起宋代。文昌一縣，在西漢屬珠崖，唐武德始有平昌縣，貞觀元年改名文昌。則文昌之名，迄今亦一千三百餘年矣。文昌縣志始自清康熙時，楊君於今故宮博物院藏書中得之，然已殘缺不全。楊君今所重印，乃清咸豐年重修之本，而楊君得之於美國。搜求之勤備至。楊君有意重修，然材料人力皆所不足，乃續修人物志一部分，待再刊印，而督余為之序。

余意方志之書，全國各縣邑靡不有。讀之，則其地之確為中國一部分，其居民之確為中國人之一枝葉，彰然在目。愛國家愛民族之心理，油然自生。方志之外，又有家譜，乃一家之史，亦中國所獨有，而舉世其他各國無之。苟一讀其家譜，則其一家來源雖歷數千年，亦可追溯。凡吾國家民族之所獨有，而為其他國家民族所無者，斯誠吾國家民族無上之寶。豈可僅求現代化，而對此特有之珍，而漫不加以護惜乎。

余患目盲，未能見字，已越一年又半。非不得已，不輕為文章。既尊楊君之志，又不忍拒其懇切之請。余每謂，讀瓊州一島之史，可徵中國文化力量之偉大，今交楊君而益信。文昌縣志出書，讀者亦可信余言。而楊君之意，亦豈僅為其鄉土而已乎！爰不辭而為之序，荒陋不文，則希楊君諒之。

一九七九年四月於臺北士林之外雙溪素書樓，時年八十有五

二九　海忠介公全集序

吾中華民族文化傳統，遠自羲農黃帝以來，緜亙五千年。其最大成績，厥為摶成一羣體，創建一廣土眾民大一統的民族國家。有擴大，無分裂；有繼承，無改變。並世諸民族，至今無與倫比。而在此大羣體之下，各地區之民情風俗，五花十色，繽紛駢陳，不作一單純之發展。周公制禮作樂，朝聘盟會，雅頌之聲，洋溢乎天下。而十五國風不害其相異。孔子曰，「齊一變至於魯，魯一變至於道。」是在孔子時，齊魯異風，而魯亦未臻於道一風同之理想境界也。繼孔子後，有鄒魯並言者，亦有齊魯並言者，則齊與魯，要之為相近相類。而又有燕齊並言者，則燕齊亦可相類。而魯與燕則不相類。復有燕趙並言者，則燕趙又相類，而齊與趙則不相類。余吳人也，在當時或吳越並稱，或吳楚並稱，而此三邦則皆與中原諸夏不相類。讀漢書地理志，中國疆土益廣，郡國之分益繁，而政治上之統一，視之唐虞三代，亦益臻穩定而凝固。然而各地之風俗相異，民情不同，亦可溯源窮本，追尋其歷史往迹，而條分縷述之。下至於唐代之元和郡縣志，宋代之太平寰宇記，以下迄於明清兩代之一統志，以及各省通志、縣志之類。可見合中國而言之，有其文化之大傳統。而分地分區，則莫不有一文化之小傳統，以隸屬於此大傳統之下，而益見其文化內涵之寬容并包。天上大同之境界，亦庶由此而達。而尤可異者，以言人物，則無論其在政治界或學術界，既為一中國人物，既為中國人所共同崇敬，以傳之後世而稱道不衰，則必具一共同風格，共同規範，而無大相異。孟子稱，有一鄉之士，一國之士，天下之士，與千古之士之分別。在其一鄉一邦得稱為一士，其傑出者，必為天下士，千古士。要之，其足以代表吾中華文化五千年之大傳統，則無異也。余之於瓊島諸賢之特致崇敬之意者，亦在斯。中國乃一大陸國家，而瓊島則孤懸海外，雖其隸屬於吾中華之疆土，亦既自漢代已然。論其鄉土，則不得不謂與其他地區有大異。而論其人物，其所成就與表現，則仍與生長大陸之古聖先賢，可謂同屬中國人物，而毫無可分別處。此則尤見吾中華文化傳統之偉大，亦舉世難尋一最佳之例矣。余於瓊島先賢，最所愛敬者，當首及丘文莊與海忠介之兩人。自余來臺灣，獲交於瓊島之楊羣將軍，其印行丘文莊集，余為之序，已略表余對瓊島先賢所抱敬意之私情。今楊君又囑余為其印行之海忠介集作序。海忠介之於吾三吳，曾於明穆宗隆慶三年，任巡撫應天十府。在職未及一載，政績斐然，建樹良多。尤其開濬吳淞江及白茆河，當時稱為萬世功，創三吳所未有。吾三吳人士，對公去思，歷數百年之久而不忘。而所謂「海瑞罷官」一故事，則尤流傳全國，雅俗共知。自共黨竊據大陸，違反吾中華文化大傳統，殘民以逞。而在北平，在上海，同時有人據此故事創為劇本，轟動朝野，鑄成慘獄。而人心震蕩，共黨政權，終以崩潰。則海忠介數百年前私人一故事，其維繫人心，奠定國本之潛力，有如此。此非海忠介一人之力能如此，乃吾中華四五千年來古聖先賢所積累共存之潛力，發之於海忠介一人之身而如此。而海忠介出生瓊島，非瓊島之風俗民情有此陶冶，亦不能有如海忠介其人者之出生。而非吾中華文化大傳統之陶冶，亦豈有今日瓊島之出現。余以致敬於丘文莊、海忠介者，致敬於瓊島，乃益以致敬於吾中華五千年來之文化大傳統。因不辭固陋，重因楊君之請，續為其所印海忠介集作此一序。惜余不克親蒞瓊島：一瞻其海天之美，風土之純。又不克親蒞丘海兩公，以及瓊島其他諸賢之祠墓，以一申向所敬慕之私忱。而特以虛文浮辭，一再塗染，斯則余之所深憾也。

（一九八一年九月十六日中央日報副刊）

三〇　蔣慰堂珍帚齋文集序

余初識慰堂，乃在抗戰時期之重慶。慰堂叔父百里先生，余幼年讀其書，卽深知愛敬，恨始終未獲一晤面。故初識慰堂，卽心親如稔友。慰堂又告余，在北平時，常從遊於梁任公先生。余幼年亦讀任公文，自其改新民叢報為國風報，讀其創刊辭，頗為感動。洪憲稱帝，余於任公乃倍加愛敬，及其為歐遊心影録，而愛敬心益切，亦恨終生未獲一晤面。聽慰堂語，百里任公兩先生之風采笑貌，乃若依稀獲得其一二，此亦余生平一樂事，余乃與慰堂意益親。慰堂時方膺中央圖書館職務，余曾返蘇滬，奉侍老母一年，備聞江、浙兩省民間私家藏書之流散，如何重得搜藏，亦慰堂一大責。與慰堂一夕談，大率不出此三端。

再晤慰堂，已在民國三十八年避難香港時。余與慰堂同居沙田，而南北相隔數華里，初不相知，晤面乃在九龍市區。欣悉江、浙散書大體均由慰堂為中央圖書館購得，而今則又方遭淪落之憂。慰堂生活之流浪孤苦，則又難一言以盡。不數月，慰堂來臺北，任臺灣大學教職。不數年，又重任中央圖書館館長。余則每年必來臺，每來必與慰堂相晤。余與慰堂眞得為稔友，乃在亂離流動中得之，亦誠生平一幸遇。

一九六七年，余決意遷來臺，時慰堂已改長故宮博物院。余以博物院多藏書，又位居士林外雙溪，在郊外，較靜僻，因在其附近擇地定居。慰堂乃介余任博物院一閒職，特闢一研究室，得每日往暢讀藏書，又得薪給，賴以生活。迄今已逾十五載，胥慰堂為之作安排。

余去博物院，每與慰堂長談，大要以往年北平學術界之人物故事為主。北平人文薈萃，抗日戰爭起，而往昔盛況乃不再得。如百里、任公兩先生等人物，則亦已渺不再有。今日國人方競呼求變求新，而如故宮博物院、中央圖書館，典籍器物遠自三千年來，古老陳舊，乃我中華文化緜亙悠久精神之所萃，得以保持五千年來民族傳統精神於不墮，以更求其隨時以俱變，與日以俱新，此非高明賢達之長日沉浸其中者莫之能。慰堂任此職務，懷此心情，每與余閒談及此而不倦。慰堂語重心長，又常歎有不易獲相談人之感。

兩年前，慰堂患病住醫院，累月歸，遂求辭職。既得請，閒居中乃編為此集，凡分五卷，首為其任職故宮博物院時之寫作，次為其任職中央圖書館時之寫作，讀此兩卷，而慰堂任此兩職之所作為，亦已約略可得其梗概。孔子曰：「志於道，據於德，依於仁，遊於藝。」慰堂任中央圖書館長職前後凡三十年，任故宮博物院長職又十八年，慰堂之生平主要可謂盡在此兩職中。慰堂畢生任此兩職，此亦有一番述而不作信而好古之精神存其中。此亦可謂慰堂之志於道，而實亦慰堂私人德性之所近。但三、五千年來所寶藏之典籍器物，乃我中華民族生命之所寄，則慰堂終身事業之所任，終亦不失為一仁。而慰堂此兩卷，則其遊於藝之流露，非世之徒為著作以傳一己之名者之所得相擬。

慰堂之志於學則為史，而更好宋史。慰堂雖職煩任重，而猶時時不忘於所好，亦時有寫作，則另列為卷。慰堂又信天主教，又別為一卷，於尊信中國古聖賢之外，又兼信西方之耶穌，當代黨國元老孫蔣兩公皆然。惟慰堂信教在晚年，每喜舉古經典可與耶教義相通者為余言之。此與一意慕效西化，尊洋卑己者，亦大有別。此亦通讀慰堂之全集而可知。

慰堂全集除上述四卷外，又有雜論一卷。通讀慰堂此集，不僅見慰堂之文，即以見慰堂之學，而更要則在見慰堂之為人。余平生論學，嘗謂中國傳統之學重在其一己之為人。故凡著書立說，皆以見其人。慰堂此集，編目分卷，雖若稍異前人，實則顯然仍循襲中國學人之舊規矩。慰堂集將付印，囑余為之序，乃勉為之，讀者其善自體會。

一九八五年夏錢穆識於臺北士林外雙溪之素書樓時年九十有一

三一　嚴慶祥先生書序

嚴慶祥先生隨其父裕棠先生在上海同為一企業家，民國三十八年，慶祥先生仍留上海，改以中國書畫藝術自娛。又轉而進入中國歷史傳統文化之研討，乃有孔子與現代政治一書之著作。一九八一年，携其稿至港美，其書乃見宣揚。余自從八十四以下，雙目全盲，卽不能再讀書。其子嚴道先生邀余為其尊翁書作一序，余雖未能讀其書，但彼此持論則大體應相同。竊嘗謂中國文化五千年來，常有一君位傳統不絕。但為君非可貴，為君而能行君道始可貴。如唐虞三代，堯、舜、禹、湯、文、武、周公，為君攝政，能行君道，乃始貴。故中國文化傳統貴政統不貴君。僅為一君，則曰：「民為貴，社稷次之，君為輕。」又曰：「聞誅一夫紂，未聞弒君。」然發揚此道，傳之後世，實始孔子。孔子論語，縱為君者亦必善習。此為道統猶尊於學統，而學統猶尊於政統。孔子以下，中國乃為一四民社會。戰國顏斶有「士貴王不貴」之論，此下中國人尊士猶在尊王之上。戰國尊道統學統於政統之上，大體卽此義。慶祥先生之孔子與現代政治一書，大意當仍建本於此。爰敢不辭，而勉為之序。是否有當，尚期慶祥先生之指正。

一九八五年十二月十二日，冬至前十日，錢穆於病中序於臺北士林外雙溪之素書樓，時年九十有一

三二 張曉峯先生文集序

老友曉峯逝世已兩週年，余屢謁其墓，徘徊不勝念想。頃其門人弟子為之編纂遺集，得文一、六三〇篇，分五大類，約共一千萬言，彙印成編，而囑余為之序。

余目盲，十年不再能展覽書籍。最近又多遺忘，即眼前事，亦多不能記憶。極願為此編作序，而究不知當從何頭緒落筆，又不知如何發抒己情。欲罷不能已，但終不知何從下筆，徒茲悲憾，無可奈何。

古人曾以立德、立功、立言為人生三不朽，曉峯之立德，當猶在人心，但難以一一詳述。其立功即就創建文化大學一校言，規模已甚廣大，亦可傳遞不竭。立言則見此集，讀者可自加探討，余此老朽，既不能誦讀又何當以空言需其端。

抑余實有不能已於言者。余之生平，從未踏上政治一步。政府遷移來臺，余則留滯香港，幾乎每年必來。但政府中人，最所常見者厥惟曉峯一人。余生平狷狂妄言，每於中西文化多有分別辨論，其事則始於為曉峯在對日抗戰時所創辦之思想與時代一雜誌撰稿。而余之於國內黨政稍有興趣，稍加注意，則亦由曉峯啓其端，而亦惟曉峯之是賴。

然曉峯每遇余，向不語及實際政事。其長教部有年，每相見亦從不涉及當時國內教育事件。其在陽明山主持國防研究院，邀余作長期講演，亦從不涉及當時之黨事。余乃一書生，每見曉峯，亦惟感其始終同為一書生而止。蓋余之於曉峯，在臺晤面數十次，亦始終為書生之相敍，始終未有他及也。

余知曉峯極得故總統蔣公之重視，然曉峯終不與余一言及此。不僅於蔣公，即於創黨開國之孫中山先生，曉峯亦未嘗與余一言相及。今讀者誦其全書，究於孫蔣二公之對當前政局有何抒發，其細參之，當亦可以識曉峯之為人矣。

抑余又有言者，曉峯為人，似從不肯自居為一人上人。其從政其得蔣公之深知有如此。其久管教育與黨訓之重任又如此。乃曉峯之待人接物，始終僅如一平常人。中山先生以先知先覺自居，以後知後覺視其黨人，曉峯之從事黨政，則誠乎始終自居為一後知後覺。故其為人克己復禮，奉公守職，從不似一長官以居高位當大任自負。余之晤面相接，若從不知一長官在前。此不僅為余一人之感想，凡與曉峯偶一接觸或常相接觸者，當無不以余言為然。但此恐在政界中亦難多及。余今日每一反省，而不知其對曉峯之情狀追思回憶乃有如是之不能已也。

中國人好言一「仁」字，此從孔子論語始。鄭玄注「仁者，相人偶」。相人偶一語猶今俗言相搭攩。曉峯為人，以余所知，亦可謂乃好與人搭攩，此即古人所謂之「相人偶」。其在教部如此，其在陽明山莊之國防研究院亦如此，即其創辦文化大學亦如此。今日曉峯已逝世，其生平志業，當在其搭擋之身上。論語所謂「有朋自遠方來」，所謂「朋」，亦即此搭擋。中國人師友連言。曉峯生平，似既不以長官自居，亦不以大師自居，可謂乃惟以為人一友朋自居。孔子曰：「吾非斯人之徒與而誰與！」曉峯亦可謂其善與人矣！使遇人得如曉峯者而仍不能相與以成事，斯亦無以為人矣。

卽如今日，以國民黨言，為之首長者，則如孫先生，如前總統蔣先生可以當大羣之領袖而無媿。但領袖之下，仍當有其黨友及相從之徒。以余所知，則如曉峯者宜可當相人偶之任而無媿矣。人孰不願為萬人之長，乃絕無人願自居於他人之下者。則以中國傳統文化言，君子羣而不黨，又何得以成此羣。孔子問子貢：「汝與回孰愈？」子貢曰：「賜也何敢望回。」孔子深讚之曰：「我與汝不如也。」竊謂以當前之國民黨言，孫中山先生如孔子，蔣故總統如顏回；而曉峯則當如子貢。所謂「賜也何敢望回」，惟曉峯有此胸襟，有此品量。實則孔子死，子貢獨廬墓六年而去，非子貢則無以成孔門之大。今則人人以領袖自期，人人以豪傑自負，能如曉峯其人者，乃渺不易得。斯亦人文風氣一時之變。以中國人而盡慕西方，惟能有黨，不能有羣。古今易世，難與相提而並論。則曉峯之為人，宜乎亦可謂其生不逢時矣。余之於曉峯之長所追念者乃在此，不知此下讀曉峯此集者，亦能讀其文而與我此所言有同感否？謹以書之此集之首，以為之序。

一九八七年九月錢穆謹序於臺北外雙溪素書樓時年九十有三

三三　郭美丞先生抗吟殘稿序

夫詩所以言志而詠性情者也，故其人苟有志而厚於性情，則宜可以有詩，而其詩則必眞詩也。至於詩之工不工，則猶其餘事。若失詩之眞而務求於工，此乃無志而薄於性情者之所為，詩雖工，勿貴也。海澄郭君出示其令先翁美丞先生之詩集所謂抗吟殘稿者，余受而讀之，因以想見美丞先生之為人，其人則誠有志而厚於性情之人也。又能一本其平日之為人而發之於詩，故其詩亦眞詩也。讀其詩，而知重其人，蓋人因詩傳，詩因人重，此與盡心力於聲律藻采之間而忘乎其為人之本者，不可以同類相論矣。爰樂為之序而歸之。

（疑作於一九五一年間）

三四　陳江三君賈誼研究序

香港大學中文學系高材生陳君煒良、炳良、江君潤勳，三人合作，成賈誼研究一稿。某日者，其業師饒子宗頤介之來謁。三君皆恂恂然，好學謙受之意溢於顏眉間。袖出其稿，乞余為之審定。余來香港，倏忽十年矣。聞港人言「大學堂」，不問可知為香港大學也。港之青年，以能投考入大學堂為無上之榮譽。其畢業而去者，皆翹然社會儔羣中，獲美名，得佳職，殆無與相抗衡。然就學者，則莫非中國青年也。而大學堂之中文學系獨為黯澹，不受人重視。不論於大學堂之內，大學堂之外。能來受業，而顧有意於中文學科，此乃絕無而僅有，罕遇而非常。相習以為當然，似無復有人焉，目此為專怪者。每年得一人焉，多或兩人焉，專意治中文學科，此乃鳳毛麟角，為大學堂作點綴，而大學堂之所以為大學堂則固不在此，是乃香港大學之歷史傳統則然也。此數年來，香港大學之中文學系乃漸見有起色，既多延名師，廣開課程，而陳君、江君之同級，專修中文學科者同時得七人，是可謂創大學堂未有之先例矣。而陳君、江君三君者，又能斐然有述作之思，以一年級新生合力成此一編，雖曰得名師之指導，要可謂是難得矣。余携歸讀之，既嘉三君之髦年秀出，又喜香港大學之擴此新模。禮有之曰：「耆欲將至，有開必先。天降時雨，山川出雲。」此一卷書者，其亦如微雲之乍展，而繼之以油然，沛然，而膏雨淋沐，此亦當為我港人一至可耆欲之事也。三君將刊布其書，而余特為之序其耑，夫亦豈僅鼓勵三君之繼此不懈而益有所遠到而已哉？

（當作於一九五九年左右）

三五　黃君仲方畫展序

黃君仲方，寶熙先生之仲子，年十四，即從顧女士青瑤學畫。女士吳中名門，家世以精擅六法，蜚聲大江南北。仲方獲從名師遊，而天姿穎特，又能朝夕濡毫，寒暑不輟。初寫蘭竹，繼摹八大，由此進窺宋元堂奧，於董巨范寬李唐元四家研尋尤篤，而出入於石濤新羅。寶熙先生不惜巨貲，廣搜古今名人書畫墨迹，恣其賞覽。又挈之遊臺灣日本暢觀故宮名畫及東瀛收藏自丙午冬迄茲六年，而藝事大進。今秋九月將赴瑞士留學，因檢其歷年作品得六十餘件，公開展覽。名畫家張大千題其巨幅山水謂「得元人蒼鬱之致」，可證其造詣之一斑矣。抑余於仲方之成業，而竊有所感焉。固亦其天姿之秀出乎，而上有賢父之督導，旁有名師之指點，又席豐履厚，遂能優遊寖饋於藝術之境，而心無所干撓，故雖值大亂之世，處塵棼之中，而以英年躋此卓突。然則仲方可不自知其所遭遇，而益求所以自奮乎。他日畢業東歸，重溫素業，益擴其所未到，益進其所未達，振起畫風，以成一代之宗匠，余將於仲方乎期之矣。余既屢題仲方之畫，於其展出，特重為之序以勗焉。

（疑作於一九七一年）

三六　題郭大維先生畫集

昔宋儒周濂溪窗前草不除，問之，云「與自家意思一般」。張橫渠觀驢鳴，亦謂如此。程明道嘗言：「觀雛雞可以識仁。」又常於池盆蓄小魚，云「欲觀萬物自得意。」此皆天地生意所鍾，所謂鳶飛戾天，魚躍於淵，上下一理，渾是率性，俯仰之間，生趣洋溢，活潑潑地，此宋儒之所謂格物窮理，仁者渾然與物同體者，當於此認入。遠溯此風，殆源於唐代之禪宗。青青翠竹，盡是法身；鬱鬱黃華，無非般若。佛在庭前柏樹子。圓明眞性，盈天地間，舉眼卽是。以之入詩，如王摩詰「雨中山果落，燈下草蟲鳴」，佛法禪味，人生妙道，胥由是見。如此妙諦，入於畫家之手，則一花一草，一蟲一魚，素紙尺幅，淡淡數筆，懸之壁間，朝夕相對，實可使人如睹法華，如入桃源，如讀中庸，讀楞伽，讀宋明儒學案。成聖成佛，淑世淑羣，本領端的，根柢在是。

然此乃吾華藝術至高境界，苟非其人，道不虛行。今者大陸沉淪，赤氛瀰漫，殺機所播，災及草木，禍逮征蟲，生人之趣，為之斷絕。郭君大維，青年特達，避難來港，夙習畫事，重宣玄風，天地之生趣，斯人之仁道，運之指腕，託之毫素，寫之於草木魚蟲之微，而吾華藝術文化之精旨，亦於是乎在。爰為率題數話，以稔同好。

錢穆　壬辰孟冬

（一九五二年人生雜誌）

三七　何君蒙夫詩境齋記

何子蒙夫名其讀書作息之齋曰「詩境」，又為之圖，又諉余為之說。余曰：「有意哉！何子之名其居也。」夫盈天地一詩境也，詩三百莫不有所比興，比興者，即物以寓心，象物以申心，天地萬物與我為一。知詩人比興之趣者，斯知天地之為一詩境矣。故孔子曰：「小子何莫學夫詩。詩，可以興、可以觀、可以羣、可以怨，邇之事父，遠之事君，多識於鳥獸草木之名。」夫鳥獸草木之名何足識，知所以興與觀，則知所以羣與怨，而鳥獸草木亦與吾心相會，成為一天地，亦即見其為一詩境矣。夫豈天地之為一詩境而已乎！即人生亦一詩境也；子在川上，曰：「逝者如斯乎！不捨晝夜。」夫子之歎，亦歎此詩境也。又曰：「飯疏食、飲水，曲肱而枕之，樂亦在其中矣。不義而富且貴，於我如浮雲。」夫子之樂，亦樂於此詩境也。而羣怨之深旨，亦胥不外乎是矣。故事父事君，皆詩境也；夫子之為聖，亦聖於識有此詩境而已耳。何子之以「詩境」名其居，其亦殆有取於此乎？姑為之說，還以請益於何子。

己亥大雪前兩日錢穆

（一九五九年人生雜誌）

三八　題賈訥夫先生書畫展

元楊維楨論畫，謂「書與畫一耳。」士大夫工畫者，必工書，其書法卽畫法所在，豈可以庸妄人得之。又曰：「畫之積習，雖有譜格，而神妙之品，出於天質者，殆不可以譜格而得。」故畫品優劣，關於人品之高下。余交賈子訥夫有年矣！素聞其工書，頃又悉其能畫；最近方將展覽其作品。余雖未獲先覩，然交其人，蓋可以想見其筆墨，必有出於譜格，而入於神妙之境者！知賈子之所展覽，必有以證楊氏之說之不虛也。

（一九六〇年三月人生雜誌十九卷九期）

三九　新亞書院概況序言

新亞書院是一所在特殊的時代，特殊的環境下，負有特殊的意義與使命而創始的學校。新亞書院之創始，最先並無絲毫經濟的憑藉，只由幾位創始人，各自捐出少數所得，臨時租得幾間課室，在夜間上課而開始。其先是教師沒有薪給，學生無力繳納學費，學校內部，沒有一個事務員和校役，一切全由師生共同義務合作來維持。直到今天，已經過了六年時期，依照目前實況，學生照章繳納學費者，仍只佔全校學生總額百分之三十，學校一切職務，仍由師生分別擔負，全校仍然沒有一個校役。新亞書院，沒有自己的校舍，這是六年來最大的困難問題。自得美國耶魯大學之「中國雅禮協會」之協助，自下學期起，纔能開始建築自己的新校舍。新亞書院亦沒有圖書與一切物質設備，直到最近兩年內，纔得絡續購置圖書，至今尚僅有中外書籍不到二萬册。新亞書院因於歷年來經濟之極端困乏，而不能有它理想上應有之成績與進展，但亦因其經濟之極端困乏，而漸獲社會各界之注意與同情。

新亞又是一所流亡性的學校，這幾年來，學生的流動性甚大，教授的流動性亦大。在學校裏，能維持四年學業，直到畢業而去的學生，在全部學生中所佔比率實甚小，教師能繼續在校授課到三四年以上的也不多。這種師生的流動性，亦妨害了學校理想上應有之成績與進展。但臨時來校義務教課的許多教授，多半是在中國大陸負有重名的好教授，而在校受學一年以上的學生，他們雖迫於種種關係，中途脫離學校，但他們對於學校亦都能保留良好的印象，因而也正為師生之流動性，而使新亞名譽，在社會上逐年有急速與加大之長進。

正為社會各方面對新亞有較好之觀感與同情，因而新亞纔能不斷獲得中外社團和私人之援助，而終於能在極端困乏中維持不停。最近因獲得雅禮協助，新亞算是邁進了一個新階段，纔使我們想把此六年經過，以及目前實況，約略作一份報告，彙刻此一册概況，來奉獻給社會關心新亞之各界人士，以及有志來新亞升學之青年們。

關於六年來的一切艱難情形，我們無法在此概況中詳細描述；關於此後新亞進展之預期，我們亦不想在此概況中空洞宣傳，我們只盼我們新亞師生同人，莫忘新亞創始以來此六年中之經過，更盼我們能繼續努力奮鬥，以期毋負社會各界對此學校之種種關切與期望。在此一册概況中，則眞只是些具體可報告的概況而止。

我們誠懇的切盼社會各界人士能隨時賜我們以督導與指示。是為序。

一九五五年六月十五日錢穆於新亞書院

四〇　新亞研究所東南亞研究專刊發刊辭

現在的世界，正走上了一條劇變的路。從前隔別的各地區，現在是親若比鄰了。從前分散的各民族，現在是快將成為天下一家了。從前各地區各民族的歷史文化傳統，各不相知，現在是急切地要求交融合流，匯而為一了。從前中國人，常把中國文化認為世界的中心，現在此種古老觀念，我們中國人把它久已放棄了。近幾百年來的西歐人，也認為他們的文化是舉世獨尊的，現在此種觀念，他們也將不能繼續保持了。我們該根據以前各民族的舊歷史來發揚此下世界人類的新精神，我們也該根據此下世界人類的新精神來謀求以前各民族的舊歷史。中國人在南洋各地，在以往歷史上，有他們甚大的貢獻，在此後南洋各地之前瞻中，中國人也有其甚高之地位。我們將針對著世界新潮流來研究南洋各地的舊歷史，我們也將把研究南洋各地中國人以往的舊歷史來配合和追隨此世界將來的新潮流。我們的用力點雖偏限於南洋各地中國人的歷史之這一面，但我們的著眼點則決不限止於此。我們以中國人的身份來研究南洋各地的舊歷史，但我們並不採取一種狹義的民族觀。我們只求如實探討，如實發現；我們的研究，將分別為兩部門，一部門偏重於現實情況，凡屬南洋各地各民族、文化、學術、政治、經濟、社會情況亦在探討研究之列，另一部門偏重於歷史經過，則分量上當以偏於華僑史者為多。我們只盼望根據此兩部門之研究所得，來對南洋之將來以及對全世界的潮流所趨有貢獻。我們將絡續以研究所得公之世人，有些是我們自己的新研究，有些則是以前的舊材料。只要有可供大家研究參考的，我們也將絡續搜集發刊，以廣流傳，這是我們從事於南洋研究的宗旨所在，特地寫出，作為我們此後刊布研究論文及翻印古籍之序言。

（一九六一年十月）

四一 新亞藝術發刊序言

中國之文學藝術以能表達作者之性情境界為主。若僅務於筆墨技巧，則為文人藝人，雖工勿尚。而人之性情境界，則求能與天地自然，訢合相通，由此直上達天德，與天地參，人之可貴在此，文學與藝術之可貴亦在此。即以畫論，南齊謝赫六法，首曰「氣韻生動」。「氣」即指天地之性情境界言。易分陰陽，曰剛曰柔，有健有順；曰明曰晦，有開有闔，此莫非指天地大自然萬類所內蘊之性情與境界。「韻」字古人所未用。陸機文賦始曰：「收百世之闕文，采千載之遺韻」，蓋異音相同謂之和，同聲相應謂之韻，人之性情境界，其修養所至，能上承古人傳統，下啓後代慕效，此必有其相應而從同者，故亦謂之韻也。方其流風餘韻，被久遠而不昧，此猶天地之有氣，人之所由侔造化而參天下也。故氣韻不盡於當境之實體，又必有其內蘊與外被焉，故有氣韻則必生動，而君子成德則必有氣韻，所以能開先而立模，風世而起化。詩文字畫之達於上乘，則莫不如此，是必有君子之成德貫乎其中，由此以見作者之性情境界，與夫天地大自然萬類之性情境界之訢合而相通，故曰「氣韻生動」也。然則謝赫雖以此四字論畫，此四字固不盡於畫，而實可通於一切文學與藝術之全體。抑謝赫之言，僅使人知畫中有氣韻，苟不知氣韻之所由生，而徒於畫中臆測模擬以求其形似，將終不能得真氣韻，終不能有真生動，亦將終囿於藝人之域而不出矣。新亞藝術系諸生，將影印其課業作品，而欲余為之序，因告以此旨，使能更上一層，知作畫成家，尚大有事在，惟諸生其勉之。

（當作於一九六一年）

四二　序新亞藝術第三集

盈天地皆畫材也，苟有巧心妙手，誠可以取之而無盡，用之而不竭。而人之精神意興，亦可以觸景生情，涉筆成趣。虛而不屈，動而愈出。故窮畫家一生之力，其所成畫，可以各不相同。又何況集眾人之所為，雖同一時地，同一師承，同一題材，而畫面之不同一如其人面，可以自怡悅，可以共欣賞，此誠藝術天地之所以為無盡藏而大可貴也。新亞藝術系諸生，每年必有一公開展覽，又必有一作品集刊，名曰新亞藝術，今年已為第三集。觀於此集，亦可以見諸生之各出心手，各開生面，若彙其前後諸集而觀之，斯亦富有日新之概矣。是誠我新亞藝術系諸生藝術心靈中一小天地也。知乎此則工拙可以不論，而進退可以等觀。在諸生亦各可以自慰焉矣。是為序。

（一九六四年四月）

四三　畢業同學錄序言

每逢學校畢業同學離去，我必作「贈言」一篇。常苦所欲言者多，言之不能盡。然細思，此事主要在受者，不在贈者。若善受，雖贈少，亦可貴；若不善受，多贈何益！

人生常在受教育之途程中，實無畢業可言。要言之，當分三期：幼稚童年期，則受家庭教育；少年青年期，則受學校教育；壯年中年老年期，則受社會教育。

家庭教育之主要在於愛。人之生，呱呱墮地，赤身外，無一物，無知無能，以自維其生命，則惟賴家庭之有愛。環顧莫非愛我之人，若父母兄姊諸長上皆是。人人愛我，我愛人人，我之生命，乃在此愛中獲成長。

學校教育主要在於知。師長所授，同學所習，莫非屬於為人生所需之一切知識與技能。進而及於學得此知識技能之方法與途徑，更進而及於創成此知識技能之理論與規律。故受學校教育，所貴者，不僅能承襲其所舊有，更貴在益進而能創闢其所未有也。此為學校教育之主旨。

一青年畢業離校，投身社會，首先所感社會與家庭不同，社會未必人人對彼有愛，彼亦不必感到社會人人之可愛。既是人不愛己，亦復己不愛人，而長年集居羣處，乃若處身社會成為一大苦事。又次將感到社會與學校不同，學校意在培養人，社會則意在利用人。大知大能者則得大用，小知小能者則得小用，不知不能者則不用。社會乃若極冷酷，惟求利用人，對人無同情。抑且不僅於此，有大知大能而反遺棄不用者，無知無能而轉高踞大位，以妨人之用者。社會不僅冷酷，抑且無知。人之投身社會，豈不將更見為苦事！

於是一人投身入社會，乃需另受一番新教育。社會教育之主要在於磨練人之意志。人孰無志，然必經社會之磨練，使其志能堅定不退轉，曲折求完成，乃可謂之有志也。人自家庭中來，必先知有此愛；人自學校中來，必先獲有此知與能；人果本此愛心與其知能以投身入社會，則必有其一己之所志與所願。己之所志所願，概而言之，亦在於盡己之所知所能以愛人利人，能以此己貢獻於社會而已。若一人能如此，此一人卽為社會中一好人；若人人能如此，此一社會卽成一好社會。

若其人進入社會中，初無所志，亦無所願，僅求社會之收容，僅從社會乞溫飽；社會既形形色色，複雜散亂，社會本身，既無愛，亦無知，並無所謂志與願；人之進身社會，將僅見為社會之某一部門，某一方面所支配，所奴役，所壓迫，所遺忘。在一處如此，在處處亦無不然。藐然一己，將無力以與此複雜散亂之大社會相抗，則惟有俯首聽命，一任其支配、奴役、壓迫、遺忘而止。循至於怨天尤人，認此社會為冷酷、愚昧、無人道，不可一日安居；而終亦無法脫逃，終亦畢生在此社會中，此為人生一最大苦事。而深求之，則並不然；一切所見其為此一大苦事之一大因緣，主要實在於己之無志願。

人在家庭為嬰孩，其時則惟求家庭對彼之愛；人在學校為學生，其時則惟求學校對彼之教；但其入社會，則成為組織此社會之一份子，雖若惟求社會之用，同時亦為此社會之主。社會所用者乃一人，人則必有一己，此一己之求用於社會，亦必先有此一己之所志與所願，若在己無志無願，惟求社會之用，則先己無己，亦惟有一任社會之隨意所用，而乃絕無所謂自主與自由之本矣。

人求自主，則必自主在其志與願；人求自由，亦必自由在其志與願，惟其社會之複雜與散亂，惟其自己亦為社會之一主，故有志有願者，終必能獲得與其志願相符合之事業與職位。然而此則有待於其志願之堅定不退轉，始能曲折求完成也。故曰社會教育主要在於磨練其人之意志。

西方心理學家舊有知、情、意三分法：家庭教育為愛的教育，卽情感教育也；學校教育為知識技能的教育，卽知的教育也；社會教育則為人格訓練，為意志的教育。人之一生亦在此知情意三方之能不斷受教育以完成其為一思想之人格耳。

孔子設教，有知、仁、勇三達德。家庭所以教仁，學校所以教知，社會則重在教勇。惟有大志大願，始能有大勇，惟有大勇，乃能表達其仁與知以貢獻於此社會，達乎其極，則為聖人矣。

今諸君方離學校以投身入社會，特舉此義，以為今年對畢業諸君臨別之贈言。

（一九六四年新亞研究所第七屆大學部第十二屆畢業同學錄）

雜文

一　意志自由與責任

持意志自由之說者，輒謂：「意志倘非自由，行為何有責任？」其言固是。然亦得反詰：「意志倘誠自由，行為復何責任？」理有兩面，大率如此。

意志乃心之活動，活動自是自由，然亦正有限制。鳥飛獸走，飛走乃鳥獸之活動，亦即鳥獸之自由。然鳥不能馳走，獸不能飛翔，此卽其活動之限制。限制其活動，卽是責任。責任定於行為以前，而非起於行為之後。鷄司晨，犬守夜，牛服重，馬致遠，惟其活動有限制，故其行為可責任。人身之官品亦然，我欲視，責任目；我欲聽，責任耳；我欲言，責任口。口不能視，目不能聽，耳不能言，皆有限制，故可責任。今使目能自由，我責以視，彼乃方聽；我責以聽，彼乃方言；我責以言，彼又方視；乃至行、持、便、食，無一不能，斯無一可責。何者？以彼有自由故。當知意志亦復如是。

意志之限制為人格，使彼可以自意為甲，自意為乙，為丙，為丁，乃至為誰何人，則不能責以一定之行為，而任以一定之職守。使彼可以自意為中國人，為美國人，為俄國人，乃至為誰何國人，則彼乃無愛國之責任，而人亦莫能以愛國之責任加之。使彼忽而欲生，忽而欲死，忽而欲苦，忽而欲樂，人必謂之狂。狂者不知有責任，責任亦不加之於狂者，狂者之意志無限制。限制之與責任，一體之兩面也。

然則自由者，自由於限制；而限制者，限制其自由也。加以限制謂之「責」，放之自由謂之「任」，字義如此，事理亦然。一往之說，不足恃也。

（民國十年一月十六日上海時事新報學燈副刊）

二　因果

約計因果，凡得五義：

一、因必有果。

二、無果非因。

三、無因非果。

四、卽因卽果。

五、非因非果。

從茲五義，得二妙境：一破因破果，一制因制果。以下詳說：

一、因必有果。

義本常識，無俟贅論。

二、無果非因。

人曰：「天下無無因之果，無無果之因。」謂：因果相生。有果必有因，有因斯有果也。其實不然，因果相尅者，非相生者。見果，是無因也；存因，是無果也。果者，因之消極。存為因而亡其果也；續為因而絕其果也；生為因而死其果也；得為因而失其果也。凡因之滅，而果乃成。故人之汲汲，非求果者，乃拒果者。種因非以造果，乃以破果。吾因不息，彼果不生。人物其何果乎？宇宙其何果乎？果豈人之所欲，而可自怠其因乎？

三、無因非果。

微而言之，則如瞬息。方我一瞬，為時極暫。然此暫時，永刼不復。雖有大智，莫可挽回。是一瞬卽一果也。又我一息，有氣如絲，自鼻中入，復自中出，而我身體以及外界同受無限變化。巧計深數決莫能算，是一息又一果也。人之有言，欲因所言求有果也，而其此言已復是果。人之有行，欲因所行以求果也，而彼此行已復是果。

易曰：「言行，君子之所以動天下也。」我一言，天下一動；我一行，天下又一動。一動卽是一果。盡天下皆動也，斯盡天下皆果也。有以此而思愼者，愼當何如哉！

四、卽因卽果。

綜上兩說，得斯一義：「種瓜得瓜，種豆得豆。」此，常俗之言因果也：以種瓜之因而收得瓜之果，以種豆之因而收種豆之果。我言則異於是：種瓜之因惟得種瓜之果，種豆之因惟得種豆之果，何者？瓜種猶需灌，瓜熟猶需割，割而棄之野，猶未有得也。其間有天時焉，有地力焉，有人功焉，有物性焉，四者一不備，種瓜者必不足以得瓜，豆亦乃爾。常俗之言，謂以此因而收彼果；我所論者，卽以此因自成此果。是則其不同也。

五、非因非果。

上來所說，因果二語，實表一事。明是一事，知非因果。然此事者，何所從來？推而上之，至不可說。又此一事，當於何極？究而下之，亦至於不可說。凡是不可說者，其為眞因果乎？然今置不可說者不說，則可說惟此一事。此一事實是一動。卽此一動，可以破因果，可以制因果。世有妙悟，當默成焉。

（民國十年一月二十日上海時事新報學燈副刊）

三 愛與欲

愛生於欲，而異於欲。欲者，欲其所未有；愛者，愛其所已得。此其異也。人之壯，欲有妻室；欲，其性也。有妻室而愛之；愛，其情也。無子女欲有子女，有子女則愛之。欲本乎性，愛發於情，然二者不並盛。於是或偏則多愛，或偏則多欲。

多欲者常進取，多愛者常退守；多欲者常先逐，多愛者常後顧；多欲者常鋒銳，多愛者堅凝；多欲者奢汰，多愛者儉嗇；多欲近智，多愛近慈；多欲者常爭，多愛者常護；多欲者重責任，多愛者重負擔；多欲則分裂，多愛則團聚；多欲者為個性而直上，多愛者為羣體而旁擴；多欲者剛健而可大，多愛者柔順而可久；其大較也。

東亞之人多愛，西歐之人多欲。

（民國十年一月二十一日上海時事新報學燈副刊）

四　白話歷史教科書

第一課

我們人類居住的大地，粗看好像是平面而靜定的，其實它是一個球形，四面脫空地浮懸在太空中，不斷轉動。那個太空，是何等地偉大呀！在此太空中，有許多發光發熱的東西，相互在很遠的距離間各有轉動。天文學家稱這些為恒星。太陽是恒星中間最近我們的一個，它和我們地球相距有九千三百萬哩，它的體積，比我們地球大著約莫有一百二十五萬倍的模樣。此外還有不知多少比太陽更大的恒星，但因距離我們的地球太遠了，有些只能在極精良的天文鏡裏面，看見它一些閃閃的微光，我們的地球，在整個太空中，眞好譬如「滄海之一粟」。

在不曉得若干年代以前，太陽只是一團急速旋轉的大火燄，當它旋轉時，偶然落出幾片零星的小火燄，那便成為太陽四圍近旁的幾個行星，地球便是行星中的一個。在我們地球那片小火燄中，又偶然落出一片更小的，便是我們的月球。無論太陽、地球和月球，它們的旋轉都在緩緩地加慢，它們的熱度，都在緩緩地減冷，將來地心熱力逐漸耗盡，那時我們的地球也將冷冰冰地和月球一般。

我們要知道那太空的一切情形，我們應該去研究「天文學」。

現在再說我們的地球，那一團熾熱的餤質，漸漸從外圍冷起，便凝結成一層軟的薄殼，那層薄殼，又逐漸凝得更厚更硬，又凝縮得發縐了，便成凹凸不平，突出的是山，坳進的是海，便漸漸形成像今日般的地球之表面。

我們要知道我們那地球變遷的大概，我們應該去研究「地質學」。

地球上本來是沒有一切生物的，生物起源的歷史，現在還是不能確說，生物的種類，又是千差萬別。從最先最簡單的生物逐步演進，慢慢地從植物演進而產生了動物，又從動物中產出哺乳類，再由哺乳類動物中產生人類。其他的行星上有沒有生物，這一層現在尚難判定。但像我們人類一樣的生物，恐怕只有地球上有。

我們要知道關於生物演進的大概，我們應該去研究「生物學」。

人類的祖先，人類學家稱之曰「原人」。據說世界上從有最先的原人起，直到現在，已有五十萬年到一百萬年的時間。

我們若要知道我們的祖先所謂原人的一切情況，我們應該研究「人類學」。

若照我們現人類的眼光，來看我們的祖先「原人」，實在也不好說他們是一個人，只能說他們是很醜陋很愚蠢的一隻哺乳動物，或說是能立行的有像人樣子的一隻猿。他們身體很矮小，滿身長著又粗又長的毛，他們的前額很低，他們的兩顎像和那些用牙齒吃生東西的野獸一般。他們那時代的地上的一切，也全和我們這時代不同。那時眞是所謂洪荒太古，到處只見又黑又潮又悶的大森林和大草澤，那時還沒有經過人工修理的河流和湖泊，也沒有經過人力耕種的田地，沒有人工鋪築的道路，沒有人豢養馴服的家畜，沒有衣服，沒有房屋，更沒有所謂鄉村和城市。那時的一切，眞所謂全是自然的景象。

他們白天出外尋食，或是吃些生的樹皮和草根，或是趕捉一隻麻雀，一隻野兎或一隻小野狗之類來塡充他們的饑腸。他們還不懂有火與熟食，他們只是吃生東西，一到夜間，躱藏在洞穴裏，四旁都是兇猛的野獸。我們的祖先，也同時做那些野獸們和牠們的子女們的食料，到處盡是恐懼與災難。我們的祖先，大概一代一代的全是「死於非命」，沒有所謂「善終」的。

然而我們的祖先，在這樣的境況下漸漸得勢起來，慢慢地做成地球上的主人翁，宰制一切，做了這地球上惟一最尊貴最自由最安適最快活的生物。便漸漸地成了今日的人類。如此便逐步的慢慢地創造出我們人類所特有的生活和文化。

我們若要知道我們人類特有的生活和文化如何地逐步創造演進，我們便應該研究「歷史學」。

我們現在試問，我們的祖先到底憑藉著些什麼，而能如此地發展演進的呢？簡單說來，只因為他們能從四足爬行開始變成一種兩腳直立的動物，如此則他們的頭腦易於發育，遂有後代人類優異的智慧。第二是因為人類腦力充滿，遂使他們發明言語，如此則人類的智慧，因為便於互相交換而發達得更快。第三是因為人類只用兩腳直立，前面的兩隻腳變成兩隻手，於是遂能發明種種的工具和器械，供人利用。人類單憑著這三件寶貝，遂慢慢地發展到有今天。

說到人類使用的工具，最先人類只懂製造石器，像石刀石斧之類，又粗又笨，後來漸漸進化。他們所用的石器，也漸漸變得精緻而細巧了。後來又漸漸知道使用金屬器。最先的金屬器都是些銅器，後來又知道用鐵器。最近始知使用煤氣和電氣，那已是新的科學時代了。不久的將來，又將普遍使用原子能。歷史家稱呼人類使用石器的前一段時間，為「舊石器時代」，稱呼後一段時間為「新石器時代」。又稱呼人類使用金屬器的前一段時間為「銅器時代」，後一時間為「鐵器時代」，我們應該稱呼近代為「煤氣和電氣時代」，不久的將來為「原子時代」。舊石器時代的開始，大概在今五萬年以前，新石器時代則在今一萬年乃至一萬二千年以前，農耕時代便和新石器時代同時開始。有文字記載的歷史最多只在六千年以前，使用煤氣和電氣則只是一百五十年間的事。大抵我們只看人類使用工具的進步，便可想像出人類其他一切文化之相隨的進步。但亦同時可以想像人類文化演進之遲緩與艱難了。

本課揷圖

一　天文日球圖

二　人的進化（人類的故事3）

三　原人圖（世界史綱36）

四　古石器時代之石器（世界史綱47）

五　新石器時代之石器（世界史綱62）

六　有史以前的時代與歷史時間（人類的故事10）

第二課

世界人類眞正像樣的文化，都是發源在農耕區域的。農耕區域的條件，第一是要氣候溫暖，第二是要平原地帶而有河流灌漑。世界農業文化開發最早的國家最著名的共有四個。第一：是非洲尼羅河流域的埃及，他在中國有紀年之前三千餘年的時期（西曆紀元前四千年），已經建立了國家，以後經歷著一千五百年的時期，他的文化甚為發達，但此後屢為外族侵入，他雖有著四千餘年的歷史，但後來一蹶不振，直到現在。第二：是小亞細亞美索不達米亞平原的巴比侖，它當幼發拉底及底格里斯兩河的流域。若論他的文化開始，應較埃及尤古，應在民國紀元前四五千年時，那裏已有文化遺跡。經現代人發掘到。但那一地域也屢經外族的侵犯，現在是只成一個古國的名稱了。第三：是恒河流域的印度。那裏也是和埃及、巴比侖時代相並行的古文化地域之一。但印度的歷史太簡單了，而且它以後也常為外族人所征服，直到最近，才開始重新獲得自由。

以上說過三個有名的文化古國。第四個便是我們中國了。中國文化開始，據中國人自己推算，也有了五千年的歷史，它和埃及、巴比侖差不多，但它五千年來始終保持它國家和民族的自由和獨立。它的文化，也永遠進展不輟，現在和西方的歐洲，形成了世界上東西對立的兩大文化區域，它還是世界上五大強國之一，這一點它便和埃及、巴比侖、印度只能成為文化古國的大大不同，所以要研究世界人類文化演進的歷史的，尤其應該看重我們的中國史。

現在讓我們把中國古代歷史開始的一些故事來約略陳說一番。但可惜他們的時代距離我們太遠了，而且那時還沒有發明文字記載，他們的故事，只由口口相傳，一代一代地保留到後世，所以現在也只能陳說一個約略的大概了。

據說在上古時代，在中國地面上，還沒有能建立成一個國家。那時只有許多的部落，在每一部落裡各有一個酋長統領著。當中有一個酋長名叫有巢氏，他開始發明構木為巢，讓人們脫離了穴居的生活。又有一個酋長名叫燧人氏，他開始發明了火，用來炮炙食物，又可在冬問夜裏讓人圍著火把取煖，又可警戒野獸襲擊，減少危險。火的用處，在古代人的生活上，眞是莫大無比呀！

後來又有一個酋長名叫庖犧氏，有的寫作伏羲氏，他開始發明豢養牲畜，當時的人民便漸漸由漁獵生活轉進到畜牧的生活了。他同時又發明了許多獵取野獸和捕捉魚類用的種種網罟之類的器具。據說他又制定了一些關於婚姻嫁娶的禮節。讓當時的人民漸漸知有夫婦和家庭的生活，而且他又發明了一種近於文字的八卦。

☰天　☷地
☶山　☱澤
☵水　☲火
☳雷　☴風

伏羲氏以後，又出了一個酋長，他開始教民稼穡，發明了耕種用的耒耜之類的一套工具。那時的人民，便開始由畜牧生活漸漸進化到耕稼的生活了。那時以後的人生活，便慢慢地更舒服，更像樣了。他們那時又發明了「日中為市」的制度，大家一到太陽正午的時候，便各自帶著他們多餘的物品集合到一片約定的野地上，來和別人交換。有的抱著一罐米來換別人一頭羊，有的捉著一條魚來換人家一隻兎，有的在海濱拾到一些美麗的貝殼，也携來和人交換種種東西。他們當時人愛把精美的貝殼串起來，掛在頸裏胸前，作為一種裝飾品，或作其他裝飾或玩弄。亦有人在山間拾到一些精緻光潤的石子，他們稱為玉的，一樣有價值，可以換取種種你所需要的物品。那時人的貝和玉，便恰像如後來人的金銀珠寶。那時社會的組織也擴大了，神農氏不僅做了他自己一部落的酋長，同時又做了其他附近各部落的酋長中之酋長，那是慢慢地要像是後來國家的王帝了，我們現在稱之為各部落中之「共主」。神農氏死後，據說他的子孫繼續還作當時各部落間的共主；直到另有一位有名的酋長叫黃帝的出來，才把神農氏世代相傳的共主的地位奪過去了。

黄帝是中國上古史裏更有名的一個大人物。大概據我們現在人的推想，神農氏的部落，是一向講究農業的，而黄帝的部落，則還是一個從事於畜牧的。因此神農氏的部落，早已在安居土著的環境中，而黄帝的部落，則仍還是流動遷徙，居無常處。因此黄帝的部落，在武力方面要比較優勝些。黄帝憑藉了他的部落優勝的武力，把神農氏的子孫打敗了，又征服了更多的部落。他所統轄的地面比神農氏更擴大了，而且黄帝在文化方面也有極大貢獻。據説在他時代，又發明了宫室、衣裳、弓矢、車輛、天文、曆法、算數、音樂、醫藥、蠶桑種種的器用和智識。有些是黄帝時代創造發明的，有些是在黄帝以前早已有了而經黄帝時代改進的。而且據説在黄帝時代已有了正式的文字，那是黄帝的一個臣倉頡所製造的。

因為黄帝一部落的武力和文化，都是十分輝煌，此後中國不少重要的部落酋長和共主，和以後正式的王朝天子，有很多是黄帝一部落的後人。直到現在，我們還自稱為黄帝子孫。據中國人自己推算，從黄帝直到現在，已經有四千六百年的時間了。

黄帝以後，中國古史上又出了兩個有名的人物，便是唐堯和虞舜，他們都是當時部落間的共主。本來共主是常愛把自己的權位來傳給他兒子繼承的，神農黄帝也都一般，但一人的兒子未必全像他父親般賢能，於是便到引起爭奪，黄帝豈不打敗了神農氏的子孫而奪取了共主的權位嗎？但堯的態度，卻是與眾不同，他並不把共主的權位私下傳給他自己的兒子，他卻採詢了公眾的意見，物色到另外一個賢人舜，而把他的共主的地位讓與了。舜也和堯同樣態度，也不把共主私下傳給他自己的兒子，也一樣採詢公眾意見，又物色到了另外一個賢人禹，而把他的共主的權位讓與了。由於堯舜那種禪位讓賢的大公態度，引起了後人無上的崇仰和推尊，因而稱誦堯舜認為是中國古代最高的聖人。至於他們的私人行為及其政治事業之詳細，則實在已無從詳考了。

上面所說的幾個有名人物，其實全還是當時部落中的酋長和部落和部落間之共主。那時中國還沒有正式的國家，他們也非正式的君主。但因後世推尊他們，所以替他們加上了「三皇五帝」的尊號，伏羲神農是三皇中的兩位，黃帝堯舜是五帝中的三位。至於其他幾位，名譽和事業都不如他們顯著，所以此處也不再詳說了。

中國古代三皇五帝的歷史，都是些零碎的傳說。直要到三代始有正式的文字記載，把他們的歷史更詳細更可靠地傳下。三代的第一代是夏朝，夏朝第一位君主是禹。

當唐堯的時候，天下洪水為災，那時的水災眞厲害，據說連幾座不很高的山頭，都淹沒在水裏。別處毒蟲猛獸，亂草叢生，人民不獲安居，堯為此耽憂。聽了別人的推薦，任用一個鯀，責成他去治水。鯀是一個性情剛直的人，他拚命添築堤防，來攔截洪水，但洪水屢次衝破他的堤岸，越發氾濫。前後經歷了九年的時期，水災仍不平息。於是堯另行物色一位舜，把一切政事都交給他，舜受了堯的託付，首先把鯀斥罰了，卻另舉鯀的兒子禹來繼續他父親的責任。禹因他父親治水無功而且受了罪罰，他更努力地一心治水。他改變了他父親的方法，廢棄了隄防，設法把洪水疏導，讓它們沿著開濬的河道往下流。如是漸漸的水災平息了。據說禹因忙於治水，在外十三年，走遍了他應該到的地方，高山呀！深林呀！大澤呀！大陸呀！一切的交通工具，那時所能有的，他都利用到了。他所經歷到的辛苦，眞是一言難盡，但終於把水災平治了，於是舜把共主的尊位讓給禹。禹到臨死，本來也想把他的尊位讓給另一位賢人，但當時中國的人民記念禹的功績，一致擁戴禹的兒子啓來繼承禹的尊位，此後便一路父子相傳，由禹的子孫來做中國的共主。他們稱為夏朝，一共傳了十四代十七個君主，經歷了四五百年的長時期，到了第十七代的夏王名叫桀的，他的王位，便給他的一個諸侯商湯所奪取。這夏朝一朝，只有禹是一個最有功德的大人物，因此後人尊稱他為「大禹」。

夏朝建都在今山西省南部的安邑，商朝則建都在今河南省隴海鐵路旁的商丘。據說商湯也是一個好君主，後來他的後代遷都到黃河北岸，今河北省平漢鐵路旁的安陽。那時的地名叫殷，因此他們又稱殷朝。殷代前後，共有十七代三十一個君主，共約五百年。他們建都安陽，也有著近三百年的時期。那時的文化程度，已相當進步，一般人民的生活也極安定。商朝的最末一位君主名叫紂，商紂是和夏桀齊名的，他為人極聰明，又有口才，善和人強辯，他的體格也好，能親手捉拿猛獸，但他性好飲酒，好女色，愛音樂，沉日沉夜的享樂，生活奢侈，又好殺人。人家說他既暴虐，又荒淫，結果他的王位，為另一諸侯周武王所奪取。

周朝建都在今陝西省的西安。周武王也算一位好君主，但他和商湯的王位，都是用兵力爭奪來的，所以後來人說：「堯舜禪讓，湯武革命。」這便成為將來中國歷代君主取得王位的兩種方式。但中國人一般意見，則更推尊堯舜在湯武之上。

周朝是三代中最後的一代，也是最長的一代，他們在西安（當時地名鎬京）共有十一世十二個君主，經歷了三百年的時期，再遷到今河南省的洛陽（當時地名成周）。在西安時稱西周，到洛陽後稱東周，一共經歷了八百多年，直到秦始皇出來，周朝始算滅亡。他前後共有三十三世三十五位君主。中國古史上有名的春秋和戰國時期，也應該算在東周時期中。

第三課

人類的開始，本來沒有所謂國家和社會，也沒有一定的組織和團體。在多災多難的生活中，為求生活上之種種便利，以及抵禦外來禍患的力量之增強，漸漸地使他們緊密團聚在一起。沒有一個個人，不要加入一個大衆的集合；沒有羣衆，便沒有個人。如此般一羣一羣的散布在各地，便成所謂部落。每一部落，各自經營他們每一部落的生業。或有的漁獵的部落，在深林大澤所在，以佃以漁；或有的游牧的部落，趕著他們大批的牛羊牲畜，隨著多水多草的去處，往來遷徙；或有農耕的部落，墾闢田地，安住下。也有游牧的部落而兼營著漁獵的；亦有的耕種的部落兼營著畜牧的，形形色色，並不一致。他們每一個部落中間，一定有一領袖，這是他們的酋長，大概是由那些部落中體力智力特別傑出，為部落中所信服畏懼的人擔當著。部落與部落之間，也時時接觸著。有時和平相處，有時干戈相見。大體說來，是戰鬭流血的時候多，和平親睦的時候少。但他們漸漸地要知道，戰鬭流血，不論誰勝誰負，同樣是害多利少，於是他們相互間，又漸漸學得更進一步的和平相處的種種方法，於是部落與部落之間，始有更擴大的聯繫。酋長與酋長中，推出一位更高的酋長，來領導著各部落的共同行動，那便有了部落間的共主出現。那些共主，大半也是由更勇敢更聰明的酋長自己打出來的局面。上兩課裡講過的伏羲、神農等，便是那些酋長中間之更出色的；像黃帝等，便是用武力打出來的更偉大的共主。

歷史逐步演進，部落間共主的地位和權力，更偉大、更鞏固，於是他的直轄部落，便漸漸成為一個中央的王朝，服從他的各部落，也漸漸像樣了，成為這一王朝的諸侯。那時便逐漸有國家的雛形了。中國古史上的唐虞時代，便是如此。以後夏朝、商朝，便成了正式的王朝，諸侯共尊，便像是一個國家的規模了。

到了西周時代，又有封建制度之產生，原來在夏商兩朝，已有中央王室和四圍的諸侯，那時已可說是走上了封建的時代。但正式的封建制度，卻要到西周才創興。西周的封建制度，完全由周公旦開始。周公旦是武王的弟弟，周武王雖然戰勝了商朝，把商王紂殺了，但商朝在東方已有幾百年的歷史，王朝的勢力，根深柢固。周武王滅殷不久便死了，那時東方商朝的剩餘勢力接著便對周朝發生反動，許多親殷的部族連合叛逆。武王子成王年幼，他的叔父周公攝行王政，親自東征，把殷朝的反動整個削平。為要便於統制起見，便把周王室的許多同姓宗族，周公旦的兄弟子姪輩，乃至周王室的異姓親戚，在東方要害地域大批的封建，作為西周王室的衞星國，來鎮壓東方。周公旦的這一個政策，大大地成功。待到周公旦死後，周王室還不斷照他生前的政策推行，又絡續把王室同宗近親，以及異姓至戚，一代代，一批批的分封到各地。至是繼續了一兩百年，幾乎全國各地的強大諸侯，都是由周王室的一系分封出來的。因此周王室的勢力，較之夏商兩朝特別更見強大，將來西周王室覆滅了，東遷洛邑，東方諸侯依然擁護他，仍為東方共主。中國人有一句古話說：「百足之蟲，死而不僵」，正是這個道理。

現在再把那時封建的情形，約略一說。原來西周王室，本是一個很講究農業的部落，因此他們分封諸侯，也全是講究農業的。他們到處，先建築起一個城，作為防禦外來侵略的工事。那些諸侯的近親貴族，全體武裝，都安住在城裡。城外劃出許多農田，分配給平民去耕種，分配是平均的。一夫一婦的小家庭，連著老的小的，少則五口，多則八口，每家分地一百畝。兒子長成了，自立門戶，便再分一百畝；年老的把田畝還給公家，再分與新長成的壯丁，此種田制便叫做「井田」。近城的農民，有些早出晚歸，都在城裡住；有些春夏出城耕種，在田裡搭草房住下，到秋收後再回城過冬。更遠的，不能回入大城，便自成村落。在村落外築土牆圍起，這便叫做「邑」。有十家八家的小邑，也有幾十家百家的大邑。也有築小城的，便叫「附庸」。再在此許多邑的外面，四圍高築堤岸，堤上種著雜樹，隔絕內外交通，這是一個侯國的疆界。

當時的侯國，普通只有一個城，城的周圍，也不過三里五里大，從城到四面邊疆，最多也不過五十里那麼遠。那已算是一個大國了。所以在春秋時代，東方侯國可以多到兩百個。其實那時的中國，大半盡在黃河流域，最重要的只有今河南、山東、山西、河北、陝西、湖北、安徽、江蘇等幾省，但那兩百個國家分布在這幾省裏，還是稀稀落落的。因為古代的人口，並不像近代那麼多，那時眞是地曠人稀。我們應該這樣想像，那時的陸地，譬如是一大海，這許多國家，猶如大海裏的幾個島，這裏一個，那裏一個，只有一國的四封之內有著居民。至於國家的四封之外，國與國之間，便盡是些空地，荒棄在那裡，沒有人管，也沒有人住，正猶大海上，只偶然有幾隻船舶往來，那時的國與國之間，也只有幾條交通大道，時時有幾輛車子行旅經行而已。

但那時的中國，也並不盡是這一二百個小侯國。上面說過，那些小侯國，盡都是經營農業的。那時除卻農業部落之外，還有游牧部落，他們是流動遷徙的，因此他們不需要築城，他們到處流浪。說一句譬喻的話，他們只住在大海中，不住在島上，遇著合宜的機會，便侵入侯國封疆之內去掠奪物質，飽掠了便遠遠逃去。這些部落，有時也服從周王室的命令，但是靠不住，他們時常要四出刼奪，這些人們，在當時便稱之曰戎狄，有的亦稱蠻夷，其實蠻夷戎狄也同樣是中國人，只不過他們還停留在游牧生活中，他們仍然是在部落時代沒有進化到農業經濟的階段。因此他們在封建時代便像是「化外」。其實他們只是時代之落伍者，他們還在過黃帝堯舜時代的生活。後來周王室的封建諸侯，逐漸把耕地擴大，把封疆愈推愈遠，那些戎狄便逼得都避到山裏去，河北的太行山，河南的嵩山桐柏山等，都是他們愛住的區域。

但有時他們（戎狄）的勢力，也不可小視。西周王室，便給犬戎推翻，待周王室東遷，交入春秋初期，那些戎狄們的勢力更大了，一時那些封建諸國，住在城圈裡的，幾乎抵禦不了戎狄們的侵犯。於是有人起來，號召封建侯國，結合同盟，通力合作，共同防禦。第一個作此號召的是齊桓公，當時諸侯同推他為盟主。他們的口號稱做「尊王攘夷」，尊王便是尊奉東周王室，攘夷便是驅除戎狄的侵略，幫助齊桓公發明這一政策的是齊國的大臣管仲。齊桓公以後，最有名的盟主是晉文公。齊桓、晉文這是春秋時代五霸中最有名的兩個，他們都是攘戎狄有功的。若論發起這諸侯同盟的最大功績的人，自然要推到管仲。若果當時沒有管仲，難免要使歷史倒演。當時較進步的文化生活，勢將受落伍勢力的摧殘而消失了。所以周公是那時歷史上第一大人物，管仲是那時歷史上第二大人物，此後中國大聖人孔子出世，他便最推尊周公和管仲。

第四課

春秋時代，社會上存在着顯著的兩個階級，一是貴族，一是平民。貴族有武裝，有教育；平民則接受著貴族的分田，耕種納稅，直要到春秋末期，始有中國歷史上最偉大的一個聖人出現。他純用教育的力量把當時貴族和平民的階級和平地消融了，那個聖人便是孔子。

孔子名丘，字仲尼，他自己的出身本來也是一貴族。西周王室把商朝滅了，把商王室的後人還封在他們起先的老家商丘，讓他們成立一宋國。孔子的祖先便是宋國的貴族，後來因宋國內亂，逃亡到魯國。魯國在今山東省的曲阜，那是周公旦的大兒子伯禽的封土，是周王室封出的最親最大的諸侯。孔子的父親叔梁紇，是一個有名的大力士，曾在魯國建立軍功。叔梁紇老了，始生孔子。孔子從小便沒有父親，他是一個孤兒，他的家庭，已是一個破落戶。但孔子從小就儘可能地自己學習到那時貴族子弟所應學習的一切技能，他能書能算，善射善御，照現在的話說來，他已能勝任做書記做會計，能放射機關槍與大砲，能駕駛坦克車與飛機。他長得身材魁梧，能文能武，而且他還不僅是一個技術的人才，他並學得種種的禮節，無論政治的、外交的、宗教的、社會的種種，當時通行的禮節他都懂。而且他有極高明的文學和藝術的修養，他最愛唱詩彈琴，精通音樂和舞蹈的種種規則和意義。他學會了當時貴族子弟所應學習的禮、樂、射、御、書、數六項目，這是古代有名的所謂「六藝」。他的教育程度，已遠超過了當時一般水準之上。而且孔子又篤嗜古典籍，深研歷史。他對古代人物，最崇拜堯舜；他對近代人物，最崇拜周公；他對管仲的功績，也頗推許。在他青年時，已名滿魯國，他曾在魯國有名的貴族家庭裏當些小差使。但孔子志不在此，他遂努力於教育事業。到他門上來求學的太多了，有些是貴族子弟，更多的是平民社會的青年，甚至有做過盜賊的人，孔子也一樣收留。孔子的教育方法，重在各就來學者的性之所近，因材而教，因此孔子門下，有政治家、有外交家、有軍事家、有理財家、有文學家、哲學家、音樂家，種種人才都有。恰巧魯國內亂了，權臣陽貨，想利用孔子和他合作，但給孔子拒絶了。孔子遂暫時避難到齊國，很受齊國國君和大臣的禮敬。後來魯國內亂平息，大臣季孫氏重用孔子，叫他做魯國的大司寇，孔子又推薦他學生子路，很想為魯國大大整頓一番。不幸一班貴族的既成勢力發生反動，孔子不得志辭職而去。他率領他一輩學生，周遊天下，到過衛、宋、陳、蔡諸國，在外十四年，終於不得意。那時孔子已老了，遂因魯國君臣的禮請而重返魯國。魯國的國君大臣都推尊他為國老，但孔子的大抱負，終於不得推行，孔子那時便專心一意從事於教育與著述。他又收受了大批的青年學生，一面自己整理了許多古代有價值的典籍，又自己寫了一部春秋，那是一部孔子當時的近代史，在七十二歲的那年，孔子死了。

孔子對於後代社會的教育影響，眞夠偉大，在世界人類歷史上講，算只有釋迦、耶穌、穆罕默德幾位大教主，可以和孔子比量。但孔子自身，只是一位教育家，並不是一位教主。孔子的教育宗旨，說來也極平常，他不喜歡講到上帝和死後的靈魂一類渺茫的話，他只根據歷史，根據人類實際經驗，把歷史上眞實的人物做榜樣來教人。他常常指點各人自有的良心，教人仁愛。他很注意人世界一切現實的智識和技能，勸人學習，叫人對當時的國家社會切實貢獻。孔子死後，他的一輩學生，以及他們學生的學生，一代一代，到處受人歡迎，得人恭敬，在政治上、社會上都佔到重要地位。因為孔門後學多是些平民社會的人物，因此古代社會貴族平民的階級，便無形地取消了。這以後平民社會始有教育、有智識、有地位、有權力，而貴族階級則逐步消失了，不再存在。

孔子死後不久，魯國又出了一個大偉人墨子。墨子名翟，他的家世已不詳，大概是一個工人階級出身的人。他從小也在孔子的學生中間受過教育，但他後來自創一派。他是一個注重實利主義的人，他最反對人自私自利，他主張「兼愛」，說要「視人之父若其父」。他又反對國際間的戰爭，所以他主張「非攻」，一個國家主動的去攻擊別國，這譬如人無端去搶奪人家牛羊，殺害人家生命，無論如何，是同樣的不人道，同樣的算是犯罪行為。他最提唱節儉與勤勞，這是人生最標準的正當生活。他在歷史人物中最推尊大禹，因為大禹是一個最節儉最勤勞的人，而且大禹的節儉和勤勞，並不是為的自己，乃是為的別人。生活上的一切享受，墨子都反對。甚至音樂娛樂，墨子都不贊成，他叫人要「量腹而食，度身而衣」，勤勞不息，愛人救世。

墨子同時又是一個精通工藝製造的人，據說他能造種種精巧的機械。有一次，有一位魯國的大工程師公輸般，發明了一件攻城的利器雲梯，他去貢獻給楚王。楚王想把雲梯試驗去攻宋國，墨子聽到了，從魯國親自跑到楚國，在路十天十夜，腳上鞋子跑破了，撕下衣裳裹了腳再跑。如是到了楚國，見到楚王，拿他平生主張「非攻」的大道理把楚王說服了。但楚王依舊想去攻宋國，說：「公輸般的雲梯，我一定想試一下。」墨子說：「公輸般的雲梯，我已有法解破。」楚王不信，傳來公輸般，叫和墨子當場試驗，把竹桿布幔做一城的模型，公輸般在城外攻，墨子在城內守；公輸般想盡種種技巧，都給墨子破了。但公輸般說：「我還有一法，此刻不想說出。」墨子也說：「公輸般的最後一法，我也知道，但我也不想說。」楚王納悶，問墨子。墨子說：「公輸般只想把我殺了，再去攻宋。」楚王問公輸般，公輸般笑說是的。墨子說：「我已把我種種技巧傳給我的弟子三百人，現在已到宋國，公輸般縱殺了我，還是沒用。」於是楚王把攻宋之議打消。因此墨子也名滿中國，到處受人尊崇，他的弟子和孔子弟子平分天下，墨子和孔子在當時也平等齊名。但後來的中國人，到底推尊孔子遠勝過墨子。墨子的學派，也漸漸消沉了。

若照現在人目光看，墨子是一個「勞動主義者」，孔子是一個「文化主義者」。

第五課

春秋時代，在中國散布著二百多個小侯國，這層上面已提過。那些小侯國，因周王室東遷，中央威信降落，便相互間攻伐併吞，這樣便造成了四個較大的國家。一是山東的齊國，一是山西的晉國，一是陝西的秦國，一是湖北的楚國。他們地位較偏，易於向外侵略，因此逐漸膨大。齊國姜姓，它是周王室的親戚，因其地處海濱，財富最足。晉國姬姓，是周王室的同族，因其處在太行山區戎狄的包圍中，不得不奮鬥立國，因而兵力最強。這兩國都和周王室親近，因而時時翼助王室，齊桓公、晉文公更迭擔任諸侯聯盟的盟主，出來尊王攘夷，維持正義。秦國嬴姓，因西周王室東遷，它乘虛把鎬京附近戎狄驅除，侵佔了西周王室的故地。楚國芊姓，它在湖北漢水流域，那時中國文化，偏在黃河兩岸，它獨自個在南方坐大，這兩國和周王室的關係疏遠。尤其是楚國，常常處在諸侯聯盟的敵對方面。齊桓公晉文公都嘗討伐過楚國，齊桓公並不能和楚國眞以兵戎相見，只在面子上逼得楚國受盟而退。到晉文公才和楚人有一次大決戰，楚人敗北，兇燄稍戢，此後晉楚兩國還繼續有兩次大戰鬥，互有勝敗，只算打了個平手。因此春秋時代，北晉南楚，遙遙相對，時時爭霸。齊國比較接近晉，秦國比較接近楚，那些夾在兩大之間的小國，常因兩國爭霸，吃盡種種苦頭。尤其是宋、鄭、陳、蔡四國，晉國強則南服陳蔡，楚國強則北侵宋鄭。到後又在江蘇突起了一個吳國。吳國同屬姬姓，亦是周王室之近親。因他地處偏遠，文化落後，北方諸侯，只當他一蠻夷，並不往來。後來晉國派人去教他種種戰鬥技術，吳國強了，西侵楚國，直打到楚國的都城，從此吳王夫差北向爭霸，也曾一度做北方諸侯的盟主。越王句踐又把吳國忽地滅了，他也北向稱霸，那已是春秋末期，戰國初期的事了。

在春秋時代，除卻上述諸國，比較稱為大國的，還有魯、衛、曹、燕等國。除卻吳越不算，一共當時有十二個大諸侯，但一到戰國時代，形勢又變了，齊國給田姓篡位，後來的歷史家叫他為田齊。晉國分成韓、趙、魏三國，後來歷史家稱他為三晉，河北的燕國漸漸強大，越國也滅了，陳蔡已亡，魯衛已弱，於是只有齊楚韓趙魏燕秦及宋，又增入一中山國，成為九強，後來宋中山又滅了，便成七強，這便是所謂「戰國」。

戰國時代，和春秋絶大的不同了。每一國家都擁有幾十個大城，而且人口日添，田地日闢，春秋時代那些到處流竄的游牧部落稱為戎狄的，現在也慢慢絶迹了。各國都各自稱「王」，不再像春秋時的小諸侯般，他們再也不尊奉周王室的命令了。在春秋時代，武裝作戰的，只限於貴族子弟。他們站在戰車裡，每一輛戰車只站三個人；每一戰事，只有幾十幾百輛車，互相馳逐，遠遠的比較射箭的技術。最大的戰事，每一面從未超過戰車千輛；每一戰事只打了一天或兩天，勝負便決，也並不時常作戰。戰國時代開始訓練平民軍隊，用大隊步兵作為戰鬥的主力，大家都短兵相接，肉搏相持。接著又有騎兵，往往一次戰事，雙方軍隊各有幾十萬人，在戰場上堅強對陣，死傷遍野，繼續著幾個月的長時期。而且戰事連年迭起，有的緜亘著幾年，相持不決，外交上的複雜變幻，也遠非春秋時代可相比擬，很可憐的。這一方面也算是人類歷史的進步吧！

在這一個長期的國際鬥爭中，秦國佔到了絶大便宜，第一：是它地處西偏，向東有函谷關武關之險，它進可以戰，退可以守，不像東方各國，連年鬥爭，不得休息。第二：是它吞併了巴蜀，四川的廣大而豐富的物產，做他後方的倉庫，使他國力不易耗竭。第三：是秦國因交通不便，民風樸實，不像東方各國文化高，商業盛，人民習於安逸享樂，在嚴酷的鬥爭中，反而相形見絀。第四：也是最重要的原因。當時雖說列國紛爭，但究竟是上層貴族階級的事，下層的平民社會，卻並不抱狹義的國家觀念。秦國政府的貴族勢力比較薄弱，東方各國的優秀人才，往往跑到秦國去，反而幫秦國的忙，秦國重用的人才，都是些東方人，商鞅便是最著名的第一個。他幫助秦孝公變法，使秦國成為一新的強國的，這完全是商鞅的功績。此後還有好多人，都到秦國去做客卿。結果東方各國盡為秦國所吞併，這纔完成了秦始皇帝統一中國的大業。

秦始皇帝統一了東方六國，他聽從他丞相李斯的意見，不再學西周王室般分封子弟親戚到各地去。從此中國只有一個中央政府，下面分為三十幾個郡，郡下又有縣，都要聽受中央政府的命令。後代歷史家稱此為「郡縣制度。」這一種郡縣制度，直到現在沒有很大改變，以前的封建制度，便從此取消了。

說到秦始皇帝的版圖，也實在擴大。他在中國的北邊，建築起一條歷史上著名的萬里長城，來防禦北方的游牧人。東邊直到海，南邊更大大伸展，他開通五嶺山脈，直達廣東福建的海邊。有些處，秦始皇帝那時的疆土比現在還擴大，因為他的萬里長城東梢頭直到今朝鮮之大同江，安南也是秦始皇帝的一郡，那時稱為象郡的。

秦始皇帝既完成了中國的統一大業，他在內政方面，也有一番作為。從前六國時代，各國所用的文字，有些大同小異，始皇帝都把他統一了。這也是李斯的功績，全國各地的斗呀尺呀！一切度量衡制度，也都統一了。始皇帝又把從前六國時代所有的一切防禦工事，險塞濠溝之類，都卸除了剷平了。秦國建都在咸陽，和西周王室的鎬京，隔一條渭水，南北相望。他從咸陽向全國各地築起大馬路，當時稱為「馳道」的，縱橫四達，始皇帝時常在此馳道上出外巡行。

秦始皇帝功成志滿，他說歷史上從來沒有像他那樣偉大的君主，從前歷史上君主的最莊嚴的稱呼是「三皇」和「五帝」，他所以要自稱「皇帝」。他又說從前中國同時分立著許多國，所以時時戰爭。現在不再封建，天下統一，那就不再有戰爭了，從此便可永久和平，所以他要自稱「始皇帝」，他說將二世三世傳至萬世。那時秦始皇帝還只三十九歲，還不到四十歲，那是何等的得意呀！可惜他只到五十歲便死了。他沒有料到，他一死後，二世皇帝接位，秦國的王朝便一下傾覆了。

但秦始皇帝的事業，平心而論，也實在是偉大的。那時距離黃帝時代，大約已是兩千多年了。那時古代幾個文明國家，像埃及巴比侖之類，都已覆亡了。西方有名的希臘也衰滅了，羅馬帝國還未完成。若把整個世界史來看，秦始皇帝不僅是中國有史以來的第一個大皇帝，實在是同時全世界第一個大皇帝，但這是秦始皇帝的偉大呢？還是我們中國人的偉大呢？

（此稿未曾發表，當作於民國十年左右。）

五　私立江南大學

江南大學，是一所抗戰勝利以後新興的學校，是一所全由私人經濟獨力創辦與支持的學校。校址在無錫太湖邊一小山上。從這一個小山右邊坡地直下便是小箕山，再由小箕山紆回伸出便是大箕山，小箕山斜對面便是有名的太湖遊覽區黿頭渚。從江南大學另一山徑向左可達項王廟。項王廟、小箕山、黿頭渚，三足鼎峙在太湖的一角。項王廟、黿頭渚之間，又有一瀆山。這些風景，全在江南大學的眺望中。

江南大學最先設立的是文學院、理工學院、農學院共三院。它計畫招收學生將不超過一千人。最先建築共三所，一所包括講堂禮堂辦公室與圖書館，另一所男生宿舍，又一所大膳廳，共黨渡江那年，在另一山頂，又新建了一所女生宿舍。和這一山的三建築遙遙相對。這幾所建築的每一室每一窗，幾乎全都可以瞭望見太湖。有些面，是煙波浩渺，風帆隱現，一望無際的；有些面，是一灣深碧，嵐影蘆花，帶有山村水郭的情味。

教職員住宅區，則分佈在榮巷與梅園。梅園與黿頭渚，同為湖濱久負盛名的遊覽區。榮巷則是隱藏在此山水名勝區中一小市集。市外魚塘柳岸，掩映深複，代表著江南農村特有的情調。大抵單身的教授們，都喜住梅園。他們在課餘兼帶管領著園亭與花草。有家眷的都喜住榮巷。早上教授太太們出街，有的是魚蝦豬鷄，新鮮菜蔬，熙熙地，攘攘地。既不是山林，也不是城市，然讓你親近了山林之勝而不苦於清寂，擅有了城市之便而不感於繁囂。一般教授們，也認為住榮巷，可冲淡些隱居與遊覽的色調，而沉下心來，仍享受一種日常家庭安住的趣味。好在每天一到校本部，便不啻去遊覽了一天，隱居了一天。回到榮巷，反可轉換些口味。

從榮巷梅園去校本部，天天上下午有學校特備的汽車，但若漫步閒行，最遠距離，也只須半小時左右便可達。每逢星期日，有學校汽車直達到無錫城，由此東去上海，西上南京，也全只在半天的旅程中，因此有些教授，都從京滬來兼課，他們借此在每禮拜一濯塵襟，來嚐些太湖的魚蝦鮮味，住一宿梅園的清寂之夜，上幾堂課，每一眼都可閒眺著太湖。這實在是化著錢義務授課，仍還值得的。

那裏的學生們，也為環境所薰陶，花晨月夕，山邊水涯，男的女的，一片歌聲和歡笑聲。禮拜天一隊隊的遊蹤，則遠到慧泉、蠡園與華藏。他們從都市來沉浸在此大自然之閒曠與農村漁港的醇樸質野中，潛移默化了。

可惜江南大學創辦沒有到三年，共黨渡江了，出錢的校主，經不起脅迫，學校也變色了，最近已停辦了。這是一理想的大學區，可惜嫩茅初茁，便給踐踏萎折了。

（作於一九五三年）

六　我來馬大中文系講學後之感想

一

我此次應星加坡馬來亞大學之邀請，在其中文學系，作短期之講學。最使我感到滿意者，厥為對其中文圖書館之設備。就現有藏書言，實在東南亞可以首屈一指。在此非常時期，書籍訪購不易，而馬大中文圖書館能在匆匆幾年內，居然有達十三萬册之數量，而且就大體言，所有藏書均經選擇，確為中文圖書中之有永久價値之書籍，而並為一種有系統之購置，並非隨意湊集而來，馬大中文圖書館之有此績，實堪稱道。

二

我之此來，適值星馬政治問題洶湧熱烈之際。星馬既有大量之華人青年，在彼輩之意向中，自然未能忘其為一華人，而就當地之教育設施言，似乎對高水準之華文教育，向缺注意。無可諱言，此大量之華人青年，實對中國固有傳統文化要義及中國文學史學等學科，並未有適當之瞭解。嚴格言之，亦可謂為茫無所知。如此情形，實與當前星馬政治趨嚮，有所不符，而對星馬將來之前途，亦必然會有不良之影響。馬來亞大學為星馬最高學府，已能洞鑒及此，添設中國文學系，使星馬之華人青年，能接受高水準之中國文化教育，此對星馬前途，實可謂負有一種至有意義而亦至重大之使命者。此一學系雖創立不久，一切課程內容，尚多待充實與提高，而馬大既已先有此一良好之中文圖書館，則其中文學系之發展，可以有其良好之前途，自可預卜。

三

竊謂馬大中文學系，就其在星馬地區一般中學生之程度，尚屬未及理想標準以前，若遽求以嚴格水準作衡量，期望馬大中文學系能在短期間培植對中國文化及文史學科作高深之探討與專門學者之培養，自屬不易；然此亦非星馬當地之所需要。就星馬情形言之，此大量華人青年中有志作有關中國文化與文史學科之研究者，實該授與以一種較高水準之常識與途徑，此為星馬地區教育事業中一必然應有之責任，而馬來亞大學現有之中文學系，其一切課程編製，實為相應於此使命之意義而產生，此層實值得吾人之贊許。

四

吾人之最所希望者，首先為馬大中文學系之新生入學考試，應多予華文中學之畢業生以參加應考並取得入學可能之機會。其次星加坡最近由華人社會新創立一所南洋大學，其創辦精神，亦為適應星馬當前大量之華人青年所應有之要求而來。我人因此更希望馬大中文學系將來能與南洋大學文學院多取得聯繫與合作，以同盡此使命。又更盼望因於馬大中文學系與南洋大學文學院之主持與號召，而使星馬一般華文中學，能逐漸提高其中文程度之水準。

五

任何一地區之政治社會各項事業之合理的進步，必先植基於教育。星馬既有大量華人青年，則求星馬地區政治社會各項事業之進步，其對華人青年教育之合理措施，自屬極關重要。此乃事理之顯著而無可疑者。馬大中文學系，自然對此方面負有極大之使命。我此次之所以欣然應邀而來，亦端為此故。就我此短期之觀察所及，雖不敢云馬大中文學系已有如何顯著滿意之成就，然其一切措施，實為向此意義而努力者。故馬大中文學系，實非以前殖民地區一般之慣例，僅為傳授華語與教授低淺應用之華文而設，而確有其較高之文化意象之一個正式的中文學系，則在我個人所認為滿意，而願在匆匆離去星洲之前，以告關心於馬大此一學系之內容者。並希望馬大中文學系之能繼此意向而更求進步，以不負此一學系所應有之使命。在我想來，此種期望，自然決不會是我個人之偏見與私望，而實係星馬地區之多數華人之一種共同的想望也。

七　華君繹之家傳

華君繹之，諱士巽，世居無錫縣東南鄉鵝湖之濱。其祖子隨先生，雄於財，而樂善好施，得一鄉愛戴。父相卿先生，修學敦行，有名矣，不幸早逝。君六歲而孤，幼學於果育學校，即其祖所手創也。十三歲，肄業常州府中學堂，皆與余為同學。君謹行力業，不異寒素。性嚴毅，言笑無苟，雖一時同學，固皆敬畏之矣。十八歲，祖子隨先生卒，積產徧城鄉，君整理調度，不殞益起。凡其祖所為善舉，如義莊，如學校，如修道路，建橋樑，濬水利，掩胔骼，恤孤寡，賑災荒，施醫藥，君一一遵承推行勿懈。然君之言曰：「我不能謹守祖產而無所用吾心。」乃以治產行善之暇習英文，通科學養鷄養蜂術，創辦華氏農場，並附設養蜂訓練班，時君年僅二十也，君嘗語余：「我特借此寄吾身心耳，自非大賢，心閒則思邪。我不欲閒吾心也。抑廣吾術，亦足以富吾鄉。不尤愈乎僅知輸財辦義舉乎？」君特以此東渡日本，親考察養蜂及他農事。並資遣學生赴美深究，時華氏養蜂事業，蜚聲江浙太湖流域，聞風慕效者踵起。君久而倦之，一委其業於所培植之學生。年近四十，耽書法，因研製墨術，自以己意創電動磨墨機。而君書亦漸為世所重。抗戰軍興，君蟄居滬上，益留心收集古書畫，精鑒別，所獲皆上品。並出身廻護無錫各家絲廠，得君力保全者甚夥。中共陷上海，君遂遷居臺北，手書正氣歌印行，供學子之臨摹焉。余往來港臺間，每至君齋，必出珍藏書畫，摩撫觀賞，窮深夜以為樂。君又好圍棋，嗜崑曲，自幼至老勿衰，君蓋古之所謂有道善人也。厚於財而弗溺，博於藝而不滯，行己嚴而有節，宅心澹而多容。不矜才，不使氣，不務藉藉名，不趨赫赫功。而治家尤有方。初娶江陰章氏，繼娶同邑孫氏，皆夫婦長年和睦如一日。四子伯忠、仲厚、叔和、季平，君曰：「我不樂吾子之有家財自恃」，各使出國治科學，習一藝自活。今皆游學歸，能自立，如君教。五女亦循謹知禮。入其家，和和怡怡申申如也。君以民國前十八年夏曆六月初十生，以腦溢血，一夕間不治，卒於一九五六年四月七日，享壽六十四歲。余與君幼同學，長同遊，知君素，因為之傳，使其家子孫長知其先人之榘矱風範焉。同里錢穆拜撰

（作於一九五六年）

八　謝母萬太夫人墓碑

世界公曆一九五七年二月，謝母萬太夫人卒，其子扶雅，叩門蹙頞相告，曰：「吾，孤兒也。今又為無母之人，又不獲親視含殮。願述吾母生平，仗子筆，樹碑墓道，為吾一家兄弟子孫歲時拜掃紀念資。」余答曰：「敢不敬諾。」扶雅曰：「吾母以十九歲來歸，二十七而寡。長兄少文，甫七晬，一姊五歲，余逾一齡，弟介眉，遺腹生。煢煢四孤雛，上有威姑。先父以前清邑庠生，賴館穀為活。祖田六七畝，兩房輪收，隔歲一值。曾祖田卅畝，十二年始一輪。因此饔飧常不繼。吾諸雛衣履被褥，一針一縷，盡出吾母手。每東方欲曙，啼鷄驚夢，燈光如豆，瞥見帳外母影，紡紗撻棉，無一夕輟。諸雛常餓病，母迭主湯藥，迴環室中，呼籲佛號。吾姊終以羸化。如是者十餘年，吾兄出至杭甬鐵路局充書記，吾依舅氏於吳，習錢穀。弟赴省垣，為商店學徒。而先王妣棄養，先嫂來嬪，喪葬婚娶，又撫顧長孫，吾母瘁心力如舊。乃吾兄弟各能自立，而蹙蹙四方，鮮克承甘旨。抗戰軍興，吾母雙足瘓僊，不能迎養，獨羈滬寓。年逾七十，兩目幾全盲，殆數十年傷心淚枯使然也。晚歲，息影蘇州，皈依基督。今年，壽九十三矣。吾母之堅貞苦節，萬言不能盡，而大略具是。」扶雅辭既畢，余肅然起敬，曰：「賢哉母乎！」抑余，亦孤兒也。吾母守節撫子，勞瘁終身，聞扶雅言，倍增往痛。因按狀綜述其概要。曰：

母萬氏，諱紉芳。籍山陰，陡門鄉。父柳堂，官巡檢。兄桐侯，桐鄉思，客金閶。母之誕，戊辰秋，八月十四，月向圓，溢清光。歸謝室，同邑菖蒲溇村，夫昌衢，字芝祥。芳巖翁，早謝世，稱純孝，事北堂。甲午暑，染疫不治，未老，猶方剛。守大節，茹奇苦，母聖善，子名揚。貫中西，邃文哲，仲扶雅，最其良。孫幾人，女孫幾人，曾孫男女幾人，積德厚，家運昌。抑母行，傳道統，揚文化，匪私慶，亦國光。享耄壽，卒春仲九日，葬於吳，葑門外，教會墳場。仲子友錢穆，撰母碑，念私痛，涕浪浪。歲丁酉，節清明，與仲子，香港俱流亡。

（一九五七年五月人生雜誌十三卷十二期）

九　靳珩段長殉難碑記

人類個別之生命必有限，惟社會公共之事業能無窮，而事業必創造於生命，故能融鑄其生命於事業者，其生命亦無窮也。中國古人以立德、立功、立言為三不朽，其意義卽在此。臺灣省東西横貫公路，鑿山川之奇險，開天地之淸靈，極工程之艱鉅，成人文之偉績，而靳珩段長乃不幸於此殉難。今者，康莊旣闢，光景改觀，行旅過此，往昔之奇險艱鉅，乃如雲煙經眼，渺不復覩。而俛仰流連之間，靳故段長之精英，必有洋洋乎如在其上，如在其左右者。此乃宇宙之至理，人生之大教，不惟靳故段長一人之不朽而已也。爰為立碑以識焉。其詳別有碑，此不著。

一九五九年十二月錢穆撰

一〇　人生小品

一

我寧願我有理想，我不希罕我有幸福；我寧為理想而犧牲了幸福，我不願為幸福而拋棄了理想。

我愛海之濶，我愛天之空。但我若為魚，我更愛向海的深處沉潛，我不願老向濶處游。但我若為鳥，我更愛向天的高處升舉，我不願永在空處飛。

我為嬰孩，我高興由嬰孩長成青年；我為青年，我又高興從青年轉成壯漢；我為壯漢，我仍高興從壯漢變成老翁；我為老翁，我再高興從老翁安靜地死去。我只不高興老是這般樣。

我見了生人，我再想見死者。我願上與古人為友，我又想獲交下一代的新生，我不願老在平面的人生中過活。我希望能有一個三度的人生，上友千古，下友千古。

「前不見古人，後不見來者，念天地之悠悠，獨愴然而涕下。」我一向愛誦這首詩。我此刻則不然，我覺得一張目，古人、來者全在我眼前；我覺得一瞑目，古人、來者盡在我胸頭。

若我有所愛，我不愛顏色，愛光；不愛線條，愛動。我討厭那些只注意顏色不注意光，只注意線條不注意動的人。但我也討厭那些想要沒有顏色的光，沒有線條的動的。若有人能從顏色上發光，能從線條上生動，我將與之為友，我將與之成愛。

二

西方中古時期的世界是上帝的，文藝復興宗教革命以後是個人主義的；法國大革命以後是民主大眾的，第二次世界大戰以後是科學機器的。他們總想把一個力量高抬來壓倒其他一切力量。由上帝法西斯，轉到個人法西斯，再轉到大眾法西斯，而終於形成今天的機械法西斯。

我理想中的人生寧願是民主的，希望上帝和機器和個人和大眾能調協一致，和衷共濟。上帝也得有耶穌。科學機器也得有哥白尼、牛頓，以及一切發明家。大眾亦得有盧梭、馬克斯、希特勒與列寧。我願這一個理想的民主人生中，不要太忽略個人。

但個人沒有宗教，上帝不成為耶穌；沒有科學與機器，不成為哥白尼、牛頓；沒有羣眾，不成為希特勒、列寧。個人要離世獨立，消極只是叔本華；積極只是尼采。在這一個理想的民主人生中，我還是想念我們的孔子。

三

年輕時充滿了未來，但太幼稚了。年老時充滿了過去，但太衰竭了。要一半在過去之記憶中，一半在未來之想像中，兩面調和涵蓄，這才是一個中年的成人。然而中年的成人們，又太現實了，太世俗了。一切記憶，為的是現實；一切想像，為的是世俗。把現在淹滅了過去與未來，這是一個可咒咀可鄙薄的現在呀！

過去的生命是我的，我可保持在記憶中；未來的生命是我的，我可活現在想像中。獨有現在的生命，卻不像是我的。現在刻刻變動，刻刻遷流；成也要消失，敗也要消失；苦也要幻滅，樂也要幻滅。一瞬息、一剎那地在我眼前飛奔而去，這是中年人在現實世俗中最大的悲哀。

我願常為青年，使我永遠有活潑的想像；我願常為老人，使我永遠有親切的記憶。我願常不為中年成人，讓我永遠把想像與記憶來沖解此現實，融化此現實，儘讓此現實在我眼前飛馳電掣般掠眼而過。

我願伸延我的記憶及我未生之前，乃至未有天地之始，使我做一十足的老人。我願放長我的想像及我既死之後，乃至海枯石爛之餘，使我做一十足的青年。我願把我的一生生命，常如中年成人般，緊縮在刹那瞬息的現實上，一幕幕一頁頁翻過，一幕幕一頁頁更新。成為一本好劇，成為一部好書。中間充滿著記憶，中間充滿著想像；卻不希望他一刻停留，一刻死住。其實生命又那許我停留死住呢？

四

女性永遠是輕盈的，男性永遠是沉著的。

女性之美，在其能把捉到當前之靈感，當前最現實，又最虛幻。刻刻圓滿具足，刻刻變動不居。所以女性的靈感，永遠能有所獲得，同時又永遠有所撇捨。

男性之美，在能思前顧後，理智勝過了直覺，他常想把已往的、未來的來經營此現實，來安頓此現實。但他不知道這一現實已在他眼前偷偷滑過，但此現實，卻始終滑不過女性的當前之靈感。

女性是生命之中心，男性是生命之外圍。男性應該加女性以護惜，女性應該給男性以安慰。

男的懂得成功，懂得失敗；但他不懂得甚麼是苦痛，甚麼是快樂。女的懂得快樂，懂得苦痛；但她不懂得甚麼是成功，甚麼是失敗。

女性看人生，始終是苦痛與快樂；男性看人生，卻永遠是失敗與成功。男性在失敗中，女性能給與你快樂，你去看霸王別姬。女性在苦痛中，男性能給與你成功，你去看蘇三起解。

男性要自尋快樂，女性要自覓成功，那多半是喫力不討好的事。

青年與老年是人生之外圍，應該多男性些。中年成人是人生之中心，應該多女性些。理想的男性，應該永遠有青年氣，永遠有老人相；理想的女性，應該早些成熟，遲些衰老。

理想的男子見到女性，應該不為嬰孩，便為老人。理想的女子見到男性，應該不為慈母，便為慈姊。

男人如樹，女人如花。稚松小柏可愛，蒼松翠柏也可愛，中間一段反而不可愛。花則不然，含苞未放，以及凋零將謝，究竟不是花之可愛的時分。

若使人類只許有一種，應該是只有女性，不能只有男性。沒有成功失敗的還是人生；沒有苦痛快樂的將不復是人生。因此女的不瞭解男的，依然還可有生命；男的不瞭解女的，那將一點也沒有人生味。

五

就宇宙論，有眞、善、美；若就人生論，應該是力、善、美。生命不能去掉力，眞理只是增進了生命的力量。所以西方人說：「知識便是權力。」

動物只求美只求力，不必便知求眞。初民也只知求美求力，不必便知求眞。由求力演進始求眞；由求美演進始求善。

男性偏向力，女性偏向美；男性偏向眞，女性偏向善。

東方文化偏女性；西方文化偏男性。東方文化之長處在美與善；西方文化之長處在力與眞。

宗教藝術偏女性，偏向善與美；科學哲學偏男性，偏向力與眞。

（此稿隨筆遺興，未曾發表，似亦未完成，寫作年月亦未知。）

一一　美亞洲協會贈書文化學院典禮講辭

今天是臺北的美國亞洲協會贈書本校一典禮，張創辦人因我與此事有關，要我先講幾句話。

遠在三十年前左右，香港的美國亞洲協會，那時稱亞洲基金會，其主持人艾維，新從美國到港，前來新亞書院見我，他說他在美國，有人告訴他去香港首先宜訪錢某，因此到港卽來相見。此後我與艾維常相過從，他對新亞出力甚大。新亞書院後來的農圃道新校舍亦由彼從旁促成。

一日，艾維來我辦公室，說：「新有書估送來四部叢刊，當移來暫存尊處，供君使用。」此書遂於翌日送來。艾維離去香港，亞洲協會繼任人，仍許此書存放我辦公室，直待我辭去新亞書院之職，亞洲協會主持人仍許我將此書移去沙田私寓，繼續使用。我遷家來臺，此書仍許移來臺北。此書供我使用，前後已逾二十五年之久，但我亦未負香港亞洲協會先後主持人之美意，亦可說無一日不利用到此書。我去馬來亞一年，亦曾携帶此書中朱子大全集一部，日日循誦。總之，此書常在我室中，不知省卻了我二十幾年來多少另向他處借閱繙查之精力，眞是感不可言。

最近因雙目不能見字，急想將此書送回亞洲協會，而香港亞洲協會已結束，遂移書商之旅居美國之袁倫仁君，即在港許我移此書至沙田私寓者。袁君致書此間亞洲協會主持人謝孝同博士，謝博士來見，徵求我意，決將此書轉贈本校圖書館收藏。一則：本校校名即用「文化」二字，旨在提倡中國文化，將此書移贈最為合適。二則：我亦在本校歷史研究所任教有年，此書移贈本校，不啻仍由我在使用。謝博士此種美意，我與張創辦人及本校許多同仁當同深感激。今天舉行此贈書儀式，我謹將此經過約略敍述，亦可見亞洲協會在香港、在臺北，先後幾位主持人之美意與貢獻之一斑。至我私人對美國亞洲協會之感謝之誠，則非口舌可宣，僅有永存心中，常此不忘。

（一九八一年）

一二 現代的人生

我在早年沒有養成出門拜訪新交的習慣。中年以後，有此可能，但無此興會。想見之人有時不免失之交臂；未曾想見的人反而常見。社會益複雜，人事益繁忙，交際範圍越來越大，想見之人卻更覺減少，在我內心中不免時時有一些孤寂感。

對學術界這小範圍來說，今天的學問競尚專門，同是學界中人，一門和一門不同。同在一門之內，此之所專與彼之所專又不同。相互間不啻有一條鴻溝，此岸看不見彼岸。彼此相遇，常感到無話可說。而且由學問又生意見，意見上又會劃鴻溝。鴻溝之裏之外又有鴻溝，一道道的鴻溝，把人各自劃開，逐一地孤立起來，那眞是現在人生中的苦味。

現代人生，驟看很熱鬧；向內尋求，往往會感到很空洞，很孤寂。這種空洞孤寂之感會蝕害人之性情。只有性情才是人生最眞實處。性情受了蝕害，愛講話人會變成不講話；不講話人會變成愛講話。相互間易見乖張，獨自中又感牢騷，有話無話，全成苦味。

唯有性情中人，性情不受蝕害的人，遇到性情相投的人一切鴻溝自會泯化，一切意見自會解消。

霎時間人生感到圓滿，縱使是淡淡一番閒話，也將成為人生一快事。無奈此等人、此等事是可遇而不可求。人生的性情則永為一道道的鴻溝圍堵住，長日侵蝕，長日銷毀，各自的性情則漸歸於迷失。如是般的形勢將使此世界遍地是鴻溝，而鴻溝兩岸則渺焉無人。涉足其間，固是寸步難行，同時亦覺得到處荒涼。今天世界的人生問題甚多，似乎此處亦是其一，至少我感到如此。

一三　談人

中國人把人分作聖人、賢人、善人、君子、小人、惡人，甚至還罵人不是人。同樣是圓顱方趾，同樣是頂天立地，天賦人權，人人平等，為何可以罵人不是人，又說是衣冠禽獸。這一點中西觀念實有不同。

若講到人之事業與日常生活，雙方易相接近。若談性情，則中國人自有一番講究，經過長時期文化陶冶，驟然間想要變成一個西方人固不易，而要使一個西方人驟然變成一個中國人也困難。一個中國人去外國三、五年，成為事業有成就的新人物，其事易；但內在的性情則不易改，他仍將是一個中國人，若事業和性情不相配合，不相協調，便會產生苦痛。

我認為中國人最好的發展還是應該讓他仍做一個中國人，保留中國傳統中所看重的性格與品種的觀念。縱使西方人不講究這些，但要使拉丁人、條頓人、斯拉夫人三方互易，其事甚難，要使歐洲人轉變為阿拉伯人、印度人、非洲人，事更不易。這是有天時、地利等種種關係，更重要的，乃是「文化」關係，是人類經歷了長時期培養的關係。若我們一意要模倣外國從事業上更深透進到性情上，至少在人生的一體兩面中，就要削去一面，只留一面。

中國人比較注重在求淡。如說「君子之交淡如水，小人之交濃於酒」；又說「淡泊明志」，淡雅高淡，淡於名利。過一種恬淡人生是中國人的理想。西方人似乎比較喜歡濃。雙方在文學、藝術上，都可看出此一分別。如中國平劇雖重忠孝節義，演來卻有一種恬淡之味，叫人欣賞，能使人心氣和平。西方話劇和電影則是刺激人的成分多過叫人欣賞的成分。若在夜間看中國平劇，回來即可入睡；看西方電影，回來可以睡不著。「淡」與「濃」，是中西人生的一大分別。

（此文與上文乃傳記文學摘錄某文刊登，非專著，寫作年月不詳。）

書札

甲　致友人書

一　致胡適書四通

適之先生：

拜讀　來教，懽喜無量。先生高興加入今古文問題的討論，尤所盼望。今姑就　來教，略述鄙見，謹請　教益。

竊謂西京學術眞相，當從六國先秦源頭上窺。晚清今文學承蘇州惠氏家法之說而來，後又屢變，實未得漢人之眞。即以廖氏今古學考論，其書貌為謹嚴，實亦誕奇，與六譯館他書相差不遠。彼論今古學源於孔子，初年、晚年學說不同。穆詳究孔子一生，及其門弟子先後輩行，知其說全無根據。又以王制、周禮判分古今，其實西漢經學中心，其先為董氏公羊，其後爭點亦以左氏為烈。廖氏以禮制一端，劃今古鴻溝，早已是拔趙幟立漢幟，非古人之眞。

一、莊子天下篇述當時學術分野有三宗：

民國十五年夏，穆在無錫編講國學概論，始注意及此問題。當時見解，大略如次：

一、舊法世傳之史。

二、詩書六藝鄒魯搢紳之士所傳。

三、百家書。

及秦廷焚書，所分仍此三項：

一、諸侯史記。

二、詩書。

三、百家語。

秦廷為政爭而燒書，所燒以諸侯史記為甚，詩書次之，百家語似少波及。東漢以下至唐，言秦燒書不及諸子者不止一見。諸侯史記乃現代官書，及從前一切檔案之類，詩書乃舊官書之幾種，經鄒魯儒生傳播（並偽造）。而百家則民間書，故稱「家」，家卽是民間私書之意。

二、漢藝文志「六藝」與「儒家」分列。儒亦百家之一，與六藝別。

孔子之學流而為六國之儒家。六藝學至漢而興，不得歸之孔子。縱使有幾部書與孔子有關係，而孔子時還無所謂六經，何論今古學。

三、漢初尚百家言，及後古學漸興，轅固生譏老子為「家人言」，卽是民間小書耳。而文帝后卽斥轅生何從得「司空城旦書」?·轅生治詩，在秦廷焚書時列入禁令，故謂何處得此犯罪的書，因令下圈刺豕。其實那時早已除挾書之律，竇后冤枉了轅生，故景帝與以利刃。

四、博士自秦到漢，並不是專掌六經。（今文學謂博士掌六經，秦不焚博士書，均誤。）直到董仲舒得志始立五經博士，博士始專治六藝了。（而儒家的孟子博士也罷斥。）竊謂從漢初到董仲舒是眞的「今古文之爭」，今文是百家言，終於失敗，而古文書得意。自此以下，古文書絡續發現，其實是漢人上了六國人的當。那些書何嘗是古文，有轉不如他們輕視的「家人書」，轉而古些。從此利祿之途，大啓覬覦，已立官的博士和未立官的「古文書學者」爭，這是「古文書內部的分裂」，而現在則得了「今古文相爭」的名目。

五、若從學術眞相講，董仲舒雖讀了些古書，而說法則全是新的。最著者卽董學之來自淮南是也。因其時學統中絕，講學的只有這幾種，所以漢人講易、講詩、講春秋，乃至於講尚書，雖則在他們手裏傳到的是古書，而在他們並世所聽到的一切學問界的說法，只是那一套。卽是六國末乃至秦的所謂陰陽五行黃老家言，（此等秦均未禁，故流行益盛。）方士神仙、封禪、明堂，稍進則為申韓法家。劉向還是如此。以後古書確是出得多了，稽古之風漸盛，才從講學說變而至於講歷史。

六、司馬遷在此上早有卓識，他早說不識古文不能懂古史。史記裏所謂古文，全是相當於六國前舊書之意。司馬遷頗推尊董仲舒，他所謂「古文」正是董仲舒一派所提倡的六藝。那時古文的對面，便是司馬遷所謂「其文不雅馴」的百家言，即轅固所譏「家人言」也。崔觶甫凡把史記所稱古文，全定為劉歆偽羼。漢人學術眞相，為之大晦。

七、劉歆王莽在稽古漸盛的風氣裡，敢於作為，而不幸是失敗了。

此上見解，除第七條詳拙稿莽歆年譜，已蒙　鑒及外，上六點均詳國學概論，六年來見解未有所變。該稿送商務已踰兩年，尚未印成。俟出書，當再請正。俟得暇還擬於晚周學派及秦焚書兩端詳細發揮，庶或有當於

先生「根本」之論乎？

周官鄙見仍認是先秦書，尚在呂不韋春秋、鄒衍五德終始前。（非衍自著。近新成鄒子著書考一篇，擬增入繫年。）中間兼論及井田，本擬呈　政，禮拜日或趨　府，否則下禮拜來。所呈草率，急於投遞，俾得於晤面時卽聆

誨正耳。專此敬候

撰安

錢穆謹上四月二十四日

* * *

適之先生大鑒：日昨來城拜謁，未得晤

教，深以為悵，即日匆匆南旋，不克走辭。周官一稿尚有一二處擬改。

在君先生亦平素仰望之一人，不謂遂以蕪文見賞，彌增慙恧。其令弟丁文治已以平日積分酌定等第，可免補考，便幸轉及。拙著諸子繫年於諸子生卒出處及晚周先秦史事，自謂頗有董理，有清一代考史記、訂紀年、辨諸子，不下數十百家，自謂此書頗堪以判羣紛而定一是，即如孔子行事，前人考論綦詳，至於江崔諸老，幾若無可復加。拙稿於孔子在衞宋諸節，頗謂足補諸儒考核所未備。其他用力處，穆自序中頗有道及，幸

先生終賜卒讀，並世治諸子，精考核，非　先生無以定吾書，倘蒙賜以一序，並為介紹於北平學術機關為之刊印，當不匱為穆一人之私幸也。

草此布臆，諒勿為怪。專上即頌

撰安

錢穆拜上十七日

* * *

適之先生：

久疏啓候為念。前聞北大有一學生譚

先生對墨學有新見解，與前編哲學史絕不同，不久將有專篇發表。穆舊著墨子小書一冊，敬奉請

正。國難日亟，

左右領袖羣倫，未審深識所燭有何偉論可為社會打一新出路，而此以不急之浮墨相擾頗引為慚。即此

聊當面候順頌

撰安

錢穆上廿五日

＊　＊　＊

適之先生：

昨奉小書墨子一册，諒已邀覽。頃商務又寄來新出惠施公孫龍一種，敬再呈教。此書乃逐年積稿，歷時數載，用心較細，所得較密。公孫子五篇新解，頗謂超昔賢以上，倘荷卒讀，詳賜誨正，尤所盼幸。穆頃住西城，不日遷居北大附近，再來面候起居。專此順頌

撰安

錢穆拜上三十日

（上四函疑作於民國二十一年）

二　致陳伯莊書一通

伯莊先生大鑒：頃由曉峯先生處轉下大札，知拙論遂蒙大雅印可，豈勝欣快。私人資本主義之跋扈，實為近代歐西文明一特徵，然至今日則敝害昭著，道途已窮。他日國際若有眞和平，必自調整經濟問題始；而欲求世界經濟問題之得有調整，又必自限制私人資本主義之作祟始。否則禍亂相尋，爭奪不已，所謂君以此始，亦以此終，近代歐西文明恐將與私人資本主義同歸於盡，此就世界潮流之大趨勢言之則然也。

若說中國傳統文化精神，則尤與私人資本主義扞格不相融，若求中國追隨近代歐西私人資本主義之後塵，則勢非徹底破棄中國已往傳統文化精神不可，而此事之不可能，近百年來之歷史教訓亦甚明著。儻使中國已往傳統文化精神果能破棄無遺，則國且不國，族且非族，皮之不存，毛將焉附？國亡族淪，而言私人資本，吾其為猶太乎！且當今日世界私人資本主義猖獗披靡之際，我以弱國貧族，他人早已制我機先，苟非集體造產，私人資本斷難完成，究其極仍不過為外國資本主義作先鋒，作爪牙；助之朘吸吾膏血，剝削吾體膚，究其極則不啻於自朘己血，自剝己膚而已。故非急速造產，不足救中國；而非摶國族為大集體，亦斷難達造產之理想。最近將來之世界，實斷無我弱國貧族私人資本發展之餘地，此乃一種最明白之形勢，而亟需吾國人之憬然猛省者也。

今日國人方醉心於發國難財，一輩人心中或疑，戰事解決中國社會卽將有私人資本之存在，或可憑藉此基礎以與外邦異族相抗衡。竊恐卽此一念，無論其為公為私，便足使中國前途沉淪十八層地獄苦海，而永無超拔之望矣。先生著論，務望將此意透切發揮，則實為救國家救民族一種莫大之功德也。若謂中國官僚積習貪污，此乃一時之病態，若使中國官僚常如今日之貪污，則中國民族早已絕迹於天地之間，亦不復有此五千年綿延不絕之文化傳統矣。抑且近代歐西私人資本之跋扈，其有藉於慘酷不仁之心術，狡詐不端之手續者，稍讀近代西史者皆能誦言之，若盡按正道良心，豈獲有今日私人之資本。故不放心於目前政風之貪黷，而懷疑於集體造產之理論者，實非健全之思想。

惟政風貪黷，究為今日一大病，若欲走集體造產之路，第一步治標方法厥為整肅官方，痛懲貪污，此事若辦不到，其他竟可不論耳。至於科學發明，此與私人資本絕非一事，奬勵科學乃為國家民族造產，決非為私人謀發財。私人資本常足妨礙科學，此在歐西今日亦為盡人可曉之情實，則提倡科學與裁抑私人資本，實亦不相背而相成也。穆於經濟學一無所知，特就吾國族傳統文化精神及世界大潮流趨勢，約略言之，至於精細發揮，形成一明確之理論與方案，此正有待於先生其人者。承示近撰「建立中心力量來保證民生主義的實現」一文，極盼早覩，並望繼此續有撰述，所係匪細，實非弟等

少數人之私望也。（下略）

八月二十三日

（民國三十一年十月，思想與時代月刊第十五期）

三　致于伯安仲直昆仲書二通

伯安仲直兩兄惠鑒：屢於幼舟書中，得悉賢昆仲好義之勇，嚮學之殷，久切馳想，頃蒙損書，謙冲誠篤，溢於紙表。穆行能無似，並與賢昆仲無一面之雅，乃蒙聞聲相慕，欲以新創書院大業，招使共事。循誦再三，亦忻亦慚。回憶昔年薄遊滇疆，深愛其山水之清淑，士風之耿介，每謂斯土，風氣久鬱，昔日人文之美，殊未足以盡其蘊藏，將必有昭蘇暢發之一日。今者諸君子有志斯文，抒此宏願，將來風聲所播，觀感所及，殆非僅滇南一境士風學術之所繫命，亦將為全國文化新倡導。夫先路自來，人文蔚起，莫非肇始偏壤，考之中外，歷歷弗爽。良以地僻則情專，風淳則志潔，故能超然埃氛之外，潛精幽微之域，固非爭名利於市朝者所與知也。誠使有三數同志，主持其事，勿急近功，勿騖外譽，則作始雖簡，將畢自鉅，穆雖無所堪任，不期聞命而忭悚。第以賤軀，久膺胃病，多所顧慮，遂稽裁答，然此心固已許與諸君子相追隨矣。五華聘約，早已收到，應聘書昨已簽寄幼舟，囑為轉遞。穆在此稍有屏當，即謀東旋，承　命有期，不勝臨穎神馳之至。專此布復，順頌

道祺　不備。

弟錢穆拜啓

（民國三十五年七月五日中央日報昆明版）

＊＊＊

伯安仲直兩兄惠鑒：穆於七月十二日離蓉，於二十三日抵蘇州寓舍，均已有函告李君幼舟，囑其轉達尊處。七月五日函，於旬日前始由成都轉來蘇州。其時穆適赴滬，淹滯兩週，昨始返抵寓舍，又獲尊處八月十六日函。兩函並讀，甚快甚慰！惟稽裁答，想勞盼懸矣。學院事由兩兄熱心創舉，並得貴省諸賢同聲相應，苟能實心實力，持之以恆，不騖外譽，不急近效，貫以精誠，磨以歲月，將來風聲所播，決不僅限於西南一隅。目今舉國蜩螗，獨西南稍安。能乘此時機，為國家民族保留學術命脈，栽培新生根基，將來事業有成，豈淺見薄識者所能想像。故區區之意，端在學院創辦諸君，擴心胸，宏抱負，端其趨向，遠其程所，辨在今日毫釐之間，而所收穫將歷百年千歲而芬芳益烈，光輝益煥！是誠在於諸君子之善為之也。穆雖行能無似，竊獨抱其獨往孤是之見，卅年於此矣。乃蒙諸君子不棄，邀以共事，豈誠中國文教一線之傳，將繫於此乎？每一念及，所為奮興神往而不能自已者也。來書意氣勤懇，以海樓東壁之事相擬，竊謂二兄懇款之忱，固無異於海樓；而今日之所當負荷者，則非昔賢之類。任重道遠，二兄之志業，固當有遠超於往日陳君之所為者。惟孤陋之學，則自慚不足以追蹤前躅為可愧耳。

承示植物研究所、文史研究會均已次第創立，並講席之盛，遠道奔赴，其講演記錄等，尚未接讀。所囑接洽出版事宜，當於下次去滬時再為談商。然此事並不難，只求在我真有學術價值之出品，則刊行傳播，決非難事。私意則在厚積薄發，一鳴驚人，將來出版學報與叢書，所懸標格，務必與國內第一流書報，至少相抗衡而無媿色，此層尚待穆來滇後與諸君子從容商討，再定計畫可也。

竊謂學院今日最基本工作，而為吾儕所可努力者：一為圖書之積集，一為學員之選拔，誠使有充足可用之圖書，又眞得三數英才確然有志者相從講習於此，則學院眞基，卽可奠定。來示知方積極籌設圖書館，此事誠極重要。最好擇必需置備之書，寫目徵求，或出資購買。誠因目下得書不易，交臂失之，將來雖出重資，亦難必得耳。穆離家已六載，又因交通阻梗，直至上月杪，始獲東旋。歸後人事稍冗，又病體尚未全復，來滇之期，當在十月之初。雖心切南馳，而不獲奮飛，亦一憾事。最近居滬十餘日，殊感勞倦。又溽暑未退，匆匆作復，殊不盡懷，幸諒！專此

順頌

道祺

弟錢穆啓八月廿二日

（民國三十五年九月十二日中央日報昆明版）

四　致繆子雝書一通

子雝老弟大鑒：奉手書已多日，適因事冗，又天寒硯水皆冰，遂嬾握管，想勞盼懸矣。穆此番來昆明，得識吾弟，亦一快幸之事。惜來去匆匆，未獲從容商討。循誦大扎，悵惋之情，彼此同之。嘗謂今日為學，較之昔人，艱難不啻倍蓰，一則從前規模，已成芻狗，今當赤地新創。二則東西交通以來，再不能閉門自封，當博綜兼涉，故居今學問艱巨，當倍於前人，而收穫未必能盡償此勞也。吾儕當如何努力，庶可有以開此局面。滇南尚為一塊乾淨土，較可寧靜。幼舟、仲直諸人，皆篤志向學，切磨之益，不事外求，惟學校課務太忙，實損精力。曾憶某日與方國瑜先生談及此事，彼亦甚願弟與幼舟諸人，得一意潛修，為將來滇南文教，樹一新基。想課務方面遇相當機會，必可從長商酌。不致長此勞累也。所示研究計畫之大綱，極為宏闊，竊意此類題目，正可供吾人畢生之研尋。學者必先抱此大志，然後乃能惟日孳孳，常懸一可望而不可遽達之目標在面前，正是自己鞭策之一種最好方法也。又此等計畫，並不重在材料搜輯，及方面之推擴，更重者，乃在其根源深處加高加深，俟此方面培養深厚，則材料方面，自可迎刃而解。須知同一材料，須視運用者之學力識力而判決其成績。今之學者，所患正在不於本源處登高入深，而只忙於方面之開擴，材料之累積，則盡日窮年，終亦無所成就而已。竊謂中國教育思想，即為中國文化之中心，因中國並無宗教，又一向看重人文方面，故教育思想之於全部文化，不啻提綱挈領，於此有得，則一切左右逢源矣。吾弟開列各項，似應以思想為其最主要者，亦為其中最難尋求者。盼先能於此著力，其他材料，同時留心，而處處須不忘其大本大源所在，積累日久，而有大成之望。若欲速好多，在小處急切見成績，則終自限其遠大之前途。想弟平日必深肯此意也。穆雖遠在數千里外，然書問往復，半月而達，盼弟時時以新知見告。穆必竭其所知以相切磋，不但有益於弟，亦有益於穆也。千萬千萬。遇有新得，不妨隨手撰述，使筆下勤快練熟，將來有大著述，自然輕鬆。若過分矜持，不寫小文，則手下生澀亦不好。惟行文當力求潔練，萬勿冗長拖沓。將一些意思，放成長篇大幅，此最時下通病。若犯此疾，終為將來之累，更當早戒為是。此兩日牙痛，右臉腫脹，天冷不能用墨筆，潦草略陳，其勿為怪。專此即頌

文祺

錢穆啓二十八日

（民國三十七年三月中央日報圖書周刊第八十八期）

五　致余協中書二通

協中老兄如晤：月前接惠書，一時嬾未卽復，便拖延至今。曾有復英時一函，卻未見其續音為念，不知彼於此次暑假可否完成博士論文及試驗，私意甚盼英時完畢學業，仍返新亞。在英時講來，亦有仍返新亞之義務，為英時此下學術進修計，亦以返新亞為得。惟尊眷都已去，而英時又須離家歸來，此在賢伉儷與英時兄弟均為一極不自然之事，此亦無可奈何。

關於英時返新亞後之待遇問題，弟再四考慮過，就新亞以往人事及目前經濟論，英時返校待遇勢不能優，惟私意總希望盡力為之安排。英時回來，弟意在研究所方面安排，再在學校兼課。一則任課不致太多，一則待遇可以稍好，私意總希望能為英時湊得按月港幣七百到八百元之數，惟研究所經費去年楊聯陞來，把新亞歸併到臺北，經費卽削去了一半以上，經弟春間去函申述，哈燕社來信，許於臺北機構外特別再津貼一部分，彼方要求能在陽曆二月之內去一預算，再據此付會議核辦，因此甚盼英時於陰曆新年初過，卽陽曆二月上旬能來一信，如彼能於暑期中完成學業，弟於二月下旬送出研究所向哈燕社請求經費項目中，可把此一安排儘先部署也。此層萬望老兄與英時一商，並囑其早復為要。儻暑中準能歸來，並盼將到新亞後所欲研究之問題範圍一併見告。萬一暑間不能卽歸，預計當可於何時歸來，亦盼告知。以此間經費仍須在事前安排好也，切盼切盼。弟於本月下旬須去臺北，卽為哈燕社臺北會議出席。在那邊有一筆款可拿，終是不能不去耳。

臺北方面學術門戶之見太狹，總把弟當作化外人看待，而且還存有敵意。弟非不知，然弟總求顧全大體，盡其在我，只求自己在學術上有一分表現，在教育事業上有一分貢獻，並不願亦抱此等小目光來爭閒意氣。然瞭解弟此種意態者實並不多。胡適之在臺中農院講演，公開指名張君勱、唐君毅等四人之外，又把弟名字加進，共五人，謂此五人絕不懂中國文化云云，亦可想見其意態之一斑矣。其實在學術上爭是非，並非一不該有之事，惟求勿越出學術範圍，各在著作上以純學術之立場爭之。胡氏常言拿證據來，若謂此諸人絕不懂中國文化，亦該從證據上立論始得耳。

弟在學術界一向是孤軍奮鬭，又喫虧自己不通英文，因此來美國事，在弟心中並不存此意想，因在弟並無所謂，在彼等心中，弟若出國，亦成為一大事，勢必多方中傷。此非弟之神經過敏，亦非弟心有畏怯，只是不願爭此一著，非水到渠成，弟絕不自己營求。內人來信，云吾　兄有函致彼，認弟有一千五百美金旅費，可以卽去美國，其實此事早在前年已有此安排，弟只拿此一筆款，匆匆來去，殊覺無聊，故遲未成行耳。因　兄相知已深，故縱筆及此。然除賢喬梓外，幸萬勿為外人道之，千萬千萬。弟心中又存一幻想，希望英時能先歸，弟在此為兄嫂安排，遇有機緣，兄可全家重返港九，只洪實一人在美進修，想再過一年或兩年，彼不必定要父母陪其在外也。此層弟亦已久在心中，只事不

實現，不願先說，此信偶而提及，但此刻急切間尚無此機緣，亦幸　兄諒之，勿怪為幸。匆匆順頌

旅祉並祝　闔第潭吉

弟穆啓　一月十四日

* * *

協中吾兄大鑒：久疎音候，實緣冗雜難遣，想蒙諒宥。茲值冬節將臨，頗有歲暮懷人之感，匆促草此緘聊表弟之積念於萬一。弟夫婦行期暫定在下月十一至十五幾天內，惟屆時是否仍須展延，此刻尚不能知。弟此次赴美，實非始望所及，弟亦素無此意興，否則若先存此願，至少在語言方面應稍有練習。此次所以毅然允行，實因十年來在此心力交疲，亟思轉換環境，俾有休息，而捨此一途實亦無脫身之藉口。遙想抵美以後，至少在五月時間中可以較為清閒，此後視經濟情形在美在歐漫遊中亦可解放心情。得此一段休閒，庶可重加鞭勒不致竭蹶，並此後歸來，新亞内部盼能另有一氣象，再不煩弟太多操心，此實弟心中最所盼望之事。總之，弟雖遠行在望，心中所縈慮一切仍是那些老套瑣碎之事，除非眞上了飛機，或可心情眞有一轉換耳。關於去美之一切手續，亦直到最近旬日内始開始著手辦理。舍間書籍衣物種種更是亂糟糟，尚未暇著手。明日起學校放假，盼能在一星期内把舍間雜亂書物一切整叠好，至學校事則非到弟臨行之一天總是交代不清。詳情可留作將來見面談天之資料。弟才性不近又不愛此等牽縳，而不料十年來為此牽縳，人生亦盡非能由自主，惟年事日增，精力日衰，此下則斷不能常此牽縳耳。此次之行一切亦全由内人奔跑整叠，弟只袖手旁觀而已，此亦更使弟心中一如平常更不感遠行在卽之所由。若使弟一人作此遠行，弟將更無此意興，殆亦決不能成行也。此刻内

人又因事出外，弟坐對此一室雜亂之箱篋書物，感到全無弟下手之處，故率爾作此緘，料想老　兄讀此當亦為解顏一笑也。

英時弟兩篇大作均已刊出，而弟仍無暇仔細一讀。弟常與內人談起，只望明年遠遊歸來，學校事能乘此擺開，多得清閒，有英時等數人時時過從，談論學術，放情山水，弟當自買一車由內人駕駛，家中時時備一兩味家常菜，邀英時等三數人聚餐會遊，弟之理想專在此處。若老　兄能賦歸歟，更增歡樂，外此實無足道者。弟又告內人，英時天資英發，實似往年張君蔭麟，而醇厚過之，必有遠到之期，此不僅　兄之老福，亦弟晚年心情所切盼。若使英時能在弟身旁親眼看其一日千里之脫轡絕馳，弟之心情蓋無愉快過於此者。得一後起人才殊不易，弟為新亞化了十載心血，卻要向英時身上索償。以此告　兄，想不怪弟之無聊或過分也。匆匆不盡。即頌

近祺

弟穆十二月二十一日

（一九五九年）

六　致費子彬書五通

子彬兄嫂儷鑒：去歲還臺，蒙　寵宴，並　嫂夫人親去機場。分別以來，迄未修箋，略報近況，諒不為怪。弟來後暫住城市，相識既多，地又方便，雖不輕出而來者不絕，較之沙田杜門情況大異。又兩度赴南部講演，乃借此遊歷暫避酬應之繁。新居在郊外，較之沙田更為愜意，一則靜闃過之，再則園地大，可以蒔花種樹為消遣。惟須五六月間始得遷入，春間多陰雨，不獲限時完工也。港九幸已平靖。諒

兄嫂為況一如往時。年前振羣來書云，彼今春當來臺小遊，不知

兄嫂有興同來否？三月以後，此間花事甚盛，即不遠赴南部，在臺北小住亦大佳事。故宮博物院名畫古器，嫂夫人若來，必流連不忍遽返也。專此順頌

春釐

振羣兄嫂晤面乞代道念

弟穆偕內人同叩　二月九日

（一九六八年）

* * *

子彬兄嫂儷鑒：別來行將盈歲，每以
起居為念，數月前蒙賜
嫂夫人畫册，精品佳作，美不勝收。惜未能身蒞展覽會場一賞眞蹟為憾。舍下於上月杪遷來新居，環山面溪，風景不惡，地極靜偏，而與東吳大學為鄰，因亦不感寂寞。惟出入非車不可，距離士林市區亦尚在數里之遙，日常菜蔬亦須駕車往返，此則稍為不便耳。即日溽暑方蒸，遙維珍衞得宜，生活佳鬯，以為頌慰。匆此祗候

儷祉

弟穆啓　八月十四日

內人同此叩　雙安

（一九六八年）

* * *

子彬兄嫂儷鑒：穆夫婦此次去港，六十年前老友重獲晤聚，懽暢曷極。蒙兩度邀宴，又餽以多珍。故人情重，永此不忘。歸來敝舍無恙，積倦已消，堪以告慰。惟重聚何日，雲海相隔，豈勝神馳。嫂夫人能來臺一遊否？為念。專此順頌

儷祉

弟穆啓　十四日

內人囑筆候雙安

（一九六九年十月）

＊　＊　＊

子彬吾兄如面：三日函內附照片均已接到，稱為「蘭陵憶舊圖」語極親切有味，較之稱「江南三老」自稱自買者為勝。弟意如此，質之　兄與振羣兄不知同以為然否？囑書「待旦」字不日當勉就付郵幸勿念。專復順候

儷祉

振羣兄嫂同候不另

弟穆啓　十一月八日

內人囑筆候雙安

（一九六九年）

＊　＊　＊

子彬兄嫂儷鑒：此次去港多獲接待，又飫盛饌，既感且快。臨行又承嫂夫人遠送，心滋不安。歸後幸賤況如常，堪以告慰。遇佳日良辰，兄嫂宜多作郊遊，至一人出街，應盡量避免。此後港九交通似必更感擁擠也。匆此祇候

儷祉

弟穆偕內人同叩　十日

（一九七一年）

七　致楊聯陞書四十通

聯陞先生惠鑒：昨奉　損書，欣悉尊體康復，甚以為慰。耶魯見邀蒙　關注，甚感甚感。穆在此十年，極苦勞瘁，儻能出國，不僅長其見聞，而藉此轉換環境，於賤體當有補益。惟此間一向為經濟所限，各同事均極忙碌，穆驟然離去，種種極難安排，因此暑後萬難脫身。已以此意函告田意兄，刻尚未見復到。果耶魯方面不便安排，只有暫時作罷，此層亦已告田意兄矣。穆向來懶於為自己打算，流行坎止，一任自然。初來香港，目擊流亡青年種種痛苦，發心辦此學校，其實才短，一無展布，自身精力則全為此事用盡，更不能潛心書册，學殖荒落，更增愧懣。遠承　垂注，故不禁縷縷及之。足下能得一年休息，此大佳事，更望寬拓心胸，必使日常能有鏡空潭澄之一境，此於身心皆有大益，幸勿忽過，匆匆不盡。順頌

痊祺

錢穆拜啓　五月十九日

（一九五九年）

＊　＊　＊

聯陞先生大鑒：久疏音聞，然未嘗不以　先生之體況為念，頃奉　惠緘，欣悉　尊候康和，豈勝快慰。承索拙著數種，已囑此間圖書館寄上，敬希　指正。儻有其他未見各種，仍乞隨時示下，當絡續郵奉。穆積年舊稿未能彙集付印者，尚近百萬字，頗欲逐篇再自校讀一遍，再以分類付梓。而積年冗雜，迄少暇晷。自問舊稿中，對古史地理及禪宗與理學兩部分差有價値，此兩部分亦在五十萬字左右，不知何時得悉心再自整理。若徑以原稿印出，則於心終有所不愜耳。

新亞自獲港政府提議協款補助，半年來倍增麻煩，此項補助拒絕有所不能，而接受亦多條件，往返商榷極費精力，目下尚在磋商階段中。若港政府協款實現，此後學校在經濟上可得一安定基礎，然新亞所固有之獨特精神，是否仍能繼續，是否仍能發展？則不得不加以加倍之警惕與努力。又港政府該項協助只限於學校之本身，至研究所事業，港政府雖表重視卻不在協款之列。此後學校教授職員薪額都可希望提高，相形之下，在研究所工作者軒輊太相懸殊，又感不平。而亞洲基金會方面，聞港政府有補助，因有逐年減削彼方協款之提議。從知在社會辦實際事務，總是一件接一件，前途曲折，全非意料所及。尤其是新亞完全在無憑藉之基礎上，專賴外方協助，而又要自己有一獨特理想保持勿失，此眞是一大難題。穆此十年來，把自己學業幾乎全部擱置一旁，只盼此一事業能告一段落，可以放手，而不料柳暗花明之前景依然像是山窮水斷，只有自承才短，而擺脫無從，長此左支右絀，竟不知稅駕之所。積悶難解，不期覼縷及之。然其委悉處，終亦無法形之短札也。

春間極望能來美，不僅擴其見聞，更求在精神上有一轉換，惟到時是否眞能成行，亦非眞到其時不得決定。惟此兩年來，得小閒專心打太極拳，卻自謂極有心得，賤軀賴以支持，不知 足下亦曾習此否？此事對中年以後更宜。協中父子在港時均曾習此，若 足下有興趣，學習一兩月可得初步工架，此後眞進步眞得益則端在學習不斷又能以精心密意赴之。穆此兩年對此事用心甚至，自謂已有精詣，而且亦功效顯著，故敢連帶及之也。若能以此與靜坐工夫內外交修，確是養生妙道所在。穆自問若擺開冗雜，以三分一工夫用在此兩點上，以三分二工夫用在讀書寫作上，當仍能有一段晚年收穫耳。匆頌近祺

弟穆啓 十月廿七日

（一九五九年）

* * *

聯陞吾兄大鑒：徑啓者，穆本定在十四號在此啓程，頃已展延至十八號，將預定在日本逗留時間減短，當於二十六號抵新港，此後可獲暢聆 教益，快何如之。穆在新亞十年，實感心力交瘁，亟求轉換環境稍資休養。此間在人事上已有新安排，甚望能於漫遊後再返新亞，可減輕職責，俾能重溫舊業，並於研究所方面多所致力，栽培出幾個青年學者，庶於將來學術界稍有貢獻，私心所拳拳想望者在此。如能於年力就衰之前，新亞研究所亦能薄具規模，則心願已畢。此下當擇一清閑之境，將平素胸中蓄積，再能寫成幾部有系統之著作，以追贖此一段時間內學業荒廢之内疚心情，則個人之一生亦庶可謂有始有卒，恃 兄相知，故敢率吐所懷，想不因以見哂也。匆匆不盡順頌

大祺

弟穆拜啓　一月十一日

（一九六〇年）

＊　＊　＊

蓮生先生大鑒：久未通聞為念。前蒙自京都惠寄論語兩種，當時曾作書道謝，惟不久　尊駕即離去，不知此函能達覽否。穆自八月中旬以後，即重校拙稿論語新解，伊藤、物氏、安井三書，均逐條細看，最後又得竹添氏會箋及其他數種，大抵東邦人對論語之所得，亦已攬其大體。拙稿復多增訂，較之　足下在港所見，復多不同。最近已校讀粗畢，俟其他積冗稍遣，即擬付印。當俟出版後再博求多方之指摘，始可逐有改定，目前則告一段落；心力有限，無法再求改進矣。　足下在港，對此稿所批示各點，亦經逐條考慮，啓示良多，中有多九公亦曾講到「吾與點也」一節，閱之甚感興趣，惟嬾於翻檢原書，因遺書京都，問其在那一回中，俾易索得，或此函未蒙　閱及，便中仍希惠示。

穆有同鄉楊君昌齡，亦在清華出身，轉去哈佛，惟後轉入陸軍。此十數年來，閒居在港，最近忽有意翻譯拙作中國思想史，日前携來譯稿，已譯畢孟子部分；惟因穆英文程度實太差了，殊難指出其錯誤所在。彼既有此興趣，並已化去不少時間，並云已譯至魏晉時期，即日可打清樣。鄙意楊君之譯，若能於拙著原意不多走失，能在美獲一人許為校改，將來儻能出版，亦不為無意義。惟穆所識美方學者不多，敢懇吾　兄為此事介紹一人，或穆在美時曾在耶魯 Rights 教授家共同晚餐之哈佛教授某君（已忘其名）可否浼其為此。此君於中國哲學甚有根柢，與　兄同事相接近，若蒙代為轉詢，或尊意另覓一人，如蒙函告此事可行，當即將楊君譯稿逐篇郵奉，先經過目，儻謂譯筆尚可過得去，當囑楊君通體譯出，俟由　足下所約之人再為潤飾，將來儻有出版機緣，一切條件諒楊君純出一時興趣，儘可商談也。此事極盼早得　尊示意見，俾便即速轉告楊君。

穆去冬曾草魏晉南北朝學術文化與當時門第之關係一篇，自謂頗有新見。最近又自校讀，在本年底前當可於新亞學報刊出，再以奉正。不知　兄對此題有何指教，或日本及歐美方面有必須過目之著作與論文示知，或可於付印前能獲得一誦為感。穆為文只是一憑己意，殊少參閱近人有關之著述，此亦限於學力與精力，只能如此。只求非有意剽竊，孤陋之罪，則是無奈何也。

穆在抗戰時，曾寫有史記地名考一書，付開明。紙版早排好，只因篇幅較大，時局迄少安定，該書局未即付印。自穆來港後，屢為此稿去函開明方面，乃從未得一復字。常恐此稿或有遺失，不謂最近大陸方面將原排之版交由此間一書肆出版，只將著作人名字沒去，改為開明編輯部編纂。不知此中多穆一人私見，乃一專門著作，豈集體編輯能成。惟在法律上無從交涉，因對方乃大陸，無法涉訟。又此書前少序例，讀者難於瞭解此書編纂之特殊用意所在。此亦近來學術界一怪事，不知　尊處已買到此書否？穆於古史地名有許多獨特之見，自問為清儒所未到者。自史記地名考完成，即從未再厝意及此方面。今此書幸已印出，有暇擬重寫一長序，俾將以前在此方面之自許為獨創之處有一通體之概述，惟居今為之，恐終不能自愜意。因此事擱置已久，記憶衰退，恐難詳審耳。拉雜以當面晤，即頌

近祺

弟穆拜啓　十一月廿一日

（一九六二年）

* * *

聯陞吾兄大鑒：久不通函為念。自中文大學成立，穆倍感勞倦。就對外關係言，實不得不辭；而對新亞內部言，穆之堅決擺脱亦殊不易。目下以休假名義離職，但為顧全董事會及學校同人乃至畢業在港校友各方期望，不得不滯留在此，俟休假期滿，學校新繼任人就職，内部得一安定始可為私人出處再作打算。此種困難，想 兄可以瞭解。惟自獲准休假以來，日常生活驟感輕鬆。積年以來，深憾學殖荒落，不克安心讀書撰述，此下尚有精力可以稍償夙志，此則私心所大感幸快也。

此兩月來，從頭細讀朱子文集及語類，擬寫朱子新學案一書，此乃穆自寫中國近三百年學術史時已有此計劃。自朱子以來逾七百年，而學者困於門戶之見，非爭朱陸，即爭漢宋，於朱子學術思想之「眞」與「全」則絶少有人加以探討。黃全學案，疏略已甚，而朱子一案則更甚。王白田窮一生之力，為朱子作年譜，鈎稽考索雖勤，而識力不足以副。其著眼處，幾乎只在是朱非陸，而不知朱子遇象山時其學術思想大體固已樹立，今專著意在反陸一面，則何從得朱子之眞與全。其他各有陳述，各有發明。要之，亦無以勝過學案與年譜之上者。穆有意以三年精力為朱子作一「新學案」，不僅專為朱子，亦為中國理學史與經學史在其大關鍵處有所闡述。

新亞同人方面欲自明年穆休假期滿為之籌謀少許生活費，然非大不得已，穆實無意接受。不知吾兄在美能否代為介紹一基金會機構申請補助，穆只望按月能有三千到四千港幣，即可滿足。在此有新亞圖書館可資利用，又可撥其餘力為新亞研究所從旁盡力，如吾　兄考慮中有此可能，或能與田意諸兄同為推薦，希隨時示知，穆可擬一研究計劃寄呈也。

又新亞在此一年穆休假期中，暫由吳君士選代理校長職務，明年後士選是否願意正式任此職務，目下尚不可知。不知　兄能代新亞考慮此一人選否？即使士選續任，彼年事亦高，只是暫局，甚望吾兄能為此一事留意，儻能及早有相當人選則更佳耳。尤其是新亞研究所粗有基礎，甚望　兄能為此一事業多有指示，穆雖有此心，而短於人事應付，然實不忍視其夭折也。嚴君耕望今年來新亞，應可對研究所起作用，此層亦大可告慰。拙著論語新解初版出書，乃　尊處遺忘寄出，可見穆此一段時期內之心情雜亂之一斑。今再版已出書，而穆正在辭職期中，仍不知已否寄出。穆暫避居青山灣海濱兩月，最近始返沙田，當俟去到學校再一查詢，不日寄上。在哈佛方面有須寄贈之人，盼便中以名字見告，或其他學校　兄覺必需寄贈者，亦盼告知。最近丁君乃通來，悉　嫂夫人體況有不適，不知近已康復否？拉雜殊不盡欲言。專此祇候

近祺

弟錢穆拜啓　九月廿九日

來示勿再寄新亞為要

內人囑筆候　嫂夫人安

（一九六四年）

* * *

蓮生吾兄大鑒：八日復示祗悉，穆前函所以提及私人之請求，因誤謂此事易得眉目。今讀來書，此念

已息。在穆私人方面亦尚可敷衍，惟提及研究所事則不勝悶悶之感。大學方面似對此事業不甚關心，而港政府亦未必肯以大量經費加以補助。在大學制度方面，此一機構儘可由新亞自己發展，不致多受拘束。然使無經濟來源，則此前途終屬渺茫。穆此刻既已脫離學校，局外之人深苦無從著力。而新亞新校長人選問題，至今仍懸而不決。最近吳君士選已去夏威夷，董事會方面擬再去函促其明確表示態度。若吳君眞切表示不幹，則須加緊物色人選，主要原則恐將注意在校外羅致，而尤以留美學人為主，此乃多數董事意見如此。不知　兄對此事能有所見教否。

穆自在新亞十五年，始終堅守兩原則。一則有關經費方面，盡量公開，並把自己置於局外。二則關於事務方面，盡量採取民主方式，凡事公開商討。竊以謂中國團體事業若非嚴格採此兩原則，終非可久可大。但十五年來，成績未能如其所理想，而穆仍願守此兩原則，盡力為之。此刻既已告退，所能為新亞盡力者，將更有限。惟研究所一機構，若不能妥籌一前途，則穆所最引以為乃一大憾事，而究不知將何從著手耳。　尊示各節，穆極表同意，深恨未能在未離職前早為此一機構多所盡力。因此一機構，儻能於大學以外多得補助，實可處在一較自由較獨立之地位，可不受大學方面之干涉也。容俟關於新校長人選稍得一眉目，再將　尊示各節再與新亞同人細商之，隨時再當函求指示。

關於有意撰述朱子新學案一節，多蒙獎飾，不勝感奮。竊謂能兼綰道學、儒林於一身而各達其至高標準者，惟朱子一人為然。此後欲求發揚中國新儒學，亦惟有循此一途。又近代學術分門益細，專業益精，莊子所謂「道術將為天下裂」誠堪憂慮。穆早年喜讀繙譯書，每於英儒斯賓塞、法儒孔德致其私慕。求之中國，惟朱子論學能於每一項智識每一門學問分別承認其各自獨立之價值，而又能懸一更高目標為之會通，而成一大體系，此所謂「格物致知窮理一貫」，朱子此等見解，鄙見實已超出二程之上，非二程所能範圍。而象山、陽明有時轉若更近於二程，蓋二程與陸王其實皆是道學傳中人物，而朱子則兼跨儒林與道學，而更有其磅礴軼出者。惟其指示學者從入之途，卻又平實簡易，人人可以各就其才性所近而自成一家，以自有其貢獻。不若二程陸王轉若高自位置，而只此一家別無分出，遂使一切學術盡擯門外。穆之此書主要發揮在此一點。其精微處則在指出朱子與二程之異，則朱陸門戶之爭轉歸次要，可以不煩多論而決。以吾　兄相許，故率抒其意，甚望有以教進之。惟穆之草為學案，則仍將從繁瑣細密處層層逼入，不敢妄作放言高論。刻下正細讀語類、文集，甚覺其千頭萬緒，不知究從何處落筆，始能著實發揮。將來篇幅終不能簡，亦欲使讀者通覽此書，卽不再窺語類文集之全，亦可得其大概耳。至於其他參考書，鄙意不一一牽引，俾使學者易於領取。只要見地不差，則多證與少證實亦無甚大區別也。不知　尊見亦許為然否。刻下穆每月尚為研究所作講演一次，又有月會兩次，由研究生助理研究員提出報告，穆亦去參加討論。至於各生員之論文指導，及學報刊載文章，穆亦仍襄助參閱，如此而已。穆雖告退，在可能範圍內亦並非全不理會也。知　注拉雜奉告。專函順頌

近祺

穆啓　十月廿四夜

嫂夫人均此

內人附候　雙安

（一九六四年）

＊　＊　＊

蓮生吾兄惠鑒：前奉　大函未能旣復為歉。新亞艱苦奮鬥十五年，此刻已不免有暮氣，同人均得厚薪，生活安定，又大學當事人好用權術，又挾意氣，三校互相猜忌，無共同之精神與目標，前途無大展望。新亞新校長人選至今未定，大致士選已無意接充。穆旣退休，亦僅能從旁稍盡微力。惟所堪惋惜者，在研究所因經濟關係未能離學校而獨立。主要者不能有獨立之房屋，則只能託庇於新亞。此下新亞變質，研究所恐難擺脫其影響，惟望就目前可能勉強支撐而已。穆於明年若能附在研究所預算下獲得一筆個人研究費，如是則於研究所較有照顧此固深願，惟因種種關係，不欲在此徑與裴約翰交涉。若裴約翰返哈佛，吾　兄能從旁探聽其意見，如有可能，盼卽示下，俾此間於明春送出申請補助計畫項下將穆之研究計畫一併加入。穆旣有此名義，自可常川到所，對於研究所此後進展亦可從旁擘劃進行。否則如目前現狀，穆在名義上旣已脫離此學校，自不便常去，更不便多參意見，其中具體細節則殊難覼縷詳述。以　兄明察，必能想像其大致也。

　　穆自七月擺脫校務，日常課業只在朱子研究之範圍內用心。文集與語類又已通體閱讀一過。此下擬將宋元學案全部細看，只望就此三書及朱子年譜多用心力，此外參考書易於使用，如網在綱，一切可以迎刃而解也。鄙意此書當分四部分：

　　一為思想方面，自屬其主要者。關於此方面往往一字一句化上長時期思考，仍不能卽有定論，是為最須用力之處。

其次為學術部分，範圍雖廣，牽涉雖多，經史子集上下古今，幾乎全將牽拉上，然似較之思想方面，尚屬容易對付。此一方面之難處，在穆平日有向不注意者，有僅涉歷而非深解者，如朱子在易經方面，其象數之學承續邵氏先天圖來者，穆實屬門外。又如鐘律方面則更茫然。其關於儀禮經傳通解一書，穆雖稍有窺尋，然究少深研。其尚書方面亦多模糊，未眞切瞭解處，若欲下筆敍述，終須多化工力。縱可不侵入內容細節，然亦得把握其大體段所在耳。

第三關於朱子同時學人朱子之批評與指導，竊謂此一部分極重要。求知其人，不得不論其世。南渡以下之學術界，以及朱子同時交遊如張、呂、陸諸人及浙東陳、葉之徒，皆當詳細考論。而朱子對其門人之指導，亦不得不分析綜合勾勒出一體段來。此一部分前賢似未細加研尋，穆胸中另具一輪廓，惟不知眞下筆時有何困難之處，此刻亦頗無把握。

第四部分則如吾　兄來示，須研尋到朱子學對此下之影響。惟此事牽涉亦甚廣，甚難劃出一界線來。鄙意只以宋元學案為限斷，除黃全學案外，參考各家文集及通志堂經解已甚感喫力，若太放長了，牽連到明清兩代，則須另作一書乃可。其重要節目，只能在本書中隨處提及幾句，不能放筆，亦兼學力有限，記憶不可靠，非逐一查書逐題探討，終不免為模糊影響之談也。或在明清兩代中分別提出幾人幾論點，附在第四部門後，則或能為穆精力學力所及，此層尙盼　兄續有所教。好在以此下三年時間，緩緩為之，心中先有一圖樣，則讀書構思時不致忽略過。儘可先有此打算而做不出成績來，若本無此打算，則斷斷無成績可期望耳。

穆早年卽有意重寫一部宋元學案，惜始終未能如意，此後亦不復有此精力矣。惟頃來時繙學案，感其毛病雜出，尤其全氏於理學實少體會，極多強作解人之語，擬隨時加以指正。將來除可附入此書之外，或可另成一小書，為讀學案者作參考，此亦穆作此研究之一種副產品。此後或可絡續想出更多可能之副產品來，此亦研究工作上一項經濟算盤也。吾　兄博涉廣通，恨不能同在一處可以時時請益。惟望瀏覽所及，涉思所到，其有關穆此一研究者，隨時指示則不勝感幸。拙著論語新解前蒙在旅邸中撥冗閱訂，茲懇再賜細讀一過，遇有問題，不吝隨時示下，以便再作考慮，於下次再版時或可有所改正也。匆匆不盡，專復。順頌

撰祺

弟穆拜啓　十一月廿八日

（一九六四年）

* * *

聯陞吾兄大鑒：奉惠書，久未修答為歉。裴約翰為討論新亞研究所事，曾來新亞兩次，惟穆並未與裴君見面。據聞彼對新亞研究所成績尚為滿意，口頭應允照常補助，在兩三年内當無問題。與裴君接談者曾提及研究所方面仍望穆留所指導，並逆及穆之著書計畫。裴君表示甚願協助，惟謂當與補助研究所事分開，彼允歸後提出討論，看哈燕社是否有此經費。又謂儻哈燕社無力相助，當可從別處基金會設法云云。此乃別人轉告。穆歷年來為新亞事遇有乞援機會，總是踴躍為之。今值自身個人問題，卻

無此勇氣，究不知此事希望如何？穆之私意，既已抽身乞退，不願再受大學方面之經濟補助。（此種補助亦未必可望。）而新亞同人欲在正經濟外另謀相助之道，亦非穆私心所安，故懇切欲得外面之補助也。為穆私人生活計，亦非絶路更無辦法。惟為三年中完成此一著作計畫，則以申請得一補助為佳，並可從旁對研究所事隨時有所主持，則申請得一補助其事當佳耳。不知裴君是否即日返美，儻吾兄晤及，幸從旁一詢，有所指示為感。

朱子新學案自八月至今已將整整半年，緟讀文集、語類及鈔寫筆記，深感此項工作殊甚煩重，而遇有問題又怪以前學人何以不加注意一任忽過，因更感此工作之重要。惟文集、語類卷帙太繁，昔陳蘭甫尚嫌語類煩博加以鈔摘。自來鈔朱子語者不下十數家，竊意為此書亦當精鈔原文，使讀者苟非作更深探究，即可不再讀其語類與文集。如是計之，篇幅必鉅，又姑計所欲為之篇題，其犖犖大者即已想得近三十題，尚有未盡。如是成書，斷不能在六十萬字之下耳。

因治朱子書乃懂得亭林與梨洲兩人之高下，又更明白到戴阮諸人評議宋儒之無當。吾　兄前來書欲穆此編下及後世治朱學者，如梨洲、如習齋、如船山、如謝山、如東原、如芸臺，如此諸人皆當各成一篇，以研論其是非得失之所在，然恐斷不能加入此三年計畫中。所欲為者太多，則轉成草率也。將來恐只有隨處提到一兩筆，以見微意，俟全書成再繼續別為一書詳論之，不知吾兄亦以此意為可否？

穆此半年來專讀朱子書，時時返看舊日拙著近三百年學術史，頗覺當時學力尚嫌未足，對朱子學瞭解實不深。然此刻若欲改動，則大是難事。惟有俟此書成，俟他人合而讀之，庶知其學問深淺之經過，即如陳蘭甫於清儒首推江永，而於戴震則甚有不滿。拙著近三百年學術史於江慎修落筆尚欠深到語，對東原孟子字義疏證，震於時論梁胡諸人之見，下筆太嚕囌，不敢從扼要處深下砭箴。此皆由今日再讀，不能不感其猶有餘憾之存焉者也。要之，暮年向學，此書之成，庶稍彌少作之餘憾則已幸矣。其有學力未及者，如朱子之格物學及於各專門方面者，返觀江慎修諸書更感慚汗矣。於明儒羅整菴亦感其衡論朱子未全是，惜在此極少可與談者。縱筆及之，聊當請教。耑此順頌

儷祉

弟穆　一月廿一日

（一九六五年）

* * *

蓮生吾兄大鑒：一月卅日手書奉悉，適逢春節，賀年舊俗頗感冗擾，一月中未親書册，有稽裁答，深抱歉仄。哈燕社能撥一筆研究費，俾可一心從事，實所盼幸。吾　兄近亦讀語類，可相討論，快何如之。

詢及新亞前董事長趙冰先生中國婚姻法一稿，因趙先生生前生事清苦，研究所曾送與稿費一宗，該稿頃在何處，俟弟去新亞當詢明即可寄上。至其個人收藏，似數量不多，容查明再告。

弟深感自晚清海通以來，下及辛亥革命政制改革，一輩士大夫生活最受影響，如趙公之例，弟所親識多矣。即弟初到港，生活之艱，殆難描述。最近曾寫一小篇抒其積感，（編者按：疑即中華民族

之前途一文，收中國學術思想史論叢(九)。）不日由某刊物登載，當以奉覽。弟所提出之問題，自謂實深值探究也。因於生事之艱，人窮志短，雖從學之士亦所不免。昔日中國士大夫風節，今殆不可見矣。而友朋之間，亦無性情道義可言。若中國知識分子不早改途，生事日迫，風氣日壞，言念前途，大堪憂慮。惜弟已老，只可仍抱書本為謀生之計，篇中云云，不克率先倡導，然亦究不知如　兄等見及此文，復抱何種意見也。該文當於旬日內可付郵，先此布復，順候

春禧

弟穆拜啓　二月十五日

內人囑筆附候　雙安

（一九六五年）

＊　＊　＊

蓮生吾兄史席：前奉一緘，諒可先達。此間有黃君漢立，自離新亞能自努力，於中學教課餘暇潛心進修。此君穎慧內蘊，而堅毅穩靜，若能栽培，應有前途。茲來申請入哈佛，穆每次通函，皆忘卻提及。不知最近關於下年申請事已否審覈決定，儻能特賜注意，不勝感幸。

穆在新亞前後十六年，每逢拂逆，只以責任在身，莫不淡然處之。自離職以來，感觸轉多，幸能一意治朱子書。自謂晚年向學，應於自己身心修養希有桑榆之獲，並以古人遭遇與自己相較，則小小者皆可消散於不論耳。

積月以來，專究「朱陸異同」一案；殊怪前人於此不論，尊朱尊陸皆憑己見，考之不精不備，

以此終無定論。良因治義理之學者，每輕視考據；而從事考據，又多置義理於不談。黎洲明儒學案因主要只有王學一派，易於整理。至宋元學案，問題複雜，遠過明代。梨洲自居為王學傳統，於程朱實少研精之力。而謝山更於理學未深入，而受李穆堂之影響，門戶之見先入為主，又意主廣搜博采，不僅黃全兩家案語都雜偏見，而各人小傳又是錯誤百出。惟王白田年譜較精細，此書工力可佩，然識見不夠，晚清陳蘭甫已譏其專為攻擊陸學而發。穆最近所得，至少於「晚年定論」一案，把握得主要論證，於朱陸異同當可得出一結論也。然即此一案已是頭緒紛繁，而又只能在「新學案」中占一題目而已，如此則下筆不能不力求簡省。

近人習於放筆為文，於此義理極精微考據極錯縱之問題之下，而下筆力求涵蓄，弦外之音，其能欣賞玩味者又有幾人？因此知義理、考據、辭章三者皆備之說，其事極不易企，戴東原、姚惜抱皆徒有此說耳。朱子以下惟清初顧亭林堪有此境。最近因瀏覽朱子後學及於王應麟、黃震兩家，乃得更窺亭林日知錄來源。卅年前寫近三百年學術史已知及此，然實知之不深，持模糊影響之見而已。此半年來自問學問稍有進境，惜已不能如我之意，暢所欲為到處研尋，而又少可談之人相與討論，或各拈一題分頭發揮，此為一大憾事。每與　兄書。總是提到近日研玩所得，幸　兄知我，當不視為好自炫襮也。

全謝山修訂學案多采及方志材料，遇其錯誤處此間無方志可查，亦一大憾事。因知凡所引據，必當詳列原文，庶便讀者推尋。然若用此體例，則宋元學案一書又須加大無窮篇幅，更失著書體裁。要不如將不緊要者，盡量刪去不提，而專在大題目上加多用力。穆早年即妄欲重為一新學案，至今更覺早年所見亦非大離譜耳。寫到此，獲二月廿四日賜書，敬逐一奉答如下。

一、關於趙先生著作，以能出版為主。能由一處津貼出版費，將來將版稅所得先償回津貼，此事可辦。穆在此可作主與趙家商定也。

二、關於穆去馬來亞大學事，早在去年已允去，惟該校每週僅四小時課，每堂僅四五人最多不到十人，穆仍將全力用在朱子學案上，即此八月來穆亦用全力在此也。到馬來亞應比在此更少接觸，更多清閒。至於哈燕社方面若同意穆之此項申請，似應以成績為主，穆無論如何必在三年內成書。其篇幅預定將決不能減至六十萬言以下耳。又穆去馬大本講定兩學期，即以半年為期。若哈燕社必以穆絕不兼事為條件，幸請早告，穆亦可滯留一年始歸耳。現定五月去，十一月歸。

三、示及禪宗諸祖師一節，大是有味。凡禪宗大祖師氣性多暴烈，指月錄有記載，語類一二四有記杲老使性一節，極有趣，注意及之否？

四、文中子穆有一短篇，久未發表，得暇整理再以請教。

汪君之作，洵如尊評。匆此敬頌

近安

弟穆拜啓　三月一日

（一九六五年）

* * *

蓮生先生道鑒：來示各節，開益良多。關於朱子新學案之申請，多蒙扶掖，更深感謝。竊謂禪學研究與中國文化學術史關係實深實大，若專從佛學或西方哲學眼光研討，終未能盡其底蘊也。此項研究，鄙意有三部分工作可做。

一、辨偽：主要在壇經以前，若說壇經亦出神會，則自達摩到慧能一段，更難爬梳矣。

二、是用歷史演進眼光論壇經以下之轉變。鄙文刊載思想與時代者主要在此。

三、是用近代西方心理學尤其是精神分析一派，可資說明諸祖師之內心境界。鄙文亦曾以此意來推說禪宗轉變，惟恨皆粗發其緒未能深入闡說耳。

竊意關於此事最好讀祖師之年譜，或傳狀，如晚明之憨山直至近代之虛雲，從實際人生來闡述其心理內蘊，較之僅從宗教或哲學言，應更近眞也。拙文刊思想與時代者不止一篇（總題禪宗與理學），儻能見到，幸再賜討論。

承詢朱子晚年定論之說，自明儒程篁墩、王陽明以下，凡為朱陸「中異晚同」之論者，細考皆誤，朱子學術思想自有其逐年漸進遞變之迹，然非後儒所以考朱陸異同之眼光所能窺見。鄙人前有函論及朱子與二程異同處，乃是其主要關節也。語類一一七有朱子訓陳北溪一條，此乃其易簣前之最後面命，大可注意。卽此一條，已可推想朱子晚年論學宗旨所在矣。

來函提及人物與議論一節，甚為扼要之語。大稿單印本出，盼卽見示。近知朱子文集、語類中所用「講學」兩字，與後人所言講學有不同。蓋「講」是兩人對講此卽一種辨難也。朱子稱「講學」

猶稱「講論」，兩語常通用也。惟有如此，學問始有長進。朱子文集中為一字一義與三四友人往復討論，書札具在，此卽所謂講學也。象山書院講學規模乃如近代之登壇講演，由主講者一人敷說，故象山語錄並不多。卽如象山去白鹿洞所講亦是此體例。朱子精舍人不多，常用討論方式，故語類積至一百四十卷之富。如其玉山講義亦是由朱子先提綱作一短講，此下乃是各人問答，此亦討論多而演講少，朱子謂之講學。朱子嫌象山少講學工夫，亦頗指此言。此下明儒陽明以下之講學，則承陸氏。而末流之弊，梨洲譏之為「講堂錮習」。與經史實學對列。如要研究經史實學，則須如朱子之講論，不宜采象山之敷說也。此層乃穆有此意而未經細考，因來書提出此層，特舉鄙意，再請教正，足下若有意為此事專作一題，亦甚有意思，不知有此興趣否。

來書又提當時人書札往返，不但留稿亦多傳鈔廣布，此層亦是大有意思。固是與當時思想發達有關，然其背景則必牽連到社會經濟上去。如學徒到處拜訪，亦是一事；如書籍印刷，又是一事。私常怪自日人桑原隲藏提出蒲壽庚一人以來，注意此事者只在中西交通上著眼，卻不知在市舶司之影響內地經濟與學術方面著眼，此層頗有關係。足下好治經濟史，此事不知能囑咐學徒從事研討否？此間因少方志，無從著手也。最近穆有讀明初諸臣詩文集一題提到此事，亦未能深入。此事自南宋迄元末，皆有大關係也。（該文不久可送閱。）拉雜之談，又已滿紙。專此順頌

撰祺

弟穆拜上　三月十六日

（一九六五年）

＊　＊　＊

蓮生先生史席：穆於七月三日來馬大，迄今盈月，諸況粗遣，幸堪告慰。在此獲誦七月一日惠書，祇悉一是。穆素常有意挑選中國史上幾項大題目提綱敍述，如來示所告討論封建，實是有大關係文字，惜乎穆不能讀英文也。自共黨在大陸改革土地制度，國民政府亦在臺有所改革，穆卽有意寫一篇與此有關之史論，卽以歷代諸儒討論井田者為經，以歷代稅制田制之變革為緯，竊意此題不僅論史實，可與當前現實有所啓示，而始終未能著筆，不識　先生有此興趣否。

穆在此上了三堂課卽逢假期，須再過旬日始再上堂。然一周大致不出三四堂課，極為輕鬆。惟初來屏書不觀，一意靜養，最近半月始開始讀朱子語類，每日大概不超過一小時，所閱只限一、二十節，不多看，專挑有關義理方面者，以閒靜心情從容體玩。有向未注意，今始悟其有絕大關係者；有向來成見謂其如此，而今始悟其不然，應作如彼之解釋者；有一向追尋未窺其究竟，而今始恍然若有所瞥見者。半月以來，每獲一處如上云云，欣喜累日。自謂若非患了目疾，總是貪多搶快，極少如此耐心讀書。在此積累幾月工夫，庶於將來著述可少許多錯誤，斯亦病中一意外收獲也。穆在此課程至明年一月卽結束，預定此五個半月專看語類，盼能一如目下情況，儘慢不急，儘少不慌；與其多看，不如精讀。此亦卽朱子教人讀書法也。

穆拜　八月廿五日

（一九六五年）

＊＊＊

蓮生先生再鑒：前紙未盡欲言，匆促中斷，茲再續而言之。穆讀語類，頃已踰月，然越後所得越少，然後知溫故知新之不易。然仍當繼續細讀，總望此後著筆減少差誤，亦深感當時朱門學者過於求備，卷帙太多，使後人難於卒讀，朱子當年精意，反為榛塞。穆草為學案，必求將語類中精要處一一鈎出，則自應下此一番細讀工夫也。右目視力，此一月來進步亦有限，故猶不敢趁限多讀耳。

再者，先生去年十月廿八及十二月十三兩函所示，均極關重要。當時因新亞整體前途未見分曉，故 先生所提及之各點，只默識在心未欲輕率作答。此次來吉隆坡，尊函均隨帶前來，而新亞研究所之前途亦殊堪顧慮，此一機構歷年來為哈燕社一手培植，而 先生擘畫贊助之力為尤大，若此下任其日趨下坡，不僅為此一機構惜，亦足為中國學術界惜之。 先生十月廿八日函提出使研究所比較獨立，不甚受大學方針之影響一節，最為扼要之見。將來新亞隨中文大學遷馬料水新址，研究所可以仍留農圃道，則可以不煩再謀一筆建築費，而研究所獨立自可日趨顯著，惟若求其能朝此方向進行，則目下便不可不早有籌劃，鄙意 大駕儻能於明年暑假來港一行，穆可將研究所種種內情詳細披陳，然後再具體擬一逐年改進計畫向新亞商洽。新亞目前並無一人為研究所正式負責，而求其存在之意，則宜所一致。故只求 先生能為新亞與哈燕社兩方之可能情形下，提出意見，此必可以順利實現也。 先生儻對此有興趣，盼來示，有所垂詢，穆必罄竭以告。若 先生不願為此機構繼續多分心力，則恐此一機構依照目前趨勢，向後實是大可悲觀也。雅禮代表蕭約君彼頃休假返美，不知曾晤及否？此君於學術研究方面難與深談，而耶魯似對新亞研究所亦向少關顧，不知李田意兄此後能否為新亞研究所在耶魯方面有所盡力，然亦恐須俟新亞研究所自身有一嶄新計畫後始談得上其他進行也。

穆為養目力，未帶棋譜棋子來。今日偶於報端見林海峯與板田作七局名人戰，以二比一領先，不禁欣然為之加餐。又 先生前曾告以兒女英雄傳有「吾與點也」一章之討論，穆迄以冗擾未能取閱，最近來馬始獲見之。而尤喜其書前一序，第一節短短數行，卻能將經史大義扼要發揮。知在清初尚多通人，至章實齋文史通義乃成獨見，索解人不得矣。學術之隨時而變，如是如是。穆在此為馬大學生講中國思想史，取拙著擇要解說，無深義可述。乃忽於莊先老後續悟得一證，拙著莊老通辨中雖曾提及，然實不如此刻心下之明白。學問進步，有時非人力勉強可冀。安以俟之，窮年累月，忽有一線光明在眼前呈現，此亦敝帚自珍之心理之所由來也。拉雜書之，以當面晤。專此順頌

近祺

弟穆拜啓　八月廿五日

嫂夫人均此

內人同此叩　雙安

（一九六五年）

* * *

蓮生先生大鑒：前奉惠書並大著一篇，久未修答為歉。最近學校假期，有北馬之行，往返半月，昨日歸來。陳君啓雲面告，蒙垂詢近況，不勝感慚。穆自七月下旬開始讀語類，至今將及四月，雖進程極緩，然已讀過近八十卷，所餘五十多卷多屬論孟兩部分，因平日繙閱較多，故此次置之後讀。頃在旅

途中已開始讀此兩部分，預料在明年返港以前，全部語類必能通讀完畢，此為穆讀語類之第三次。第一次抗戰時期在成都，胃病甚劇，讀此書費時四閱月。第二次在去年辭去新亞職務以後，其時語類、文集通讀一過，而用心於文集者為多，讀語類費時兩月。此次第三遍閱讀，需時八閱月為最長，而自問所得亦最多。尤其於思想體系義理精微處，不僅穆私人前所未窺，並多前代學者所未經探討發揮。尤所幸者，每逢初獲一義，往往驚喜交集，而顧念病目未敢遽爾操筆為文，藏之既久，新義絡繹，漸相匯通，轉使新奇一一轉歸於平實。自問再隔半年數月，再試握筆見之文字，當不致張皇過甚迹近誇大。乃知沉潛反復，誠為學者讀書作文一至要法門。穆在少壯時，頗知此義。中年以還，流離奔亡，偶獲閒暇，即奮筆速書，稍後又悔其孟浪。不謂晚年病目，或可藥我此病，此則為穆所深自欣幸也。

新亞研究所積年以來尚幸薄有成績，而此下演變則不敢逆料。所中一二妄庸之徒，認為此次為穆申請得哈燕社補助乃屬彼輩對穆無上之功德，乃以對哈燕社此下報帳為理由，欲強穆接受研究所一名義，此項表示固以掩飾外界之耳目，實則恐穆此下對研究所仍不斷有所主張，此輩恐因此或得罪於中文大學之首長，又誤認為哈燕社對此機構禮數不衰，只要每年有協款，任何人可以支撐此局面。穆洞矚此內情已去函拒絕，或恐此層　尊處已微有聞知，此下僅彼輩堅持必以穆擔任一名義為領取哈燕社補助之交換條件，則穆惟有不接受此項補助，另想別法以完成此著作。而研究所之前途則亦並非不可救藥，因此研究所專歸新亞辦理，中文大學無權干預。此層為穆歷年所爭持，而見於港政府所頒之大學法規中。故將來此研究所如何改進，乃屬哈燕社與新亞雙方之事，此為易於處理者一。又若哈燕社方面有明確態度，此一二妄庸之徒固非有堅強之主張與明確之態度者，此更為易於處理者二。如　尊駕明年有便能親來港一行，俾可詳細獲悉內容，然後擬具一計劃，不必急進，三四年後新亞校本部遷往馬料水新址，研究所仍留城區，更可有獨立之發展。　先生能留意此事，不僅為此一機構之幸，亦為祖國學術界培植此一新芽以待將來之變化，此意義殊值重視也。在穆私意，則甚望能於此三年內完成朱子新學案一書，以下再看健康情形，儻能將積年舊稿逐一寫定彙編成集，已為大幸，他無所奢望也。匆此順頌

儷祉

錢穆敬啓　十一月十二日

內人附候

（一九六五年）

＊　＊　＊

蓮生先生大鑒：本月十五日惠書奉到，敬悉哈燕社補助款可以不經新亞研究所直接支付，如是則可省穆此後意外之不愉快及糾纏，不勝感幸。

馬大課程早已結束，此刻只待考試。穆任課兩門，學生八人，考卷半日可閱畢，本可在陰曆年關前返香港，惟陰曆年俗套耗時煩神，留此人事清簡，猶可從事閱讀。語類尚餘近三十卷，擬俟全書閱畢，再理行裝。屆時新年已過，學校已開學，正可免卻一番勞攘，即伏案埋頭。預定當在陽曆二月下旬到沙田，或臨時提前返港，當再函聞。返港後仍居沙田和風臺。本欲移居臺灣，然為借書方便計，

不得不近臺北，則又恐人事擺脫難盡，不如在港轉為單純也。至該項補助款或按月或分期寄下，可一視哈燕社之方便而決定。

穆自檳城歸，即按日來學校，語類進程較快，然此書實是難讀，在先有許多項目，認為不緊要，未加劄記標出，待後屢屢遇到有關此一項者，乃知其不可忽略，然為此重繙以前讀過諸卷，則甚為費事，計惟有留待正式落筆為文時再加一番查閱工夫矣。數年前曾囑新亞研究所一學生試為語類編一索引，因穆自己事忙，不能悉心監督指導，未有成績。最近屢想到編索引一事，漸次想出許多項目分類，俟此項分類能全部決定，則照此編一索引，實亦一項極有意義之工具書本也。匆匆復頌

新禧

弟穆啓　十二月卅日

（一九六五年）

* * *

蓮生先生大鑒：舊曆元旦惠示到此，啓雲夫婦已離去。此信到，或可已與晤面矣。哈燕社補助費幸獲，先生從中道地解此糾紛，甚感甚感。穆等已定廿號飛機離此。該款並不急需，何時寄出儘不妨。語類於舊曆歲除整看過一百卅六卷，尚餘四卷，於新歲一星期內閱畢。自去年七月下旬起算，恰恰半年，隨時摘錄出重要節目一千五百條以上。前歲讀文集，摘出重要節目一千條以上。兩共合計，當在二千五百至三千條之間，甚盼盡量能納入將來之新學案中，使讀學案後不煩再從頭讀此兩百四十卷書。穆並於讀文集時隨手選出百餘篇，皆是有關理學而又極富文藝性之文字，再加以詩選，合成一

編，使愛讀朱子詩文者得以玩誦此編而足。惟預計新學案篇幅已鉅，詩文選則當以別行為是。又欲寫一節要之新年譜，則似仍宜附學案之後耳。匆此復頌

儷祉並賀

新禧

弟穆拜啓　二月四日

（一九六六年）

＊　＊　＊

蓮生先生大鑒：前奉一緘，諒已達。穆最近曾去附近一山，海拔四千餘英尺，小住三宵，歸來體況大佳。內人為整理行裝連日忙碌，穆則清閑如常，偶讀朱文公文集前十卷，去年曾通讀一過，並摘鈔詩錄一卷，不謂此次忽得新悟。蓋其前一卷朱子所手編之牧齋淨稿正好為考論朱子早年思想學術之最佳材料。第二卷便見轉變，朱子畢生學問已轉向與奠其深基之得益於李延平者，在此兩卷詩中可以窺見其無上絶好之消息。而惜乎就穆所覩記，似乎前人頗少提出，至少在穆則為七十年來始知及此。心中十分愉快，午後在極熱中摘寫此兩卷中重要詩篇，凡得四十八首，而興有未盡，惜乎空堂寂寂，無人可語。走筆相告，得勿笑其狂愚否。第三卷以下，顯然是朱子受了張南軒影響以後之消息存焉。至第四卷以下，此等痕迹轉不甚顯然。向來讀朱子詩多注意其中晚年諸作，而稍忽其早年諸篇。穆來此八閱月，此為其最後所得。想得此緘，當為一莞爾。匆頌

近祺

弟穆啓　二月十四日

（一九六六年）

* * *

蓮生先生大鑒：穆於二月廿二日返沙田，直至廿八日始點檢馬來亞携歸筆記，開始整理，而廿二日大札適到，今月二日哈燕社款亦到，幸請釋念。有關朱子詩首二卷之問題，穆臨離吉隆坡前所發一書，自謂有所發現，其大體亦正如來緘所云。穆意前卷多出塵之想，而後卷一反之，此乃朱子此後所謂儒釋疆界之所在也。如前卷月夜述懷詩謂：「抗志絕塵氛，何不棲空山。」而後卷教思堂作示諸同志乃云：「塵累日以消，何必棲空山」也。其困學兩首，明咏前後之轉變，曰：「舊喜安心苦覓心，捐書絕學費追尋，困衡此日安無地，始覺從前枉寸陰。」此後朱子與象山異同，亦已於此詩中透消息矣。其曰：「等閒識得春風面，萬紫千紅總是春。」又曰：「向來枉費推移力，此日中流自在行。」皆是再見李延平後之境界。惜乎困學一編今已無存，然若將此兩卷詩與朱子所追憶李延平諸語兩兩比讀，則朱子之學術轉變與其終身不忘李先生之所由，皆躍然如見矣。穆前年細看朱子文集一百卷，竟未能窺見及此，直待月前在吉隆坡，正待向馬大圖書館還書之前，始獲覩見此意，始益信讀書之難，與沉潛反復之功之不可忽也。稍緩旬日，當寫「朱子早年學術考」一文，好在此兩卷詩各注年歲，以之配合上年譜，正可補王白田氏對於此一段之疎失。先生如有意見，仍望隨時見示。專復順頌

春祺

弟穆啓　三月三日

（一九六六年）

＊　＊　＊

蓮生先生大鑒：惠示早到，稽復為歉。穆最近旬日內寫成朱子論鬼神一篇，此題盤旋心中已久。民廿六抗戰之年，在南嶽，馮芝生將其所寫新理學一稿出示商榷。穆當時曾告以發揮朱子之理氣論不能不兼顧到他的鬼神論。芝生遂特加鬼神一章，惟於鄙意仍嫌其未接觸到此一問題之眞實意義所在。至此已隔卅年，此旬日來寫此一文極費思索，惜不能先將成稿送閱請　正也。

抗戰時期穆又寫有史記地名考一書，由上海開明書店排版未及付印。穆逃來香港，曾幾次欲向大陸設法取得此稿在港出版，竟未能如願。數年前，忽由此間一書肆出版，而將作者名字滅去。但此書編纂頗有特別苦心，若不加例言說明，讀者雖得此書亦將無法運用。在此月內，穆又補成史記地名考序例一篇。事隔二十六年，補寫此文亦極費力。此文當在下月印得清樣後，再以求正耳。書後又加索引，擬由另一書肆為此書再版。

穆此月來，成績似較上一月為佳。返港後，體況似轉佳，此可告慰也。惟最近又擬去治牙，據醫生言，當拔去舊牙九枚，所存無幾矣。年歲日邁，滿身是病，眼病依然無大進步，惟求不再有變壞，則亦已心滿意足矣。尊況如何？甚以為念。哈燕社第二次寄到四五六三月補助款，並以附聞。專此

順候

近祺

弟穆啓　四月廿八日

（一九六六年）

＊＊＊

蓮生先生足下：五月四日惠書奉悉。陽明年譜出自錢德洪、羅洪先之手，又經王畿討論，集浙中江右王門龍象之意見，此書誠為治王學者所宜鄭重研玩。其敍陽明洞、龍場驛兩次靜坐，實陽明良知學之眞胎也。然自龍場悟後，提倡良知，則確然為儒家言，靜坐則只是道家生活中一要項，與思想問題仍宜分別尋求。嘗謂自葛洪嵇康以後，神仙養生家言，已成為道家一大宗淵源，可考者則為魏伯陽之參同契。穆早年好陽明學，亦習靜坐，則從天台止觀法門而入。東坡集中論龍虎鉛汞，發揮道家祕奧，極為扼要。朱子畢生好讀參同契，究其所得大旨，亦與東坡之說無大差異。惟金元時代，北方新道教興起，尤其如全眞一宗，則主張塵勞苦行，乃近墨氏。昔年在昆明曾繙讀道藏，成一短文論之，茲當再以刊出，俾便就　正。明代則未遑及之，柳君（編者按：或是柳存仁先生。）提出此問題，甚為新鮮。惟明儒靜坐，自陽明以下，正已與當時陽明之初為神仙家言養生而靜坐有不同。聞柳君六月或可過港小住，擬俟其至，稍與切磋，姑先以告　足下。

抑穆久有此心，亦欲足下修習此道。足下博涉，自道藏中自加探索，不必多訪時下習靜坐者之意見。最好能先習太極拳，動中求靜，有利無弊。穆對此道自謂有心得，待　足下先習其架勢，穆當為足下罄竭其說。學太極一兩年，再繼之以靜坐，此最穩妥。此中實有中國傳統甚深經驗，並可單獨一人，在室內在牀上隨宜練習。於現代社會之生活，並無甚大牴觸。人過中年，似宜注意及此。穆最近又重溫坐功，歸來沙田習之益勤，分晨、午、晡、夜四坐，略依子、午、卯、酉四節而變通之。最少每日必坐一次，太極拳轉不能按日操練。返港未到三月，見者每言其精神氣色較前為佳。最近賴璉君瑚過港，謂穆必有養生術，再四堅詢。穆知其練太極拳，卽以有關於太極拳之心得告之。賴君謂返紐約後必循此用功。　足下體況不甚強，私心甚願能稍分讀書心力在此方面，積之三數年，便知以前所化時間之決不浪費耳。儻康橋無人習此，李田意兄前年來港亦曾習之。只求學得一架勢，穆有自行修正姿勢及進一步之練習可以不待名師指授，而自得其中三昧也。否則不妨先習坐功，最先只在椅上（惟須矮腳椅），或牀上坐臥，練呼吸，息思慮，每次自一刻鐘至一小時，久久亦必有效，然後再正式靜坐，總求勿急功求近利為佳，甚望能一試。余英時君亦習太極拳，暑後來康橋正可相互講習也。

朱子新學案已完成論理氣一題，共分十一小目，分題為篇，互相發明。論鬼神亦其中一小目也。此下續草朱子論心性，其關於心學方面者尤為穆用意所在。二十五年以前，曾有朱子心學略一篇，（編者按：已收中國學術思想史論叢㈤。）自邇以來自謂進步。餘幅無多，俟後當為　足下再述。在此絕無人可討論，大是悶事。餘不一一，卽頌

暑祺

弟穆拜啓　五月十七日

（一九六六年）

* * *

聯陞先生足下：六月十九日惠書，迄今未復，歉甚罪甚。一因今夏天熱，二則有一時期此間中文大學校外考試委員四方而至，多有熟友來山上。三則有三次大風雨，山居幸未遭殃，而警備擾亂心情。朱

子學案平均每日千字之自定課程，恐趕寫不及，乃擱置其他一切，尊翰又不願草率作答，遷延迄今。幸天氣轉涼，七月稿未有虧欠，八月已成兩萬五千字，而尚餘八天，大可從容。稿拙所最費經營者，為朱子「心學」之一部分，今已寫出十篇，所餘不多。此半年來，寫成理氣與心性兩大部門，俟心性篇完，即續寫格物窮理篇。有關思想方面者，今年均可脫稿。因未有助手，一字一句，皆親自謄寫，雖費時間，然不啻再自細心誦讀一過，隨時有新啓悟、新發現，前成各稿不免陸續有增損、有改定。往往為一句之斟酌，一條之移動，不得不將原成之稿再從頭細讀。又有臨時新材料添入。前日上午，忽然瞥見一條為前未錄入提要者，當時急於續寫前文，隨手夾一紙條，待所寫告一段落再補，不謂再查遍檢不得。此條雖於大義無關，而可以從此條中映射出其他情節，意甚喜之，不捨得放棄，直到今晨始再檢出，原來是在已運用之條文中刪節不用，而儘在未運用之條文中求之，眞如泥牛之入海，而終於覓得，喜不自勝。

此半年來，自謂新得不少，此後盼能不斷有新得，而增補改寫，費力實多，故更不敢不緊守原定課程，總求於三年期限內全部寫出也。為求不超出百萬字之篇幅，凡後人討論須加辨正者一意刪棄，只求在正面落筆。惟兩書例外，一為王白田年譜，一為黃全學案，因此兩書人人所讀，遇有問題，再不當刪棄不論，此點不知 尊意亦謂然否？穆之此項工作，愈寫愈感其不易，目前下筆時之心情，較之半年前初下筆時，沉重倍增。恨未於幾年前早能擺脫新亞之一切，一方面亦覺自己精力，較之寫先秦諸子繫年及近三百年學術史時衰退已多，然亦自謂此書若提前早寫，亦恐不能如當前之較有把握。

明知寫成後恐尚多疏漏，或見解未到十分處，然每遇新得，自謂前人從未窺見及此，又不覺興奮異常。要之，自問於中國學術史上，必可有所貢獻也。又每寫時，常恐數年前所寫論語新解或尚有未甚穩愜者，而又不敢重繙舊著，打斷心情，須俟此稿畢，再將新解舊稿細讀，或可再有改定。學問之事，眞如縱身大海難得湊泊，此亦無可奈何也。又恨乏對面縱論之友，可以宣洩。前日蔣彝君來，穆適考得朱子在理學家中最先用「傳心」二字，可以明確陳說其年代遠在與二陸鵝湖會面之前。當時不期與蔣君談起，一時興高采烈，不謂蔣君未離港前，穆又覓得此二字數處，皆在與蔣君所談一事之前。因此每有一新得，往往須多化心力再作探尋。關於材料方面者其事易，關於義理方面者其事難，因此所寫愈多，心情愈沉重。然苟非自定年限，此稿亦恐終無完成之期耳。

尚憶最先與　足下通訊，來教曾提起朱子學在此後之影響一節。穆目前對此問題，胸中積有不少意見，若有人能相從，指導其各自分頭撰寫，或專論，或專書，當可得許多題目，惜乎甚少人能擺棄生活負擔，在此方面埋頭耳。即如顏習齋朱子語類評謂朱子教人半日靜坐，半日讀書云云，穆遍檢只得一條，又非確在教人半日靜坐，半日讀書，不知習齋何以如此云云。若能即據習齋此書逐一評之，亦非無意思，然非眞能細讀語類而通其大義，亦無從下筆也。又如陽明格庭前竹子，此故事幾乎人人知之，乃不知語類中朱子亦有格竹笋之故事，惟先有一題目去格，即所謂「因其已知而益窮之也」。

穆又感到朱子辨古史，其眼光，其方法，皆遠出崔東壁考信錄之上。東壁考信錄遠在三十年前讀過，此刻無精力再來複看，若能以朱子語類與東壁考信錄並讀，亦大有趣。穆曾將方玉潤詩經原始與朱子詩集傳對讀，覺方氏多取朱說，其持異見者，朱子所得當在十之六七，方氏則僅得其十之二三。若有人能會此兩書，再寫一新本，而參考清代考據學者治毛詩、治三家詩之所得，而外形則多采方氏，此書可資通俗而不失其雅也。又如戴東原孟子字義疏證，多用朱子語，若能勾出，見其書確有與理學有淵源者，至其「意見殺人」之說，則太炎言之甚是。東原早年師江慎修，亦自有來歷也。章實齋文史通義謂「治性命者必究於史」，自居浙東傳統，以與浙西樹異，其實「六經皆史」陽明雖有此意，陽明學派卻極少治史學者。朱子極留心史學，故推尊涑水為六君子之一，其傳人如黃東發、如顧亭林，皆史學湛深，烏得以東原、實齋上擬朱子與陽明？文史通義中多精語，早在朱子語類中可覓得相近似語，而陽明傳習錄無之。陳東塾讀書記以朱子與鄭康成並提，其論康成治學精神可謂深允，清儒三百年所未有，顧於朱子治學精神則無法用同樣幾句話說出。穆於朱子教人治學方法亦擬專列一篇，篇下分章細論。最近賤軀稱健，目力亦尚可用，或不致再壞下去，所恨時代動盪，生活難安，不知垂老之年仍能在學術上有更多貢獻？故目下只有專意寫此一書，聊為桑榆之收而已。久不通聞，不覺言之累累。亦賴相知，故敢率直罄竭耳。餘統續及。專此祇候

近祺

弟穆敬上　八月廿三日

（一九六六年）

＊　＊　＊

蓮生先生足下：上月廿七日大緘接到，承囑朱子學案部分成稿交清華學報先行發表，甚愜鄙懷。茲已

選定朱子從遊延平始末記一篇，此乃離吉隆坡前最後所獲，亦為返居沙田後最先所成，屢曾向　足下提及，茲須託人影一副本，即以寄上，惟只能趕十一月集稿之一期排出矣。

前札所提皆屬小節，拙稿成，有兩項工作比較值得用力，一為二程遺書之研究，能將程朱意見劃分，庶可發揮出二程意見之真相，此一也。又一為王船山思想之研究，船山最服膺横渠，即據船山來看横渠、朱子之異，此二也。惟穆一向習慣，對某一問題鑽研出一大體，即復轉移興趣到某一新問題上去，關於宋明理學方面，待朱子學案成書，恐不耐再有探索矣。若論理學家採酌道家，最主要者應為北宋濂溪、横渠、康節三家，南宋則朱子，明末則船山。陸王較與道家為疏。柳存仁過港，曾以此告之，惜未能暢談，主要在穆聽其意見也。

啓雲前在吉隆坡相聚，只看其論文中有關申鑒中文部分之一節，此次來沙田，始詳述其全部內容，踰兩小時。朱子文集及語類中有論東漢清議者，亦曾據荀氏一門之轉變為説，頗有與啓雲論文取徑相似處，惟當日未能檢出穆所錄提要與之。緩日當再檢出送去，然太簡略也。

唐人飲茶，殆如近人飲咖啡，故盧仝七杯頗為難能。日本茶末恐不如唐宋時代之濃烈耳。林海峯板田七局，在此已擺得四局，惜兩人棋風穆皆不甚欣賞，似不如擺吳清源舊譜較有興趣。穆不能自己擺，由內人擺出，只在旁細看，較更有味。

英時一家想已到康橋，便為道相念。太極拳有意再溫習否，若能買一矮圓櫈，得閒靜坐，可不必在牀上，亦不必用墊，亦不必盤腿，較近自然。穆之寫學案，頗不多用思索，每於靜坐後起身，時有

新意湧出。苦思不得其解者，一時領會，倍增樂趣也。匆此復頌

撰祺

弟穆拜上　九月九日

嫂夫人均此

（一九六六年）

＊　＊　＊

蓮生先生足下：兩月前曾寄朱子從遊延平始末考增補及移易章節共兩函，諒可收到，久未得復，深以為念。初謂　大駕赴新港開會，後適英時來信，託問起居，迄今亦未得復，懸念良殷。

學案自獲哈燕社補助，迄今已將一年，實際屬稿亦將十月，已成「理氣篇」、「心性篇」、「格物窮理篇」三題，有關朱子思想之主要闡述已成其一半。下面將寫朱子對於北宋理學諸家周、邵、張、程五人之稱述及批評，下及程門諸人，乃至朱子同時自胡五峯、張南軒、呂東萊、陸象山兄弟以及浙派諸人。最難下手者為「程朱異同」及「朱陸異同」之兩題。大體見解，早已夙定，惟材料如何駕馭，體裁如何組織，此為極費斟酌之事。

最近又重讀朱子文集，擇要摘出近兩百篇，須再行增入前成各稿者約亦有百篇左右，每篇只須摘出一節，或幾句，但須再回頭通讀先成之稿，字句有改動，章節有移動，此事較之寫初稿時費力反多。此幾日試行下手，大約一天能增入四五條摘要已甚不易。預定再需兩月時間，則前成各篇可作定稿矣。續寫以下諸篇，盼能一氣呵成，不再如先成諸稿之絡續有增補或移動。此諸題寫完後，惟朱子評禪宗一篇，亦極繁重，因材料亦多，甚難分章分節，並需如二程之與象山兄弟，其勢仍需分篇敍

述也。

若以上全部成稿，始及朱子之經學、史學、文學諸端。史學篇亦須分篇敍述，又擬特寫朱子之對於現實政治方面者。宋明理學家眞能在現實政治方面有措施之才能與詳密之意見，實惟朱子一人，亦不能不詳述也。（陽明只在軍事方面，其他政治實績遠不如朱子之可以詳加敍述與發揮。）又朱子格物之實學方面，如天文、地質、音樂、醫理等諸端，材料雖多，穆之智識太貧乏，從去年起卽想到向人請教，一則請人不易，一則穆之精力已盡，在按日千字之程限中，竟亦無暇措意及之，只有留著等待。初謂此稿一下手卽可寫出，今則已過了一年，雖寫了三十萬字，轉覺前途之尚遙，惟幸目力始終保持，內障雖依然未能消退，卻亦未見增厚。然此須每日化時間閉目打坐，又黃昏後絕不用目力，因而得此成績。亦因此無法日夜兼功加緊向前耳。然據目前情形，只一口氣寫下，自問亦可得六七分，增補只屬小節，能達八分九分已了不得，穆亦不敢要此稿能達十分圓滿也。前日偶爾進城，在他人案頭隨手取一部袁崇煥詩，在街上汽車中匆匆繙閱。彼曾登岣嶁山尋禹碑未獲，因憶朱子韓文考異已指出此乃韓文公誤信人言。十年前穆曾寫朱子之校勘學一篇，對韓文考異頗有勾稽之勞，卻未注意及此。如此類，若要增入一條則增在何處，勢非再細看前稿不可。然最多只增百字左右，若信筆直書，則可不止五百一千字。吾輩考據之癖已成，此等卻轉成一累。故想到此下寫經學、史學篇，所費日力不會比寫思想義理方面之輕減也。

刻有一事須請見示，依哈燕社向例，如穆此一年之工作是否須寫一簡略之報告，或可由　足下便向社中一提，或徑不須此手續，尚乞　示及。穆週後有事去臺北，約留兩週，於陽曆年初返港，在彼亦可向中央圖書館借看幾部積疑待繙之書籍也。穆一月前，頗感精力疲憊，轉移心力再讀文集，精力又覺恢復。去臺擬抽空一遊南部橫貫公路之全程，俾歸後又可握筆疾書，一如今年初返港時之情形。足下前面告以張弛之道，正可藉此透一口氣。　尊況如何，極念極念。

專此順候

近安

弟穆啓　十二月十九日

（一九六六年）

* * *

蓮生先生足下：自臺北歸來，拜誦　尊緘，轉瞬又已兼旬。初則休息幾天，繼乃急於趕寫學案，迄今始獲修書，　尊況想當健復如常，不勝懸念。鄙意每日能靜坐片刻，只須在坐椅上略為閉目調息養神，一次五分鐘十分鐘皆可，一日兩三次四五次皆可，不當作一件事，只此兀坐，久之自可息思慮寧神智也。遇天氣晴朗和煦之日，能到湖邊草地散步、靜坐兼而為之，常看湖光水色，必可寧神息慮。從尊寓去湖邊，雇一車為時不久，每週有兩次三次必大有效。一去能流連一小時便佳，如體況能徒步而去，往返亦只一小時稍多之時間，每週能有一次則更佳矣。惟此時適值冬令，恐不易去戶外作此等活動耳。

清華學報此後儻需拙稿，盼隨時示及，俾再投寄。穆自臺歸後，仍為前成各稿作增補修改之工作，事極煩碎，然有時亦有新發現，亦因此不敢懈怠，只有耐心為之。

此一年來屢欲為語類編一索引，俾便此下之讀者，而終未有好方法。此次自臺歸後，忽然想出一方法，擬將語類拆開，仍還原狀，分年排刊，然後再將今本語類之分類及每條主要點加上一小題目，如忠恕、如先天圖、如格園中竹子等，添注於原卷數之下，如此再作一索引附新編之末，則新編語為經，舊編分類語為緯，讀一部可得另一部之用。最要者將各條分年編排，可見朱子思想逐年進展之大概。尤其是同一年語分散各卷並類不相同，讀者驟難想及其相互間之關係，若會在一起，必可增許多新悟。此乃穆最近作增補工作之所悟。往往有一條極有關係，然不知當增入何篇，久乃悟其與某一篇某一條語相關，細查乃知此兩條本屬同年同時之語，然為今本分類分卷隔開，遂若此兩條漠不相關。又有同類前後兩條，意思顯然有別。試猜其一係五十年前語，一係六十以後語，及查其年歲，大致與所猜不甚遠。因此積許多時日後，乃知若將語類還其舊編，必可顯出一新面目來。此事若據今本各條下注明年分，則仍然不醒目，不如以分年為經，而以今本之分類為緯，又每條加一兩小題目為緯中之緯，如此附一索引於新編之後，庶可兩得之也。足下幸試代為思之，此方法果可用否？若須著手，則亦甚費精力也。專此順候

年安

弟穆拜啓　一月廿六日

（一九六七年）

* * *

蓮生先生大鑒：自　大駕健復出院，穆迄未敢率爾通書，免擾清神，頃惟一切勝常，至為禱祝。

港九騷動已兩月，幸獲杜門，堪以告慰。惟在此終非久計，又積一年半來五十萬字之存稿，早夜在心，惟恐萬一儻有散失，殊難補救。因擬於該稿未完成前，提早遷居，雖中間擾攘不無間斷，然遷定後尚可趕補。因託友人在臺北郊區覓地，以鄰近故宮博物館為主，定居後可以利用故宮藏書，尤其宋元兩代穆在成稿前必需參考者。與其明年去彼專為此事，不如遷去可以仔細充分利用。刻定明日卽去臺，俟擇地決定，自建小宅，較之在市區覓屋需價可省。大約三星期左右可返，盼此三星期內一切順利，則今年十月十一日當可正式遷往也。不知　大駕秋後作何計劃，能休假東歸，或在港或在臺獲得暢敍，更所盼望。

學案至目前已將思想方面大體完成，已開始寫學術部門，只要參考書方便，當更可加速進行。因有關思想者，雖可不需多用參考書，而每為一句一句話，擱筆思考，費時實多，不克鑽程急進，俟後當漸入坦途也。

最近忽於論語集注發現新方面。朱子自四十八歲成集注，此下不斷改寫，卽如「吾與點也」一節，直至七十始定。今注中間屢經改寫尚可追究，並不止一鱗片爪而已。其他條文決知其到七十始成今稿者，尚有不少。至於七十前所改，可以查出者亦不少。此層從未有人仔細考覈，只知集注自四十八後屢有改動，而從未有人具體指出某條某條為例。自笑考據已成癖好，而凡所發見，乃於朱子思想之遞進，及其與二程之精神不同、血脈有異，可不致成為穆一時憑空之推論，此尤最近歲月來所最感滿意者。久悶胸中，不敢以聞，今又不覺傾倒而出，然亦堪供　足下閒中一哂也。

最近唐君毅在新亞學報刊登論朱陸異同，開首引周海門、孫夏峯所錄明道傳心之論。其實乃王信伯告宋高宗，非明道告宋神宗。此節穆前年暑假已查得，亦甚為自喜之一事也。縱筆不能自止，紙已盡，盼今年秋冬能晤面，可以暢論數日夜。專此敬候

大安

弟穆啓　七月十八日

（一九六七年）

＊　＊　＊

蓮生先生足下：此次赴臺覓地建屋，本謂可以順利解決，不意最近臺北地價激漲，盡日奔跑終嫌財力不敷，最後幸得公家相助，一切勉可應付，已於前晚返抵沙田寓所，前後滯臺已逾一月。擇地仍在故宮博物院附近，新居建築約半年或八個月當可落成。還臺後須先賃一屋暫住，為求在略為靜僻之區求一較為寬適之住處，俾可繼續工作，出價雖昂，終未覓得。目下囑親友代覓，甚恐在還去時仍難符其理想。因此計畫將舊有汽車隨家運去，內人可以按日送穆去故宮博物院，至晚接回，往返雖勞，亦惟此一策可行也。承許借款應急，雅意至感，照目前情形穆之私人財力足可支吾過去，幸可釋念。

尊況讀來示深為欣慰，高血壓最宜多求養息，長途出遊終覺勞頓，按日能得半小時以上之散步，最極為有益。遇風日晴朗能常去湖濱盤桓一兩小時，身心兩得其益，更為佳事。文章仍以少寫為是，最好在閒中多寫筆記，俟血壓平復再整理成篇，如此可不感負擔過重。穆深感中國古人筆記一體實大可

提倡，除將積存之筆記可以整理為長篇之外，其餘可以彙集出書，如黄氏日鈔錄、顧氏日知錄、錢氏養新錄之類。今日果有人提倡，亦可面目一新，為異軍之特起也，明年歐洲之行，盼能少到幾處，每一處多逗留幾天，既可省精力，亦可增情趣。七八月之間，如可來臺，穆之新居已成，當掃榻以待，盼能多留。一面可飽覽故宮所藏，一面可瀹茗抵膝多作長談。穆之新居擇地極為閒曠，較之沙田寓所更為靜謐。或瞻眺風景不如沙田，而宅外有園地，屆時當可稍莳花木。大駕如能多留時日，亦不妨讀書寫作也。幸熟計之，勿一面即去為望耳。穆頗盼能於九月底前正式遷臺，此心已動，留此寫作神情終不寧帖。因念朱子屢為仕宦播越在途，而讀書著述一如平居之時。古人此一番修養，直是欲學而未能也。匆此順頌

儷祉

穆拜啓　八月廿五日

（一九六七年）

＊　＊　＊

蓮生先生足下：上月廿九號一緘，已拜讀。穆等於上月二十八號抵臺北，本月四號遷入新居，在「金山街一一三巷六號之三」，乃公寓房，尚寬敞。新屋尚未動工，恐須再半年始能遷去。此次移家，甚感紛擾。上次來臺四十日未寫稿，初返港抽空寫不到兩萬字，即忙於整理書物，又一月未能下筆。遷來此間，重續寫稿，至今已十天。因在此一月忙亂中，亦曾抽空繙閱，積有所得，不得不急速整理寫出，否則久後模糊，重再思索，費時更多。因此只有擱置其他，俟寫得一段落再說。足下來緘，

本欲卽復，寫了兩行又擱下，稽緩為歉。至於磨墨作字，更須有待，至乞 鑒諒。

在此新到，不免多有應酬，雜誌報章來囑寫文章一律婉拒，然亦有不盡能拒絕者。講演更難卻，大致月內只允一處，餘均挨後到下月。此間氣候亦不如在港九，寒暖易變，初來不習慣，亦影響工作，在此生活實際較居港九為貴，此層殊非始料。房租卽較沙田貴多一百五十港幣，卽如寄一航空郵緘，亦較在港為貴。此間一般收入皆較港九遠為低少，何以能應付，在穆初來成為一謎，此須稍久始能瞭解也。

穆之目力上次滯居臺北四十天，少親書册，自謂當較好些，不謂返港檢查反見低落。初返港卽埋頭寫稿，如是半月再去檢查，漸復常態。此下又拋去書本不再撰寫，臨離港前又去檢查，卻又低減了。因此方知每日坐定凝神在寫作上，每日寫一兩千字反而好，事忙心亂雖若不費目力，而目力反不見佳，此事對穆大有激勵。為保目力，反而一心寫稿為佳，否則須靜坐閉目，若閒忙心神散漫，全身生機都有影響，因而目力反差。卽就目力進退一事為例，其他亦可推想。始知坐在書桌前安定下來，亦一養身保健之要道也。

去年冬自臺北返港，為趕寫稿，把坐功與拳課都荒了，此次遷來始將坐功與拳課恢復。惟日間常有客來，不易作坐功，只臨上牀坐一次。拳課則上下午各一次。將來遷郊外新屋，坐功當可增加。心定體強，則智慧易開，悟解力增進，易有新得。與其在寫作上每日化六小時，不如移出一時或兩時靜坐與行拳，成績反而好。「恆」字最不可忽，雜亂為害身心，害健康者尚小，害神智者實大。現代社會讀書遠較昔人為易，而神智遠遜，此皆生活忙亂之為害也。大都市生活終是要不得。西方大都市乃由其文化展衍中逐漸形成，為害尚小；東方人乃從興建大都市來接受西方文化，其害更大。穆久居港九，又曾作客南洋在新加坡、吉隆坡小住，深知東方人都市生活之病。惟以前只居郊外，此次來臺不得已居住市區，更深感東方都市生活之不正常。

西方大都市乃是西方文化之饅頭尖，又如寶塔頂上之相輪。朱子最戒人做學問只喫饅頭尖，明道說荊公論學如對塔說相輪。今日東方人追求西方文化，卻從大都市繁榮上著眼，則亦是對塔說相輪，喫饅頭只喫一尖，因此想到「迎頭趕上」四字要不得。一切仍須按部就班，無可以迎頭趕上之理。追隨學步則可，如何能迎頭趕上？讀書做學問如此，創興新文化更不易。此層乃穆最近悟到。此須大政治家心知其意，通體籌劃。書生見解，卻可指示一正確方向與正確道路。不知此層　兄謂如何？新郵緘可以多寫，不覺縱筆，幸有以教之。匆頌

儷安

弟穆拜啓　十月十六日

（一九六七年）

＊　＊　＊

蓮生先生足下：此數月來因　足下在休假期間，正可一意養息，無事不敢多瀆。本月五日蒙惠書，既欣且慚，囑書之件甚不自愜，曾上下午各書一幅，請陳雪屏兄代擇其一，承加獎借，更增愧汗。穆自去夏來臺返港移宅來此定居，栗六不甯。在此又為各方邀約講演，朱子學案稿此九月來僅成十二萬五

千字，較原定進程僅得三分之二。所費時間，最在整理講演記錄稿，實較自己撰寫更為費時，而又刪潤不能如意。惟刪修錄音較易通俗，然恐終不能多求解人。頃已整理出在三軍所講共十二篇，彙成一小冊，正在付印。俟出版後，當郵求　正也。

足下為校閱論文，仍加精密探討，備見平日為學不苟之一斑。陽明年譜所載多錯誤誇張一節，讀之開發良多。謂劉瑾非一味兇頑，而引及平劇法門寺為說，更是興味橫溢。穆舊看法門寺亦有此疑，在港時聽大陸平劇片有法門寺，由馬連良、張君秋、蕭長華諸人合演，最後將劇情改變，使劉瑾眞成一兇頑十足之人，即此一小節，可知輕率改變舊傳，貽誤必多。又憶前告論語「吾與點也」一章引多九公，最近曾悟到北方大鼓多有「吾與點也」之插入，可見此一故事實頗為流傳。殆如佛門禪家說故事，是亦明代理學家講學影響之猶可考見者。禮失而求之野，　足下論學，如此等處，足徵通人之雅趣。若博而不淹，徒以見聞之雜自討，固不足以相擬也。

考據亦如掃落葉，隨處無盡。頃草朱子史學一章，至通鑑綱目，方謂只略一提及即可，不謂其間亦大可考索。然必牽連及於此下元明諸家，非原意所欲涉及，只得仍照原定體例，不加窮究。然勢須一繙朱子綱目取與語類相證，極欲省事終不可省。然亦須俟遷新居，始得借閱此書，因係宋刊善本，在此借閱不易也。如此之類，恐此下尚多。則前所認為敍述朱子學術方面者，可以加速進程，亦復無此把握也。

外雙溪新居大約五月內可遷入，所欲參考之書，此刻約略計之尚有卅餘種，均待到新居後，徑在故宮博物院借讀。在彼有一研究室，借閱方便，否則卽如綱目一書，有六十册，非得一室從容繙看不可。此則為穆來臺定居之一大方便，彼此乘除，得失相半。若在沙田，可以杜門，而有很多書無法看到，學案一稿亦終難完成也。

在港偶讀得韓國人研治朱子書一種，極有見地。遷臺時携之行篋，得暇卽翻讀，頗有所獲。來臺後乃知韓人治朱子學者在此尚有著述近十種，亦俟遷新居逐一借閱，當可續有所獲。若能有人專意治此，以「朱子學在韓國」為題，實可為中韓文化交流獲一激發，此與研究陽明學在日本，可以互相輝映。日本人治理學，亦自晦翁轉到陽明，其淵源實在韓國，日本學者亦認此事，而國人不能在此方面加以深究，亦誠大可惋惜也。拉雜書此，切盼　足下有以教之，然不欲　足下為此多費精力，得暇能指示一二卽已幸矣。匆頌

大安

穆啓　三月十八日

（一九六八年）

＊　＊　＊

蓮生先生足下：三月廿七日損書奉到。穆自本月九、十號起，卽覺體況不適，又因循數日，乃赴臺大醫院作兩度局部之檢查，於昨晚始獲報告，悉所查心肺腎及血液均正常無病象，惟右目內障又加厚，讀書作字不能耐久。又血壓高達兩百度，此兩週來一未作事，只上牀打坐，　尊函未卽復為此。今晨檢查結果知悉，心情放寬，精神亦覺轉爽矣。

所示韓國金邁淳朱子大全劄問標補，此間未見其書，待再訪之。不知在韓能託人覓得否？穆之心習，總以能見全書為快，稍緩如無辦法，當再懇　尊處選寄其部分精要處作參考也。穆所見者僅是韓元震朱子言論同異考六卷三册以謂「魯無君子，則斯焉取斯」，遂查此間中央圖書館善本書目，尚有韓國著朱子學書六七種，尚未借讀，似多鈔纂之作，獲　足下相告，實是喜出望外。清代除王氏年譜外，惟朱澤澐朱子聖學考略及夏炘景紫堂集兩種，均在前寫近三百年學術史時讀到，在此能借到，已通體複看一過。其他則未見對朱學有精密之探究者，斯誠大可詫異之事也。韓之李退溪，亦是聞其名而未見其書，鄙意當俟拙稿寫完後，再絡續查問各書，用以校補。若必先治多書，則恐多誤時日耳。

大駕七月下旬能來，極盼極盼。穆之新居遷延過久，當可於六月半前遷入，極望　足下到能有旬日盤桓。新居遙望羣山，近對一溪，較之沙田各有勝處。惟不須多登石級，則於來訪者為便。

匆此順頌

撰祺

弟穆拜啓　四月廿七日

嫂夫人均候

內人囑筆候　雙安

足下幾年來損書多保留，此次遷居穆仍伏案作學案，　尊處書札是否全帶來，須遷新居後遍檢所存故宮博物院書箱始知，不知　足下亦有存稿否？如此次兩札，論陽明年譜涉及劉瑾而牽連到平劇法門寺（前函穆實誤記，所告乃刺湯非法門寺也）此札論「與點」而引陽明詩及山東大鼓，如此之類，能隨手寫札記兩三百字一條，積多大是有趣，並使學者多開悟也。弟又及。

儻精力未充旺，仍以少寫長篇論文為佳。

（一九六八年）

* * *

蓮生先生足下：久疏啓候為念。此間已到假期，穆之一切講演邀約亦均告一段落。方期遷去外雙溪，新居地僻，可少客到，近山天氣較涼，俾可一意撰述。不料天雨連緜，大門圍牆道路車房等仍未動工，據今預測惟盼能在七月底遷去，儻再能提前一週旬日則為意外幸事。大駕月初來臺僅可去一看形勢規模而止。猶憶去夏在沙田猶謂此屋今年四月卽可完成，極欲屈　駕小住，暢聆教益。世事往往不能如願，此亦一眼前之例矣。

學案進程大不如預計，此下八月到十二月僅得五個月，是否能如期完稿，今轉膽怯不敢自保。惟最近所撰寫者，本謂只須輕鬆下筆無多發見，而隨處下筆隨處自幸有所新得，遠與本所認為不過如此者不同。因知前人畢生學業，其難得深切體會，固是限於姿分無可強求，而復加之以輕心欲速，則其所忽略者更將何限。因此，此稿愈到目前，愈不敢自信。回想兩年半前初動筆時，方妄謂朱子全部學術都在胸中，只求寫出而已。及今思之，可笑何極。

顏習齋說：朱子教人半日靜坐半日讀書。穆繙遍語類只有一條，似曾在去年通書中提及。最近繙讀高攀龍集，方知正式以此八字教人者，當為高氏，然不知高氏以前又曾有何人正式以此八字教人，則繙檢為難矣。又論語「與點」一章又曾細改，始知趙順孫四書纂疏明引輔廣語，朱子為此章曾改易三次之注，則連其集注初成時注，共得四次，適與今所考得者一一脗合。最近寫朱子評論孔門諸賢及孟荀以後諸儒，又得兩番啓悟，所關亦大。初下筆時，僅謂札記提要已盡，只鈔出便是，及至完稿，乃知不然。此兩旬來，時時欲與　足下通函，而所以遲至今日，亦因此一小篇直至昨日始克成稿，遂懶於下筆耳。

林海峯本因坊賽第六局，此間事先均已預辦好了爆竹，待到深夜啞然而止，遇見熟人雖不諳手談者，亦能談林海峯之棋賽，愛國家愛民族文化只能在此等處求發洩，而終於臨時發洩不出，亦可悲也。穆每逢賽期，亦必守候電視新聞夜深不睡，誤了明日之寫作課程。亦因睡了不能入夢，不如痛快坐候也。匆匆於此止筆，極望晤面匪遙，得一暢談為快。專此順候

儷祉

弟穆啓　六月廿五日

內人囑筆候　雙安

（一九六八年）

* * *

蓮生先生足下：此次晤面，見　足下精神飽滿，身體健快，最慰積年之念。本欲略述此兩年來草寫學案之所獲，藉聆　教益，而匆匆未得開此話匣，則不勝歉然。十三號賜緘早已奉讀。此半月來氣候酷熱，來者亦不絕，然穆自十四日起卽開始續寫學案稿，十一日來已得稿逾一萬八千字，自覺思理稍細密，下筆稍輕快，此皆新居之賜。若能如此進程，陰曆年終前準可完稿，最多留長序於新春下筆。自

新亞退休發心為此，初不料五年來眞能成編，此實穆晚年一大快事，因貪於趕寫，賜緘遂未即復，今日星期，自晨迄午，連來了三批客，將寫稿興趣打斷，因急急作此復。

自　大駕離去，即與內人詳商此下家庭生計，各方撙節拼湊，儘可勉強維持一段時期，萬望　足下勿以此縈懷慮問。將來是否尚可得少許意外津潤，流行坎止，一任自然，更不願為此增添　足下之為難，此層至希鑒照。穆之生計本不當謝絕教課，全部居閒，然亦當量而後入，萬不願因人事平添不愉快，妨碍寧靜之寫作。更不願靦顏向人討乞，種種細節，不足掛齒頰，更不值落筆墨。儻穆早能為生計作打算，決不至到香港，去新亞。回顧最初六七年間之生活，眞是非夢所及。此刻年歲已邁，精氣日衰，固不堪再嘗初到港時之辛苦，然亦萬萬不至再嘗此一段之辛苦矣。穆以此思之，身心俱泰。苟有可能重作馮婦，亦斷不至堅決拒人也。

不日須去日月潭作三日講演，專為此間師範專科國文教員講「中學國文教育法」，只由穆一人主講，更無他人參加。回憶自弱冠為小學中學國文教員，前後十八年又半，藉此為他人講述，亦為穆私心所樂。至於講演待遇，每次兩小時不過新臺幣兩百到四百元，最多有五百元，此乃稀有之高酬矣。惟在此獲得賓館優待，不能杜門不問外事，故邀之講演者多應少卻。其實較之在學校正式任教，費時多而得酬少，亦僅求其心之所安而已。惟此下不能常以為例，必當逐漸謝絕耳。哈燕社七八九三月協款亦已收到，並此附聞。匆頌

大祺並問

弟穆拜啓　八月二十五日

內人囑筆候　雙安

嫂夫人安

此間門牌已編定為「臺北士林外雙溪臨溪里二鄰六號之五」。穆為新居取名「素書樓」，牆角懸榜，以便來訪者。穆幼年，先慈挈余居無錫老宅素書堂之東邊。前在成都，聞先慈噩耗，懸吾室曰「思親彊學之室」，今又踰廿七年矣。思親之情，先後猶一，然精力已退，不敢再以「彊學」自居，名此樓曰「素書」，亦聊誌余思親之意而已。又及。

（一九六八年）

* * *

蓮生先生足下：八月杪曾寄一緘，想蒙收閱，闊隔已久，惟體況增健精神益佳如頌為慰。穆在九月中連犯兩次流行性感冒，甚為疲乏。十月初始重修學案，此五十日來寫成朱子之五經學及四書學共兩長篇，專在朱子教人研治此諸書之方法上及其自所撰述之經過與其體例方面著眼，不涉內容方面義理之精微。初謂較易下手，但牽連甚廣排比費力，尤其禮學一篇最感繁難，亦是平日對此較少留心也。

王白田年譜見解欠深入，而搜羅材料極見詳密，此兩長篇運用材料亦有超出王譜外者，因此所得結論乃不得不與王譜相異。如關於蔡沈之書集傳，乃及朱子戒人勿治春秋之意。又如朱子不信歐陽氏「十翼非孔子作」之說，以及今本詩集傳撰著成書之年代等，自謂皆有創得，都是從王譜以外多集材料之故。尤其如王譜考異辨朱子家禮之為偽書一節，開始卽只憑王譜材料而辨正王說之誤，認為同樣材料而得絶相反對之結論；拔趙幟立漢幟，頗以自喜。其先夏炘述朱質疑，亦只是只憑王譜材料而反駁王氏。惟自謂穆之為説，則猶異於夏氏者。久而不自滿，意欲求王氏所未收之材料，以增反駁之力量，而此事大不易。王譜乃竭一生心力，其人又細密平穩，文集語類篇幅太巨，匆遽間又如何去再覓新材料。乃不謂終能有所獲得，穆之所駁乃似可謂最後之定論。

猶憶將近四十年前，草為近三百年學術史至顏習齋一章，即注意到朱子家禮，曾繙王譜，見其辨家禮非朱子作，心為一安，因穆平素知尊朱子，然當時下筆尚知謹慎，因未經自己細究，未將王譜語闌入，否則至今又多增一繆誤矣。至今始知朱子為書鮮不經十年二十年以上之不斷改定。家禮乃未定之書，其有誤固不足諱也。然因此常恐穆之為此學案終是草率，恐多疏繆，然亦無法再延遲成稿。古今人不相及，亦無奈何也。在此仍如在港，極恨無人可資暢談，不覺覼縷，幸勿見笑。

英時父親協中兄來臺北，已晤兩次，彼不日當來舍下榻。目下園中已植有花木，雖只是價廉常見之品，然生氣滿目，大足怡人，不知　大駕何時重來，可以多作流連。英時為況如何，貪趕學案，不另作書，晤時幸代轉相念。專此順候

近祺　並候

嫂夫人　安

弟穆啓　十一月廿日

內人　仝叩

（一九六八年）

＊　＊　＊

蓮生先生足下：十一月廿四日大函奉到，欣悉體況佳勝，每晨作運動，頗覺有益，極慰遠念。朱子學案近正整理格物篇成稿，續有修訂，約成十分之七八，尚有十分之二三，適因有金門之行，須返後再續。此稿成，學案主要題目均已就緒。其有關政績方面者略去不提，前已面告。惟尚有提要數百條，須斟酌加入各篇，往往因增入一條而前後均有更動，預計當在明春必可全部竣事。至於付印，擬以自印為原則，交與坊間專以牟利為目的者，此書既銷路不廣，而成本又不輕，於版式字樣紙張一切如蒙承印必多爭執，二則本書在付印時臨時逐篇細校可能逐有改動，在書商方面必不樂意。前印近三百年學術史卽是一例。且此書銷售既不廣，而或需隨時有改訂抽換，更為書商所難於接受，如拙著莊子纂箋數年內抽換四版，幸屬自印，免多交涉。惟印費則尚待籌劃，此刻尚未脫稿，則亦不以厝懷慮問。且待明春以後，再看情形以作最後之決定。

此稿成後，自問精力尚可續有撰述。惟就經濟情況打算，擬再寫「國史大綱」。一則可將三十年來新意見增入，將原有者緊縮或節略，將來可以兩書並存。二則換新體例，使適合目前需要。此書不知能在一年時間中完成否？本因何君佑森有意約與合作，頃何君長期科學之補助失去，彼為經濟問題亦須另有打算，而且穆之此稿亦不如獨力成之為妥。

此書外擬續為「文言文自修讀本」一種，約須兩年時間。此項計畫，前次駕蒞敝舍，惜未能詳陳種切。王力現代語法及語法理論兩種，均已借到過目，實與鄙意所規劃者大有分別，亦與尊意最近所欲論著者有別。鄙意乃自十年前在耶魯參觀其華語訓練中心所引起。惟目前則欲專為本國高中及大專學生而作，一般中年以上人，欲窺悟文言祕密，亦可取徑此書。

此兩計畫，明知無當學術研究，然為私人生活計，或可較多售書利潤，補助開支，若有意外收穫，則可以書養書，解決穆另有之一套印書計畫。並此兩書，若能重返大陸，亦可收國民再教育之功。書生報國，竊亦有意，非盡為私計也。

所謂以書養書，穆有舊稿，當先集成「古史地理考」一冊，與史記地名考並行，詳於此則略於彼，兩書可謂之姊妹作。曾在燕京學報刊載之周初地理考，逐年增入近百條，或充足證據，或修訂舊見，頃已託人逐條錄出。其餘各篇則增補不多。又擬編「中國學術文化史論叢」一集，大體收載在新亞學報上者為主，此一部分較少增改。又擬編「禪宗與理學」一書，主要材料以抗戰時期刊載於思想與時代雜誌者為主。此一部分穆最所珍惜，認為於學術思想史上最有創獲，亦有增訂，並短篇散作，迄未刊布者，近因撰學案迭有新見，當俟以上各計畫成，如尚有精力，可以絡續撰寫專篇，補成此集。萬一精力衰退，則以此一編作第三步之刊行，更不增入新篇。

此乃穆桑榆之計。因足下關注，故率言之。然究能如意進行與否？則不可知。余協中兄已離此返美，彼亦談及英時弟寫章實齋一書快近完成，惜不獲與之當面暢談，又不能讀英文，大是憾事。專此

順候

近祺

弟穆拜啓　十二月十四日

（一九六八年）

＊　＊　＊

蓮生先生足下：許久未通問候為念。穆遷居已半載，環境極安閒，乃直至最近兩月始能恢復學案一月三萬字之進程，諒此下當可依此速度向前，但預計非到暑期，此工作急切終難完成。目下本書各篇大體均已寫就，但尚留未運用之大綱不少，此等大綱因歸屬何篇須斟酌，或所蘊義理須特加闡發，故擱到最後始逐條分別添入，然亦時有新發現，故爾樂之不疲，亦不敢草率下筆。有時更想將文集語類重新再看一遍，然實無此毅力矣。

今日又添入一段，乃論孟子善、信、美、大、聖、神六字之「善、信」二字。朱子晚年解釋與集注不同，而集注未及改正，當時寫大綱未經深研，標題有誤，至今細讀語類各條及集注此章，始能識破此中複雜之蘊奧，幾於喜不自勝，然全日工作亦僅能添入此一條而已。少此一條於全書似固無妨，然行百里者半九十，此所餘十里路程亦終不願捨之不前也。

此間園中栽樹栽花大體已告一段落，有老樹，有新苗，有蒼松四枝極可愛，然非到暑間不能知其果活否。有楓樹、櫻花等，皆幼苗移來，須到今年冬明年春始可觀。不知　大駕果能重來臺北一賞此小園風物乎？企予待之。柳存仁兄當在哈佛，屬為題兩書簽，拖延踰年，今日匆匆書就，乞轉與。並有與存仁英時兩紙，均煩相轉。匆此順候

儷安並賀

新禧

錢穆啓　三月三日

（一九六九年）

* * *

蓮生先生足下：四月廿九日惠書奉悉。朱子新學案印費蒙為洽定，此一問題獲得解決，此皆盛意所賜，感激之情難可言宣。裴約翰來信亦已到，將來匯款亦盼仍寄一一一七三三信箱，如將現住址英譯，轉恐遺誤或稽遲也。盼代告裴君，並代為申謝。

朱子學案已於四月廿四日全部完工，只有朱子與唐說齋一案，前在沙田已作一考論，因當時未決定安插在那一篇內，此刻一切完工，又考得象山對此事極同情朱子，則此案宜附載在朱陸異同篇之後，而且似乎論此案者均未牽涉及象山，附載在象山篇後，更感有意義。乃經兩次遷宅，舊在沙田所考一時檢不到，想到正式付印前，此幾張紙決不會遺失，決可檢到也。

為學案工作倍覺緊張，忽得告一段落，一時心情鬆弛，欲撰寫一長序，連日來懶於下筆，擬再休息一星期，俟心中躍躍欲試再動筆，期能一氣呵成。預計在六月底應可脫稿，到七月再正式洽商付印。明知全稿尚有許多處須加改定，但此刻實在懶於下筆，須待付印後閱清樣再逐處細改，亦有許多須看清樣再發覺需改動，此乃弟著作慣例，總是要在清樣上改動，因此此稿必須覓得一耐煩肯依弟隨校隨改，甚至臨時要移動版面至於三四面之多者，究竟此稿何時能正式出版則須與所擇定之印刷所熟商後，再可約略估定。屆時　大駕若能在臺，臨時有一商榷，則更所盼也。至於哈燕社所補助之印刷費，應不至有短缺，無論如何此層請勿再縈念。

足下清恙。穆早有聞知，因恐煩勞清神，故不敢修書問候，頃悉轉健，不勝欣慰。惟尚盼加意衛攝，最好能長期休假一學年，在此期間能來臺最佳，尤盼能去臺南。在臺北多人事應接，多閒是非，不宜久居。臺南氣候遠較臺北為佳，能與嫂夫人令郎同來，飲食有故鄉滋味，更與衛養為宜。附近到澄清湖，風景清麗，每星期去住宿一兩天，晨夕在湖濱散步，可使精神獲得徹底解放。在穆意想中，能如此休閒一年，體況必能全部改觀。此層最關重要，萬望勿忽。大駕來臺，偶來臺北可到舍下休息，弟夫婦亦可多去幾次臺南相晤也。

聞李田意已離耶魯，足下儻與通信，盼囑其來一信，穆已久不與彼通訊，極欲悉彼近況也。穆在此地址彼恐不知，只盼轉告。

又穆之為朱子學案本擬寫成初稿再博稽羣籍，分散加入，不謂此稿前後已歷五年有半，稿長踰九十萬字，加一長序，應在百萬字以上，因此不願再有增添。此後意興又來，擬作「研朱散筆」一集，可以分篇獨立，亦可遇學案出書後重有所見即寫入散筆，俾與學案並行，不識　尊意以為如何？然此事究竟何時決心動手，實亦難以預言。此數日意興甚懶，即　尊函已拜讀數日，亦擱至今始作覆也。

匆此順頌

痊祺

弟穆啓　五月八日

嫂夫人均候

內人囑筆候　雙安

（一九六九年）

* * *

蓮生先生足下：久不通問，每念起居，時輒神往。不知最近體況如何，亦常詢之陳君捷先，而語焉不詳，眷係何極。穆在初夏，即已將全部學案寫成，中間休歇一月，於盛暑中一氣將朱子學提綱十萬字寫出，作為長序。本擬計畫付印，特念此書多歷年歲又曾兩次遷居，並有許多處在倉促中因趕課限下筆，不免草草。與其俟付印後因校對再多改動，不如先自校讀一過，隨手改定，付印後可省事，因決心通體重讀一遍。全稿百萬字，大概以一天一萬字計算，亦將有三箇半月時間，始可畢事。中間又去了香港一次，為新亞二十週年紀念，董事會及新校長誠懇來請，不得不許，前後又隔斷了廿餘日，最近已趕看了五分之三以上，但仍有卅萬字以上，欲於十二月底全體看畢。因成大羅校長屢來懇請，將於一月去臺南，二月始返，此稿未畢，又多耽誤，但為時短促，能否通體看畢，仍無把握。其實此次重讀，固是稍有改定，然每日萬字，仍感匆忙，未能細心，只求減得少許大差謬，即已願足，若望得一首尾精美之作，學力目力所不許，亦無奈何也。預計此稿當可於明年初付印，暑中當可出版，想係錦注，故以奉聞。

穆秋來兼了幾處課，每星期有三箇半天化在教課上，每日上午赴故宮博物院，埋首室中，校讀學案多在此半日中為主，因無一切打擾，進程較快。下午留舍中，一有人事打擾，往往妨其課程。最近故宮博物院蔣慰堂院長，以研究名義，為穆請得一款，按月可得美金兩百五十，即臺幣一萬元，從此日常生活，可以不在念慮中，此事亦蒙　足下垂念，特此馳函奉告。此項月薪由下月起，所兼各處課務，最少當在下學期起謝退一處或兩處。尚有兩處，當於學年終始能辭退。

故宮博物院因其藏書，欲為「清史通鑑長編」，第一期為入關以前，太祖、太宗兩代。穆對此事無大興越，惟幸陳君捷先主持此事，穆則僅憑名義虛食官廩，言之為慚。但若無陳君任此，穆亦不敢輕應耳。正式工作應在明年二月開始，穆之是否能踐兩年之約，則須看開始工作後始作定奪。不知足下意謂如何。穆為趕寫學案，連太極拳日課亦久已中止，最近感此需要，又重理舊功，實感此事對身體有益，惟亦不能嚴格按日作課，遇有事時仍有間斷，只每星期能得三四日為之，亦頗覺大有益也。賤況無恙，大堪告慰，來年去臺南一月，轉換環境，把心情放寬，亦當於身體有益。若果能符所想望，而又無其他不合適處，明年夏前，或可再去一次。年事已邁，究不如往年，乃不免時時以賤體掛懷也。率筆聊達數行。即此順頌

近祺

穆啓　十二月十九日下午

嫂夫人均此問好

內人囑筆附候

穆在暑中曾檢得六祖曾聽某尼通體誦涅槃經，此事於討論六祖思想大有裨益，曾草一小文記之。頃又悟得生公「頓悟」與六祖「頓悟」有大不同處，惜無暇暢闡此義為恨。質之　足下，以謂如何。又及。

（一九六九年）

* * *

蓮生先生足下：今晨得本月廿一日來書，適拙稿朱子學案已於前日通體校讀一過，稍息數日，下月初

卽赴臺南。血壓高達一七〇至一八〇，務盼注意休息，若常在一五〇至一六〇間，則似無問題，低血壓最好勿高過九〇，惟低血壓較難降，若能減至八〇稍過，應為理想也。輕微體操不宜間斷。穆因趕寫學案，太極拳中止已久，最近時感需要，又學案已完稿，乃於數月前又繼續，雖不能按日為之，只一星期内有四五天，顯感體況進步，亦望 兄之三合操決心恢復為是。

指導論文翻看各書亦頗有益。猶憶穆在民二年，在一私立小學教書，校主極富藏書，卽在學校樓上，蒙其以鑰匙授我，逢星期日卽上樓看書。當時看到葉氏習學記言備極欣喜，自後於讀宋元學案時又約略看一過，此後卽再不理會到，直至去北平有錢買書，極欲買一部南菁書院版之習學記言，乃遍訪不得，（此乃穆最先所見者），只買得了敬鄉樓叢書本，然亦竟不曾再看，直至最近寫朱子完稿，頗思再溫記言一過，然不知何日果能償願也。穆前曾勸兄作筆記如習學記言之類，每一條著文不須多，而讀者獲益匪淺。著書太辛苦，寫長篇論文亦復費心力，以 兄博學，多寫筆記，自宋以後學術上第一等書往往多是此類，直至東塾讀書記，此下殆成絶響，此事大可提倡也。穆歲杪從南部歸來，卽接洽印書事，似免不了仍要自己校一遍，在此期間恐無心力再有新計畫，當俟暑後學案通體告了一段落，再從頭設計。

故宮博物院「清史長編」當俟二月遷入新研究室後始可集體工作，然自問對此事恐不能有大貢獻。臺南只為羅雲平校長不斷來舍堅邀，借此作避冬之計，既不能在彼正式授課，屢去卽無意思也。為生活計，在故宮博物院得此待遇實出意外，暑假後各處兼課能一併辭去更佳，否則最多只留一二

處，每週不越四小時，則尚可支吾耳。此刻則每週共四處，有六小時課，實太對自己説不過去也。匆此順候

儷祉

弟穆啓　十二月廿八日

內人囑筆附候

（一九六九年）

＊　＊　＊

蓮生吾兄大鑒：未通音問垂及一年，時於他人處詢及一二，比維為況康泰為慰為頌。穆此一年來亦時在病中，去年三月杪忽患血壓高，此後驟升驟降，僅六七兩月獲得正常，八月後又發，十一月間忽又十二指腸潰瘍，此乃老病，然意謂久已痊好，不料舊病又來，迄今已兩次照過X光仍未痊癒，仍在謹戒期中，因此朱子新學案之校稿亦未能按時從事，直至最近幸全部告畢。何君佑森任最後一校，彼意欲為作一索引，此刻學校已開課，彼之索引預計亦得兩月時間，大約此書至快亦當於四月杪出版耳。此書非　足下相助，恐不得有今日，荏苒歲月，幸潰於成，故尤欲最先奉告也。

兩月前英時為某君譯拙作歷代政治得失來信，穆因未有英時新宅地址，復至學校恐英時或今年可不常去，不知果收到否？因彼無復，不免懸念，便中幸為詢及。聞英時暑中可來臺灣，應可得較長相聚。　大駕不能來，深為惋悵，仍望覓一機會能伉儷同來住一較長時期，必可於心身有大補益，小小不愉快事，不足置胸懷間也。穆近作錢竹汀學述一文，亦得一萬字，雖僅摭述之文，自謂於竹汀學術

途徑亦稍有所窺。此文送刊於陳捷先所編故宮文獻，俟印出當再請　教。又為文化學院開一課「中國史學名著」，每上堂用錄音機由人錄出講辭，近方講到杜佑通典，到暑中可得一小册書，並此附　聞。匆上附候

大祉

弟穆啓　三月十四日

（一九七一年）

＊　＊　＊

蓮生先生足下：久疎音問，懷念實深。夏間英時夫婦來臺逾月，時來外雙溪，每暢談至深夜始去，每逢談次，必及　尊況，備聞種切，藉釋積念。頃英時夫婦已離去，聞已返抵美邦，惟須待秋季開課始返哈佛，不知此緘達　覽，彼夫婦已返康橋否。

拙著朱子新學案早在二三月間全部排印完畢，因何君佑森助校，彼有意為此書作一索引。穆於端節曾去香港兩週，歸後何君索引已成，彼之體例偏重拙見，鄙意當以朱子自己意見為主，遂又改變重寫，適逢承印機關忙於其他業務，遂爾拖延至今未能出版。英時初來，本謂其離去前可以及見此書，不謂未能如意。頃當於本月杪下月初出版，　尊處當須多少部分贈，幸先　示及，俾可一併付郵。

穆作此書竟，又曾絡續寫出此下傳述朱子學有貢獻者，已寫成黄東發、吳草廬、羅整菴、陸桴亭四家，又曾寫錢竹汀一篇，以見宋漢學分途由來之一斑，共五篇，當在六萬字左右。其中草廬一篇，乃英時來後動筆，頗自愜意，此後擬彙成「研朱餘瀋」一集，不知　尊意以為尚有何人須添入，盼隨

時　示下，好在此集不急出版也。

頃於何處見報，　大駕須赴東部講學半年，不知確否？偶換環境當於尊體有裨，惟深恨　大駕未能來臺住一年半載，俾獲暢敘。此意常與英時談及，賤況俟見英時當可轉達，不再縷及。專此順頌

儷祉

穆啓　九月八日

內人同此候　雙安

又前告「中國史學名著」乃為文化學院學生隨時口講錄音，只是略述一人私見，並指導初學讀書要旨，並不能細密討論各項問題。頃此課已於夏前結束，而錄音尚有四講未錄出，俟全稿錄出略有改定卽出書，然恐與　足下所想像者甚不相副耳。俟後呈政。　穆　又及

再啓者，此間有印順法師曾寫中國禪宗史一部，最近始出版。穆已竭三日之力細誦一過。此書用力頗深，引證詳密，關於六祖與神會一案持論似頗客觀。惟穆對此事尚有少許意見與印順書有出入，是否能寫出，刻尚未能有定。穆總謂此事有關中國學術史者甚大，不可不有一番用心也。穆又及。

有關法如稱六祖一節，印順書亦及之。

（一九七一年）

＊　＊　＊

蓮生先生大鑒：久不相聞問為念，月前陳捷先由美歸來，蒙賜畫一幅，不勝拜嘉，此畫已由捷先携去代為裝裱，惜最近久未晤，不克將　尊畫懸之堂室為新年增一新景也。今年秋，中央研究院院士會

議，不識

大駕能來臺獲一暢晤否。穆此半年中，為此間孔孟學會堅邀，允寫孔孟兩傳，孔子傳已於舊曆除夕前兩日完稿，此稿雖力求簡約只得六萬字左右，然亦幸頗有新得，超出舊著先秦諸子繫年及論語新解之外，深感學無止境而年力已邁，不能再有多大進步，眞是慚愧。亦恨無人討論，只是埋頭苦索，更增其寂寞之感耳。過舊歷年後，最近又將成稿通體重讀一過，盼半月能畢事。孟子傳當稍事休息後再下筆，計當在三月下旬開始，或可於秋間完成。「研朱餘瀋」各稿大體已竟，亦當於本年内謀出版。略

報簡況匆頌

春祺

弟穆啓　三月二日

英時於舊歲尾來臺，新春卽返港，匆匆晤了兩面。彼在港甚忙，然新亞此數年來易長多人，校内積弊甚難驟革，又加入中文大學後，事事不能放手也。並此附聞。　又及。

（一九七四年）

八　致羅慷烈書五通

慷烈尊兄道鑒：上月十六日惠緘早已收到，最近港大中文系各試卷亦到。此項成績係各教師參酌平時成績而定，校外人豈能匆匆翻閱輕易改動，弟當一本來函所示各節辦理。連日為文債字債所累，稍緩一兩日即可將各卷簽署寄回，幸轉告潤之兄勿念。今年暑期中不知能撥冗來臺一遊否？此間可遊處，如能參加旅遊團前來約一週可盡，若私人行動則轉多稽延也。盼偕嫂夫人女公子同來遊歷外，嫂夫人女公子可以先歸，大駕留此，有中央圖書館、中央研究院圖書館及故宮博物院字畫古物外，如四庫全書宋元版古籍大可瀏覽。尊駕可以隨意瀏覽，長住短住臨時決定。穆又有一函與何蒙夫兄，亦盼能結伴同來也。弟之朱子學案幸已脫稿，下月當開始寫一長序俾可單行，以期普及。若全稿，恐不能盼人閱之終卷也。大作易稿，功力至深，率陳鄙意，蒙賜再慮，何幸如之。匆此順頌

著祺並候

儷祉

弟穆啓　五月廿四日

內人囑筆附候

（一九六九年）

＊　＊　＊

慷烈尊兄大鑒：久未通聞為念。穆夫婦於上月赴東瀛，為期一周。歸來舍岳母因病進醫院，內人朝夕去院陪侍。穆一人在家，忙於為朱子新學案校字，亦甚感勞倦。直至昨日，始告一段落。尚餘三之一未付排，當過旬日再送校，預定於雙十節後當可全部竣事，年底應可出書。此稿前後費去六年精力，每在校字時常以自慰，然仍憾有未盡惬意處，此則自己學力所限，亦無奈何也。港大課卷迄在敝處，未以付郵，或稍待一二日內人去醫院時間稍減，卽當陸續包裝寄出。轉瞬暑期卽過，不知　尊駕此暑中尚有來臺計畫否？此間今年暑假縮短，聞於本月杪卽開課，不知港九如何？閱報見港九屢有風雨，此間惟昨日獲盛雨，門外溪水上地倏忽成巨浸，形成壯觀，幸不為害。草此數行，聊代面晤。卽頌

儷祉

弟穆啓　八月十三日

內人同候　雙安

（一九七〇年）

＊　＊　＊

慷烈老兄大鑒：十五日來示已到，水仙亦於昨晚到達。內人言此次適得其時，當不如去歲冒失先時齊發也。周君康燮久不得其來信，寄售各書亦一年未結賬矣，究不知如何也。穆為血壓起落不恒，而日常冗雜難遣，情緒失寧，牽動胃疾潰瘍復發。住醫院四天，幸無大事，昨已返舍。遵醫囑戒煙，雪茄

煙斗一併俱戒，積年所嗜遽爾擯絶，殊覺不情之至。若論所苦，則亦無有也。早起散步，頃亦暫停，須過半月再經檢驗。校書仍此稽延，排字房不能久擱，亦一難也。此次因住醫院，血壓轉見下降。俟半月胃疾不作，當求先償字債。明年校書工作全部告竣，極思放輕一切，眞作一溪翁也。匆此順頌

儷祉冬安

弟穆偕內人同叩

（一九七〇年十二月）

* * *

慷烈尊兄大鑒：叠奉兩緘，內附沙田和風臺攝影多幀，把玩之餘，回憶前塵，豈勝悵然。世事如此，一二相知不克常相聚首，殊為憾事之尤也。歲首撰有春聯一付錄正：

世局如五里霧行一步見一步注意應從腳下

人心是一線天暗當頭亮當頭光明卽在眼前

時事如此，亦惟有在自己心上求光明。不知吾　兄將笑其迂腐否？匆頌

儷祉

弟穆啓　三月十一日

（一九七二年）

* * *

慷烈老兄大鑒：蒙遠道寄水仙頭，最近兩日前始到。含苞不放，不知開春後得睹花朶否？然故人情重，修修剪剪　曬曬露露，內人固時時關心也。今晨撰得春聯三副一云：

眼中山水心中人物胸中天地

窗外陰晴身外炎涼世外滄桑

有其内，可以應其外矣。又一云：

地久天長剝復見矣

牛來鼠去小大由之

聊以錄奉，供 兄一哂，匆匆道謝。敬祝

儷祉 並賀

新禧

弟穆啓舊歲大除夕

（一九七三年）

九　致王道書一通

貫之吾兄大鑒：自穆南來，屢惠函垂詢，並轉達海外諸相知多以鄙況為念，不勝感慚。穆之兩目，較之初來時為勝，然較之受病以前，則為損多矣。初來絶不親書册，半月後始漸解禁，然所看惟朱子語類一部，絶不旁及，初看每日只數條至十數條而止，後來逐漸增多至每日數十條，然亦絶少一日終一卷。自七月下旬以來，已逾四月，所讀語類逾九十卷，所賸不足四十卷，預計在明年春返港以前，當可全部閲畢。此為穆看朱子語類之第三遍。第一遍通體閲讀，乃抗戰時期在成都因胃病休養，竟日臥樓廊上，自春迄夏，殆四閲月而畢。第二遍在去年辭去新亞職務以後，當時兼讀語類與文集，而私意重在文集，語類匆匆兩閲月畢事。此次第三遍，最為沉潛，反復細嚼緩咽，預計當以八閲月竣工，而自問所得亦以此次為最多最深而最大。初讀第一遍時，重在通體循覽；去年讀第二遍，側重在學術方面；此次第三遍，則側重在其義理精微及其全部思想之體系與組織。有一向素不注意而今始知其意義之重大者；有一向誤認為當如此解説，今始知其不然，必如彼説之而始合者；有一向逐項分別認取，以為各不相涉，今始悟其有内在相通，有甚深關聯者。此數月來，不僅在穆個人自認為增長了不少新知，而凡所窺及，亦有朱子身後七百年，不論述朱與攻朱，乃亦從未提醒到此者。當其驟獲一新知，往往驚喜交集，累日自奮興，然力戒不捉筆為文，因此仍只有藏納胸中，積而久之，新知絡繹而又漸相融貫，匯為一體，初視以為新鮮奇特之處，至是莫不一一轉歸於平實，新奇之感日褪，而深厚之味日增。自念明春回港，獲遂夙願，閉戶不出，專一以撰述新學案為事，竭三年之力，儻能完成此書，一則稍贖十數年來學殖荒落之內疚，一則庶期於吾中華儒學之傳統，朱子之眞面目與眞體系，薄能有所貢獻，此則為穆南來以後數月內所抱持之一念，所堪為故人述之也。

最近曾以半月時間，旅遊北部至檳城而返，所至屢有以吾　兄近況為詢者，可知人生一刊物之感人之深，聊以相慰，匆匆不盡，順頌

儷祉

弟穆啓　十二月二日

內人囑筆附候

（一九六五年人生第三十卷第九期）

一〇　致蕭政之書四通

政之老弟大鑒：

廿三日來書，今日始讀到。穆在此十餘年，私心自謂，並非一無貢獻。新亞造就人才，亦已有在學術界嶄然露頭角者，研究所所獲得國際重視，使知研究漢學自有一眞傳統，並由新亞引起中文大學，此在三百萬人口以上之中國社會中亦不得謂之無意義。

穆流亡在此，衷心何嘗不一日關心國家民族之前途，苟無此心，亦何苦在此艱難奮鬥。至於在臺久居，在穆豈無此心，然臺灣學術界情形，吾弟寧豈不知？門戶深固，投身匪易，而輓近風氣尤堪痛心，穆縱遠避，而謾罵輕譏之辭尚時時流布，穆惟有置之不問不聞而止。若果來臺，豈能長此裝聾作啞，然試問又將如何作對付乎！誰為為之，孰令致之？香港雖是一殖民地，雖稱為文化沙漠，然使穆難堪之處亦尚不多。

因來信率直，故使穆亦如此率直作答。然幸勿輕示他人，使穆重增詬厲，千萬千萬。順頌

近祺

穆啓　七月卅一日

（一九六四年）

＊　＊　＊

政之老弟大鑒：

月前奉惠書，適因情緒欠佳，草率作復，每以為歉。頃再辱來書，關切譬慰之意，不勝感荷。穆此次堅決辭職，為新亞善後計，極難得一理想之安排，雖穆滯留此間，亦無可為力。但若決然離去，則對董事會、學校同人、校友會及學生各方面，均覺於心不安，因此只有暫留，俟其事態變遷告一段落，始可脫身而去，此乃十五年來之積勢所不得不然也。

所示對中國文化發揚光大一節，鄙意須俟國運好轉，茲事體大，如穆區區，所能盡力者有限。再三思維，目前惟有埋頭著述，雖於當前無顯著影響，但為久後之計，亦不得謂無意義。已決心寫一部有關朱子學術思想之新學案，此於中國文化精神及儒學傳統有大關係，預定於三年內完成此書。儻此書完成，精力未全衰落，再作其他打算。

在此兩月內，經國先生、季陸部長及曉峯先生等皆有信來，盼穆返臺一行，預定當於陰曆年關前後，抽身來臺，作一旬至半月之逗留。惟目前尚未能作確切之決定，一俟來臺有期，決當先告，俾獲暢談。此刻穆在海濱一小樓暫作棲止，過中秋當遷回沙田舊居。此後來書請寄「九龍沙田和風臺五號」，勿再寄學院，以免轉遞有誤。在臺友好，關心穆近況者，便中盼以上情代達。專此復頌

勳祺

穆啓　九月十六日

（一九六四年）

* * *

政之吾兄大鑒：

上月來信已奉到，蒙為外雙溪覓地，親自勞步踏看，不勝感激。只要地價在五百元一坪之下，私人財力卽可勉強，少則盼能有三百坪，最多不求超過五百坪。至於建屋則力求簡樸，盼能不超出四千元一坪，造一所小樓房。

今已定於本月十八號至十九號兩天之內來臺，一切俟到後再作決定。惟恐最近由港來臺人太多，又看報載有美國大批學員在自由之家闢設講堂，研討中國文化，有兩月之停留。不知穆夫婦來時，自由之家能否有閒房可住？儻彼處不可住，須另覓別處。總求較清閒，而賃價便宜在每天兩百元左右者，須有冷氣設備，敢煩 尊駕再為物色代定，不致到後狼狽。不知僑聯賓館是否合適？一切請斟酌作主，再來一信通知，種種拜託。

此間連日又鬧罷市罷工，然風聲大雨點小，看來已是強弩之末，無多力量也。晤面匪遙，統待面詳。專此順頌

公祺

錢穆拜啓　七月一日

（一九六七年）

* * *

政之吾兄如面：

返港倏已兩週，寄來大興公司馬君一函，甚見作用。內人携函去大信公司洽運，彼輩見馬君信即云：彼此如一家，一切儘請放心。惟大信只負責船運。又由其介紹另一公司，來沙田看察擬運書物，緩日當再來量定尺寸，再做木箱來此裝運。惟去臺船期約在本月二十五號左右，穆夫婦擬在開船前先乘飛機來臺。而入臺證尚未辦到，已去函催速辦，大約在二十三四號當可動身。

臺北租屋亦在接頭，盼能於到臺後即得住處，免宿旅館，大致決定如此。內人為其他瑣務，幾於每日去九龍、香港，倍極勞瘁。穆則安居舍間，清理書籍稿件，不必要者盡量理出，亦免到臺後再有一番清理。在此十八年，草草清理，亦極費事也。匆頌

大祺

穆啓　九月五日上午

（一九六七年）

一一　致金耀基書十六通

耀基先生惠鑒：自

大駕來新亞，即聞新亞校友屢有稱道，惟恨未獲識面。頃荷　惠翰，欣悉七月間可來臺，儻獲把晤，豈勝幸慰。接　示後適小恙，未即復為歉。專此　順頌

鐸祺

錢穆啓　六月廿六日

（一九七七年）

＊　＊　＊

耀基院長仁兄惠鑒：赴港一月，備蒙接待殷勤，不勝感荷。昨晚今晨又承兩次長途電話　垂詢，關切之情更深銘存。穆今晨起已覺體況如常，惟內人過勞，恐須數日休息乃得平復，一切幸勿懸念，特函道謝。並祝

公祺

夫人並候

此函由穆手筆

穆偕內人同叩　十一月九日

＊　＊　＊

新亞教職員諸同仁公鑒：敬啓者：穆夫婦此次返校，蒙　諸同仁集體歡讌，結隊郊遊，又餽贈珍禮，永資留念。盛情殷渥，銘感難忘。又承機場接送，多勞奔波，私心歉疚，非言可宣。當日傍晚安抵臺北寓舍，賤況粗適，幸堪　釋念。頃已休養兩宵，諸事如常，特修蕪函略申謝忱，言不盡意。諸希鑒諒　專肅　順頌

公祺

錢穆偕內人同叩　十一月十日

此函由穆親筆並請

金院長轉致

（一九七八年）

＊　＊　＊

耀基先生惠鑒：頃得美國雅禮協會盧定教授耶誕來函，敬以附上。盼能譯成中文，連同原函在新亞雙周刊上發表。新亞之獲有今日，實由盧定教授當年來港決意由雅禮協款相助所致。此事當在將來新亞校史上占至為重要之一頁，至盼新亞師生均知有此一事，飲水思源，亦吾人所當重也。又穆之講演辭迄今已兩月，未見錄音稿寄來，深以為念。又內人月會講辭，已於去歲十二月初寄上，不知收到否？

亦希一復。專此　順頌

新禧

錢穆啓　元月五日

耀基先生又鑒：穆意儻新亞卅年紀念能請盧定教授來港，實為新亞一盛事。惟恐經濟有問題，因又想儻能請其來作文化學術講座之第二講，則經濟亦不成問題。盧定治史極重非洲部分，亦在美國史學界有其特殊之見解也。特此附及。　穆又及

（一九七九年）

＊　＊　＊

耀基院長吾兄大鑒：昨日皇甫君來，蒙

兄轉下大陸小兒一信，費　神為感。匆促中寫一紙懇皇甫兄轉　上，盼費　神代寄大陸。聞此間得申請與大陸直接通訊，俟探詢後再決定。果能直接付郵，則可不煩在港友人代勞。俟後再奉　聞。穆最近兩月內又曾寫有雜文三四篇，一篇在書目發表，俟出版再奉告，尚可一讀。惟在此亦甚少可上下其議論者，則不無寂寞之感耳。新亞近況每以為念，春間

賢伉儷有返臺機會否？恨不能常日相聚為憾。李約瑟講辭是否亦有翻譯本出版？穆之演講稿一册在港臺間銷路如何？又秋後第三演講人已否接洽有人？一切為念，得暇幸略　示一二。專此道謝，順頌

春禧

嫂夫人均此

穆啓　二月十八日

內人囑筆附候

（一九八〇年）

＊　＊　＊

耀基院長吾兄大鑒：

尊著與李約瑟問答一篇，已經內人將聯合報所刊讀誦一過。鄙意近代中國不能如西方在科學上有同樣發展，主要有雙方文化精神之不同。如火藥發明於中國，乃僅用於爆竹及煙火上，絶未發展到鎗砲彈藥方面去，此即一例。深言之，雙方科學精神實有不同。惟穆對此方面自嫌少深入，未敢多言。因念兄治社會學，實則中國社會發展亦與西方路向不同，其實在中國方面材料甚不少。兄於校政煩忙之餘，儻有意在此方面深入研究，不僅在發揚中國文化有大貢獻，亦可供世界學人對此方面有新啓發。兄暑假能來臺，穆對此方面可稍作長談，備　兄聊作參考。此處恕不多及。前此皇甫君來，蒙　兄賜贈煙絲三包，煙味極醇和，最近始開吸。煙斗在手，不勝遐思拜嘉之至。穆自新亞講演稿出書，又絡續寫了中西文化比較觀已達十五六篇，有些只是隨感錄之類，聊遣歲月，但亦有少許新得，為以前絶未想及提及者。自謂衰旺之年，仍自覺有尺寸之進，此層亦可告慰於吾兄之前也。匆此走筆，專頌

雙祺

穆啓　三月二十五日

內人囑筆

（一九八〇年）

＊＊＊

耀基院長吾兄大鑒：蒙轉來一信，已收到。茲續有一信盼轉，一切銘感不盡。穆夫婦因大陸兒女求在港相見，俟漢學會議後或須來港一行。惟此事請勿告他人知之，來港手續或須入境保證人，不知 兄肯任之否？幸 示及。

儷駕何時能來臺，又定何時返港？一切俟在臺晤面再詳。穆近每週赴新竹請一中醫診治眼疾，進步甚微，須長期去，不知俟 儷駕來，穆之目疾能輕減幾許，先此奉 聞。順頌

儷祉

內人囑筆問 雙安

此信作後又得轉來一信感謝感謝

穆啓 五月二十八日

（一九八〇年）

＊＊＊

耀基院長吾兄大鑒：穆夫婦此次到港會晤子女，蒙賢伉儷設宴招待，返臺之日又承遠道送行，情親意厚，感激莫名。歸後一切如常，幸 釋念。頃展讀來函，新亞學人計畫已有眉目，不日可以實施，不勝欣慰。惟其命名，鄙意似不如易為「龔氏新亞學人會」較妥。「新亞學人會」五字不宜分開。如前人有「東林學會」之稱，此則改稱「學人會」，大意相似，上加「龔氏」兩字，以誌對捐款人之感謝。敬奉斟酌決定。此函到，想

尊駕尚未啓程，又不知尊夫人何日作大陸之遊？一切在念。寄大陸書信照片兩包，有勞付郵，不再一一道謝，乞諒，專此順候

儷祉

穆偕內人同啓　中秋後兩日

（一九八〇年）

* * *

耀基吾兄大鑒：來書已悉。　君有意以新亞為中心，時時約集南北雙方學者，彼此見面。此事乃當前一極有意義之計畫，盼能持續舉行，必於國家民族前途有大貢獻，幸努力為之。此間曾寄上書籍一大包，乞詢已收到轉寄否？又久不得蘇州來信，亦盼一詢　示及。嫂夫人已否去大陸？亦在念，甚盼得一愉快之旅行也。穆返臺後，已曾寫了幾篇續論中西文化比較之文字，惟謄寫改定尚須時，惟隨時想及隨時寫出，否則卽流散不復記憶中耳。餘不一一。專此復頌

近祺

穆啓　十月二十七日

（一九八〇年）

* * *

耀基院長吾兄大鑒：所寄書本及信件，昨日均已收到。所告院長選舉制度，鄙意甚合情理。大學校長及董事會代表自屬重要，至於院內同人地位較低而預會人實占多數，三方面同意，此一新人選自然易

於合適。吾兄於幾分鐘內卽選出，自屬羣情所歸，在吾兄亦可引以自慰。前幾年之辛勞不為白費，而書院前途顯得可有繼續之發展。局外人聞之，亦覺心慰不已。大學稍有轇轕，甚盼從旁盡力輔弼，諒亦可迎刃而解。半月內能來臺獲面有緣暢敍，更深盼切。穆自港返後，備形忙碌，數月之內成稿幾獲五六萬字。有在故宮博物院連續四次講演，由內人從錄音帶寫出，再加文字修改，極為費力。師友雜憶之有關新亞方面，歲月記憶不眞，故須檢查雙週刊核對，目下此稿尚未完全寫定。學院內未有一可靠之記錄，實一大憾事。如雅禮盧定來港協商，學校記錄可謂大謬。幸盧定人尚在，三十周年紀念親來出席，否則轉疑穆偽造胡說，豈不成了大笑話。餘俟面盡。順頌

近祺　並祝

雙祉

穆啓　十二月十六日

嫂夫人好

內人附筆問

（一九八〇年）

＊　＊　＊

耀基院長吾兄大鑒：來　示敬悉。穆夫婦已定五月一日一時十五分華航八一五班機來港。兩年來獲與家人聚晤，全仗　鼎力相助，銘感之情，無可言喻。本擬到港後亦邀舍姪在旅館住宿幾宵，便於暢

談。今蒙安排同住中文大學賓館中，更深感激。惟或仍需偕易女同住旅館數夜，此事待後再定。至愚夫婦前來旅費及易女由大陸出國來港費用，理當由穆任之。尊函又另為籌劃此事，萬不敢當。敬希　見諒勿罪。餘均面詳，恕不多及。專復　順頌

儷祉

弟穆偕內人同啓四月十八日

再啓者：穆此次到港，蒙邀對學生演講，義不容辭。其講題及次數，儻有指定，亦當遵辦，請勿念。又於昨日得香港大學何丙郁君來信，擬於穆到港後晤面，囑函告彼當事前與　兄先通電話聯絡，並此附告。穆又及

（一九八一年）

* * *

耀基吾兄大鑒：來　示已悉，明年美國人召開之朱子哲學會議，屢有信相邀，惟穆已決定不赴會，其中詳情或相晤有期再當詳告。最要者，穆在新亞四年前之一番演講，僅粗發其緒，此數年來不斷撰寫，已積稿逾三十篇，亟待整理。每一稿皆須覓人謄清後，由內人誦讀，隨加改正，費時較寫成初稿為多。頃擬開始集中精力專成此事，故不願分心他務也。新亞能邀小川來演講，極為得人。聞又擬另募款，不知需進行何計畫為念。大陸寄來衣褲，盼告知此間電話，當由內人親自往取，先此道謝。

順頌

儷祉

內人囑筆候　雙安

雅禮之請敬懇代謝

穆啓　十月四日

（一九八一年）

＊　＊　＊

耀基院長吾兄大鑒：頃接中文大學出版部來信，寄來拙著從中國歷史看中國民族性及其文化一講演稿之版稅，已將稅單退回，囑其徑交新亞，由

兄代收，卽作為穆私人捐贈新亞該項講演會基金之一部分，此後儻續有稅收，均照樣奉贈。雖為數極少，亦聊表穆之心意，卽懇同意收受為幸。最近奉

大函，敬悉或可於耶誕節前後晤教，甚所期盼。穆絡續撰文不少篇，亦有新得，惜不能繙檢書籍，暢所發揮為憾。餘俟面盡。順頌

近祺

嫂夫人均此　內人囑筆同此問

雙安

穆啓　十月卅日

（一九八一年）

＊　＊　＊

耀基吾兄大鑒：惠函早讀到，以

大駕離港，故未即復。大作刊此間中國時報者，亦由內人讀我聽之。狄培理來臺，曾來舍間詳告其在新亞講演之大意，坐談移時而去。穆甚欣賞其兩點。一謂中國人亦重個人自由，惟與西方人講自由有不同。近百年來之中國人惟孫中山先生一人見及此，嘗謂中國人自由太多非太少，他人則全不解此意。二則狄培理論朱學，注意到傳統政治制度上去，提及眞西山，此亦與國人談朱學限於西方哲學家言有不同。以一外國人治中國學問，能具此通識，洵不易矣。何君佑森夫婦昨已赴港，當晤面，鄙況當述及，茲不詳。專此

復頌

近祺

嫂夫人均此　內人囑筆候　雙安

穆啓　三月二十日

（一九八二年）

＊　＊　＊

耀基院長吾兄大鑒：惠　示敬悉，有關最近穆獲得文化獎一事，深感受之有愧。中國文化言人人殊，穆一知半解，於世無補，乃得此榮，又不能拒而不受，內心滋疚。蒙賜賀辭，眞不知何以為對。穆夫婦暫定七月一號去港，五月間申請入境，須請　作保，屆時再通函。有所煩瀆，不勝感感。新亞賓館電話號碼幸函示，俾可通函大陸子女先有聯絡。匆匆不別。順頌

近祺　　內人同叩　崇安

穆啓　三月二十八日

（一九八四年）

* * *

耀基吾兄院長大鑒：接奉　來示，深有感觸。兄接任新亞職瞬達八年，新亞一校之精神命脈賴以不墜，此不僅對新亞有大貢獻，卽對港臺教育界亦為益匪淺。此次離職，固足為新亞及港臺教育界惋惜，但對　兄前途，自不宜長此羈絆，此亦無可奈何之事。此下尊駕儻獲隨隊親赴大陸一行，極盼返港後能有機會與　兄一晤，親聽　尊見，必能更展新知，此則穆所深望也。邇來賤況差安，尚多舊稿未經發布，茲由內人逐篇誦讀，隨時改定，或可於暑假後再出一集。棄之可惜，殊自慚笑，但亦頽年度日之一法，其他無足瀆　聞。專此肅頌

春祺　並祝

嫂夫人安康　　內人囑筆候　雙安

錢穆啓　四月二十三日

（一九八五年）

一二　致徐復觀書三十一通

佛觀吾兄惠鑒：

（上略）至民評社事更為複雜。兄若滯東瀛不返，難怪臺方多所猜防。由丕介徑去洽談，恐非妥善之道。弟意兄長期留東瀛，終非得計，此後盼仍往返港臺，能一心一意專辦民主評論，對多方貢獻已屬甚大。若能仍將中研所勉強維持自屬更好，否則乘水推舟將其讓與乃建，亦不失為一策。至民評已費許多心血，似不宜即此放棄，而關鍵則在兄之出處。若長期留東瀛，竊恐民評前途必有變化。曾憶在臺時，弟意本不主兄去東瀛作長期居留之計，此層已屢為兄言及。雖所談未盡，然兄當能瞭弟之意，盼再熟思。如以弟言為然，即速函臺方，聲明即歸。據弟揣測，似不致有多大問題也。

弟素愛曹孟德用兵，意思安閒，如不欲戰。竊謂此不僅治軍臨陣為然，處事從政，一切當如是。胸中先自養得一番恬退安和氣息，則臨事因應不致失錯。兄此年來似多憤激，此固外面刺戟使然；然如能養得此心安恬，則牢騷憤鬱之情自然消散。此等於事無補，若能時時自反，亦就不將一切責任歸之外來。凡遠到之業，必從此立腳，困心衡慮，正所以增益自己之不能。今日萬事無插手處，最好勿插手。然既已在手之事，似亦不宜遽爾放手。猶憶去年此時，兄在蕪湖街亦為民評事灰心，弟曾力勸勉力打破難關，至今又歷一年，弟勸 兄勿小視此事，能忍則忍，能耐則耐，能遷就則遷就，能委屈則委屈。若心中眞看得起此一事業，能眞為此事業前途犧牲，則此刻斷非山窮水盡之時。縱謂是山窮水盡，兄返臺一行亦是為此一事業盡了最後之努力。吾儕做事不必求有意外之收獲，然亦該使之不有後悔。既盡我力，則無悔。（下略）匆此不別，順頌

旅祺

弟錢穆拜啓　五月十六日夜

（一九五一年）

* * *

佛觀吾兄如晤：

廿七、廿八兩書，今日同時奉到。弟同時有一信寄臺中，頃當□□□。來書已與丕介、君毅同讀，此間意仍望 兄以事業為重，擔此責任。民評兩年來□於國家社會有所貢獻，若為小意氣竟此停刊，殊不值得。創一事業亦斷難人人而悅，惟既受津貼亦不得不有所照顧。民評此兩年來，態度與世以共見。改委會方面若確有具體之主張、切實之意見，自當虛衷接納，然亦盼 兄再將民評此兩年之立場與抱負，剴切向唐、蕭諸君再一說明。若彼輩在原則上能同意，此間意盼 兄早來。內部事仍如弟前函所云，一仍舊貫，由 兄任發行人，由丕介任主編，弟與君毅從旁贊助。若定欲組織一編委

會，此乃內部事， 兄來港再商，不必與外面相洽。至弟任社長事，弟既屢函囑 兄弗進行， 兄提出此議，本屬多此一舉。

至於別人評論是非，則弟殊不在意。吾人做事，只當內盡諸己，外面毀譽從違，可不一一計較。兄萬不宜因此生氣，弟決不因此對民評灰心， 兄亦勿再持前議。儘算 兄接納彼輩意見，亦無不可，弟向不在此等處計較也。回憶數十年來，著書持論，每只內忖於心。只怕不自信，苟自信所及，雖舉世非笑，亦不為動。若指摘有當，弟必虛心樂受。自己學業深淺，自己亦豈不知？希聖謂我如小學生，此□□□知己，弟實時時以小學生心理自處，上念前哲，實恐欲當一員小學生而無此資格耳。□□港兩年，生活如此不定，何曾一日不親書册？若非有學生心情，恐不能常此向學，教授乃□吃飯職業，學生眞弟之內心生活也， 兄何竟為此不快？此僅 兄平日相親愛之意，至於共同幹一事業，實斷不當在此等處生氣。

弟前此來臺之行， 兄屢有以所聞見告，弟亦只一笑置之，從不存懷。甚望 兄能早日去臺北，若彼輩能誠意要民評復刊， 兄即宜早謀來港。惟民評兩年來之立場與態度，自可向彼輩再一申述，總望此後免雙方多生波折。彼輩若確有眞實見到語， 兄亦當虛心接受。總之，為國家、為民族、為文化前途多得人瞭解，須不憚煩勞，苦口婆心，借此亦可暢述 兄之胸懷，亦不必須預臆別人之不能受盡言，如此再一細談，可免將來出版後橫生麻煩。惟若眞有使 兄難堪條件，弟等亦不強 兄遷就。□求大節過得去，此外由 兄到港再熟商。弟等三人一意如此，想 兄亦必謂然。□□□不如意處，請　兄為民評前途計，不必多較量，弟為此事屢向　兄多所敦□，自問亦為大局，想　兄不以為怪耳。

莊子注已與時報訂約，即日付排。新得一友人助款三千元，此書得早付印，亦一快事。弟因須自校一過，至少須一月，因此來臺之議又臨時中輟，俟此稿校畢再說矣。匆匆不盡，即頌

近祺

弟穆啓　十月一日夜

（一九五一年）

* * *

復觀吾兄大鑒：

十一日來書奉到。承示張、莊諸先生對弟關切，並熱忱教育文化事業之推進，不勝感激。學校事昨晚陳雪屏約晚餐，據云院方並未關門，又言臺中校舍並未有確切決定。弟窺其意，只在推諉拖宕而止。彼明知弟急於返港，似乎盼弟走後，此事即以不了了之。

尊示在臺北借用孔廟，此事本可無問題。以前鈕鐵老當院長，自可相商。目下換賈景老，此人亦可商。彼前日下午曾來弟寓，極力贊助辦學計劃，並云當代向當局進言云云。若要商孔廟，自亦可進言。惟弟意絕不願在臺北，因弟居臺北，時時不斷有機關學校邀約講演。若久住，並可有其他麻煩，人事太冗，豈非把自己犧牲太甚？勢將不能再埋頭書册，因此弟絕不願在臺北。

如臺中地方人士仍對原議感有興趣，弟亦願繼續盡力。弟意最好仍能在郊外得一校舍，較為靜

僻，可便師生之進修。至取名書院，只是避免正軌學院之名稱，在政府方面可免其准許設立大學之破例。而書院辦法，亦仍是同樣要招學生，並非完全與舊式書院同樣，只來學者暫不能得正式大學之同等資歷而已。然亦初辦如此，隔一兩年，情形有變，仍可補請立案。而學校課程則可一照我儕之理想，不必太受教部之拘束，故張佛泉諸兄均力主辦書院也。（下略）

匆頌

近祺

弟穆拜啓　十二日夜

（一九五二年）

* * *

佛觀吾兄：

雪艇已見過，談話影像極不佳。彼先云私人贊成與否且不談，遂歷告我三年來院方不准增校之經過。彼謂我之請求，勢必要推翻三年來之成案，以前請求設校者勢必舊事重提。彼意看情形，此事前途困難極多，彼純從客觀立場，謂先告我此一番話，可免將來實際進行遇障礙而灰心。彼又謂，最好能創立一私人講學團體，並舉聯合國同志會為例，謂如此亦有貢獻，而可免與政府既定之方針牴觸。我當告以此事之困難點（與告曉峰者大意相同），彼又極力謂香港辦學之重要，勸弟能早日返港，將來雙方兼顧殊困難，若離開香港，則港方失一主要中心，原來效用恐不能持續。總之似一味推卻，並無積極相助之意。

雪屏已將一週更無消息，弟擬明、後日催其一確實答復。朱懷冰今晨到「總統府」，彼適外出未見。若彼介辭修見面，弟將最後一談。如無望，卽早辦歸計。此事弟本甚躊躇，弟之不能奔走請謁，兄知之甚深。此等事大違個性，所謂知其不可而為之，亦並不指此等行為而言。今日學術頹喪，風氣衰落，我輩能埋頭自力，意想轉移，此卽知其不可而為之。如天天在接洽權要上打算，恐孔子復生，當必加以呵斥，決不首肯此等行跡也。孔子未嘗不見魯哀公，未嘗不見季孫氏，然見行可始仕，未嘗先求見魯公見季孫，要求有所作為。眞要為學術界盡力，亦儘有可盡力處。弟此數月，浪擲精力，究為何來？思之誠可笑也。若一週內此事尚無著落，弟斷不願再留，亦不再來臺中，此後亦不想多來臺。兄能否於數日內來臺北一晤面？此事成否，且以一週為期。成，兄固當來；不成，卽圖數日聚，把此事一細談，作一結束。兄返臺中，亦可有一交代，如何？乞斟酌。

弟今日起，已不願為此事再有商洽，只待雪屏確復，與是否懷冰之約得見院座。至此後擬事不成，臨離前詳函府院首座放一炮而起身，表示此一番打算之不願默爾而息，或者政府得有一反省之機會。似乎如此作法，較之分頭走謁，較為爽快。兄意如何？因恐兄未必願來，故將此意先告，尊見盼卽示。匆匆不盡，順頌

闔第安吉

弟穆拜啓　七日

* * *

佛觀兄再鑒：

作書未寄，又獲來緘。兄能潛心學業，實所欣望。將來中國出路，必然要發揚舊根柢，再加西方化，此事斷無可疑。胡君治學，途轍不正，少得盛名，更增其病。其心坎隱微處中疚甚深，恐難洗滌。將來蓋棺論定，當遠不如章太炎、梁任公。若彼誠意要求西化，更該於西方文化政教精微處用心，觀其在臺北聯合國同志會講演，僅舉美國最近數十年生產財政數字，此乃粗迹，亦是常識，如何能憑此主持一代風氣？當知學問總須在正面講，南北朝高僧大德潛心佛乘，何嘗要大聲呼斥孔孟？而胡君一生不講西方精微處，專意呵斥本國粗淺處，影響之壞，貽害匪淺。又觀其在蔡孑民紀念會講禪宗乃佛教中之革命；赴日本講中國最近幾世紀儒者都在為孔佛文化造謠說謊。弟竊疑彼此兩番講演，似是在臺涉獵過拙著中國思想史。彼對禪宗實無深造，其謂壇經係神會偽造，弟已在重慶出版之東方雜誌中為文駁斥。彼向來未講到禪宗乃宗教革命，何以此刻遽然提出此觀點？（彼僅言神會對北禪之革命，而不悟慧能對從來佛學之革命，正由其讀書一枝一節，不肯細細從頭到尾深切體會耳。）至宋明學與孔孟相異處，彼更從未提到過。彼一向乃誤認宋儒與孔孟乃一鼻竇出氣也（彼對此只知有顏元與戴震，並未在兩學案用過功）。弟在近三百年學術史中雖略有論及宋明、先秦異同，而具體指出則在思想史，彼所謂「造謠說謊」，弟疑證據即如弟所舉耳（弟之所舉則出顏戴之外）。然弟講禪宗，並未輕視臺、賢，亦不輕視南北朝空、有兩宗。弟分辨宋明、先秦之異，亦未輕薄宋明儒。如弟國史大綱論王安石、司馬光新舊黨爭，亦從未有出主入奴、門戶黨伐之見，此非有心迴護或故作調解。學術異同是非，總該平心而論，不該以偏鋒肆其輕呵。戴東原本有貢獻，其病亦在太走偏鋒耳。從來斷無有輕肆詆訶、專尚偏鋒而能影響一代之風氣者；如有影響，則決然是壞影響。

吾　兄有意向中國文化上追求，此斷然是時代需要，盼勿為一時風尚搖惑。惟四十以後人做學問方法，應與四十以前人不同，因精力究不如四十以前，不得不看準路向，一意專精，切忌泛濫。弟意兄應善用所長，善盡所能，一面從日文進窺西方，一面在本國儒學中，只一意孔孟、易庸、程朱、陸王幾個重要點鑽研。以　兄之銳入，不到五年，必可有一把柄在手，所爭者在志趣正，立定後不搖惑，潛心赴之，他無奇巧也。直率之言，恃　兄過相推許，想不以為笑也。再頌

著祺

弟又及

（一九五二年）

* * *

復觀兄惠鑒：

今日接奉十七、十八兩緘。適百閔兄晚間來校，當邀君毅、丕介傳觀討論。弟等意見：分社業務必求打開，一則在港銷路有限，既費了公家款項，理應在業務上力求開展；二則為本社經濟稍留寬裕活動之餘地。故此事為公為私，總期能較今日有更進一步之努力。惟負責人選確難物色，弟等對此殊無成見。茲分述三項辦法，求　兄同意：

一、最好由　兄提出一人，弟等無不贊同。

二、或將此間金君達凱調去分社以資熟手，彼仍可照此間薪額支付，在其生活上不受影響，並以

港幣在臺使用可稍寬裕，此間則力求撙節，不更添人，如是可對社中開支省一項目。惟此事尚未徵求達凱之意見，兄儻贊成，再與達凱商之。

三、最好是第一項，若第一項　兄不提人；則第二項。如　兄不謂然，或達凱自己不願，則弟等意請張曉峯就近推薦一人主持分社社務，此層亦先徵　兄之同意。

弟等本意，只為求民評繼續，勿致半途夭折，故在此共同負編纂之責。至分社方面，弟等鞭長莫及，故盼　兄仍多分心力。上述三項辦法，亦僅供　兄參考，作最後之決定。弟意一切總以民評為重，各人意見，均應盡量坦白提出，惟最後決定之權，則最好歸之直接負責人。此間編輯方面，即照此辦法，弟等只貢獻意見，一切決定，全由百閔。最好分社事由　兄作最後決定人，如此在臺在港各有負責人，庶事業可有進展。弟則只把此間諸人意見轉達　兄處，亦將分社意見轉達此間仝人，似如此較於社務有利，不知　兄謂如何？（分社經費總盼能自給自足，人選決定後，其如何推進銷路，仍須熟商，弟等亦必多所盡力。惟　兄對此事，似不宜不多負責任，因此間遙為指揮，一切不便也。）務盼早復，以免此事之久懸，餘不多及。即頌

新禧　闔第均此

兆熊兄便見幸代道念，至要！至要！

弟穆啓　二月廿日夜十二時

（一九五三年）

＊　＊　＊

佛觀吾兄惠鑒：

四月廿八日來書奉悉。大稿論陸宣公一文已拜讀，備極欽欣。惟弟素有一意見：評史與論時事不同，論時事可引史，論史可針切時事，然各有主腦，不宜相混。宋儒如蘇東坡，論史往往影射時事，借題發揮，此乃一種策論體，在當時已不為上乘，乃史家所不取。司馬溫公、歐陽文忠公論時事皆極剴切詳明，而論史則專在客觀方面就史論史，不根據自身時代發議，故新唐書各志及通鑑皆為治史者重視。一是史學，一是政論，此兩者絕不同。尊文似總著意在政論，分之則兩美，合之則各有所未盡，鄙意如此，未知然否？

論語要繙白話，洵難與原文神旨恰合。只圖為一般讀者引路，僅成學而、為政兩篇，刻在此兩篇中已屢有改易。人生刊出後，再一細看，便發覺有許多不妥處。擬盡兩年力勉成初稿，不知究如何？極盼隨讀隨有所指摘耳。

「國文必讀」弟廿年前卽有此意。鄙意擬編一「新古文辭類纂」，收羅須廣，大中學教國文儘就此取材。惟此事亦不易急就，在此少書，更難著手也。莊遂性兄時時念及，盼轉達相念之情。匆復

順頌

近祺

弟穆啓　五月四日

（一九五三年）

* * *

復觀吾兄大鑒：

蒙惠譯稿，已通體拜讀，惠書亦到。所論宗鏡錄意主匯通，自不為專家所重也。民評各期稿均充實達水準，弟在此亦當遇便要稿，總期能常如此數期分量為佳耳。

近撰孔子與春秋一長文，有兩萬字，將在港大研究所刊出。此稿自問對今古文問題更有持平之見地。年事稍多，心氣漸平實，所見更深入，竊以自喜。然生活太忙，沉不下心，不能精心結撰。昨夜偶看三十年前論語要略，實覺當時所闡發，有勝於今所撰寫之新解，亦因用白文終不能出色，其他原因則年輕時精神專注，不如此刻之時掉以輕心也。若論語要略一稿得暇能細自校改一過，當可成一佳作，不知 尊見謂如何？（此稿收四書釋義中，最近已在臺出版。）至孟子一稿已不如論語遠甚矣！即如「大車無輗，小車無軏」一章，要略中所闡述已甚明淨，然讀者終於忽略，或不易懂，新解另用白話體，或可更明白，然弟意終不如要略文字之明潔。 兄試細看此兩條，告以 尊見。或不與新解相比，要略之明淨處，終不易得一般讀者體味也。讀書人日少，實苦無從著書矣！近作孔子與春秋深感或不易得讀者。語繁不殺，專從淺顯處落筆，亦不得已也。此稿下月付刊，俟書出當奉 正，或 兄甚可欣賞此文。

本期民評有弟老莊政治思想一篇，亦應張曉峯囑寫，因先刊於民評，然此文草率寫，殊未愜意耳！即頌

闔第潭吉

弟穆啓　廿五日

弟甚盼　兄能多譯幾種日人研治中國學之書，一面對社會有助益，一面亦為　兄自己潛修之一項確定工作，似較泛覽專寫雜文為得，不知　尊見為何？又及

（一九五三年）

* * *

復觀吾兄大鑒：

垂示敬悉。關於六祖壇經，弟曾有駁胡一文，曾登載東方雜誌，然弟在臺遍訪未得，重慶刊恐一時難再見。關於淨、禪合流，尊旨極是。此層最好讀明代僧人書。關於禪與理學關係，鄙意謂禪宗下開宋明儒則可，謂宋儒全本禪宗則大不可。弟曾論羅整菴困辨錄，頗於程朱陸王與禪學異同有所發明（前在思想與時代有關禪學之論文數篇，論困辨錄者亦在內）。弟曾細看指月錄全部，因於禪學流變粗有所得。惟近著宋明理學概述於此一層殊少細辨，因著書各有體裁，弟向於此注意，不欲凡所蘊積罄竭出之，此意近人知者甚鮮也。

兄能對此事加一番探索，甚於唐宋下學術有大關係，然最好能多看日本版續藏（有極多材料未經近人注意闡發者）。若專看別人所搜集之材料，終有缺陷耳。關於中國近代史，李君定一新出書實甚佳。此君誠聰穎，此書實勝出時流，可試一閱。前在大陸曾見武波（筆名）一近代史，其人乃左派，觀點雖不足取，然亦佳著，恐在臺不易見（大抵外交方面此兩書已夠）。學術思想方面，拙著近三百

年學術史已盡其大端。政治方面，弟國史大綱雖語焉不詳，然綱宗已舉。經濟方面，最難整理，未見佳者；然恐在農院教此課，亦不煩在數學統計上多所費力也。弟意教此課最好能在晚清以來一輩士大夫觀念上之逐步轉變，與對內對外一切改革之逐步推進，而終未有所成就，事態羅陳，內理亦顯。此層從未有人注意用心過（此謂所論皆未入細）。私意 兄若能由此教課之便，細心推尋，實較治禪學更於 兄之興趣上、才性上及時代貢獻上有方便處。如郭定一近代史僅廣羅材料，終少一語破的之處，較之李君書實為遜色□多耳。□鄙見或不易取信，弟亦非阿私所知也。民國以後，有李劍農近三十年史一書可看，教此課不宜太求詳密，須扼要陳述數大端，如洪楊、如鴉片戰爭、如拳亂、如戊戌政變、如辛亥革命、如洪憲稱帝、如五四運動、如北伐、如抗日、如赤化，只把握此諸要點透切發揮（政制、學術、思想、經濟種種都因便論述，不宜各各分章，轉嫌乏味），聽者必易接受，其他暫可從略。大凡教一課，必須連教幾年，始能逐一涉及。總之，能以讀書方法教書無不成，因於要教書而讀書則無不敗。 兄儘可借此鞭策自己讀一番近代史，斷無不勝任而愉快也。

弟穆拜　七月廿七日夜

（一九五三年）

* * *

佛觀兄足下：

「學弊」一文，病中偶然構思。竊謂有大義理，俟病復再草出。然卽今追溯，已非當時意境。有些文章最好意到即書，稍縱便逝去矣。然積久出之，則義理深厚，少偏激放蕩，而感人之力微弱。得失相乘，甚難判其孰佳孰惡也。論學論政，固可分途，然生心害政，其理仍一。此處不知　尊意如何？匆復順頌

闔第安好

弟穆啓　十九日

病中讀民評百期特大號，剛伯論西方政制，確有見地，惜其行文遣辭，未脫時下惡習。「不學詩，無以言」，「溫柔敦厚，詩教也」。將來反頹風，開正途，不僅當正學術，尤當端文風。此義知者不多，然非此終無以轉人心也。濟之一文甚闊大，實先攻擊銳利。昔在北平，吳其昌初造金文曆朔疏證，惟陳寅恪能見其蔽，而陳君深藏，不肯輕道人短長，因此與董君同事如此之久，而終無一言相規，則安貴有賢師友矣！所謂老馬識途，貴在告人此路不通，則省卻許多閒氣力。胡氏之害在意見，傅氏之害則在途轍，別有一種假癡聾人，亦不得辭後世之咎耳。偶再書此，聊當面聊。　又及

（一九五三年）

*　*　*

佛觀吾兄惠鑒：

手示奉悉。拙稿神會和壇經亦已收到，賤軀最近半月來日漸康復，承念至感。

茲有一可喜事奉告：自去夏耶魯史系主任盧定教授來港晤談，彼對新亞教育精神及理想，甚感興趣。當時即互談及雙方合作計劃。直至最近，彼方已派正式代表來港，大體已有成議，此事實開東西

方文化教育事業之一新頁。因西方人在中國辦學，全是教會學校，此次彼方承認新亞教育之理想，願斥資襄助，而新亞則一本原有理想做去。此事雖小，而彼方擺脫從來教會學校之作風，雖說仍以基督精神與新亞合作，然彼方亦承認此乃一革命性之開始也。弟及張、唐兩兄，連日為此事甚感忙□。今晚新亞教授歡迎耶魯代表，弟發言大體如上述，而耶魯代表全表同意，惟新亞此後仍本原宗旨，只辦小規模學院，不擬擴成一完全之現代化大學，以求素來精神之貫徹。關於經濟方面，雖不能云大幫助，然可省卻弟歷年之到處求乞。刻正為建新校舍費腦筋。弟尤所欣幸者，此事成後，弟或可稍獲自由，否則弟為新亞一重擔，幾年心力交瘁，而道義上永不能卸肩，實甚感內心之苦痛也。若永遠為新亞如前苦幹，再過數年，弟亦成一胸無點墨之廢人矣！此事弟實最所內疚者。至於詳情，容後續告，想四月內美國耶魯方面，卽有一正式公開消息，到時港臺報紙當有轉述，此刻則仍盼不必宣揚耳。

弟穆啓　四月一日夜十二時

（一九五四年）

＊＊＊

佛觀兄如面：

陸學一篇又經改動，當更精采。所論朱子一節，此層深感難作短促之討論。弟對朱子思想，歷年以來，時時若有所窺見，而終未到愜心自信之境地。

自返港後，偶將舊稿王守仁一小書重看一過，乃覺其中講南鎮問答一條，較之此後所窺轉為允貼。曾憶在杭州南路亦曾與　兄談及南鎮問答，輕疑古人，妄發傲見。不謂自己在廿多年前，反而講得近情理些，可見聰明視德性涵養而高下。自慚學不長進，傲心日滋，甚自歉疚。此小書已在冗忙中抽看一遍，或可於最近期設法再版重行。幸而宋明理學概述及中國思想史兩書，並未將弟此數年來關於南鎮問答之妄見寫入，否則可要改寫，倍費周折矣！匆復順頌

秋祺

弟穆拜啓　十一日

（一九五四年）

＊　＊　＊

佛觀吾兄惠鑒：

來示奉悉。大稿昨日下午由民評社送來，弟只就第二篇匆匆一讀，擬今日送回民評社，俾可按期刊出，然後再細讀全文。關於以「好惡」釋「仁」一節，弟甚願借與吾　兄討論之機會寫一文。惟連日冗忙，是否能在下期民評付印前寫出，甚難有把握，然私意則甚望能儘先於冗忙中寫出。此事牽涉甚廣，並非弟與吾　兄兩人間之歧見，實是自宋以來學術上一大歧見，最後亦不可能有結論，鄙意此仍是一「朱陸異同」也。弟擬題為「心與性情與好惡」，只想把此中歧見約略概述之，以表出今天弟與吾　兄之歧見，遠有來源而已。此層弟恕不在此信中詳述，俟弟文草出，再以作進一步之討論，或可引起君毅與宗三等人之意見也。

民評經費事，弟去信後，迄今未得復，不知　兄處已有信息否？民評稿件來源枯窘，積年來　兄

之苦心維持，弟等只有內自抱慚而已。昨與君毅談起，彼云已有一長文，弟亦有一稿，俟君毅長文登出，弟文可續刊。弟別有幾篇文字，則與民評性質不相宜，不便送登。至將來總編事，其勢非兄仍喫苦擔任不可。弟等只求有暇儘多寫一些文章，減兄憂勞之萬一而止。至經費事，且看教部復再想法。總之，此刊物望兄仍一意維持之也。此間事，兄示備感關懷，雖云不斷有小波折，然社會人事，無一事不然，只有不插手，否則終難免，大趨勢終是逐步進展，惟不能急求速有展布耳。一切話非面莫盡，然恐見面後，仍會無話可告。因此等事過即已，本無足掛齒，無足存懷也。陽明所謂「事上磨練」，只此「磨練」二字已盡了，更何多說多慮乎？

此一期民評，船山家學淵源一文，作者是否係化名？該稿是否係以前學原之舊稿？甚望見示！譯文一篇評馬克斯，弟甚為欣賞。弟夙抱此見解，惟恨不能讀西文，不能多所稱引，只能直抒己見，則終不成學術性文字。猶憶五年前，弟住勵志社時，偶寫一小文，把柏拉圖與馬克斯連帶批駁了，當時即有好許多人看了，甚疑其理據何在。弟寫中國思想史，又把柏拉圖、黑格爾與馬克斯一串批駁（詳原書一九八—一九九）；又中國思想講話（頁五二—五四），又把來暢說了一番，此兩處，盼兄再一抽讀。弟此兩書皆極稱戴東原，惟近作王弼郭象說理一文，又把東原批駁了，此非弟之無定見，弟自問對宋儒，對東原，弟心中有一稱量，弟所欲寫之心與性情與好惡一文，大體仍是此等意見。惟寫來想不會與上述那些話重複。弟擬專就中國學術思想上分疏言之，而甚望兄先看此兩處，可以見弟意見之一斑也。

最近人生雜誌社為弟彙印人生十論一小冊，本月內可出書。雖都曾在民評發表，然彙在一處，可以另一種看法看之。俟出書當郵奉，大致亦不過發揮弟積年意見，而所從言之又是另一面。弟不知如何說來，可將弟意見扼要說盡，因總在匆忙中信筆寫出，未經精心結撰，總不能愜心稱意也。

兄看弟有極獲吾心處，弟實有好許東原見解，並參入莊子見解處，惟弟自謂主要仍在服膺陽明，即講道理一篇，語句極隱藏。弟終對宋儒「理」字有些認為不妥當。若吾 兄能就此篇再有一文講許多異同，或可再逼出弟另寫一文之興趣。學問思想能有討論，便多觸發，否則總是偏隅之見，語焉不盡。至於別人從另一角度講話，自己便可於此一角度再闡發，此非弟存心護前，討論到自己意見罄竭，而無可轉身處，便可有一大長進。弟甚望能有 兄指點異同，或可逼得弟更進一步。如此辨論，始有價值耳。 大作象山學述，今日始拿到一本，亦恨無暇細讀。此等問題皆須湛心涵泳久，始可自有見識與長進。若如此刻般，總是外面一觸，內面一應，則進步亦難言。最好能不寫文字，存蓄漸久，再看有無新見。然生活如此冗雜，寫文章風氣又如此輕率，欲不寫，別人也會多猜測，則更感內心之不愉快。此等學術風氣，追隨日久，心中終不安，奈何！拉雜書此，以當面談。專頌

近祺　闔第均念

弟穆頓首　五月十九日晨

（一九五五年）

* * *

復觀吾兄惠鑒：

昨日奉賜書，快讀一過，於我兩人討論朱子、戴東原意見仍有歧趨，因知義理之廣大，各人思路有歧，則所見亦有歧。足下從某一角度看，而弟則另從一角度看，因此言之遂若相違背，其實則固可相視而笑，莫逆於心也。拙文心與性情與好惡僅於匆冗中自抒心存，於 足下文不能細讀，亦不能逐條答辨，因大體弟甚贊成 足下之見解，惟再抒己見，即可見兩人異同所由，不煩逐條辨析也。弟意「好惡」字與「欲」字仍有不同，此層未及細論，因讀 尊札而又想到此層，亦不擬再增入拙稿矣！前夜遇鄭德璋，彼云：尊文本期不及排入，彼意下期將弟文與 尊文連排，好使讀者一氣讀之，亦便互觀。

船山一文極佳，此人頗能做學問，一則惜其追隨風氣，再則惜其淪入鐵幕，學問與世運相影響，此則頗為可惜者。民評恐不如 尊意所猜。因曉峯屢欲弟去臺北，而弟遲遲不獲成行，恐是藉此逼弟一去之意。但弟此間實難抽身，此層已於前函詳述，且看曉峯復 兄後看如何再說。

足下斥「××氏」為文化漢奸，似乎下語過分，何以又引起此種無謂之筆墨官司乎？甚願足下能多化心在我們自己分內作學術商討，此等徒傷感情，徒增意氣，而到底得不到一結論，又且有不足措辭者。學術思想只能從同氣相求，同聲相應中，求逐步充實而光輝。不同氣，不同聲，則道不同不相為謀。 尊文豈欲為不同道者謀乎？竊疑孟子「不得已」之說，亦為其門弟子言之耳。惟未見 尊文，究不知君如何措辭也。宗三在人生今期文好極，久不與彼相通訊，然甚喜讀其如此文字，但亦恐瞭其深旨者不能多，此亦無奈何也！匆頌

近祺

弟穆頓首　五月廿六日

（一九五五年）

＊　＊　＊

復觀吾兄：

五月卅日手書奉悉。

天理人欲之辨，弟夙所不喜，此次答　兄文，惟就此論之。　兄所云「生命之喜悅」，禪宗已具此精神，宋儒卽由此精神來。弟宋明理學概述已粗發其義，尤其於伊川一章，做了更深闡述。因別人總疑宋儒太嚴冷，少人生趣，故概述對此頗多糾闡。若由此探入，則天理乃成另一看法。概述中明道一章，卽闡此旨。　兄意謂弟「立意要從嚴冷中轉出生命喜悅，實涵一解放作用，為中國文化進入近代所需」云云。弟向來用心，實未有此，弟只覺宋儒本自有意於此路也。弟讀　兄此次信，頗擬寫一篇「宗教、科學與人生」，惟不知何時能著筆耳！弟意今日講宋學，最好能避免「教主氣」，此意在概述三一五頁述及。弟因不喜教主氣，因此亦不喜「門戶傳統」。陽明學概述乃早年作，卽申此旨。弟去年在臺北，與　兄爭論朱陸異同，亦覺　兄似乎因主張象山而陷入門戶舊套之故。弟自問弟之講學，乃頗喜「民主」精神者，然弟終不敢正面提出此語，好像從前人不民主，到我們走進了新時代，才發揮此精神。弟深覺此刻學弊正在此，弟深不願再推波助瀾。弟意不如提倡「博學好古」，此四字儘無病，只有博學自能解放，只有好古自能開新也。弟概述二八八頁論「好惡」一節，盼　兄再一看，或與　兄意最相近。惜乎弟最近所為心與性情與好惡一文，未能將此等意見盡情裝進去，說了一邊，總是忘了一邊，此乃行文未能避免之短處，亦無可如何也。

兄駁斥海光一函，尚未見到。弟意最好省去此等閒爭論，只求在自己一面更深入、更廣大，別人的暫置不理，靜待第三者來批判。我們必信及「社會自有公論」一眞理，然後才能安身立命。若果信得及此一眞理，則眞可百世以俟而不惑，又何必急待爭辯乎？苟從反面說，則眞有索解不得之苦。弟在此教書，亦深感其苦。學生筆記總怕看，看了便減少上堂興趣，因所講深處，學生總不領會，便上堂有索然掃興之心情，只有少看學生筆記，反而覺得自己講得有精采。同樣道理，對別人意見與我相異，亦只有置之一旁，不問不聞。此非深閉固拒，能多看古今大著作，自能日有長進，何必理會薄俗妄論乎？　兄謂宗三應多從西方文化之痛癢處來逼出東方精神，此亦一要點。弟所不滿於宗三者，惟覺其總多少帶有宋儒教主氣。弟前所不喜於十力先生者，亦正在此。此乃各人性氣不同，別人常說我要當教主，弟心中決不爾，則深自知之也。　兄與祖國一函，如弟寓目，許弟代兄決定務表與否可乎？匆匆不盡，即頌

近祺

弟穆頓首　六月二日

（一九五五年）

＊　＊　＊

佛觀吾兄如面：

昨奉手緘，悉　尊駕已返臺中。穆在月初曾有一長信與曉峯，迄未得復，究不知何故？儻　尊駕能於月底徑去面商一切，最佳！最佳！民評由穆任社長名義，穆非存心避免責任，只恐以後不能常來臺北，是否有礙進行？此層乞再考慮。總編一職，私意仍由兄勉為其難，以前在此間所以挽出百閔，特恐鄭、金兩人不能盡職。兩年以來，此間事縱無發展，亦少意外，若在此再添一總編，正如架床疊屋，對港社一切並無好處，而徒然失去臺方稿件。儻　兄仍任總編，此間稿件儘可能由穆與君毅等設法補充，而民評歷年精神仍可一貫持續。弟意如此，不論經費寬窘，總編一職仍由　兄主持，實為維持此刊物之主要條件也。

拙稿鬼神觀一文，刊於新亞學報，預計本月底下月初可以出版，當即郵　正。穆十年前，頗想對於禪宗作一系統研究，在昆明翠湖，按日上午繙閱續藏，當時貪於繙閱，未有筆記，此後離昆明去江南大學，此事即擱置，至今已完全忘卻。吾　兄如能對此方面深細探討，穆十年前心事得　兄代為補償，豈勝欣盼！

董仲舒開西漢一代學術，能特為專文，甚關重要。惟如　尊示謂其為「各種誤解之關節」，此語似須斟酌。西漢經學確有毛病，但在當時亦有貢獻，貴能如實分析論列，如專從後代人觀點來強調前人誤處，而遺忽了其在當時之正面意義，此亦不免為偏陷之見。再過數十年、一百年，即有人謂吾等有種種誤解矣。以前拙著下筆，雖微窺此意，而終是多輕忽，疵病古人，實則未能擺脫時風。此層謹以奉之左右。淮南子與尚書大傳皆與董仲舒思想有關，下則及於公羊大義，此中牽涉太廣。拙著思想史仲舒一章太疏略，以限於交卷時日，實未能深入，極盼早睹　尊文也。穆近擬寫一文，專闡中庸，來發揮「天人合一」，特近來太冗雜，似非兩月後未能落筆也。匆復順頌

近安

弟穆拜上　六月十一日

（一九五五年）

＊　＊　＊

復觀吾兄如面：

昨夕得手字。今晨又獲曉峯來書，為民評事，上半覼述「總統府」協濟及停止之經過；下半謂彼確曾答應由教部另籌，惟教部一切開支，「立法院」與審計部均有權過問，在教部預算內並無補助刊物一項，因在下年度清華基金利息項上，有美金六千可供補助學術性刊物之用，例如民族學會年刊、地理學會年刊等，印刷費均在此挹注，大陸雜誌亦得千元數，雖不多，已為其所能用力之最高限度，如弟同意，當徑匯港云云。弟讀其來信，似難再有伸縮。　兄函開示民評經濟實況，既可勉渡一時，弟當去函應允該款徑匯港，可換得港幣將近六千之數。俟弟去復，款到當囑鄭、金換港幣保存，或徑將美鈔留下，以待稍有漲價時再換。惟弟去復，當述及　兄得暇當面致謝意云云。盼　兄務抽暇去臺北與曉峯一面，此事萬不可少也。

至　兄意由弟正式擔任民評社長名義一節，在弟苟可為民評前途盡力，決無推諉。惟細思終有不妥，一則在臺尚有其他協款，弟既不能隨時來臺，將來在接洽上轉有枝節，不如仍照目前情況，勿多

此更張。遇弟可負責處由弟負責，遇　兄可負責處由　兄負責，只求此刊物能維持下去。目前難關已渡，多一事不如少一事。二則在此方面，弟正式任此名義，亦會引起各方注意。社會一切事多難預料，竊恐並不見好影響而反生其他波折。此決非弟不願負責之託辭，苟將來實有此必需，弟亦決不推辭，此層務盼諒照。弟去年曾與某方商談民評協助，未獲成議，一月前弟又舊事重提。惟弟終感向人要錢，亦得不失自己地位，故弟只始終詢之中間人，未曾直接有所申乞。即在新亞亦是彼方徑來商談，並非弟先去說項，弟不願改變此立場。中間傳話人仍謂未有把握，俟機再說。弟不知其是推宕拒絕，抑係實話？惟總是留有此一希望在。今目前既有辦法，則且再等些時，看是否眞有希望，當隨時再告。弟在此心力已瘁，自問年逾六十，置身於冗雜之調度，過費精力，對私對公，無益有損，而急切抽身不得，眞是苦事。鄭、金兩人此兩年來總算把民評支持平貼，弟無暇與彼兩人多有接觸，亦一憾事。惟在此當可為民評多撰稿件，以稍省　兄之勞，如此而已。

此間人事安排仍未完全妥貼，下年或研究所擴大，將更忙，弟眞想不出如何自處。總之，如此決非久計，若能把學校內部事交出，專一用心在研究所方面盡力，或尚好。然至少須再看半年，是否能如此做得，萬一永遠如今之情勢，則弟到時只有不顧一切以一走了之。人之責言，只可不顧。中國社會積弊已深，而港地更甚，做事只在應付，一不小心，即出問題。弟非其才，專把自己毀了，亦非自處之道。弟此六年來只一意維持新亞，非到關門決無他顧。今新亞已有一前途，而弟仍不獲自由，亦殊對不起自己。此六年來之苦鬥，因弟始終預計新亞一有辦法，即自抽身也。弟平素看輕立功，今乃始知為社會支撐一事業甚不易，處亂世更急須有立功者，而亦更不易。弟極盼能得一賢者來主此事，弟能從旁贊助，只做弟自所能做者。古人所謂「思賢若渴」與「求得天下英才而教育之」，眞是確有此心情，非眞到自身上，亦不易體會得眞切也。專此順頌

近祺

弟穆頓首　六月十八日

（一九五五年）

*　*　*

復觀吾兄惠鑒：

來　示敬悉。新亞無一堅定背景，經濟靠外來，校董人選係雜湊，又在英殖民地統治下，而校中同事又未能一心一德。去年起等如另創一新校，因此人事紛繁，然吾　兄所懸揣者，則均摸不到此間之眞痛癢。若耐心做並非做不下，只是把個人學業全荒了。

弟此幾年來有一深深感覺，即中國傳統人情習俗與西方民主方式確有許多扞格。宋明以下之書院，皆以一人為中心，弟在新亞力主民主，一切事公開，欲求達到教授治校之理想，而或者乃認此為其營私樹權之便利。其實教授進退必須圓滑運用，政黨政治可貴者在此。中國法家信賞必罰之精神亦決不可少，若專本儒家精神，便易為外力所箝制矣！又開會時，一小節一文字必當機立斷，必堅持力爭，否則寫下了、議定了，又為外力利用。儒家態度總嫌優柔，總主寬裕，處集團似不夠，弟乃為此所苦。若政治事業脫離不了社會習俗文化傳統，則中國新政治之展望，其事甚多方曲折也。弟在此只

做到不營私、不攬權而止，明知某人有意營私攬權，從中搗亂，而不能本法家精神把之割去，如此便難辦事。然若眞採法家精神，則王荊公可為前鑒，勢必人人引去矣！開會太多，太費時間，而會議稍一不慎，必為抱私心者利用，誠可嘆也。

德化須對青年在教育上用之。如年事過了四十，習性已成，雖聖人亦免不了遇到公叔寮之徒，何從德化？政治上之德化必須憑高勢，仍有賞罰做底，弟則亦無此意興把持一學校來進退人。退了一人，無異絕其生路。而彼乃不諒，藉此不斷搗亂，奈何！奈何！其實搗亂決不能生效，只是須自己時時費心對付，此弟之所謂人事摩擦，如是而已。內心煩躁，由此而起，積久不得不煩躁也。

曾約農先生在港只見一面，惜未能深談。東海大學首先須把董事會與校長職權分清，出資者萬不該預聞學校內部事，然此恐辦不到。其次是中國社會主講人情，教授聘來易，辭去難。一時應急聘了人，此人便永遠盤踞在校，此後人事便難整頓。弟在新亞再三聲明：患難相處者，決不中途解約，只添新的，不去舊的。而舊友中乃有野心人自樹黨派，自造範圍，其在範圍之外者，逼弟調換，此眞出弟意外也。目下內情已幾乎全部公開，此亦招各方非議。照理可以罷手，而仍然不斷想法，多見其不明事理，不通情勢，只是仍得容忍他、提防他。彼本專心在此等上下工夫，弟卻不免也要擱棄書本來對付，並感陷入此等情勢中，積久了，自己心術也會變。自問自己是一個淡泊自守、純潔未失的讀書人，現在也得站定立場與人爭，也得以機警來提防人，眞不知自己是進步？是退步？

平常講學喜愛陽明，而生活則內羡晦翁。若眞照陽明精神，在事上磨練，不得不在學問上放棄，王學末流，便成空疏。弟沉浸於清儒經學中甚深，私心實慕晦翁之博聞。可知講學亦誠難事，才性各別，處境各異，如何調排？全賴自己聰明！古人書册到此只退處一旁，所謂「赤手縛龍蛇」，因其到時實無可依仗也。說到此，又覺得陽明語洵有力。弟決不是一辦事人，到後終須擺脫，惟目下則仍曲折以赴耳。此數年來，只是在讀一本無字天書，長了些經驗，懂了些人情事變，保持了此良知未盡昧棄，只停頓了不少學業探討而已。兄試由此思之，便知弟內心之苦悶也。至於內情，斷非筆札能詳，弟此所言，兄讀了終難想像到具體處耳。即君毅亦未嘗不與弟同此苦況，惟到底彼事忙而心閒，不如弟之事稍閒而心甚忙，更覺難堪。專此候安。

弟穆頓首　八月十七日

（一九五五年）

* * *

復觀吾兄惠鑒：

廿六日手書奉悉。弟雖優柔，然亦勉盡相忍默化之心，蘊積胸中，歷有年歲。前為民評主編一事，弟屢欲吐實而終未出口，其間曲折，他日見面，終須罄竭以告，然幸　兄能諒我，即不詳告內情，亦無傷歷年相交之至誼也。竊自謂不念舊惡，差可妄覬，而匿怨而友亦其所恥。新舊道德，在此方面，實有變通之必要。弟則只能公事公辦，同為一校之共事，各盡自己之職守，如此而止。若故欲交歡無間，此已盡心於前，甚難必繼續於後，只有勉記　尊示，盡力以赴。凶終隙末，總非私心之所樂耳。弟體況差能支持，然自知前年胃病纏縛經歷一歲，到底虧損，遠不如往年矣！衣款不必急，可由弟暫墊。

胡小姐在此一年，在不安心境下，居然寫成陽明教育思想一稿。因急於返臺，昨已匆匆完稿，弟稍為潤色，尚可過目。彼意極願得吾　兄法眼一評定之，彼若心情平貼，似可於學業上更有進境也。

弟所寫中庸新義，不知尊見如何？「戒愼乎其所不睹，恐懼乎其所不聞」，如此語法組織論，似乎如鄙文解釋始得。舊解均不合文法，而二千年來絕無提及，　兄試再為一評定之。若得暇擬續寫易傳新義。匆頌

暑祺

弟穆頓首　八月卅一日

民評教部協款，已獲來信不日匯出，唯尚未到，知注並聞。

（一九五五年）

* * *

復觀吾兄惠鑒：

獲讀　手書，甚感不憚繩切之意，然亦怪吾　兄讀吾文之粗略也。拙文本欲發明中庸會通儒道之趣，則以莊子義說中庸，正是拙文著意用心處也。至謂中外人文思想，無不自「人禽之辨」，「君子小人之辨」開始，此論實是門面語。程朱「性卽理」，此「性」字決不專屬人，此「理」字卽顯包物理，然又何得謂程朱非人文精神乎？拙文大意，已於中國思想史之中庸節略舉，惟不如此文說來明

顯。或兄讀中國思想史，尚不如此反感，其實弟之用意並無大殊，　兄試再會合細看之，如何？弟斷非一本自然主義而不承認道德，只認道德亦在此自然中。孟子性善，亦何嘗外自然而求善乎？

行文措辭，各有體要。弟之此文，只是思想史材料，中庸大義實如此，並非謂弟之信守盡在此，卽講中庸，思想史中亦有越出本文範圍者。弟自謂此文發揮中庸本義極透切，後來天臺宗喜言中庸，華嚴頗近莊子，宋儒又從此轉出，弟自謂此文乃儒釋疆界，雖與宋儒所爭儒釋疆界不盡合，然從此而入，卽佛學不得不轉歸臺、嚴、禪三宗矣。惟　尊函謂中國向未由實在論推斷人生，僅由人生推論自然，此辨弟亦首肯。惟老莊確有由自然推論人生之意，故拙文為此又特舉中庸有自遠、自近兩處說來之趣，故曰「執其兩端也」，「戒慎乎其所不睹，恐懼乎其所不聞」，雖曰「不睹不聞」，而儼然若有「十手所指，十目所視」，故「君子慎其獨」，「鬼神之德，洋洋乎如在其上，如在其左右」，「毛猶有倫，無聲無臭至矣」。此正「慎獨」精義，豈曰人所不知而己所獨知乎？若　兄認「不睹不聞」如拙解在文法上無問題，則「慎獨」自然只可另求新解，此非弟之好新好異也。

兄謂道德倫理，求遠為一可能性之理，而非必然性之理，此亦只說了一面。當知人類若非倫理道德，將必然不成為人類，卽人類終將絶迹，非人類有一道德與倫理之可能而止也。若非抬出一上帝，則理字如何只說可能，不談必然？　兄由此細思之，便知弟文亦非盡在放鬆，不求著緊也。天氣極熱，讀　兄函，匆匆提筆，殊不盡意，仍盼不憚反復為幸。此頌

近祺

弟穆頓首　九月八日

拙稿喜怒哀樂是其情，喜怒哀樂之得其中和，即是　尊旨之「情其性，因而能率性以歸於性情之合一」也。已發未發，自宋迄清成為一大問題。舊稿清儒學案於清儒對此問題之探討，搜羅極勤苦，惜稿已散失。　兄函謂「自此以下，中國只有故事可說，更無學問可談」，弟則謂只論誠明中和，如拙文所詮，其間便已極難學問。　兄意似太注重西方哲學派系，弟實並未由實在論附會，只就中庸原文義旨應如此講。若謂「道德意識僅在人生中存在」，此固不錯，然若謂實在不包有道德，則如何講天人合一？此非走入荀學性惡之旨不可，否則是宗教家言，皆與儒義正統不合矣。幸　兄再細思之。

昨夜匆匆寫了一面，今日薄暮，臨要出外應酬，又添此數行付郵，甚盼　兄再有以教之也。

又及。

（一九五五年）

* * *

復觀吾兄如面：

昨日得　手示，同時亦得曉峯來信。彼信中僅云「總統府」協款勢在必停，又詢弟何日去臺，弟今晨已與信，懇彼負責代塡此每月協款，並囑就近約　兄一商。或彼有信相邀，　兄宜去臺北一行，諒該款或不致有問題也。

前承鈔來郭象注莊之自然論一篇，已收到，又增入王弼注老言自然者約兩千字，最近並寫王郭用理字注易老莊一文，擬刊入新亞學報，又老莊宇宙論一篇，送港大研究所。此文較多新發現，如得暇並擬再續寫一兩篇，合刊莊老通辨一書，將舊刊老子辨中兩篇一併合入，當可有十許萬字。兄對道理一文有不同意見，甚盼詳示。或寫一篇文字在民評發表如何？神會語錄及宋紹興本壇經定有價值，盼將日本書店名見示，或此間亦設法去購。

弟本云五月底來臺，因曉峯堅邀六月去日之故。今去日之舉既不成事實，弟亦極難抽身。此間自耶魯協款，人事複雜，一言難宣，下學期不得不稍稍調整。丕介因各方攻擊，總務一職暫卸，專任經濟系主任。君毅亦甚怕麻煩，惟只有強其勉任所難。

弟非肆應之才，耶魯駐校人年輕好事，港方有湘雅同學會並多方面人包圍，學校同事及同學亦多徑向外國人進言私人恩怨，經濟實利各有期圖。教育精神本難與衆共喻，同事間眞志同道合者，實亦惟君毅一人而已。沒有錢尚可苦撐，有了錢專在機械變詐中應付，更感苦痛。下學年又需添新人，添來的多，原有精神更沖淡。

為建築，為下學期聘新人，為研究所創始，此三事不斷煩心。外面總認為新亞大有辦法，其實那裡是這會事。學生程度亦難符標準，弟與君毅只是上課生些效力，如論著作，學生極少能領會者。同事舊人換不掉，新人聘不到，缺乏好教授、好學生，學校僅負虛名而已。此積年虛名，只從吃苦中來，此後像不要吃苦了，此種虛名必斷斷消散而盡。弟自問能吃苦，能不求私人利益，卻不能開門向各方因應。以前是用弟之長，此後是曝弟之短。為新亞計，弟此後久占此位，恐難發展。但發展而喪失了原始理想，亦豈弟等所望？最此堪傷心者，若早有社會人士能資助不多款項，亦何致陷入此困境

乎？一切姑盡人事，前途只有逐步逐步挨下而已。專此順頌

近祺

弟穆頓首 十一日

（一九五五年）

* * *

復觀吾兄惠鑒：

接誦討論中庸第二書，當夜即擬寫一長信作覆，但因連日事冗，怕擔誤睡眠休息，終未下筆，但那晚還是失眠了。翌晨，又把裁答事擱起，因幾日來正在寫一篇袁宏的政論和史學，想把那文趕完再復，但此文下筆不能自休，目下已得七千字，急切間仍寫不完，兄書擱置不復，心上終是有一事，不如先復兄書，再續袁文。

首先當告兄作此文之動機。因新亞設計校徽與校訓，弟提起「誠明」二字作校訓，一切通過了，要弟寫一短文。弟寫了兩千多字，大意從盡己性到盡人性，到盡物性，再到贊天地之化育。此文準備登校刊，不久可出版，當再呈政，而且弟意此文決不會招 兄反對。

但弟終覺對中庸本義，參發未盡，因此又續寫新義，兄如兩文合看，或可解消了許多誤會。

再次當略述弟治學大體。在義理方面，弟尊孟子與陽明，在學問方面（此學問指狹義言），弟甚喜章實齋，因其言治學途轍，與弟多不謀而合也。

實齋言「為學不可無宗主，不能有門戶」，此意弟甚贊成。弟宗主在孟子、陽明，然信陽明而知

重朱子；尊孟子而又愛莊周。竊謂學問重在補偏救弊，此層實齋亦屢言之，而晦菴可以救王學之弊，莊子可以補孟子之偏，因此晚明王學流弊曝著，一輩學者即主由王返朱，而中庸、易傳即採用莊老來補孔孟之偏。

孔孟之偏，即偏在專注人文方面，如論語言德目，孝弟、忠恕、忠信、仁禮、仁知，皆是專屬人文方面的；孟子言仁、義、禮、智、愛、敬等，亦是專屬人文方面的；而老莊跳出人文圈子，專在自然界立論，便見孔孟之偏了。

荀子說：「莊子知有天而不知有人」，但荀子的「戡天主義」，又偏了。中庸之德目，舉出「誠」字。「誠者，天之道」，始於自然界，指出其內涵之道德意義，因此引出悠久、博大、高明、不貳、不息、不已諸端，皆屬自然界而貫通到人文界，此即中庸與孔孟之不盡相同處。

如論語曾子曰：「夫子之道，忠恕而已矣！」但中庸只說「忠恕違道不遠」。又如有子說：「孝弟也者，其為仁之本與！」但中庸雖言舜與周公之孝，而「造端乎夫婦」一語，又轉了彎，因孝弟是人道分數多，而夫婦則天道分數重了。因照自然順序，則先有夫婦而後有父子也。又如孔孟重言「仁」，老子言「天地不仁」，易傳，便只說「天地之大德曰生」，此顯見中庸與易傳之苦心及其思路之轉換處。弟在成都時，有一文易傳與小禮戴記中之宇宙論，頗謂有闡發，而仍未盡也。

兄謂儒家所說的天，只是理想的人，由人文界以發揮天人合一，實只是將天亦看作一理想的人文界。此意雖是，實不盡然。朱子與陸復齋討論橫渠西銘，力辨此意。此一異同從來絕少注意，但鄙意覺其很重要，因此屢屢提起，盼　兄能注意。此實朱陸異同一大題目也。中庸有兩端，一端由人達天，一端由天達人，似不可併歸一路。弟雖尊陽明，亦謂朱子意見仍當酌取。

朱子只想從自然界覓出此最高的實然之理來，但朱子把仁義禮智都要在自然界找根據，此乃戰國陰陽學家與漢儒之歧途，無怪象山要說其支離。但朱子格物窮理之說，究竟不可破，就儒家「天人合一」之精神看，究竟該從自然界也說出一理來。濂溪通書重「誠」字，朱子於二程外必尊濂溪，因朱子極想為「天」「人」兩界打一通路，決不專在孟子盡心知性、盡性知天一路上用工夫。若太重於此，便成陸王了。弟謂只中庸與易傳比較，截得天人分明，而又能匯通合一。但卻不能說易、庸仍是論、孟老路，因其已參進道家觀點也。

最近曾有一美國人來和弟討論中西文化，他問我對東方人接受西方文化之扼要意見，弟答云：(1)科學可以全盤接受，(2)政治社會人文界措施可以部分接受，(3)耶教恐最難接受。

西方文化中，科學與宗教衝突，彼亦承認。百年以前西方哲學家只從宗教轉一步，如黑格爾等思想，經西方科學不斷成長，究竟得再變。因此自然主義、實在論、經驗論以及存在論等種種說法，皆是彼方思想之不得已而必找新出路之證。而中國文化，實是近科學而遠宗教，此層道家更顯。鄙意論東方文化，斷不能排斥道家。中庸、易傳之所以為當時之新儒學，正因其接受了老莊。朱子亦多近此一面。弟意正欲再下此方面工夫，為科學與儒學會通闢一路。（此一節太粗略了。）儒家與佛學，皆與近代科學無大衝突，惟儒、佛有一甚大歧點，從弟中庸新義看便顯暢。陽明有「三教合一」之說，大可注意也。

弟本意接著中庸新義再寫易傳新義，經　兄表示意見，把弟興趣一時打斷了，但此後必會繼續寫。近寫袁宏政論與史學，正因袁是接受老莊而重返儒學者，魏晉思想中此一路極該注意。

弟本擬好好寫此信，不料一上午連來了五六次客人，又把心緒打斷了。此刻已十二時，不想再多寫。弟在此生活終是使心不安者在此，下午須連上兩課，又須去牙醫生處，此信即此而止吧！

弟凡得各方來信，寫了復函，便拋了。　兄之前函，幸尚保留，當把前後兩函，一併寄回。弟對中庸新義尚有許多話要說，只能緩幾日再看生活情緒，俟把袁文寫完再詳述，請　兄教正！弟意「理」乃發生的，非先在的。此意有機會再詳參。此最近讀傳習錄而悟。

弟穆頓首　九月十六日

（一九五五年）

* * *

復觀吾兄惠鑒：

九月二十日　大示奉悉。所論各節，茲再分別奉答如次：莊子與朱子對自然態度之相異點，弟對尊意甚表贊同。　尊意又謂易傳、中庸雖匯通道家，而仍本人文精神，此層更無可反對者。至謂「透過修己工夫以看自然，為理學與道家分手點」，此意弟微有異議。因道家亦自有其一套修己工夫，非此一套工夫，亦不足以看自然也。舊作有孟莊兩家之精神修養論，即發揮其異同所在者。又謂：「理有發生，亦有先在，大抵一問題推至最後，無可說明處，則稱之曰天，曰先在。」此層弟亦甚表贊同。

弟中庸新義所以引起　兄之懷疑者，厥亦有故。一則弟此文只是就中庸論中庸，僅當作思想史材料看，並非討論儒道兩家得失。立言各有體，不該處處牽涉進「進此抑彼」之意。弟關於儒、道兩家異同得失，別處發揮已多。此文只另從一角度陳言，讀者須比而觀之始得，卻並非弟之轉換立場也。又兄謂新義釋「中和」異常精采，其實釋「中和」卽從釋「明誠」來，若無前一節，轉不到後一節。中庸所以不著重仁義、孝弟、忠恕、愛敬諸德目，而另提出「中和」二字，若非從「誠明」節源頭說來，便成突兀矣。又弟此文，只是自己發揮，略去前人舊說，好像弟特創新解，其實前人本亦有如此說處，弟為略去考據面貌，故未一一稱引耳。卽如「尊德性」而「道問學」，鄭注：

德性，謂性至誠者。問學，學誠者也。

此寥寥數語，極精審。較之朱注，勝過遠甚。朱注云：

尊德性，所以存心，而極乎道體之大。道問學，所以致知，而盡乎道體之細。

此乃自述己見。鄭注扣緊中庸本書，最為恰切。又毛詩皇矣箋：

天之道尚誠實，貴性自然。

此等處見漢儒亦有不可磨處，然此只是說漢儒注釋有不走作勝宋儒處。若就思想義理言，弟固尊朱，非媚鄭者也。又中庸「變則化」鄭注：

變，改惡為善也。變之久，則化而性善也。

如此說性善，自見其近荀而遠於孟；然其從天道中轉出人道，不以人道反天道，則鄭氏要為儒家正統矣。又如：

人有罪過，君子以人道治之。其人改，則止赦之。不責以人所不能。

此等處，弟所深好，以其平易近人也。又如表記注：

以先王成法擬度人，則難中也，當以時人相比方耳。

然則不僅不當以天道責之人人，並不當以先王之道責之人人，只當卽以時人之道責時人。此論意見，弟素深守。弟之喜中庸者，在此等處。此因弟宗主陽明而然。弟之不喜以教主態度臨人者，亦因深喜此等理論故耳。

若細發「誠」字內涵義，而切就人文精神言，則惟有陽明「立誠」之訓，最高亦最卑。人人可知，人人可行。惟中庸新義未及此處，則引而不發。立言有體，固不能在每一篇言專申己旨也。

袁宏一文已草就，因新亞學報需稿，擬不在民評刊載。如另有新篇，當如尊意，將袁宏一文儘先移民評刊出耳。

弟今年開始擔任「中國文學史」一課，積年對中國文學見解，有一機會從頭自己整理，三年後，盼能有精力寫出一書，弟自信有發前人所未發者。匆頌

近祺

弟穆頓首　九月廿三日

（一九五五年）

* * *

復觀吾兄道席：

弟忽得教部來函，仍催弟隨隊去日。此事再三推辭，已歷一年，不便堅拒，只有勉允。大約於十七號可到臺北，盼能於廿號左右即啓程，在日三星期，仍須返臺，始可返港。兄近適去臺北，不便盼　兄再來。然弟此行極匆促，或俟由日返臺再邀　兄來臺北一面如何？

教部前允補助民評一款，屢催屢宕，直到今天，主計處才把收據寄來。若此次弟堅拒不去日，恐此款未必能收到也。

先秦家派本不該嚴格劃分，此乃劉歆七略本六家要指如此云云耳，此後即不擬再照此分別。儒家中儘多道家意見，自不能專有所謂道家一派，即王弼郭象都羼進了儒家意見矣。弟寫了一篇袁宏，有暇擬寫一篇劉勰，此亦儒道混合之新說也。魏晉把儒合道，宋明把道合儒，只是分數多少而已。兄謂散文儒家影響多，韻文道家影響多，亦可如此說。弟則另有一說法，惟大體無甚違異也。莊子如阮籍，孟子如陶潛，阮與陶為詩中兩大派（亦可謂杜近孟，李近莊），而可分屬儒、道兩邊，故弟不擬把韻、散分屬儒、道也。曾文正有古文四象，若把韻文、散文各分儒、道兩邊觀之，便可有新四象矣。今日匆匆，無心緒，此層緩日再細論。兄對桐城大有工夫，若能在文學史方面多表意見，亦可一新耳目也。所示講演兩題均有趣，尤深盼得　兄講「坎困」者。匆頌

近祺

弟穆頓首　十月十一日

（一九五五年）

＊　＊　＊

復觀吾兄大鑒：

久未通候為念。昨日去學校，得見　尊文討論中庸新義者，晚間携歸，匆匆在燈下略翻一過，今日已送民評社囑先發表。弟仍擬照例寫一答辨文，然所要說者均已說過，實覺無多話可說，又事冗，究竟能否於下期趕成一短篇，則殊無把握耳。　兄前之書緘，因遷居之後繼以新年，始終未檢奉，今讀　尊文，更深歉慚。

弟讀大文後，覺有許多話不便在答辯文中說之，故特修此函，諒　兄亦不為怪也。弟覺　兄文辭間頗少和易寬坦之氣。激宕縱送，此固文章之能事，然論事則害事，論學則害學。文人之文，究與論事論學有辨。拙著近三百年學術史，以宋儒立場評清儒，此固無何不可；然以宋人筆法評覈漢學，弟心久之覺其終有憾。弟讀　兄文，實具同感，不敢不告。至於治學用心，更貴平實。　兄之此文牽涉及中庸成書年代，此事實自信所認甚眞切，惟平日蓄積，懶未下筆為文，因其粗節大綱易見者，前人多已道及。日人武内氏有中庸與易傳一書，綜述清代疑中庸諸端，此猶如梁任公疑老子，殆可成定論。若進此更深入，則問題深細，卻未易草率為之。

弟最近正擬彙集辨老莊者合刊一書，約得廿萬字，擬於最近一兩月内付印。舊稿有廿年以前者，不得不再細看一過。又正校諸子繫年，故對一切雜文均欲擺脫，暫不成新篇。卽答　足下此文，最多亦只能潦草答之。至於中庸之為晚出書，只能容後再單篇為之，或與易傳辨偽同成一篇，此非數萬言不能終其辭也。昔戴東原氏謂有十分之見，謂有未到十分之見。弟於老子之晚出於莊周，易庸之晚出於孔孟，皆自謂有十分之見。遠自為先秦諸子繫年以來，積之卅年，久而彌信。兄之為文，似乎草率出之，未加細究，然弟於答辨文亦不擬涉及，只求略說鄙意所以為新義之故。此雖已屢言之，不妨仍有申述耳。其實鄙意亦決不曾謂中庸乃道家義：只是匯通道家言以為儒說另開一新面，此在中國思想史已抉發其大要。任何文字，決不能於一篇中盡情包括，讀者貴能會而觀之，此自古讀書之常法，兄似不應於此忽之也。

到新居以來，精神殊佳，然冗雜則一如舊況。去年曾有兩次講演，一為「朱子讀書法」，一為「朱子校韓集」，稍發其校勘之旨趣。此兩稿亦迄未下筆，學殖荒落，常以自恨。

兄此數年來，學問長進，朋輩皆望而生畏。然相知之深，盼能沉潛反復，厚積薄發，寫學術文與作時論雜文究自不同。所期望於吾　兄者至深且重，不覺直率吐其胸臆，諒　兄亦決不為怪也。匆頌

近祺　並頌

新居闔第潭吉

弟穆頓首　二月廿四日

（一九五六年）

＊　＊　＊

復觀吾兄大鑒：

七日函奉到。弟最近所寫一文將刊新亞學報，一文送臺教部，應　蔣公七十論文之徵。民評久不

為文，然實乏暇構思，奈何！奈何！

教課實須精神，弟任教數十年，上堂總是用全力，課前亦必有準備。竊謂盡心教課，於自己學問實是大有進益，因有一客觀程範，積久得益始深。弟寫先秦諸子繫年，積稿六七年，一日在北大講堂，講「戰國史」，忽然發悟蘇張縱橫之無據，乃最後添入蘇秦考一篇。又教「近三百年學術史」，編講義寫至古文尚書一案，適值春假，擱筆不能下，外面種種遊樂亦都放棄，悶困旬日，忽然開悟，遂有閻毛之一章。此兩書內此兩節，皆極自得意，然皆因教課得之也。盼勿太專心研究問題而忽略了教課，此乃弟之自身經驗也。匆頌

近安

弟穆頓首　七月十二日

（一九五六年）

＊　＊　＊

復觀吾兄大鑒：

承告課程計畫，竊謂文心雕龍自是佳著，然近賢尊推逾分。此書究是南北朝時代之產物，於唐宋以下文學境詣，若專治此書，即不免蔑棄矣。早期盛推此書者，其心中仍不免選派與桐城派壁壘門戶之見未盡泯除，講學一涉門戶，終是憾事也。文史通義與古文辭類纂，惜能抉發其深趣者不多，兄何不兼此三書合講為佳耳。史漢亦最好能兼講。

連日足疾，得暇便偃臥，偶翻李習之集，忽悟到唐代古文運動與儒學復興之一問題。惟此題牽涉

甚廣，韓柳兩家不同何在？須兼治李與劉呂，乃可窺見。又韓李自有大異，俟秋涼或可撰一文揭發，私見自謂所欲提出之諸意見，皆非從來論文者所注意也。老來偶翻一書，即覺有種種想法自心底湧出，惜徒為人事牽纏，未能再潛心書册，把從來積見一一抉出，洵憾事也。欲講中國文化與思想，即就唐代論，經學即遠不如文學之重要。故就羣經大義來看各時代思想，其間仍隔一膜，終不免為一種門面語。在學問思想上確有成就者，決然能時時推陳出新。若講唐代思想，詩文集之重要，即遠勝於經學注疏也。率述以供再示。

君勱先生意欲對中國文化態度發一宣言，私意此事似無甚意義。學術研究，貴在沉潛縝密，又貴相互間各有專精。數十年來學風頹敗已極，今日極而思反，正貴主持風氣者導一正路。此決不在文字口說上向一般羣眾聳視聽而興波瀾，又恐更引起門戶壁壘耳。

弟頗心賞君勱近在祖國發表論蘇俄思想諸篇，兄曾見及否？

弟此數年來於社會經濟史、於文學史兩途稍有進境。然細思社會經濟史只能指點出一路向與規模，得一二好學相從者，可以勝任撰寫。社會史較難，有更難於文學史者，惟社會經濟合併言之，則見其易耳。文學史方面，則非基礎修養深不易驟瞭。儻得閒暇，擬在此方面擇要寫幾篇長文，題目積存胸中者已多，從未下筆，如興到或即從最近所悟韓柳方面下手寫第一篇。然過一些時意興敗了，即不想寫。弟對韓柳自謂用力甚久，最近讀劉呂集，始有新悟，再看李集，益自信所悟有深趣也。際此時會，甚盼得如　兄者當面暢論一番，不煩翻書本，不煩成篇章，一吐為快，然在此竟並此難得。昨

夜偶與劉百閔談此，只談一兩節，而胸中牽涉此題可有十幾節，如鯁在喉，深以為不快也。匆復順候

近祺　嫂夫人諸姪均念

弟穆啓　八月一日

（一九五七年）

＊＊＊

復觀吾兄：

奉十四日來書，弟足疾仍未愈，仍少出門。

聞舊金山有副代表來此，約下星期一到校相訪。民評事或許其人在此可得解決也。哈佛有楊聯陞曾來臺，頃到港，其人在臺中晤及否？彼談次甚贊陳伯莊所編現代學術季刊。此項刊物本得亞基會支持，亦有停止補助之說，楊不日去基會，謂當對此刊物盡力呼籲。人生本亦有停止補助議，其事尚在兩年前，亦得阮君在舊金山支持，始維持迄今。美國人方面甚少懂得學術界事，而中國人與彼輩往還有關係者，亦不能多有瞭解，於是遂成為羣狗爭骨，可痛亦可笑。新亞賴美金維持，亦斷非辦法，惜乎捨此亦竟無別路，心悶之至。

莊老通辨已全部印竣。然又有新悟，欲寫「老荀比論」一篇，但已無法增入，只有俟再版時再說。緣近來實少閒暇，只偶爾心中忽然開悟，並不能集中精神，對此有一兩月精心結撰、通體探討。如此而言著述，彌滋內疚也。弟久欲從全部文化史立場來寫文學史，然茲事體大，終懶下筆。

最近病足，又酷酷暑，每夜偶於樓廊躺椅中瀏覽李、杜、韓、柳、劉、呂、李諸集。雖覺觸處有

悟，然懶於下筆，興到即悟，興盡即忘，只留淡淡影像在心中，亦不能潛神深入也。自覺往年讀書主見太多，與己合者似少有會，與己不合即全忽略了。此暑於李白、柳宗元更多瞭解，只緣心平了，能就李看李，就柳看柳，始覺其各有千秋。近人所謂「客觀」，此實須心德修養。於自然科學方面客觀較易，於人文科學方面客觀殊難。弟近年會心莊老，會心李柳，並非興趣轉換，亦非主張改變，只是心胸較平，能多瞭解耳。文心雕龍誠如　尊論，弟前函所述只針對近人偏見而發，非對劉書有菲薄也。

政治理論只求平實，自由主義之所以勝於馬列，即在其卑之無甚高論處。共黨實際暴行，固是主要點，然若只從此著眼，又嫌與反共八股合流。君勱先生在最近所發表諸篇，言理論亦屬平常，只是就事實方面可增許多人在此方面之知識，弟之有取者在此。弟意理論愈平實，愈受用；只求信得及便夠，亦很難別有創闢。只知識方面，教人博學，或在量上可以貢獻些子，在質上惟有自存謙衷。弟平日持論向如此，及今思之，「博學於文，行己有恥」，眞是好教訓。與人增添知識，此事大難，不宜忽視。私見近來宋、漢之爭又起，若要提倡宋學，千萬勿陷入空疏主觀，更不宜騰為口說。弟莊老通辨自序一篇，於民評刊出，　兄讀之或將疑弟所見又偏，故在此再縷述之。然書札終不盡意，不如當面暢論。而當面暢論亦須機緣適遇，並非一見面即可傾吐，正如並非一握筆即能抒寫也。因念朱陸鵝湖之會，亦非好安排，此須機緣適逢，便易有談得入港。正如有時開卷，忽有佳悟。若機緣不湊，只是書遮眼，即竟日讀，亦全無入處耳。匆頌

闔第大安

弟穆頓首　十七日

（一九五七年）

＊　＊　＊

復觀吾兄大鑒：

昨日奉廿六日手書，悉　尊況復小有不適為念。頌喬兄深情厚誼，便中尚希代為道謝。兆熊兄為況極以為念。去年曾有函詢其能否來港，惟新亞限於經濟，每一學年之預算，經學校行政會議提出及董事會通過後，此一年事業進行均已縛手縛腳，極難再有展布。又為節省開支起見，把學校種種責任分擔在幾個人身上。此事甚見流弊，教務職務不分，雖以教授治校之美名，而實際困難重重。

此學年人事又有變動，祕書長及學生生活輔導委員會主任均更動，為急切需要，不得不即物色新人。而新人一安排，則已無位置可以留待來者。君毅漫遊未歸，一切由弟在此暑中勉強張羅，弟每一調排，時時念及兆態兄之位置，而到底不能虛位以待。此層常在弟困慮中，目下只有待君毅歸來細商下學期能否再有安插。至要則在經濟上，每逢學校有百元以上之臨時支出，總須開行政會議付公決。如此辦學，亦實太無伸縮餘地了，而新亞之所以得維持以有今日，亦惟此是賴。外面虛聲，新亞得外面多方援助，而實際困難情形則殊難公開告人也。得來書，為此彌深懸想，只有且看機會。若兆熊兄能於此暑期來港，則可省弟許多心思，此等事實為弟年來懶於再管行政之一主要原因。

「巧婦難為無米之炊」，君毅之不願挺身而出，於此亦似有許多顧慮，若求新亞重回到以前之艱苦自給狀態，此為斷無可能之事，而向前邁進則又決無此可能。回念宋明諸儒創一書院，何嘗遇到此等支節？社會一切事全偏重到經濟問題上，此情形總是要不得，而當前世界正是如此。又人人各為經濟權益打算，所謂民主，主要仍在經濟上。故知民主政治必待經濟發展至某種境況，始能有好成績表現。此則西方近代史顯然事實具在，可不煩有深論。而可見者，新亞之前途亦正懸在此點上，時代變更，無法再回憶前軌也。民評始終未有確訊，此事亦使弟積悶難宣。丕介文若決意不刊，弟意亦只緩告之可也。臨穎殊多棖觸，乞諒！專頌

闔第平安

弟穆頓首　八月廿八日

（一九五七年）

* * *

復觀兄再鑒：

廿八日復書忘未寄出。爰再增述數事。

大學叢書編纂委員會，兩月前強邀弟參加。不謂開會一次，美基會方面卽有變更計畫之措施。大致此後一年內，暫不會有確定之經費，亦不會有積極之進行，如外面有已成之稿件，而確有價值者，或可有希望送請審查，代為出版，然亦恐不能有整筆之稿酬，或僅亦付版稅而止。此項變更，似弟前已有函約略述及，事前該會曾有向各方通函徵稿之事，各方來函應徵者，共踰七十人，約有稿八十種以上，卽兆熊兄名單上亦有書兩種。此次內部計畫既有變動，恐難如主持人（張雲）之理想推進也。

第二事東海、新亞合作辦研究所事，此層弟意不妨先有若干之擬議：新亞研究所經費與學院經濟各有來源，並不相干。美基會方面只是在研究生方面供給一部分經費，哈佛燕京社方面另供其圖書出版與研究，大約明年夏季，此項補助即須變更。是否圖書出版方面仍能繼續？此刻尚難預知。而研究方面，大體上須併入臺北系統，即楊聯陞此次所來接洽者。因此哈佛方面堅邀弟充當臺北方面一委員，並要弟在港另推一委員，弟為新亞事業計，不得不姑應之。此下每半年或須來臺一次，其詳俟後有便詳告。若東海方面能自籌一筆經費，並能與新亞合作，共辦一理想的研究機構，實有意義。此事若能辦得好，對於新亞研究所之另謀經濟來源，應無妨礙。惟恐東海與新亞兩校間，不易獲得一理想之洽議耳。

初步合作計畫，由東海每年考選畢業生若干人，送來新亞研究所，其經費照人數平均支酌。此間圖書較富，教授或可由東海添一二名來更佳。此事最易辦，以後可再進一步合作也。

弟又及

* * *

復觀吾兄大鑒：

旬日前獲手書，懶未即復為歉。昨日得讀嚴靈峯君對拙文莊老通辨自序有所駁難，此文　兄當先已見過，弟擬暫不作答，即囑民評將嚴文單獨發表。　兄或另有意見，甚盼繼嚴文發表，以引起其他方面之興趣與討論。惟弟對此問題，則暫不擬有所答辨，因最好之答辨應已包蘊在拙著之內，其更有力之答辨則為莊、老原書。此等事見仁見智，縱說有證有據，其實仍多討論餘地。閻百詩尚書古文疏證豈不已成為學術界定論？然清代討論此問題者，直綿歷至同、光之世，不僅西河毛氏一人持異見也。又如歐陽永叔疑十翼，豈不至今仍多把十翼認為孔子之思想者。故知遇此等處，考據之學一如義理，可以歷久爭持，並不是有了證據即得成定論也。此層弟已於自序中特別提出。若拙著刊行，遇一異見即須作一答辨，此實於事無補，徒成自困耳！弟於嚴文所以不願答辨者在此。如兄與彼通訊，亦懇將鄙意轉達。緣近人意見，認為遇人對其著作有異見而置之不復答，即為傲慢，其實不然也。民評事已有希望，或竹璋已有函告其詳，須緩幾日再以奉聞。專此順頌

近祺

弟穆頓首　十七日

（一九五七年）

乙　致及門書

一　致李埏書四通

埏弟如面：

七月初一別，轉瞬將及三月。前接弟書，欣悉近況。僕此次歸里，本擬兩月即出。奈家慈年高，自經變亂，體氣益衰。舍間除內子小兒一小部分在北平外，尚有婦弱十餘口，兩年來避居鄉間，一一須老人照顧，更為損虧。僕積年在平，家慈以多病不克迎養，常自疚心。前年自平徑自南奔，亦未能一過故里。此次得拜膝下，既瞻老人之顏色，復慮四圍之環境，實有使僕不能恝然遽去之苦。頃已向校懇假一年，暫擬奉親杜門，不再來滇。　弟志力精卓，將來大可遠到。去年僕往來宜良、昆明間，常恨少暇未能時相見面。方期此次來滇，可以稍多接談之機會，而事與願違，諒　弟亦深引為悵也。惟師友夾輔雖為學者一要事，要之有志者自能尋向上去。望　弟好自努力，益勵勿懈！此詢

近祉

梁隱手啓　八月廿六晨

（梁隱即先生抗戰時所用筆名。信作於民國二十八年。）

* * *

埏弟如面：

接誦來書，豈勝惋悵！自顧德薄，於　弟等無可裨補。然與有志者相從講貫，不徒有利於人，亦有利於己。此次杜門，遂成索居。不僅使　弟等失望，卽穆亦同此孤寂。惟有志者能自樹立為貴，雖此隔絶，精神自相流貫，甚望　弟之好自磨礪也！張蔭麟先生年來專意宋史，　弟論文經其指導，殊佳！在此無書，抑短札不足剖竭，不能有所匡率矣。歸時經滬曾攝一小影，大可為此行紀念，卽以一幀相贈。嫌太小，可夾愛讀書中，懸壁則不稱也。率此順頌

近祺

小兄穆手啓　一月八日

（當作於民國二十九年）

* * *

埏、哲兩弟英鑒：

卽日得讀來書，獲稔近況為慰。穆本無意離滇，惟老母年七十五，穆年四十六，事變前後未親慈顏已五年。適因歸里省視，而齊魯許其在家作研究，因遂決心杜門。惟既受人惠，不當不報，本年遂來此間。蜀中久想一遊，成都風物頗似北平，所居在城外，離城尚三十里，一孤宅，遠隔市囂，有書四萬本，足供翻閱。每週到城上課，一如往來昆明、宜良之間，鄉居最愜吾意。惟研究所諸生極少超邁有希望者。齊魯文史各系素無根底，華西、金陵各校程度亦差，頗恨無講論之樂。

在此授通史及諸子學兩門。諸子學先講論語。兩課皆開放旁聽，仍在夜間授課。有遠道自城來者，亦有一二啓發相從之士，然皆非學校學生也。大抵國內優秀青年，皆聞風往滇，此間只齊魯醫學、金陵農院較有生色耳。欲在此間振起文史之風，大為不易，信知英才之難得。　兩弟皆卓越，平日甚切盼望，期各遠到。恨不能常相聚，不徒有益於　兩弟，亦復有益於我耳。再三讀來字，豈勝悵惋！然學問之事，貴能孤往。隔濶相思，往往有一字、一語觸發領悟，較之面談為更深切者。故師友集合，有時不如獨居深念，對古人書悟入之更透更眞；而師友常聚，亦有時不如各各睽違，而精神轉相訴合者。竊願以此相勉，並盼時時勤通訊聞，亦足補其缺憾。

埏弟有志治宋史，極佳。所需續資治通鑒長編，當代訪覓。惟此間舊籍，在最近一年來已頗難見，恐不必得耳。又，私意治宋史必通宋儒學術；有志於國史之深造者，更不當不究心先秦及宋、明之儒學。拙著國史大綱，對此兩章著墨雖不多，然所見頗與當世名流違異，竊願　兩弟平心一熟討之。哲弟治吉金古文字學，深恐從此走入狹徑，則無大成之望。惟時時自矯其偏，則專精仍不妨博涉也。史綱成之太草促，然實穆積年心血所在，　兩弟幸常細心玩索之。遇有意見，並盼隨時直告，俾可改定，漸就完密。最近一年內，擬加插地圖，並增注出處及參考要目，以後並隨時增訂。

近人治史，羣趨雜碎，以考核相尚，而忽其大節；否則空言史觀，游談無根。穆之此書，竊欲追步古人，重明中華史學，所謂「究天人之際，通古今之變，成一家之言」者。本不願急切成書，特以國難棖觸，不自抑制。相知者當知此意。其中難免疏誤，故望　弟等亦為留心指出，可漸改正也。

滇中常遇空襲，近遷黑龍潭想較好，然警報來仍以走避為是。穆在成都，遇警卽避，惟在研究所則否。孔子所慎在齋、戰、疾，近世戰事更當慎，此非畏葸也。遠隔無以相告，姑述此亦表其相關切之微意耳。匆匆不盡，卽復順頌

進步

穆手白　一月二十日夜十一時

（「哲」謂王玉哲，時與李埏同考入北京大學，當作於民國三十年。）

* * *

埏弟如面：

兩函先後讀到。穆以武漢大學宿約，亦欲借嘉定山水稍陶哀思，因於三月中旬轉來此間。擬於四月杪返蓉。在此開短期講課兩門：一中國政治研究，一秦漢史，均於清晨七時起講。聽者踴躍，積日不倦。牆邊窗外，駢立兩小時不去者復常一二十人。青年向學之忱，彌為可感。惟恨時艱日重，平日所學殊不足眞有所貢獻耳。

弟能研討宋儒學術，此大佳事。鄙意不徒治宋史必通宋學，實為治國史必通知本國文化精意，而此事必於研精學術思想入門，弟正可自宋代發其端也。歐、范兩家皆甚關重要。惟論學術方面，歐集包孕較廣。　弟天姿不甚遲，私意卽歐集亦可泛覽大意。不如於宋學初期，在周、程以前，作一包括之探究。大體以全氏學案安定、泰山、高平、廬陵四家為主，或可下及荆公、溫公。先從大處下手，心胸識趣較可盤旋，庶使活潑不落狹小。此層可再與湯先生商之。

弟論國史大綱幾點皆甚有見地。書中於唐、宋以下西南開發及海上交通，擬加廣記述。其他如宋以下社會變遷，所以異於古代者，尚擬專章發之，使讀者可以瞭然於古今之際。至問立國精神之衰頹於何維繫防止，此事體大，吾書未有暢發，的是一憾。然此書只有鼓勵興發，此層當別為一端論之也。鄙意擬於一兩年來，再為「國史新論」一書，分題七八篇，於宗教、政治、文學、藝術各門略有闡述。此刻胸中未有全稿，尚不願下筆也。專此復頌

學祉

錢（制）穆手啓　四月十六日

（當作於民國三十年）

二　致錢樹棠書一通

樹棠吾弟：

無錫施之勉先生，乃穆卅載老友，其人湛深經籍，並精兩漢，行誼卓絶，不愧古之明德。最近自國立邊疆學校歸來，暫膺縣中校長之職。穆已推薦吾　弟，盼即日携行李徑赴無錫學前該校。其聘約任課等均待到後面商，在　弟得一長者，可以師友之間處之，必可有進益也。課務大致以國文為主。施先生任此事亦暫局，惟至少亦一年耳。穆俟有機會，當再為弟另謀位置。此事盼勿卻，且往以一年為期，決不致疏學業也。穆明日須去南京，秋節可歸蘇，　弟駕何日能來？盼徑函施先生，並便　示及。匆此即頌

近祺

錢穆啓　九月五日

（當作於民國三十五年）

三　致洪廷彥書一通

廷彥吾弟：

八月廿一日來信已到，你須先打聽明白，若一切稿件能穩妥掛號寄來，你再去無錫；若稿件不能寄出，則無錫之行可作罷，免一往返之勞。若稿件能寄，務求妥當，勿有遺失，最好先寄莊子纂箋一部、中國文化史導論英譯本一部、湖上閑思錄謄正稿一部，此三部外，再寄各項筆記稿（多係鋼筆細字者），其他雜紙碎稿，均須妥善整理打包，或在信中附寄，分成若干信寄均可，均須掛號免遺失。一應郵費，統計一總數，我卽在此匯出。寄件須好好包裝，恐防沿途水濕或別種毀損，注意注意。我又有一信與吳佩蘭，囑將榮巷一切書籍及書架、衣橱、藤椅等雜物設法運蘇州，彼久無復或係暑假不在錫，你倘去錫，盼代一問，若不去錫，可寫一信與他。

拙、行兩兒，不知暑假中已否考學校，彼等近況如何，久無信來。我曾有兩信寄小新橋巷，均無復，不知是否遺失，你若和他們通信，盼轉告，順便將他們近況告我。述孫是否返杭，現附上近攝影片兩張，一贈鄽、一贈樹棠，可見我最近影像也。然所攝並不像，只可見其神情輪廓耳。在最近兩月又逐日校訂諸子繫年，頗有小獲，惟殊少大關係處，手頭乏書可查，亦極難詳細發揮。弟等近狀，時時在念，盼得暇分別常來信。我殊念黃少荃，或弟等去一信成都，告我此意，並轉述我安善，可釋彼念。專此不別。即頌

近祺　樹棠家駒均此不別

梁隱啓　八月二十九日

（當作於一九五〇年）

四　致嚴耕望書十三通

歸田老弟大鑒：

久未通音聞，每以為念。頃獲來書，欣快難言。從地理背景寫歷史文化，此是一大題目，非弟工夫，殆難勝任，如能著手撰述，實深盼望。際茲學殖荒落之世，吾儕篳路藍縷以開山林，只求先指示一大路向，探幽鑿險待之後來繼起之人，不必老守一窟，儘求精備也。不知　弟意以謂如何。穆留美期間以數月之時光，匆匆寫成論語新解之初稿，本意返港後再自校閱，而人事冗雜，兩月中只看過一遍。私意擬再看第二第三遍，恐到本年暑未必能如意。來臺並無確期，可免則免，實不願多此一行。所以之故，甚難宣之筆墨耳。李君定一寄來新著中美關係史，事冗未能閱讀。有一友人取去讀之，頗加稱道，如晤面盼轉述相念之情，並致贊勉之私。至囑至囑。　尊作唐山林寺院讀書風尚，預期於旬日內當可匆匆一閱。專此順頌

儷祉並祝

年禧

穆啓　二月一日

（當作於一九六一年）

* * *

耕望老弟大鑒：

卽日奉來書，相念之意溢於紙外，誦之感慰。惟儒家處世必求有一本末終始之道，穆在此辦學，亦是一時之不得已，惟既已作始，應有一終，此刻尚非其時。弟緘云云，穆實無時不在籌慮中也。此刻只有力求護攝之道，不使精力過於浪擲，人事應酬已省無可省，內部只問大體，此外分層負責，亦不多操心。自問多已做到。只是年歲日邁，精力有限，卽復擺棄百事，亦恐不足副相知如吾　弟者之深望耳。回顧廿六年後，此二十五年全在亂離窘迫中過去，豈能無慨於中。匆復順頌

近祉

穆啓　三月十九

（當作於一九六二年）

* * *

耕望老弟大鑒：

七月卅日在臺來信，中秋夜在港來信，均已到。曉田姪能進浸信書院亦是佳事。中文大學此後演變恐亦未能盡如人理想耳。穆之右目最近一月來殊不見有顯著之進步，只能說較之離港前為佳，如此而已。

此間屢次表示盼穆能繼續留此，惟此間氣候長年炎熱，久居終感厭倦。穆此次之來，只求暫時休

息，此殊合適。預計再過四五月，應可照常工作。而留此則一年僅可當別處半年工作，在穆桑榆晚景倍覺時光之可惜，因此遲疑不欲遽允。

然穆返港只擬杜門作朱子研究，不擬參加學校任何工作。吾　弟前在臺時，學校來信欲穆在研究所擔任一名義，穆已復函拒絕，並謄副本遍寄出席所務會議、校務會議諸人，茲附上一分，雖是明日之黃花，然　弟試細讀一過，亦知穆縱有意仍與新亞保持一接觸，其事亦不易。故穆亦並無此想法也。

來書提及研究所未如理想，此亦無可奈何之事。穆自美歸後，學校行政雜務日益有增，即不再在研究所任課，亦少與研究所諸生有私人之接觸，雖心知其日趨下流，然竟少精力顧及，今則更所不論耳。

在此為節省目力，專看朱子語類，每日或看一小時，多則兩小時，極少至三小時者，並儘慢，細看着一二條，即略作休息。雖每日所看不多，然頗有新得。以前未深切體會者，此次多所曉會，老來獲有此進境，亦大快事也。

此間氣候常年無變，惟三、四、五諸月較熱。今年中秋月色特佳，穆夫婦移桌椅在園中品茗賞月，直過十二時。方欲於十六晚繼續一晚，而是夜月色即為浮雲所掩矣。匆此復頌

儷祉

穆啓　九月十八日

（當作於一九六五年在馬來亞）

* * *

歸田老弟大鑒：

二月八日函早到，所寄茶葉乃小事，聊表愚夫婦相念之意，不足掛齒。所居小園，半年來栽種花木略成格局。意外獲得古松四枝，一踰兩丈雙幹競挺，餘三枝亦得一丈五尺，蒼奇碩大可愛。尚有五松，則頗平常也。又得三十年竹柏一枝，大榕一枝，楓樹、櫻花、山茶各二三十枝，杜鵑逾百五十枝，盤桓顧盼，大可怡神。學案急切難完，當到暑中或可畢事，此乃穆晚年一愜意之工作也。匆頌

儷祺　並賀

新禧

穆啓　三月一日

（當作於一九六九年）

* * *

歸田老弟大鑒：

讀來書深為欣慰，弟乃性情中人，故能欣賞詩篇。古人論詩，必曰陶杜。陶乃閒適田園詩而實俱剛性，境界之高，頗難匹儔。杜有意為詩，陶則無意為詩，儻兩家合讀必可更增體悟。古人治學本無文史哲之分，如讀通鑑，溫公於兩書外多增唐人小說筆記，不僅有關史事，其間有甚深蘊蓄屬於義理方面者。溫公此書，實已文史哲三者兼顧。專論文與史，班不必不如馬，若論義理，則所差遠甚。

穆教人治理學須從年譜、詩文集入手，再及其語錄，則易於啓發也。晦翁詩能化，中年後極少理

學氣味；陽明早年曾刻意吟詠，而中年以後詩反多理學氣；兩家高下於斯可見。東萊古史，一見便是史；溫公通鑑，史中兼融文哲。弟試從此兩義參入，學問必可更上一層。連日拜年者不絕。今晨始得閒，聊此奉告。並頌

儷祉 兼賀

春釐

穆啓 二月二十日

（當作於一九七二年）

* * *

歸田老弟大鑒：

廿四日書奉到，弟婦心情就平為慰。穆與弟性格微有不同，穆偏近剛進，弟似為柔退，故於陶、杜各有愛好。高明柔克，沉潛剛克，正是各於自己偏處求補，曾文正特愛閒暇恬退詩即是此故。今年寫一小書，取名雙溪獨語，至今約得六萬字，預計在本年中完成，當得十萬字上下。此書費思多而著筆少，並多撮舉古書前言往行。近來士不悅學，於古書多未經目，率陳己意，恐讀吾書難入，然亦自娱而已，並稍立標格，欲使眞向學者，知有一規模耳。院士選舉如沈某，豈非一索卽得？言之增慨，匆復順頌

儷祉

穆啓 廿七日

（當作於一九七二年）

* * *

歸田老弟大鑒：

十九日書奉悉。穆不作詩而好讀古人詩集，去年選鈔理學六家詩尚未付印。弟亦好讀古人詩，大是佳事，惟此為到晚年來最好消遣也。雙溪獨語於孔子誕辰暫告一段落，共分四十五六節，約十萬字上下，平均每篇不超兩千五百字上下，此下或續撰一二十篇，刻尚未定。能治宋史極佳，將來撰歷史地理能下及宋代自較合適，治史不及宋，終是與下面少交涉也。匆頌

秋祺

穆啓　九月卅日

（當作於一九七二年）

* * *

歸田老弟大鑒：

接讀上月二十九日來書，願為拙著國史大綱盡校補之勞，不勝欣感。茲再就　弟來書所述各點，略申鄙意。

一、拙著側重上面政治，更重制度方面；下面社會，更重經濟方面；中間注重士人參政，於歷代選舉考試制度及時代士風，頗亦注意。　弟意學術思想、文學、藝術方面嫌分量稍少。鄙意不擬在此上多及，只為語焉不詳，辭不盡意，不如付缺，較少毛病。若須增補，則恐篇幅大增，反使讀者意緒易紛，不能集中。

二、拙著采綱目體，　弟意改雙行夾注，儘量排大字，並願代任其勞。惟此事穆別有顧慮，一則原書排行甚密，恐改動不易清楚，有許多處須重行鈔寫，此事太麻煩。穆自己少此精力，亦不欲　弟為此多費時日。二則此書本在上海排字，那時上海商務排字工人有訓練，又排樣經呂師誠之思勉通體代校，迄今重讀，差誤不多。此次重排，在臺工人，當遠不如往年上海商務工人之有訓練，儻更張多，付印後校時費力。如穆之朱子新學案由何佑森君助校，穆復親校兩遍，仍不免有誤。三則儻　弟亦在臺，晤面易，穆固甚願　弟代任此勞，今隔闊太遠，若要再斟酌，又須郵遞費時，此層為此顧慮，似亦不如一仍其舊，保留原寫時模樣。

三、本書有許多出處未一一注明，此層由前陳君寅恪相告，惟非注明不可者，原稿實多隨文提及。未提及者，如看正史某傳某志，十九可以以意推知。其必須添補注明出處者實不多。　弟意謂不必要，決一仍舊。

四、補地圖一事，穆久有此意，穆素極欣賞西方學者所為歷史地圖，其挿入歷史書中者，能曲折達出書中精要處，著墨不多，而活潑變動。王恢於史事，未能會通，恐其看拙著，未能把握穆之著意處，則甚難落筆。彼只能繪沿革圖，古地名、今地名分顏色注出，如是而止。彼來臺後，穆曾告其代繪拙著挿圖，久未有應。此事已曾當面告之，彼雖竭意擔承，恐其不能勝任，彼亦從未見過西史挿圖，指說為難。　弟若能有興趣擔任此事更佳，或由　弟繪草，由王恢君依草作圖，如香港學生中能由　弟面示繪成則更佳。前函未提及，恐　弟無意為此事多盡力，今承　弟提及，故敢相煩。

五、大事年表，就近囑一青年為之，此事甚難。今之青年，能通曉全史者，絶難物色，彼既不知事情之大小輕重，刪則易，有須再補處反更易忽過。穆已轉變意志，且勿補此一項。弟意如何？

六、弟意欲穆撰此書後有不少新意見隨此增入。穆亦未嘗無此意，但拙書本有體裁，亦須顧及，若欲多為增補，詳略甚難安排，只能就原書補原書較省力，若欲將以後新書中意見補進，此事較不易。穆頃已將拙著看過上册，計補入者並不多。如第五頁論歷史傳說，補入一節論燧人氏、有巢氏、伏犧氏，火食與巢居與畜牧三階段之演進，極合近代西方人意見，可見中國古史傳說，極富理性，此三氏合說見韓非子，後世沿用，而拙著缺了，今為補入。又二二一頁論北方門第之後又增入南方門第在中國史上之貢獻，因拙著於南方門第貶處多於褒處，終嫌偏了，今據穆在新亞學報所刊載論南北朝門第者補入一節，然文長僅兩三百字，因限於本書體裁，不宜太詳，則别處相形將見太略也。又如論貞觀之治一節，在制度上無可多講，在社會經濟上反而詳了，終嫌在實質上顯出貞觀之治之可貴者不多，乃僅僅補上一條云：

其君臣上下，共同望治，齊一努力之精神實為中國史籍古今所鮮見。

附雙行注：

其詳見吴兢著貞觀政要一書。

其他只增添幾句處，如此庶保留原書體狀，仍使讀者不覺。其第一章有關古器物發見方面，穆尚未著手，盼弟提示。其他各章，有誤有闕，盼 弟一一提示，可逐處補改。

此書初出，繆贊虞君有校記二十條，舊增附刊在本書之後，後徑依之校改，此附刊卽不復載。前去美國，李田意君贈與重慶國難版有此附載，穆又有附識一則，謂「海內學人，不惜珠玉，凡遇拙著紕繆處，賜予糾彈，隨時見示，俾獲於此書改版時一一刊定，則區區鄙衷，拜嘉無極」。此條在民國三十二年三月，不謂距今三十年又半以上，乃竟未有人對此書續有指正，穆自己對此書，亦復三十年來從未翻過，今再從頭校讀，深感此書不僅年輕一輩大學肄業青年，將感艱深難讀，卽中年以上人，能讀此書者亦將不可得，然欲作國史，穆之此書，終將為後人開一新路，故極望　弟亦如此前繆君贊虞所為，不妨儘量指其疎誤處，俾使此書較臻完密，此層務盼勿卻。此書開始第一章，則待　弟特為增補。憶此稿初成，穆携之親訪呂師誠之，請其將書中疎誤處徑為改定，後因商務急待出版，每夕送清樣六七十頁以上，催呂師速校，故事後呂師面告，只能校誤字，未能認眞校內容。穆私認能校此書者，亦惟呂師與贊虞二人而已。今則不能不有望於弟也。

雙溪獨語常在手邊，隔旬日，頗自校改一二處，然只在思想義理方面，增一字，改一句，頗自愜意。然此書付印，亦恐未必能多覓解人，學風頹敗至此，自己生此時代，亦不能不分負其責。回想晚明諸遺老在清初情形，眞如天半峨眉，可望不可卽矣。內人或可於本週末至下週初赴港，囑勿去機場，彼到後必設法通知，極望與　弟夫婦晤談一次。在港大約以旬日為限，故儘得有晤談機會耳。穆在此有「中國史學名著」一課，其課堂錄音，由一臺大旁聽生錄下，據此略刪潤其字句，頃在校正清樣中，一月後可出版。此稿在文化學院文藝復興月刊中先行刊載，乃頗為一輩人注意。大抵正式撰著

極難望有讀者，只降格作隨筆性文字，則較易有人看，此誠大可嗟也。匆此順頌

儷祉

穆啓　十二月七日

（當作於一九七二年）

＊　＊　＊

歸田老弟大鑒：

來書及國史大綱下册校本均早收到。因渡歲及其他事冗雜相乘，直至前日始將　尊校國史大綱下册啓封，卽照謄一過。弟所提出各節，尚未細看。昨日王恢來，已將挿圖繪就四幅。彼亦事忙，已囑其加速繪出，以赴商務預定付排之期，王君繪圖未能符穆所想，亦只如此，總比沒有好。此事費弟多少精力，甚以為感。一書既成，亦只有仍之。若要在體裁或內容有改進，此極費力，所以著書戒速就也。

去冬為此間博物院講「理學與藝術」一題，看了許多宋人畫論，理出一頭緒，頗自欣悅。數日前，寫成一論文，自謂可創闢治中國繪畫史及藝術史者一新途徑。總之學問貴會通，若只就畫論畫，就藝術論藝術，亦如就經論經，就文史論文史，凡所窺見先自限在一隅，不能有通方之見也。又在東海大學講「中國文化傳統下之文史學」兩講，雖只舉極粗淺事作例，然寓意可深看，尚未得暇寫出講辭，擬在此下半月一月內寫出，終恨不能有人作暢快之談話資料。學術界儘在頹廢墮落中，惟王恢能在沿革地理方面時時來談，亦頗肯用心，亦稍有成就，回念彼在新亞得吾弟教導之力不少，目前吾儕

亦只有如此稍盡自己一分力量，英才有志，可遇不可求，未可必欲得之，亦無奈何耳。有一文化學院學生肯讀朱子新學案，已能讀完，亦大不易得，匆匆略道一二。專此順頌

儷祉

穆啓　二月二十三日

（當作於一九七三年）

* * *

歸田老弟大鑒：

久不通聞，方以為念，昨得來緘，不勝欣喜。　弟不欲應徵中大史系教授，亦未為非計。擔任此職，未必對中大能有貢獻，不如置身事外，可省自己精力，亦減無聊是非。大陸流亡海外學術界二十餘年來眞能潛心學術有著作問世者幾乎無從屈指，惟老　弟能澹泊自甘，寂寞自守，庶不使人有「秦無人」之歎。此層所關不細，尚幸確守素志，繼續不懈，以慰夙望。

中國史學名著已由此間三民書局出版，不日當向該書局索取一部郵上。書中對劉知幾史通頗有貶辭，留美學人中有通信，謂穆持論過嚴。然此乃此書通體意見如此，若遷就時下觀點，則非全體改為不可。誠矣著書之難，而讀書亦為不易耳。雙溪獨語最近亦在文藝復興絡續發表，惟恐不能竟體刊登，當留手頭續有改定，至明年再全書付印。儻　尊處要文藝復興不易，當按期郵上，乞函告知。

王恢所為拙著國史大綱揷圖，鄙意頗不愜，然彼不瞭鄙意，只有如此。彼赴港囑其便中交弟一閱，至史綱增校本，今日始寄商務。心情疎懶，可想而知。　即頌

儷祉

穆啓　端午日

（當作於一九七三年）

＊　＊　＊

歸田老弟大鑒：

八月中旬　弟來書謂大約月尾必須搬家，想近來已定居馬料水宿舍，不知情況如何為念。又聞有關研究所書籍並未遷去馬料水，翻閲有所不便否？穆在此為運用書籍大感不方便。故宮博物院藏書有限，中央圖書館不外借，中央研究院無人可託，臺大圖書館尚可託何佑森代借携來。前為欲讀顧憲成小心齋劄記，只中央圖書館有此書，輾轉商託借來一閲，甚感不易。雙溪獨語已囑編輯人按期寄上，不知果寄來否？此稿隨時改削，不知　弟讀後意見如何，盼示及。此下之稿仍可隨時續有改定也。暑中謝覺民來談，囑其過港相訪，不知曾見面否？

最近開始寫孔子、孟子傳，預定以半年為期。此兩書受人敦迫不得已始下筆，意欲寫一通俗本，然下筆終嫌簡淨，不能為時下文字，讀者必苦之，實無奈何。每下筆參考書在旁，古人以數語說明白了，今欲改成十數語或數十語，豈不掃興。寫了六千字，又從頭改寫，此六千字應可增成一萬字，然讀者仍不易瞭。學術墮地，人不悅學，全無根柢而欲讀兩千年前大聖大賢之傳記，豈不甚難。但若過分遷就，讀吾書後，仍不能進窺古書，亦是徒然。故最後仍只有寫簡淨之文言。惟有許多處明明一句可盡，而寫出了兩句，庶可與一般讀者接近。此等甘苦，則古人所未嘗也。（昨聞何佑森言　弟駕可能來臺，不知是在今年冬抑明年暑？久不見矣！竭予望之。）

又參考書亦不易遍搜，只就崔述、江永兩家，亦只扼要提及，不能如為諸子繫年時之縱筆抒寫也。因思此下著作必然得重開新面，如穆則裹了腳放天足，終是不適。然文體改了，人之聰明亦將隨而變，穆總感到此十年來更難遇一聰明之後生。此亦不足怪，讀書不費力，聰明自日受窒塞耳。穆每念及李定一，此人甚可惜，不知其近在何處？弟能得其消息否？近欲得一如定一之為人為學亦復不易，再隔十年二十年以下，眞不知將墮到何等境界也。匆此不盡　順頌

儷祉

穆啓　十月三日

（當作於一九七三年）

*　*　*

歸田老弟大鑒：

六三元旦一函奉到。孔子傳已於前兩日趕完，尚待過年後通體重讀一過。極有新得，較前所窺似又有進，欲索解人難得，惟有待之來茲。近人只認寫白話文便可通俗，此意害盡學術界，無可救藥耳。照片擬過年後攝寄。專復順頌

伉儷年禧

穆啓　一月廿日

（當作於一九七四年）

*　*　*

歸田老弟大鑒：

此間連月陰雨，天氣潮濕，穆因之胃病復發，亦未有患，只怠倦不能作事，儘求閒散而已。惟每週仍五晨去故宮博物院，彼間溫度空氣皆好，仍能伏案，兩月來不去者僅數日而已。至今炎暑已屆，體況依然仍未健復，想是老態，亦無可奈何也。老　弟一人獨居，想甚孤寂，弟婦想不久可歸，到時幸賜一字釋念。為內人檢史料，囑代道謝。　專此順頌

近祺

穆啓　六月卅日

（當作於一九七五年）

五　致余英時書二十八通

英時吾弟英鑒：

本月十三日來書已到，欣悉近況為慰。「兩漢之際政治變遷的社會背景」已獲成稿，更深快意。學報預定稿可有十篇之數，篇幅求能與上期相彷彿，惟撰稿人多數未能如期交來，恐須展緩至下月底前始能齊集，再排定次序付印，恐須在明年二月初。此等刊物略有脫期並不妨，但求內容充實精美，決不能限期迫促也。弟稿如未能卽成，仍可暫留手邊，從容增刪，極望弟之此稿付印後博得各方好評，故尤盼能精益求精，恐別人看不如自己看更仔細。弟稿寄來後，我縱有意見卻不能代為更改，因每一更動仍須翻查所引原書，恐我無此閒暇耳。此次一期有何佑森元代學風之地理分布一篇，較上期兩宋學風一篇所用功力超過遠甚。佑森肯聽指導，能細心耐心，此後殊有希望。又有臺大去年畢業生某君趙翼廿二史劄記校正一篇，我去年在臺曾匆匆看其序文，似覺不錯。彼全稿正在再自校定，不日亦可寄來。弟文連此兩篇共已超出十萬字外矣。此後學報若能多網羅新進學者，卽是一大成功。若專請已負名之人寫稿，苟非確有精采，僅用一招牌，則實無意味也。

哈佛燕京社本次來信贈研究所買書費、出版費等項共美金五千，亦不無小補。刻下擬開始編印叢書，我擬先印莊老通辨一稿，此稿不僅對老子年代問題可有一新的定論，並於王弼、郭象思想甚多創見，所收各篇前後歷廿年外，全書約可得廿萬字。又擬彙集「兩漢今古文經學考」一書，前在重慶時曾為中央大學文史哲季刊寫有兩漢博士家法考一篇，港臺兩地遍覓不獲，我自己手邊無存稿，盼弟在哈佛圖書館一查有此刊物否，或其他圖書館亦盼託人查詢；儻有此稿，懇代託人設法鈔寄，至以為囑。弟去紐約可赴國會圖書館一查。此稿實較劉向歆父子年譜更重要，若不獲此稿，我之「兩漢今古文經學考」卽不擬付印，必待獲得此稿再彙印專書也。楊君代為學報作介紹文，乞面致謝意。餘俟續及。專此順頌

近祺

此次學報贈送日本各學術團體，頃得彼邦宿學宇野哲人來書，對發刊辭備極推崇，知彼邦實有知學術利病之人也。

此次所招研究生，成績尚未能十分滿意，不知再過些時能有滿意之進步否。

我最近擬寫一篇「先秦思想之兩大分野」，此篇作意自謂道前人所未道，為治先秦者闢開一新觀點，惜常此冗雜，至今未能從容下筆耳。

此間極想招一教通史者，極難得其人，頗望待　弟歸來，然又恐　弟明暑未必能歸，甚為此躊躇也。　又及

穆啓　十二月廿一日

（當作於一九五五年）

＊　＊　＊

英時吾弟如面：

大作及來函，均已早到，地圖亦於昨日取得，一切幸勿念。學報集稿，已過卅萬言，內容尚較前期整齊，不日即付印。此次

尊大人去南大，新亞人事糾紛，未能挽留，深滋歉仄。

弟儻能早返，得失之間，亦殊難計量。國內治文史者，日乏其人，必俟有後起英秀，任此重負。學位僅屬虛名，　弟若早歸，幸穆尚未衰頹，相與講究切磋，積數年之講貫，甚望　弟能建樹宏模，不負平昔之所期。在美固可益研新知，然舊籍邃深，亦甚須潛心，時過而學，則事倍功半。至於他年重謀出國，機緣決不乏，故　弟之繼續在國外深造，或先歸益治舊籍，再過數年，重再遠遊，此事得失，各居其半。儘可安心乘運，不必多所計慮也。

穆之婚事，實非得已，以垂老之年，而飲食居處，迄少安頓，精力有限，其何能久。最近卜居鑽石山，僻在郊野，聊可矚眺海光山色，並可散步逍遙，或於精力心情，稍有所益。惟美琦以盛年作此犧牲，私心甚望其能繼續治學，勿專為家庭瑣務所毀耳。至於悠悠之議，穆固不視之為有所足輕重也。

兩漢博士家法考一文，極望能早得消息。章羣之申請書，尚未正式寄出，大致於旬日半月內，可

以付郵。惟章君心稍馳外，未能精心一意，此恐於遠到之程有其限量。學問之事，非畢生悉力以赴，則人之聰明，不相上下，豈能立不朽之盛績乎！匆匆布復，不勝馳念。惟

學思邁進如頌為念

穆啓　二月二十二日

（作於一九五六年）

* * *

英時吾弟英鑒：

前接來書，因匆匆去星洲，擱置未復，歸來重獲來緘，欣悉近況為慰。中大學術季刊蒙多方探詢，既難物色，只有設法向大陸覓取矣。學報第二期不久可出版，　弟文到，牟潤孫先生閱後極為擊節，謂　弟英年才氣橫溢，據彼所識惟往年張君蔭麟差可比擬。此乃穆去星洲前語，此次返港彼又談及弟文，認排出後又細誦一過，的是佳作，並謂穆積數十年講學得　弟一人儘足無憾云云。潤孫向少許可，對弟文如此稱賞，大為難得。惟鄙意則甚盼　弟益自虛心，勉求實學，以期遠到。此函所以將牟君語相告者，亦以見學詣自有公評耳。上次來函所開美國務院管理遠東機構之負責人姓名地址一時已檢不到，盼再續示以便將學報分送。

新校舍已完工，本月圖書館已將遷去，下月全部遷入。研究生成績頗有一二佳者，惟多牽於家累，時過而學，終是喫力。至新亞畢業生如唐端正等，則限於學力基礎，急切殊不見有大長進耳。秋

後因哈佛燕京社協款開始一清史稿整理工作，章羣、何佑森當可留所。擬再聘與彼兩人相等程度者一人，此後頗望能專在青年方面多留心，然青年肯決心在學業上犧牲其畢生精力者，亦殊難得。章羣即時時意向搖動，彼對　弟頗心折，盼隨時有以相鼓勵之為望。臺灣招生事亦正在商洽中。先秦諸子繫年一月後或可出書，若港大有贈送當奉贈一部，然恐港大只送少數幾部，即為此間相識索盡，則只有由　弟自購，屆時當再告勿念。　弟文單行本共一百本，是否全寄來，盼示知。　弟在美課程，盼善擇名師，將來如能在中西史學方法及史學哲學上作一比較研究，更所盼切。至於將來大部精力，則仍以還治中史為得，治西史只能作比較與參證，不足當畢生計畫也。讀　弟為祖國撰文介紹柯靈烏史學，文極流暢。彼之所論，其實中國史學早注重此一路，穆前相告，治史必通經學、理學，正為此耳。非於此有深入，則在中國史學上不能卓然成大家也。幸　弟常記此意，他日有暇當再為弟暢發之。匆此順頌

旅祉並祝

學業猛進

穆啓　六月一日

（作於一九五六年）

* * *

英時老弟如面：

久不通訊，惟前幾月內時於　令尊堂處獲聞近況為慰。最近連奉兩緘，甚快所懷。最近想　令尊

堂及令弟當可安抵，一家快晤，樂何如之。弟遠遊孟晉，他日學成歸來，聚晤有期，此刻則望一意鑽研，何時歸來不必以此縈心懷可也。

承告暑期撰文，私意專以晚清經世思想與當時政治社會之關係為題似較妥，至於今文學運動，只是文中關聯之一項目而已，因有經世思想才轉入今文學運動，此項運動並不能包括經世思想之全部；而若將此列入題中，則牽涉經學史專門範圍，又恐頭緒太紛繁也。

承告關於研究所將來發展，甚感關注，此間所招第一第二兩年研究生成績皆尚不差，此事極堪告慰。所恨者經費有限，指導乏人，然即有更多經費亦未必即可聘得理想之導師。學絕道喪，青黃不接，今之來者勢須自學自導自尋蹊徑，此雖艱巨，然將來果有成就，必與依牆附壁者不同。就以往學術史言，一時代之大師均於學絕道喪之環境中奮然崛起，若風氣已成，轉少傑出。即如晚明諸老之與乾嘉盛世，豈不如是。是乃天啓大緣，然亦待奇才大志乃克應運而起耳。

穆年來極少暇晷，常此以往，甚懼學殖荒落再難努力。今年將卅年來秦漢史講義舊稿付印，亦無暇多加改定，只一仍舊貫而已。本欲由 令尊帶奉而不及，緩一兩日即當郵寄兩册。此書雖卅年前舊稿，然尚多創見，為時賢所未及也。最近印莊老通辨，此書前後積稿已逾卅年，莊先老後，竊謂得吾書而可資論定矣。莊老通辨別闢一考據途徑，為前賢所未窺，此亦時代使然，非必今人之智力勝過前人也。秦漢史講義亦於寫新史開一體例，弟試細誦以謂如何。然秦漢史係舊稿，莊老通辨亦係夙見，此數年來實甚少創獲也。胸中時有觸發，只為冗雜擱置，意興一去，恍如隔世。不僅記誦衰退，即聰明亦漸絀塞滯鈍矣。念此慨然，故極欲乘時擺脫現職，庶乘年力未盡尚可續有撰述。為公為私，為得為失，慮此已熟，因新亞已薄有基礎，正不必再此纏縛也。極盼在最近一兩年內先得一休息，然後專意教課，俾可抽出精力再從事於著作也。

弟來書謂美人重視東邦，此亦應該之事。穆年前去彼邦，深敬其學人刻苦專精之素養，實為國人所斷難企及也。曾在京都遊一離宮，伴往者乃一京都大學之教授，彼係京都人，年已近四十，乃謂生平從未到此。此其一意專精之可敬可佩，實為吾國人所望塵莫及耳。即此一例，可概其餘。穆年事已邁，再不能為國家民族爭此光榮，因　弟之言，深滋慨憤，甚望　弟輩有以一雪此耻也。

令尊令堂到，盼代問候。專此順頌

學祺

穆啓　四月十三日

（作於一九五七年）

* * *

英時老弟：

久不得賢喬梓來信，方深懸念，日前獲　尊翁書，昨又誦　弟緘，籍悉闔第清吉，甚釋所懷。最近於祖國及人生連讀　弟文兩篇，才華四溢，清氣滿紙，尤以讀陳著再生緣一篇，情辭斐亹，知　弟邇來不僅學問有進，即文章亦大有新境，豈勝快慰。

孫君國棟在此任通史已第二年，努力不懈，頗得學生信仰，去年研究所畢業生中有陳君啓雲，穎悟異常。此君本在臺北師大教育系畢業，考進研究所僅半年，已能通讀兩漢書，穆聽其一次講演，知其可造，因加鼓勵，所為畢業論文乃討論晉代三省演變者，亦殊有新見，當於下期學報刊載。研究所兩年來得此兩人，差堪慰藉。惟最近兩屆似無秀出人才也。吾　弟不知於明年暑假是否可完畢學程，極盼　弟學成歸來，能在研究所方面工作，並為史學系添新血。穆自感歲月已邁，精力日衰，並人事紛擾，僅能維此現狀，若求於將來擴展遠到，非得如　弟等年輕人繼續擘劃主持，恐難有望耳。　弟學程大概於何時結束，務盼早告，以便有所準備，至要至要。　弟此信中討論孫君文字，已轉與孫君閱過。學問之事必得互相觀摩，始有進境也。

穆繼唐代古文運動一篇之後，又寫有讀文選一文，當刊於本期學報，以後獲暇擬再撰讀詩經一文，三文相足，始可達鄙意所存耳。論古文運動中韓柳「以詩為文」一點，自謂最是創論，於本期讀文選一文中對此點續有發揮。因於百忙中抽暇為文，故未能從頭說起。本該先寫詩經一文，已開了一頭，忽因事擱下，不知如何，又拈了韓柳一題，此刻此三篇文字卻變成逆溯而上矣。因此措辭行文總有許多不滿處，然亦無可再改矣。本因寫尚書文體一文，想從頭寫一部「中國文學史論叢」，遂續寫詩經。因發端過大，未能續下，大概只有作提綱挈領的寫法，始可完篇。若牽涉過廣，則斷無此閒暇矣。

新亞研究所總是一異軍特起，若循此十年廿年，應可有些影響，深望　弟能早歸，將來擔重任者，非　弟莫屬也。新亞今年學生已到五百人，最近正進行第二期新建築，南洋各埠來學者已逾五十人，下年當更增加。說不定此校將來對南洋影響或可更甚於在港之貢獻也。

弟所提有關英美人中國學問之著述，盼隨時以書名見告，可囑圖書館採購。日本書籍佳者，亦盼隨時示之。穆之兩漢博士家法考乃友人在滬懸賞格於鄉間收得見寄者，此文雖多採自拙著秦漢史，然亦有幾節乃秦漢史中所未及而關係甚大者，如論史記中「古文」一題之類。匆復順頌

學祺　尊大人函稍緩數日再復

穆啓　十二月五日

（作於一九五七年）

＊　＊　＊

英時吾弟大鑒：

一月十四日來書早奉到。前唐君毅先生自美歸來，備道吾　弟辭態謙冲，學德修養較前益進。頃誦來書，更喜其言之確。學問之事，備具天分，仍須濟以工力，否則虛以為盈，中途而輟，鮮能大成。吾　弟天姿英發，惟期一意沉潛，立志遠到，此穆之所夙望。此間孫君國棟頗有希望，又有陳君啓雲年少孟晉，有人以彼與　弟相擬，然究不知其將來何似，且須再過時日始立基礎耳。

莊老通辨已出版，當俟購到宋明理學概述再一併付郵。穆之中國思想史與宋明理學概述兩書皆在桂林街所成，篇幅時日為限，均未能暢所欲言，然辭旨簡括，可耐深思。若就此兩書與中國近三百年學術史並讀，竊謂於經學理學必可悟從入之門。　弟讀後儻有所疑所悟，不妨隨時來函藉資討論。莊老通辨自謂乃莫大創見，新會梁氏粗抽其緒，較之拙著深淺懸隔。

徐君混身黨務，多年心習未淨，徒知掉弄筆墨，並意氣不平，甚難於學問之途有深入之望。南來數年，於徐君頗加獎掖，不知彼驟博時譽，遂忘故吾。穆向之持論，常謂學問淺深一視其德性修養為判，故必誡學者潛心宋學，因經此一番磨練始於學問有最高境界可窺也。

穆今年又授「中國文學史」，於此方面積有新得，惜乎事冗，終未能撰寫成稿一抒所見耳。一二月內或可整理一最近講演稿，亦可粗述一二端緒。此文當送人生，因王君貫之日來敦迫，故得暇必可落筆也。匆匆不盡，順頌

學祉

穆啓　一月廿六日

（作於一九五八年）

* * *

英時吾弟英鑒：

十日來書已到，所論甚見心胸開拓，識趣遠到，循此努力，將來當大有成就。穆教課各大學歷三十年，得見如　弟英發，誠為欣慰。中國思想史當時匆促下筆，未能放開篇幅誠是一恨事，然穆此數年來為生活所迫，只有如此開立規模，指示途轍，庶後有來者完此洪業。若求於一人之手一如近三百年學術史之例，通體寫一部完整之中國學術思想史，實已無此精力，兼亦無此興趣。若有暇晷頗擬寫一部朱子新年譜以補清儒白田年譜未盡之缺，白田於朱子思想演變轉進之深微處，皆不能有所見，是其大缺點也。此事亦非三數年不辦，恨殊無此機緣耳。

最近於文學史頗有深悟，亦望能寫一大綱，開列規模，俾後來得循此尋求。鄙意只望如此，故寫了先秦諸子繫年卽不願再寫戰國史，寫了秦漢史卽不願循此再寫東漢以下。穆三十年以前卽有意另寫一本「宋儒學案」，胸中有此腹本，惜終未能正式下筆。宋明理學概述亦是倉促所成，距離理想甚遠，將來　弟治兩學案便知宋元學案缺點太多，如朱子學案便是要不得也。若能發意重寫一部則甚盛事也。

欲究文化問題，非於各方面切實下工夫不可。鄙意當從文化全體系定看法，而於學術、宗教、文學、藝術、社會、政治、經濟各方面分別深究，一人能完成一門至兩門，卽為一大貢獻。如此合得四五人，積二三十年工力，庶對此下中國文化學術研究開一新塗轍。試看宋學漢學興起，莫非如此。吾人發意治學，當於自己有一終身計畫，並於一時代有五十年一百年以上之遠大眼光。穆最先寫論語要略、孟子要略、國學概論時，胸中早樹立下一規模，此下只是就此充實推擴之。至於下筆抒寫，只是當境隨緣，有時想寫者未寫，而不想寫的轉先寫了，如先秦諸子繫年與近三百年學術史皆是。惟諸子繫年貢獻實大，最為私心所愜。國史大綱亦足開一規模而已，只繫年一書始可眞與古人相擬。此亦時代所限，無可奈何也。匆匆不盡欲言。專頌

日進無疆為慰

穆啓　三月十九日

（作於一九五八年）

＊　＊　＊

英時吾弟英鑒：

卽日獲來書，甚慰想念。

此次中央研究院推選院士，臺北方面事先亦有人轉輾函告，窺其意似亦恐穆有堅拒不接受之意，惟最後結果據聞乃提出鄙名而未獲多數通過。穆對此事固惟有一笑置之。穆一向論學甚不喜門戶之見，惟為青年指點路徑，為社會闡發正論，見仁見智，自當直抒己見。凡屬相邀作公開講演，此事亦當有一些影響，穆豈能閉拒不應，又豈能自掩其誠，為不痛不癢不盡不實之游辭。而俗人不察，卻以私關係猜度，穆亦惟有一笑置之而已。穆之著述數十年來本是一貫與世共見，談中國文化、談儒學精微、談歷史大統，豈有受人挑撥而能然者。吾　弟若能將穆生平著述三十年來從頭細誦，上所云云，豈當有所不信耶。數月前嚴君耕望來信，亦甚道胡君對穆著書極表同意云云，其意似亦謂穆於胡君或有所誤會。實則穆之為學向來不為目前私人利害計，更豈有私人恩怨夾雜其間。　弟與嚴君與穆關係不得謂淺，而仍以此相規，則在穆惟有更自內省，自求無疚神明而已。道路之言穆自更不能對之有所辨白也。年前張君勱、唐君毅等四人聯名作中國文化宣言書，邀穆聯署，穆卽拒之，曾有一函致張君，此函曾刊載於香港之再生。穆向不喜此等作法，恐在學術界引起無謂之壁壘，然心之所是不得不言，學有所見不得不自信，知我罪我，亦以待之天下後世而已。穆自問數十年來絕意入政界，此下亦將如是，歷年赴臺邀講演者多與政府有關，然如臺大中研院豈聞有邀之講演之事乎。有此機會，久鬱心中者不得不發，然講演辭亦多有紀錄，並多刊布，自問實並無他心也。匆匆不盡。

穆白　五月六日

（作於民國一九五九年）

＊　＊　＊

英時吾弟英鑒：

頃誦來書，所論似百尺竿頭更上一步。若循此不已，他年所詣當臻深邃，快慰何極。弟書原稿擬交雙周刊登載，亦足資儕偶啓發，弟意如何。（末後論及中央研究院院士一節當删去。）大陸批評國史大綱一文，此間已早閲及，此等無可計較，只有置之不問不聞而已。七八年前曾見范文瀾著中國通史，書中極多剽取拙著國史大綱所引用之材料，當時頗感意外。頃聞大陸於范氏亦有清算，乃益信學術自有涇渭，難可相混，而正義公道之在人心，亦自有不可泯滅者。

學者所貴必在擇術，中道而立雖不堪取悦於流俗，亦正以自信於傳後也。自問平生為學無多足述，惟年少時初窺古人述作，即有承當之意。至今粗有樹立，惟此一念之所積。若不能發心有所承當，用力雖勤，亦何足取，更無論自欺欺人虚掠時譽之所為矣。吾　弟聰慧早達，惟望於古人承當處，亦能直下承當，一念之微，規模立而精神見。外此惟待年力，寬心待之可也。如内心無所承當，則一切聰明氣力皆失其根源，波瀾榮華盡不足貴。此意盼潛體默會。必於此有得，乃始足最上一關也。

最近港政府要求新亞、崇基等校，為專上學校之新登記，此後當可得一筆經費補助。隨後並聞擬成立一「中文大學」，各學院仍保持自身之獨立，惟在上另組一大學評議會之類。此乃社會人心所趣，英政府無法長此閉拒。然此刻改變態度，既有經濟補助即有法令限制，往還之際，極費斟酌，而各校盡只著眼在經費上，所謂教育精神文化傳統本所忽視。新亞一校若處處樹異，終是在殖民政權之下甚難堅持。因此此一月來殊感悶鬱，此下演變亦不知究得如何結果也。匆匆不盡。專復順詢

近祉

穆白　五月廿四日

（作於一九五九年）

* * *

英時老弟英鑒：

上月廿三日來書讀悉。穆下年去美係由耶魯遠東系邀聘。最近該系主任來書，盼穆任課兩門，並盼穆再自選課一門。惟選修學生不多，又每門課每週僅兩小時，想來尚甚清閒。惟該系指定一門課指導「研究漢學方法」者，須用英文講授，此事甚為難，待緩幾日此間稍得暇，當再去函商討。惟對該門課程穆則甚感興趣，因西方人治漢學實該闢一新路徑，穆此去或可於此一門課收些效果，則此行為不虛矣。穆此去決與內子偕行，庶日常生活有人照料，彼亦可借此再有進修。耶魯課務大約在明年二月至五月便可結束，此下擬赴各地考察。至於詳細安排，則須看私人經濟能力而定。只望在耶魯之五月中能盡量節省，庶可多跑幾處，再繞道歐洲返港。

弟擬寫「漢魏之際士大夫階級之自覺及其與新思潮之關係」一題，立意甚佳，鄙意題文或改為

「漢魏之際士之新自覺與新思潮」，不用「士大夫階級」一語，不知　弟意以為如何。又漢魏之際不如改為「漢晉之際」，因若專論漢魏之際，則似限於東漢末三國初，時限太狹；若稱漢晉之際則可放寬際限，直自東漢下及西晉，來龍去脈要可暢所欲言也。惟此等皆須視　弟作意與材料為決定。至弟之中心作意，似側重於從知識份子之內心覺想而討論到其對於上層政治之影響，自比只從政治影響推論到思想轉變者更為深進一層，此事於當時之文學轉變亦有極大關係。惟　弟意似欲以社會史為主而以思想史印證之，此層恐尚須再加深研。鄙意社會變動之影響及於思想，亦如政治變動之影響及於思想，皆有所偏，似當以思想為中心，而以社會政治種種變動印證之似更深切。因　弟來書語焉不詳，姑拉雜述其所感，由　弟再作決定。因雖取同樣材料，只下筆輕重偏主便可有許多出入也。

新亞與崇基、聯合三院下年起可得教育司補助，但亦有許多麻煩，將來為爭取自身之自由與獨立精神實需逐步努力，但最要仍在教授能專心在學術上有貢獻，則自有客觀地位。此所謂盡其在我，卻不可向外爭取也。穆兩月來精力全耗在各種會議上，不知七月十五以後可否小閒。因此對明年去美講學等事更無心緒顧及。大約須過十月，學校十週年紀念後，始可再考慮到去美準備方面也。久不得尊大人書，彼心緒如何，生活如何？極念極念。專此卽頌

闔第均安

穆啓　七月四日

（作於一九五九年）

＊　＊　＊

英時老弟大鑒：

即日誦來書為慰，年刊論文早收到，已付印。穆常此事冗，最近並赴臺北在國防研究院講演三天，往返八日，歸後又擬寫一篇漢學通論作為去耶魯之講稿，此文只擬寫三萬到四萬字，對西方人研究漢學或可稍有影響，每日僅能抽暇一兩小時或隔幾天再能續寫，甚望在雙十前完成，但須覓一人譯英文亦殊不易。如此生活每引為恨，弟稿寄到遂忘裁答，有累盼懸。至學報文字不妨稍遲，因各方來稿尚未齊備也。

西漢儒生大都自農村出身，班氏藝文志「三年通一經」之説，可以想像當時人生活與從學之大體況，但東京以降，士族漸興，生活變斯意想亦變。穆論漢賦，自班張以下即起變化，經學如馬融等亦與前漢儒家大殊，孔融為晚漢新思想之主要轉捩人物，哲理、文學、藝術，皆與學人經濟生活情況有深微之關係。此層不知與弟之新作有可相發處否。因從來論此一段轉變，皆從政治盛衰著眼，顧於社會經濟情況均少注意，故聊此提及。

楊聯陞先生想近來體況亦全復矣，晤見幸代致意。匆復順頌

近祺

穆啓　九月廿六日

（作於一九五九年）

* * *

英時老弟大鑒：

十九日來書本日始到，新亞自接受港教育司補助，關於聘請教授及開設課程事頗有限制。本學年已無辦法，下學年起學校擬儘量聘專任教授，兼課者逐年減少，再難增新。因此許君殊難安插，望便中婉委告之，可免久懸此望耳。

學術年刊為印刷書店拖延，未能於雙十出版。關於學報論文，來書云「辭求簡約，義取綜貫」，此大佳事。吾人撰述當求知者知，譁眾取寵，追步時趨，斷無傳遠之理。文章千古事，得失寸心知。望弟自此更進一步，卻不必以他人毀譽存胸懷間為要。

學校自十週年紀念後，接著又是倫敦派人來，為將來承認中文大學事到崇基、聯合及新亞三校考察，不免又增一番應酬。來人尚通達，惟此間院校本身實多缺點。崇基、聯合兩校，均在最近期內有更易校長之舉，聯合前途尤複雜，實是愧對外人。而三院校時時又須取同一步驟，種種苦悶難言。穆此數年來深知辦事另有一套工夫，較之讀書著述各有艱難，未易軒輊。象山有云：「宇宙間事卽己分內事」，朱子云：「古今無關門獨坐之聖賢」。自問平日一意杜門，來港十年為新亞化了許多心血，而成績實是有限，從此再不敢看輕實際做事人，此亦晚年來一種長進也。

在雙十前匆匆寫成漢學通論一篇，僅三萬許字，亦是力求簡約綜貫，惟覓人英譯，殊難愜意之人選，此亦一憾事也。此後短短兩月卽須準備赴美，預計此兩月內殆更無親筆札之機會，不知到美後是否能得幾月安閒之生活，更不知到時是否學校又有事，有臨時不得成行之苦，亦殊難斷言耳。

尊大人月前來信，懶未修答，須稍緩數日再行作復，便中幸致候。專此順頌

近祺

穆白　十月廿六日夜

（作於一九五九年）

* * *

英時吾弟大鑒：

大文早已收到。本擬抽暇細讀一過，再作復，不料臺北方面寄來九月間穆去講演之記錄辭，急待刪改一過寄回。此稿逾七萬言，每日僅能抽出少許閒暇去刪改，直到昨日始修改完畢，其他事情又壓積甚多，　弟稿不知何日再能細讀，只有先修此緘，免　弟懸注。穆近來生活實太冗亂，厭心日滋，更覺難遣。回念來香港十年，迄無一段休息，精力已非，勢不可久，甚盼下月能暫擺脫。到美國半年，只盼精神上得一轉換。此刻離啓程日期已近，但一切手續均拖著未辦，學校事亦總是如此拖著，眞不知到時如何動身。

說來誠可怪，最近上「文學史」課，對古詩十九首與建安文學之關係又覺有新啓悟。惜此緘內不克詳告，只有留待見面後細談。　弟文不知究否能在穆離此前細誦一過，俾到美後有一番討論。然照目前情形，似恐無法有些暇晷，只有待　弟文印出後，或可在美細讀，再作討論矣。

尊大人處久不欲修緘，終是心下有此事，一擱再擱，未能下筆。想　尊翁必能諒之不為怪耳。匆此

順頌

近祺

錢穆啓　十二月二日

（作於一九五九年）

＊　＊　＊

英時老弟大鑒：

前函諒到達，連日忙於他事，　弟之論文擱置未復，想勞懸念。若再拖延，恐前讀影響，模糊遺失，勢需重讀。今日週末，當竭半日之力，就尚在記憶中者，約略陳之。

一、弟文最須再考慮者，多在上篇。而「羣體自覺」一語，似剖析尚欠周密。若謂是一種階級意識，似與東漢士人精神，稍嫌不貼切。外戚宦官與士人之衝突，主要還應注意到士之正義感，儒家之傳統精神。

二、「以天下為己任」，此自先秦孔孟儒家開宗卽如此，不得謂自東漢啓之。且以天下為己任，卽與階級意識之覺醒判然兩事。　弟文下語時時有含混不分明之處。

三、「內在分化」一層，更値考慮。　弟文對此，似無堅強證據可資說明。以地區分別言，先秦卽多有之，如齊魯、如三晉、如南方學者等，不得亦謂是內在分化。前漢公羊、穀梁之爭，亦以齊學、魯學為言。詩亦有齊、魯與河北之分。若就羣體自覺演進到內在分化，以如此線索說之，太近是近代人意見，疑非當時眞相。

四、弟文又謂「於地域分化外，復有上下層之別」，此意見更可商。　弟謂「當時士羣交際道德意識重於階級意識」。此話極扼要。但既是如此，則所謂羣體自覺，自須更加明確之界說，而當時人所辨之「清濁」，與近代語所謂「上下層」，亦有甚大距離可知。

五、弟文又有「士大夫對世族與寒門之自覺」一語，此亦極可再斟酌。所謂「自覺」，本身應有一價值，階級意識自馬克思階級鬥爭之歷史觀言，自有甚大價值，但自不取馬氏歷史觀者言，階級意識根本不當有，此即不得用「自覺」一語。世族賤視寒門，卻不得謂其是一種自覺也。至於個體自覺，則自當別論。因個體確自有其價值所在，與階級門第等不當同類視之也。

寫至此，適得　弟來書，謂此後論文，不擬再從士之自覺一點立論，而欲對當時學術為一較全面之整理云云。此意見甚是。穆之此書，此下當另起論點，不再縷舉弟原文為說。

一、弟原論文正因太注重「自覺」二字，一切有關政治、社會、經濟等種種外面變動，　弟意總若有意撇開，而極想專從心理變動方面立論。但內外交相映，心理變動有許多確受外面刺激而生，　弟文立論，時覺有過偏之處。

二、學術思想之傳統，此事甚不可忽。東漢思想，因於時變，而有由儒轉道、由周孔轉老莊之趨勢。　弟文因一意在內心自覺一點上故意渲染，轉於此前人共有之觀點上忽略了，不能有深細之闡發。

三、若論學術傳統之全面整理，除儒道兩家外，法家一方面，甚不宜忽視。晚漢下及魏晉，此一方面極該注意。

四、作歷史性的研究，最要在能劃清時代界線。　弟原文一大缺點，未先把東漢與西漢之轉變處明白劃出，則沒有一明白的開頭，下面亦沒有一明白的結梢，究竟所謂魏晉時代之思想與風氣，後面又向何處變化，其轉變之時期與關捩在那裡？此須有一交代。前有起，後有迄，此一論文，始得成體。然此事則須上窮下究，費較大工夫，雖論文下筆，於題前題後不須多寫，然論文之精采與警策處，則必須化此工夫始見也。

五、鄙意若欲作一番對當時學術較全面之整理，其事甚不易，一年時期恐難完成。　弟之新論文，不如以當時士大夫之「意態」與「學風」兩點為主。因學風可從外面說，較易著手。即如史學，馬、班已有甚大不同。魏晉以下史學，大可注意。即就荀悅與袁宏兩人言，勢非細讀兩家前、後漢紀，看出他們異處何在，同處又何在？又如范蔚宗後漢書與班氏前漢書異處何在，同處又何在？其他如七家後漢書，如陳壽之三國志與裴松之之注，其精神意趣不同又何在？只就史學論，已甚喫力。只從學風著眼，其事似較易著手。學風與學者之內心意態乃一事之兩面，如此下筆，　弟之原論文，大體仍可用，較之另作一題難易相差甚遠，不知弟意以為如何？

六、弟原論文似未參考葉水心之習學記言，及王船山之讀通鑑論，此兩人都能從歷史演變中推求時代心理而從以指出學術流變者。葉書著墨不多，然時有極精卓之見解。在南菁書院所刻書中有習學記言，若哈大圖書館無此書，只翻宋元學案亦得。穆對此兩書，一時不能記憶，然必甚有可參證處。再及章太炎之檢論，此三書需仔細閱之，得一語兩語可以有大用。

七、關於撰寫論文之體例方面，穆別有幾項意見，供弟採擇。

㈠在撰寫論文前，須提綱挈領，有成竹在胸之準備，一氣下筆，自然成章。弟之原文，似嫌冗碎軟弱，未能使讀者一開卷有朗然在目之感，此似弟臨文前太注意在材料收集，未於主要論點刻意沉潛反復，有甚深自得之趣，於下筆時，枝節處勝過了大本大幹，此事最當注意。

㈡弟文一開始即有「近人言之已詳，可不待再論」云云，此下如此語例，幾乎屢見不一見。鄙意此項辭句，宜一併刪去。

㈢附注牽引別人著作有一〇七條之多，此亦是一種時代風尚。鄙意凡無價值者不必多引，亦不必多辨。論文價值在正面，不在反面。其必須稱引或必須辨白者自不宜缺，然似大可刪省，蕪累去而精華見，即附注亦然。斷不以爭多尚博為勝。

㈣正文中有許多枝節，轉歸入附注，則正文清通一氣，而附注亦見精華。必使人讀每一條注語，若條條有所得，則愛不釋手，而對正文彌有其勝無窮之感。萬不宜使人讀到附注，覺得索然少味，則轉減卻其先讀正文之影像。何者宜從附注轉歸正文，何者宜從正文轉歸附注，何者宜直截割愛，何者宜加意收羅？當知正文、附注只是一篇文字，不宜有所輕重。

此函本僅擬寫一紙，刻已轉入第三紙，所欲言者，大體已盡，而留紙尚多。與　弟面談之機會或暫時不易得，姑再略作題外之討論。鄙意論學文字極宜著意修飾。近人論學，專就文辭論，章太炎最有軌轍，言無虛發，絕不支蔓，但坦然直下，不故意曲折搖曳。除其多用僻字古字外，章氏文體最當效法，可為論學文之正宗。其次是梁任公，梁任公於論學內容固多疏忽，然其文字則長江大河，一氣而下，有生意、有浩氣，似較太炎各有勝場。即如清代學術概論，不論內容，專就其書體制言，實大可取法。近人對梁氏書，似多失持平之論，實則在「五四」運動後，梁氏論學各書各文均有一讀之價值也。其次陳援菴，其文樸直無華，語語必在題上，不矜才、不使氣，亦是論學文之正軌。如王靜菴則為文有大可議者。當知義理、考據、文章，義各有當。靜菴之文，專就文論，不在章、梁之下，而精潔勝於梁，顯朗勝於章，然其病在不盡不實。考據文字不宜如此一清如水，繁重處只以輕靈出之，驟讀極易領略，細究實多罅漏。近人以此譏任公不以此評靜菴。實則如言義理，可效王氏；若言考據，不如依梁較合。又如陳寅恪，則文不如王，冗沓而多枝節，每一篇若能刪去其十之三四，始為可誦。且多臨深為高，故作搖曳，此大非論學文字所宜。

穆前讀　弟討論陳氏所作關於再生緣一文，甚為欣賞，當時即覺　弟不僅能發表陳氏之內心，即弟之行文，亦大有陳氏回環往復之情味。然此種文字，施於討論再生緣、紅樓夢一類，不失為絕妙之文，而移以為嚴正之學術論文，則體各有當，殊覺不適。　弟此一論文，就穆直感觀之，似受陳君行文之影響實大，此或穆一時覺其如此。　弟或不在下筆前有此意想，然　弟文之蕪累枝節、牽纏反復，頗近陳君。穆亦有意為　弟下筆刪去十之三四，而　弟文所欲表達者，可以全部保留，不受削減，並益見光采。此層大可留意，不知　弟以為如何也。胡適之文本極清朗，又精勁有力，亦無蕪詞，只多尖刻處，則是其病。穆此條只論文字、不論內容。　弟諒不致誤會。然文字亦大須注意。上所論者乃文體，此一條乃論文之字句章節，與文體略有辨。

穆平常持論，為學須從源頭處循流而下，則事半功倍。此次讀　弟文，時時感到　弟之工夫，尚在源頭處未能有立腳基礎，故下語時時有病。只要說到儒家、道家云云，所討論者雖是東漢魏晉，但若對先秦本源處留有未見到處，則不知不覺間，下語自然見病。陳援菴、王靜菴長處，只是可以不牽涉，沒有所謂源頭，故少病也。　弟今有意治學術思想史，則斷當從源頭處用力，自不宜截取一節為之，較靜菴、援菴更艱苦始得耳。陳寅恪亦可截斷源頭不問，胡適之則無從將源頭截去，此胡之所以多病，陳之所以少病，以兩人論學立場不同之故。　弟今採取之立場，則萬不可截去源頭者。此層盼試細思，自可得其意。

弟之才性，為文似近歐陽，不近韓柳，盼多讀歐陽公文字。穆於歐陽公常所深契，然韓柳境界萬不宜忽。歐陽不從韓公入門，絕不能成歐陽也。清代文字，最盼能讀碑傳集。　弟之文路，多看鮚埼亭集為近，自全祖望上參黃宗羲，明儒學案各家之序，此是絕大文字。以黃全為宗，再參以清代各家碑傳，於　弟此後治學術思想史行文，必有絕大幫助。治學當就自己性近，又須識得學術門路。穆前舉葉水心、王船山兩家，乃參考其意見，至於行文，　弟似不宜學此二家耳。　弟之行文，似是近於清深喜往復之一路，歐陽自是最佳師承，能自釋回增美為望。清代洪亮吉文大可讀。　弟近洪不近龔，此兩家亦多妙文，未有深於學而不長於文者，盼　弟能勿忽之。

又念　弟之生活，卻似梁任公。任公在日本時，起居無節，深夜作文，日上始睡，傍晚四五時再起床。　弟求遠到，盼能力戒，勿熬深夜，勿縱晏起。心之所愛，無話不及，諒　弟當不為怪也。弟此次決心返新亞，亦是必如此做始得。至於過幾年後，自然又當別論。若能在新亞有三年相聚，穆亦深感滿意矣。不復多求，幸勿過慮。最近美琦專忙申請各處入境，及接洽離此旅行各項手續，大約再旬日，必可決定。何日能與　令尊令堂再聚，此刻尚難預定，俟此間大體計畫決定，當再告。穆盡力欲寫成一論語新解之初稿，然已為日無多，不知能寫就否。匆匆不能盡所欲言，即頌

近祺

穆啓　五月廿八日

（作於一九六〇年時任教於美國耶魯大學）

＊　＊　＊

英時老弟大鑒：

二十四日來書已到。人物風俗因地而異，此層究與所謂「羣體自覺之內在分化」不同。世族與寒門，在當時人意識中以「流品」二字說之較得。家世與道德，均可以流品別。清濁即指流品，但用「上下」二字，則易生歧義。以天下為己任之精神，導自東漢，語終未妥，惟兩漢士氣與內心意態確有不同。　弟文專就內心自覺一端立論，本無不可，惟不能將屬外面影響者定要歸入自覺方面立論。細思　弟文缺點，還是在行文方面。作考據文字較易，作闡述文字較難。專從一點說之易，而兼綜並

包者難。有蕪累處，亦有闡發未盡處，有輕重詳略斟酌不盡，有頭緒條貫組織未善，此皆在作文工夫上。昔崔東壁有意作考信錄，因從頭專讀韓文三年，此事大可思。關於附注體例，盼仍再看前書。鄙意並非不要有附注也。

治學必求有所入，先有一根基，由此逐步擴大融化。弟在此以大部時間治西史，尤注意思想史方面，此亦一基址，斷不會工夫白化。此後惟須寬其程限、緊著工夫，卻不宜先有顧慮。

莊子一書，必須誦郭注。郭注雖非莊子之正解，然其書實宜精讀也。經書亦不必畏難，詩經可先看朱子，易經兼看伊川，左傳與小戴禮必讀，惟尚書、儀禮不妨擱下不看。清人治經須讀乾嘉以前，雖有未精，然元氣淋漓。乾嘉以後便趨瑣碎。不妨先看閻百詩古文尚書疏證、胡朏明禹貢錐指、顧棟高春秋大事表。讀過此等書始有氣魄寫大部專著，否則總是零碎文字不能成大著作。古人精神必能兼顧到全書，決不草草，多讀自見。

總之，勿心慌，須以安閒沉著之心情讀之，讀一書自可得一書之益。只積三五年工夫，便可確立基礎矣。拙著近三百年學術史盼細看，又學籥諸篇，雖篇幅不多，亦須精讀。為學門徑與讀書方法，穆之所知，已盡此兩書中。以　弟明快之姿，上了道路，即可深造自得，不煩常有人指示也。令尊大人厚意可感，惟穆論語稿月內恐不能完畢，又擱著許多雜事，均待於六月內清結。而又有熟人已先約自遠道來者。穆夫婦如再來康橋，亦不便不訪其他熟人，深恐三四天工夫，又是匆匆而過。如何覓附近風景區暢遊，盼由　尊大人設法提示，再行考慮如何？匆匆不盡　順頌

侍祺

穆啓

（寫於一九六〇年時任教於美國耶魯大學）

＊＊＊

英時吾弟惠鑒：

卽日奉來書，欣然開緘。

新亞學報單行本當催寄，此次學報各篇亦尚整齊，本已裝訂竣事，臨時發見底面幾繙譯有誤，將之重排重裝，故延遲至今。陳啓雲在哈佛情況如何？便中幸常加照拂。此人敏鋭而欠篤厚，非有師友夾輔不易遠到也。明年春何佑森、羅球慶可來，孫國棟推薦作訪問一年，不知此次能成否？此君為人為學皆極篤實，在學校擔負事情不少，仍能在學報及學術年刊上連登兩文，均極不壞，明年若去哈佛，學系中少一柱子，幸　弟駕已返耳。

穆遷來新居已近匝月，每日去九龍半天，有時不免深夜歸來，然在此極靜謐，殊覺愉快。學校事有吳副校長處理，一切大感輕鬆。內人去臺北當過陽曆年始返，此一月半時間當更覺清寂，論語新解來新居後已重看一過，又改動了十幾章，預期過兩三月後再看一過始以付印。最近擬為朱子論語注專寫一文，此乃在美時清華學報負責編輯諸君幾次相促，有約不得不踐也。

初返此間，在旅館中看劉劭人物志，此書大佳。穆以前常愛讀，此次又讀一過，頗思寫一文，今又擱下，不知何日能動筆。此書會通儒道，所見極精極厚，從來只論道德，此書獨論「品性」，大可發揮。因又重看湯用彤先生之魏晉玄學論叢，覺其闡發尚多未愜，惜不能早日動筆寫出我意，再隔些時自己又會模糊，再寫時已非當時原有感想。此等細微處，有時亦靠靈感也。弟試對此書再一細看如何。匆匆即頌

侍祺

穆啓　十一月卅日

（作於一九六〇年）

＊　＊　＊

英時老弟大鑒：

四日來書讀悉，嗣又獲廿日長函，備悉種切。「丁龍講座」之來歷，在穆認為深有意義，每常與臺灣之吳鳳相提告人，今吾　弟得此機會去膺講席，聞之欣忭不已。即日來書到，適遇月會，穆即以此消息徧告在座師生，其演辭不久當刊出，預計一月左右吾　弟亦能看到。穆之對　弟去任丁龍講座一缺，心下萬分懽暢，盼　弟徑自商定，勿多顧慮。惟為學校計，　弟若能於秋間返港，任課一年，再去哥大，則最為上上辦法。因　弟之允諾歸來，穆已屢屢言之不止一二十次，此刻穆將關於丁龍講座之意義強調說明，贊成　弟去膺此職，在校師生同深歡忭。但此後學校絡續有人派至美國或英國進修，仍必有期滿必返校服務一約束，而　弟先已不克履行在前，萬一此後有人援　弟為口實，一去不返，則似乎此例乃　弟開之。穆所心中躊躇者，惟此而已。盼　弟再與楊先生詳商，最盼能於秋季後一年在此履踐舊諾，明年秋再去哥大，楊先生課務是否能想法另覓他人，弟撰就論文即行遄歸。穆並

已商之雅禮，盼能津貼旅費去歐一行。此層因尚未有具體成議，故未先奉告。萬一確有種種困難，下學年不克返港，則盼　弟託楊先生與哥大商洽，或在彼任課一兩年即許休假返港一年，如此總算是一交代。至於　弟之下學年返港，明年秋季再去，關於美國移民法案，穆已在此託人向美領署詢問，或可通融。如能由哥大方面同時申請，或可無問題。總之此事有兩關節，第一是美國移民法案可否通融，免得　弟歸後不能如期赴哥大。第二是秋後楊先生乞假東來，彼之課程能否有妥當擺布。如此兩事均商量不出好辦法，則惟有盼　弟另許一緩年返校之意，此乃萬不獲已之想法。至穆之同意弟去哥大則滿心所願，惟求促成，斷無阻礙之意，乞　弟諒詧為要。盼　弟先定下大原則，再考慮穆此函所陳各點為是。穆最近忽患血壓高，此函不能瑣屑縷陳，然想　弟都已知鄙意所在耳。此頌

近祺

穆　三月卅日

（作於一九六一年）

* * *

英時吾弟大鑒：

久未通聞，時深繫念。特以事冗，嬾於修札。昨獲六月卅日手書，藉悉近況。竊意學術界之風氣，必須有老師宿儒德高望重者主持在上，始可以激濁揚清維繫公道，否則必走上朋黨奔競爭名奪位之路，並不能與其他世俗情況有異。美國人研究漢學，大抵尚是淺嘗速化，一知半解。善活動即居要津，較為沉潛自守，即可被擯一旁，與國內學術界實無甚大相異。來函云云，亦非意外。與其傾軋排

擠在後，尚不如早露端倪在前，尚可多作考慮。鄙意就哥大事，最多得失相半，以前所以不直言相勸，一則已有定議。二則默體吾　弟堂上之意，似乎都願　弟再留彼邦，因此未相勸阻。今既有此變，盼　弟安靜待之，若哥大仍以前議相邀，自當仍踐宿諾。若哥大決變前議，　弟亦當再自斟酌。

穆所深感不安者，　弟若長留彼邦，實恐與吾　弟學業前途害多利少。因彼邦學術界所要求於弟者，決與國內社會要求不同。　弟長處此環境中，縱使一帆風順，身安名遂，究與回國來困心衡慮曲折求達之所得，難乎相提並論。將來吾　弟於深造自信確有成就之日，再有機緣重去彼邦，其情事自與今日大大不同。穆之所慮，乃為　弟長久計，不為　弟目前計，亦決非專為　弟個人著想，乃是為此一大事因緣著想。平日所期望於　弟者，區區之意諒　弟亦自知之，故再次提出，以作　弟之參考。盼　弟勿以此得失縈心，一意寫成論文，並準備下年哈大課程，寧心定氣，只當沒有此事，以看哥大方面之究竟。

至新亞方面，仍當虛位相待。明年　弟能來，固自大佳，　弟不能來，此間到時再作支配。　弟只知有此一可能即已，對　弟行止則決無拘束也。穆臨離紐約之當日，始聞哥大「丁龍講座」之事。後到羅馬，又有人對穆談起此事。激動在心，故一得　弟書，適逢月會，不覺衝口而出。穆所深感興趣者，乃在此講座成立之由來，而　弟之獲膺此講座，在穆心上猶屬其次，故得　弟此次來書，亦不覺對　弟事有所惋惜之意。凡此覼縷，決非故意為　弟進寬慰之設辭。　弟亦不必以此事業已喧騰在外，而覺中途不實現有所不釋然之處，儒家學問正須在此等處講究也。然亦知　弟對此事終自有不釋然之處，惟恨相隔在遠，不獲對 弟一暢論之。書辭云云，終嫌不盡，惟望 弟善體鄙意所欲云，則亦可無事乎多言也。匆匆不別。即頌

近祺

穆白 七月七日

（作於一九六一年）

* * *

英時老弟如晤：

昨讀來信，藉悉近況為慰。關於 弟之心情及種種考慮，穆無不同情。惟穆私意稍有與 弟不同之處，姑一述之，以待 弟再作從容之決定。鄙意 弟初意本欲返新亞，後因哥大有邀，乃始變計。返港是 弟之第一念，留在美國乃是 弟之因境轉念。今哥大既有反復， 弟自當仍依第一念決心返港。所以 弟之第一念決心返港，乃踐初去美時之舊約；所以中途改念，乃因哥大以「丁龍講座」之富有意義之事相邀；所以仍舊返港，則因哥大之變化；如此乃是心安理得，別人相詢只以此告，直落坦白，於己無慚怍，於人無掩藏，此最光明磊落，絕無稍有可顧慮者。若 弟因哥大變化亦把自己初念變了，仍留在美，此似宛曲周折，反而於心不安，於人有無可直告之隱矣。倘 弟在美別有機會，返港一年兩年，儘可再去。

抑鄙意為 弟學業前途計，實以返港為是。 弟有意治中國思想史方面，非在中國社會不斷有眞切活潑之刺激，即只有專在書本方面文字方面求啓悟，此終是落了第二義。抑且在美少師友可資切

磋，並又寄人籬下，心神不舒，並又不得不求合彼方之需要，最後只成一美國標準之漢學家，於弟前途損失誠大。穆之所顧慮者主要在此。即如　弟此次之論文，化去精力不少，然最後挑定此題，由穆懸想，殆不能有甚大價值與意義之發現也。　弟有意撰寫制度史，穆有卅年前舊筆記兩册，摘錄綱要備寫一專書，迄未得有整段時間，此兩册筆記仍在手邊，他日有需可以供參考，然非當面時有討論，此項材料恐難運用得宜耳。

新亞自孫國棟、陳啓雲兩人治制度史有得以外，最近有金中樞君專討論宋代選舉制度，近二十萬字，亦頗有所得。　弟若決心返港，有師友夾輔，可以於數年之內奠定規模，不僅新亞需要於　弟，弟亦實有賴此一團體助　弟完成所業。穆之此意尚希再細斟酌。此間當於四五月間盼　弟有最後之決定相告也。匆匆不盡即頌

近祺

穆啓　三月一日

（作於一九六二年）

* * *

英時吾弟大鑒：

十月三日來緘已收到。弟去密大，一切情況聞之甚慰。穆在耶魯時寫論語新解一稿，返港以後曾再讀兩次續有改定。今年自八月起，又從頭細讀一過，日夕得暇專一用心在此，又改得不少。最近又快完成，大約在本月內應可作為定稿，今冬或可付印。此稿約在二十五萬字左右，然費去三年工夫，

廢紙存者不下六七百面，自謂悉心以赴。晚年來較有意義之工作，惟此一書。精力年不如年。此稿完後，當將以前積稿絡續再看一過，分類付印，亦當在六七十萬字左右，殊無眞自愜心之作。回念初志，百不償一，亦殊無如何也。卽如舊作周初地理考、三苗疆域考等，本意擬大加削改，合為「古史地名考」一書，然此事費力，亦已無此興趣，則只有置為緩圖矣。

王玉哲亦舊時及門，惟在此極少翻讀大陸近著。適有一人新自大陸來港，亦清華舊學生，彼謂在此十三年中，臥病居其半，並幾至不起。然彼本治史學，而長日閉門，除中西史籍外，並讀過十三經、全上古三代秦漢三國六朝文，又讀了不少宋人文集。聽其言談，確是大有進境，與前在大陸時穆所知於彼者大不同。又習吟詠，寫示一作，頗有義山風格。因想今在大陸，如彼者殆不止一二人而止。眞能閉戶潛修，或在大陸環境中尚較港、臺為佳，亦不可知。穆因與彼長談兩次，平日悲觀為之一洗而去。學問自在天壤間，焉知來者之不如今。中國文化根深柢固，雖經此風霜，必有再茂之一日，惜此刻不獲目覩耳。此君來港，生事成問題，而甚難為之安排。讀弟來書，正提起大陸學術方面，不覺縱筆述此。匆復卽頌

近祺

穆啓　十月九日

（作於一九六二年）

＊　＊　＊

英時老弟大鑒：

久疏音聞為念。最近曾於祖國週刊讀　弟近作論海外文化一緘，倍增懷想。方擬修箋，於今午來校獲誦四月廿七日來札，實深快慰。中文大學之實現，或可於秋季開始。穆積年私計，中文大學成立，即穆退休之日。惟新亞由穆一手創辦，於平時既不便先作宣布，臨時乞退，總不免有些周折。穆已於去年年底開始籌劃及正式商洽，而遷延及今，仍未獲得正式宣布之機會。第一須徵求繼任人之同意，第二須經董事會正式認許之手續。而新亞董事會去年依照新條例改組，至今此項改組手續仍未能正式進行。而舊董事會只是暫維現狀，自不肯作此重大決定。因董事會一關，影響繼任人選之慨然允諾。於是至今仍在暗中接洽之中。惟穆之退志已決，諒不致有大問題，只是時間不免拖延，早則今年之秋，遲則明年之春，諒此問題可以解決。惟為種種考慮，除極少數有關人外，新亞同事及學生方面均不使事先有所聞知，以免更增曲折。弟得此信，亦盼勿告任何人。此間與美國相隔雖遠，而流言傳布亦速，不得不防，至囑至囑。

穆在去年年底胃病驟發幸不久即愈，所堪告慰者，穆之血壓亦已回復正常，最近體況頗稱康適也。去年曾最後一次重校論語新解，又化三個月工夫，勉算成稿。今日始接洽付排，盼能於暑假前趕排完成。此稿頗費精力，或可於社會稍有貢獻，此實穆近幾年來一大心願。繼此尚有一心願，擬為朱子作一「新年譜」，於其一生思想先後遞變之層次，稍有發揮。惟此項工作須得三年之閒，一心從事，始可完成。究不知退休後能有此環境與條件，能從事此一計畫否。

最近有散篇論文三篇，擬在新亞學報及新亞學術年刊中登載。兩篇已成稿，一篇已成其大半，三文亦有十萬字。去年有一文登學報，一文登清華學報尚未出版，一文登港大金禧紀念亦未出版，亦有十萬字。其他散篇講演筆記等不算。此兩年亦算不虛過矣。

弟若於明年或後年返港在新亞授課一年，此大佳事。不論穆是否尚在港，私心則甚望弟能到新亞作一短期逗留耳。　尊大人返美以後，穆夫婦尚未與之通信，實因在此生活忙碌，有疎問候，心殊歉歉。弟允為學報撰文，更所盼切。史記地名考穆擬補作一長序，說明編撰之大意及其體例，庶使讀者易於檢閱。因事冗，須過暑後始能落筆矣。匆匆復頌

旅祉

穆啓　一九六三年五月

* * *

英時弟英鑒：

十一日來書收到，耶誕節將訂婚。聞之甚慰。陳小姐在臺北似曾見過。　令尊堂為況康勝，亦甚快慰。哈大論文改寫，不知將來全書完成，擬另寫中文出版否？關於中國史上之「士流研究」，此事極重要。穆去年寫成「六朝門第」一文，載於新亞學報，茲再郵上單行本，方便參考。惟此文本係港大校外課程，臨時由葉龍君筆記改削增潤，自與徑自為文者不同，頗傷冗委，弟讀時自知。「兩漢循吏」一題儻能寄來，極所盼望。新亞出版各種，當分囑研究所及訓導處按新址寄上勿念。

中文大學成立，新亞已進入一新階段。穆數年前早已預定，俟新亞有一段落即退休，現在正是其時。本在暑假前已早有洽商，惟到最近始能正式進行，盼能於旬日或半月內公開，向新亞董事會提出

辭呈。其間亦有許多難題，筆難盡達。惟穆之辭意已決，無論如何，總求脱身而去。大約此事在今年寒假前必能完全告一段落也。至於穆辭去現職後，是否仍留港抑他去，則目下全顧慮不到。只有待一事解決了，再考慮第二事。

論語新解一稿，在夏前即付排，最近始全部排校完畢，大約旬日或半月内可以出書，俟出版後當郵奉一部。此書為穆來港後較為著力之一書，前後費時不少，惟讀此書者恐不易知其精力所費之不易耳。去年年底新草一文，題為讀明初諸臣詩文集，此文亦應為研究中國史上「士流」問題者一甚重要之參考，擬於下期學報刊出。此下一兩月或將專為辭職事忙過，不復能新有撰寫矣。匆匆順頌

侍祺

穆啓　十一月廿六日

（作於一九六三年）

＊　＊　＊

英時弟：在港接六月八日來函，賓四患目疾，承遠道相念，本應立即作覆，惟弟函率直述及校内人事，人心誠偽，人情冷暖，讀之感慨萬千，久久難以提筆；亦因曾覆尊大人函，報導賓四近況頗詳，弟可讀此釋念也。弟來函所提某君，賓四原謂其是小人，不足令賓四為此氣傷雙目；賓四之受氣，乃有比受之於某君更甚十百倍者。此等事甚難詳述。今來馬已一月餘，賓四身心均有進步，右目開刀後，醫生曾表示恢復視力希望極微，但來此後亦有顯著進步，此事最堪告慰。惟目前寫字覺不適，看書較好，殆因兩目視力不均之故。賓四已於上星期開始每日看朱子語類一小時，暫時儘量少用

筆，希望右目在短期內更有進步。在此有啓雲弟夫婦常來相伴，頗不寂寞。此間環境亦甚好，住屋寬大，花圃外繞，一切設備亦尚完善，清閒安靜，流亡香港十六年未曾夢想及此。賓四日間打太極拳一次，靜坐兩次，兼服中藥，夜間卽不親書册，僅以簫笛自娛，甚覺優閒。惟目疾後不再擺圍棋譜，亦不抽煙。少此兩消遣，尚未大礙；醫生戒飲咖啡，而南洋咖啡味濃，為賓四所深愛，來此不飲咖啡，則在賓四為一憾事也。由啓雲弟處轉來蓮生先生大函早已收到，稍遲賓四將可親筆作復，便中請先代為致候。專此敬頌

暑安

美琦代筆　八月六日

（作於一九六五年）

* * *

英時老弟大鑒：接誦來書，甚深喜慰，茲當就所示及，扼要簡答如次。

先論朱子方面者，竊謂治學，門戶之見不可有，而異同是非之辨則不能無。新學案闡發朱子思想，主要分兩部分，一曰理氣篇，二曰心性篇。此兩篇初稿均已完成。敍述朱子心學方面，又分子目十個，至於從遊延平篇則並不在此十子目之內，因此乃朱子成學前之經過，非成學後之見解也。朱子論心學，隨處可見其崇儒排釋之意見。後代理學家所謂儒釋疆界，其實都承襲自朱子。儒釋異同是一事，明其異同，始可判其得失。新學案中將專立朱子論禪學一篇，此篇篇幅將甚大，然朱子分別儒釋，及其論禪學之語，則並不全歸入此篇中。如朱子心學篇十子目中，已散見有不少牽涉儒釋異同及

闢禪學之語，又將特立朱陸異同篇，此篇篇幅亦必鉅。朱子所以斥陸學為禪者其意何指，將在此篇中暢闡之。又朱子與二程異同，亦為新學案中極用心著眼之點。朱子每言二程立言有過高者，其實過高即指其與禪學有相近似，惟婉言之則僅謂其過高，亦有明白說如此則易入於禪者。至朱子評程門謝、楊、游、尹四大弟子，幾乎一一斥其流入於禪。朱子於延平默坐澄心之教，始終不甚契，亦明謂其易流為禪學。故朱子之斥禪學，可謂其意態乃甚嚴肅認眞也。

至朱子於道家，其不贊成處，備見其評横渠及康節兩家中。大抵道家長處在講宇宙論方面，禪宗長處在講心識方面。理學諸家或傾向於講宇宙論者，則如濂溪、康節、横渠皆是。朱子最重濂溪，絕無彈斥。康節、横渠則多異同。二程偏在心性方面，陸王乃承明道重言心，少及性。朱子綜合匯通周、邵、張、程而自成一體系。新學案求能發揮出此一系統。前抗戰時在成都開始通體讀了一遍朱子語類，又從頭讀了一部指月錄，於禪學與理學之異同分合處曾寫有散篇，都十餘萬字，似均曾刊載在思想與時代雜誌中，亦間有刊在其他雜誌者；俟新學案成書，當將此諸篇再從頭細讀一過，彙合出一書，即名曰「禪宗與理學」。弟意欲在新學案中能有一篇專論朱子心學工夫所得於釋道者為何？其用之以創闢理學新蹊者又如何？其實新學案全書中處處均散入此意，惟體裁所限，重在敍述，略於發揮。待新學案成書，庶為對此問題有興趣者開一門徑，易於繼續探討，如此而已。或有讀新學案而謂其尊朱述朱仍在門戶中，則亦無奈之何也。以下論章實齋方面。

尊意謂：「實齋一生治學立言受東原影響太大，其心中時時有一東原影子，故立論於不自覺處每與東原針鋒相對。」此一意見所謂一針見血也。又謂：「實齋論朱陸異同，其心中卽自認為彼與東原乃當世之朱陸。」亦是入木三分。又曰：「六經但為某一階段之史，而非史之全程，六經皆史而史不盡於六經。」下語簡淨扼要。弟能就此三點發揮，穆皆絕無異議。此下當就穆所見略道一二，備弟作參考。

一、實齋提倡史學，實於史學無深入，無多貢獻可言。實齋史學可分幾方面言之：一為平章學術，乃從其校讎學來，其校讎學之所得則從當時四庫館目錄分類之學所引起。彼在此方面極有新解，惜後人少有繼者。

二、實齋史學之第二長處，在其指導人轉移目光治現代史，留心當代政制，此乃其「六經皆史論」之應有涵義，亦是其六經皆史論之主要涵義。此一意見，又落入此下經學家手裡，遂有今文學派之興起。龔定菴思想則顯然承襲自實齋，此在近三百年學術史中已曾闡發。實齋文史通義於其他諸經皆有討論，獨於春秋一經則缺。穆於孔子與春秋篇（登港大東方文化研究所學報第一册）始能有所抉發，於寫三百年學術史時亦未逮及，盼弟取來一細讀。

三、實齋史學之第三方面，則為其提倡新的「方志學」，此亦針對東原而起。東原曾主修山西通志，兩人對於方志體裁之意見，弟之此篇應必涉及。

四、實齋自謂浙東言性命者必究於史，此乃指梨洲、謝山以下而言，不宜與浙東史學相混。朱子當年力斥浙東史學派，亦正是經史學分庭抗禮相爭不合之一例。然浙東史學並不重性命之說，而朱陸異同則只在心學或經學上，象山既不重史，陽明亦不重史，浙東王學、江右王學皆不重史，明代王學諸儒較接近史學者，只有唐荊川一人。即梨洲之師劉蕺山，亦不講究史學。故知實齋此語指梨洲以下言也。

五、宋明理學家重史學者，只有朱子一人。六先生畫象贊周張二程以外有邵康節，朱子極推其皇極經世，司馬溫公極推其通鑑。朱學傳至黃東發、王應麟皆史學，亭林乃承東發、厚齋而來。梨洲亦治經史實學，此乃時代之變，即弟函所謂清學由虛入實，淵源則在晚明諸遺老也。

六、「古人未嘗離事而言理」，此語實從朱子之提倡而來。大學格物朱注：「物，事也。」格物窮理即格事窮理，此與象山言「心即理」、陽明言「良知即天理」不同。晚明發揮「理不離事」之說者首推船山。彼治橫渠、朱子，極反陸王，雖其書未為實齋所見，然言理在事，其學派自朱子則不可誣也。故謂清代浙東、浙西分派，遠自朱陸則牽強不稽之說也。

七、實齋常推邵念魯思復堂集。弟治實齋之學此集須翻檢一讀，可窺實齋學術之淵源。

八、實齋論史學極推鄭樵，又提倡「紀事本末體」，此則最為清末民初所看重也。

以上拉雜舉出數條，供 弟撰文時參考。 弟有意見，盼再來書討論。前寄兩書與楊蓮生先生，中有朱子從遊延平一文之增改稿，久未得復，深以為念。不知蓮生先生是否去新港，便中幸代一問。索拙書，每常在念。前一星期日有客來，又曾囑其代買紙。因須過海到集大莊，懶於自去，而託人又久不見買來。此君極口應允，俟其買到當書就奉寄勿念。

尊大人處久未修緘，極以為念。便中幸代候。穆除每日限文千字以外，即懶作書。目光幸能保住，而工作則輕減已多。如寫此緘，中間即靜坐及散步兩小時，午後小睡起，始續寫。此書寫竟，一日課程即此交代，除寫學案外，亦更不看書。若有人能來此討論，則可半日不倦，惜乃無好學者肯上門來，良可憾恨。有人送來一錄音機，囑其口說錄音，由人鈔寫，然又無此興趣。每日上下午打坐，精神卻極充足耳。內人每日過海教一中學，均須於下午一時半返舍，月薪僅四百餘元，亦聊此作消遣而已。餘不一一，即頌

近祺

穆啓　十一月十七日下午三時

新亞研究所×、×兩君競欲作大師，競相拉攏研究生，必欲出其門下為快。故以前所中諸生亦相戒不敢來沙田。怪事如此，聊以相聞。穆亦藉此杜門，惟目睹青年有為之士，如此窒塞其前進之途，則於心不能無憾耳。　又及

（作於一九六六年）

＊　＊　＊

英時老弟大鑒：

三日來書奉悉。外人研究漢學，其眼光、興趣、立場、意見終自與國人不同，惟恐薰染過久，終妨深入遠到之前途。穆以往所以屢欲　弟歸來者，惟以慮此為要。然國內亦有種種不愉快事，以此

躊躇。

弟所告一切，悵惘之餘，亦增快慰。然此項觀點，急切間實不易驟改，最先則由國內學人影響國外，此刻則由國外影響國內，此等風氣有非筆墨與口舌之所能爭者。穆所著書，一向只寄望於身後，不敢遽希諸當前。至今國內學術界始終以白眼視之為怪物，盡力欲冷藏之於舉世不聞不問之化外。穆亦藉此閉戶，俾可專心一志，自期於晚年再有收穫。

自遷來新居，朱子學案一稿進程加速，預期於六月杪當可全部完成，惟全書當有百萬言，出版尚待籌措經費。如哈燕社能始終其事，資助出版，則最佳。否則當與一二書肆商之，是否能順利進行，目前則殊未敢預卜耳。惟此書出，實於從來理學觀點當可開一新境界。此則穆之所深以自慊也。Totten久未來信，彼之譯稿壓擱已久，儻能出版，穆亦不願多有意見向彼提出。惟最關心者，恐彼無知，多由人校閱或竟改卻原書意見，則萬萬不可。所以必望　弟一過目者，亦端為此而已。

蓮生先生體況深以為念，鄙意極望其能謀一整年之休假，尤以來臺為宜，因飲食方面有關健康至大。若能在臺南，彼中氣候佳，人事簡，可以一意養息。若在臺北，則應接太多，久居終非所宜也。若去京都，氣候飲食兩不如來臺之佳，實不以得便相晤為計較也。便中幸代候，並以鄙意告之。在此惟何佑森夫婦每週必來，來則作長夜之談，必至最後一班公車始匆忙而去。每談則幾必及吾　弟，相問有信息否以為常。又時獲贈票，則去看平劇。平均每月可去一兩次，其他則絕少戶外之消遣也。拉雜不一。即頌

儷祉

穆啓　四月十六日

（作於一九六九年）

* * *

英時老弟大鑒：

今晨獲讀來書。前兩日在博物院，令岳來余室，已將耶魯延聘事相告。耶魯大環境較哈佛單純，弟去正好為耶魯創闢一研治中國史之新天地。雖任務加重，而生活情調轉得輕鬆，亦未為失計。惟耶魯藏書遠不如哈佛之完備，此事極難補償。

穆去歲專為彙印中國學術思想史論叢費力，舊稿已有散失，有遠在六十年前者，稍有改動，惟大體力求保持原狀。已印出上古至先秦之部兩册，不日可付郵寄上。有臨時增入者，主要在禪學與陽明學兩面，自覺可發揮者太多，然精力已衰，只能約略補入少許而已。亦有舊稿有誤（多關見解方面），亟加改定，惟以不多增删當年所引據之原材料為原則。自幸當年見解至今仍可保留，而六十年來自問有進境處，而年力已過不能大有發揮，此眞最可遺憾之事也。如舊稿中國思想史此次亦再印，補入王弼注老子一段，自謂極有關係，然恨不能費一兩月時間暢竭闡申。如此之類，誠堪遺憾。預定全書在暑期內通體完成，亦竟不知果能如此預計否。畢生所得僅止於斯，恐難再有大進步也。弟著「戴章」一書，絡續看完，亦深恨弟不在旁，不能隨時討論耳。專此復頌

近祺

穆啓　三月二十日

（作於一九七七年）

＊　＊　＊

英時老弟如面：

書到懶未卽復為歉。誦　弟書似頗有感傷之辭，恨不能當面暢敍一番，甚念甚念。穆作莊子纂箋序，開首卽言莊子為「亂世之書」，吾儕生值亂世，果能於其書有體悟，可多得處世之道，有論孟所不言者。由此再上窺論孟，當更可深入。觀其人間世、大宗師諸篇，莊子實意在以不材處世。以高材如莊子，而只為一漆園吏，除其著書外，更不一露其材，良非易事。　弟在今日，一切還盼能藏能晦，凡人事可省處，儘量求省，則百尺竿頭定可更上更高，試卽就莊子書細玩之。穆在離大陸前，在無錫江南大學徜徉太湖濱，獨為此書作纂箋。尚有湖上閒思錄一書，亦多闡申莊意，不知　弟曾讀過否？最近常以枯坐渡日，閒思偶想，自謂亦頗有新得。恨無可討論之人，亦無可傳授之人，捉筆為文亦不能盡意，誠暮年一憾事也。率筆直言，幸諒幸諒。專此　復頌

近祺

穆啓　十一月二十日

（作於一九八〇年）

＊　＊　＊

英時老弟大鑒：

前日得長途電話後，隨復一函，當已先達。昨晚獲讀電話前一長函，由內人誦讀聆聽，辭意懇

摯，深為感動。一夜考慮，茲擬變更計畫，儻會章許可，穆擬特撰一講辭寄上，開會時由　弟代為宣讀，較之穆親自在場或可更有意義。或由會中另請人代讀，亦無不可。否則散發講辭不再代讀，如此或可稍贖穆之不克親赴會場之罪疚。此層務盼　弟商之榮捷先生，再來一函，俾作決定。穆年力已衰，語言不通，十年前寫得朱子新學案一書後，亦更無新得，蒙榮捷先生盛情力挽，惟增愧慚，不知如此決定，弟意亦謂可行否？懇先代為決奪，再以商之榮捷先生為感。

穆之八十憶雙親一文，最近又略有更定，並增入小節一兩處，　弟函有西友譯此文，不知暑中弟駕來臺相晤，再以改定稿轉交尊友，不嫌遲緩否？亦乞示及。

最近正將師友雜憶一稿逐篇由內人誦讀，字句逐有改定，亦增入脫漏小處，俾可付印。外此幾無可作為，直告　弟知，亦惟增慚怍而已。一生所得僅此，實亦愧對雙親，愧對往日師友。穆之此兩稿實亦為此而作也。頃有古史地理論叢一書正付印中，其間有一兩篇曾極費精力，並自謂於此方面實頗有向來未經注意處深植研討者，而付印已晚，穆已不克親自校讀再作改定，更自悔憾。儻此稿能早付印，或可稍彌此歉耳。即如朱子新學案，迄今儻能再自親讀一過，亦必有幾許改定處。方知多寫一字，多增一慚。少壯不努力，老年徒傷悲，乃深知古人之不吾欺也。穆尚有許多稿未經整理，亦不敢再作整理之想矣。暑後　弟駕來，盼能長談，吐此心情之萬一。專此復頌

近祺

穆啓

穆近教諸生讀近思錄頗有新得，惜未能深作研討。儻繼此能再讀十年書，庶更有寸進。今則不敢

再懷此奢望矣。此函由穆親筆，雙目未盲，即此告慰。穆又及

（作於一九八二年）

六 致唐端正書十通

端正老弟大鑒：

疊奉兩緘，以事冗未復為歉。稍獲暇隙，即趕寫學案。新春轉得小閒，案上積信未復盈一大包，盡兩日一一修答。在此為況已略見與許濤書中，囑其凡相念者便中傳觀，幸索一閱。順頌

新禧

穆啓　三月一日

* * *

端正老弟大鑒：

來書並藥片一瓶，均已收到。此間存藥尚多，暫時可勿再寄，特此誌謝。中國學人第二期亦已到，弟作已讀過。為學標準貴高，所謂取法乎上僅得乎中。若先以卑陋自足，則難有遠到之望。標準之高低，若多讀書自見。所患即以時代羣趨為是，不能上窺古人，則終為所囿。從來學者之患無不在是，誠有志者所當時以警惕也。因相愛有素，故敢直言如此，幸加體玩，隨時有新得，極盼相聞。專復順祺

近頌

穆啓　十月廿八日

* * *

端弟再鑒：

作就一書，擱置未發，續得寄來中國學人單行本及中大學生報聯刊，內載　弟作向反對法定中文者進一言，文字簡勁有力，白話文工夫到此洵不易得矣。盼能向充實內容方面繼續前進。讀書博，則議論、見解、興會、氣魄各方有長進，幸勿自劃界限，自定前程。　弟年力尚強，正可猛晉也。會晤無期，不盡惓惓之意。即頌

日祉

穆再啓　十一月五日

* * *

端正老弟大鑒：

續讀來書，向學勤勉，立志遠大，豈勝欣慰。穆之脫離新亞，乃積年前早所內定之方針。自問德薄能鮮，儻長此戀棧，亦復於新亞無大補益。　弟試就校內校外一切事詳細思之，亦自知其然，無待穆之多言。惟讀附來某生文，頗覺其言亦太悲觀。文化學術，本非一人之事一手之烈所能擔負。穆前在新亞常勉同學共同負此責任，此刻如　弟輩留校服務者，為數並不少，果能各自努力，無忘初志，將來自有成就，亦非只穆一人離去便致絕望耳。穆自離新亞，此數年來，幸能完成朱子新學案一書，目下校字之工，大體已畢，再兩三月內當可出版，穆之所堪告慰於諸友生者在此而已。函外另寄近作

陸桴亭學述一篇共兩分，一分弟自留，一分可移贈他人。昔人為學規模與其志向所在， 弟試細玩，當可獲益不少也。匆此順頌

近佳

穆啓 十二月八日

* * *

端正吾弟大鑒：

道不離事，未有昧於事而明於道者，然亦未有埋沒事中而謂可以明道者。儒者實學，古人每以經史兼言，職是故也。承詢春聯，穆來此數年依然每年必作三處，一在大門，一在客室，一在書房，然實不足鈔存也。壇經稿已讀到，然似不如前次來信所論更為扼要。貫之病未癒，晤見盼囑其更務靜攝為要。匆復順頌

日祉

穆啓 二月二十三日

羅君夢册在新亞不知本學年是否開課，便中幸示知。 又及

* * *

端正老弟大鑒：

久不通訊為念。沈醒園來臺已晤面兩次。彼謂吾 弟已決心擔負人生復刊之事，約梁君宜生等三人，以半年出一期試辦。吾 弟如此毅力，見義勇為，不勝慰感。人生復刊頗為外面一輩人想望，貫之本在萬分艱苦中創業，儻其一過世此刊物便爾中輟，實亦終覺歉然。今 弟能出身擔此一苦擔子，

至少可慰外面一輩人之想望也。不知此事是否已有定議及具體進行辦法為念。醒園在文化學院任職，似頗滿意。際此亂世，得一枝棲並不易。彼能自感滿意，則固甚佳，奢求亦惟自苦而已。匆此順詢

近況

穆啓　九月二十五日

* * *

端正老弟大鑒：

中秋節來信已到。沈醒園來此，只謂吾　弟接我前書，謂人生復刊事不可復遲，故毅然擔任，約同梁、黎兩人共負此責云云。穆不知底細，故續書云云，茲人生復刊已有定議，此事告一段落，在穆亦可釋然於懷。以後一切進行，穆遠在此間，不能有所幫助，惟盼體諒。附來新亞學生報已讀過，回念當時新亞創辦在極不尋常之形勢下，多作空談，用資奮發。今日時移境遷，而新亞諸生因此對新亞現況多增不滿，殊非始料所及，亦惟有徒增憾疚而已。朱子新學案已於雙十節趕及出版，此為穆離新亞後之惟一成績，稍緩當寄一部分到龍門，在港發售。然此書尚未完全裝竣，須俟月底始可付郵耳。諸同學中，關念此事者，可代為便中告知。專此順詢

近祺

穆啓　雙十後一日

* * *

端正吾弟再鑒：

來書所論儒釋相異三要點，具見讀書有得，至為欣慰。惟「功成身退」語見老子，儒家人生理想

既無所謂「功成」，亦無所謂「身退」，孟子書中論出處、進退大節，自與道家不同，幸再細參。穆除桴亭學述外，又為東發學述一篇，尚未刊布。又擬為竹汀學述一篇，尚未屬草。於清儒學術又續有所見，然非三數月後，恐不易成稿也。匆此再頌

近祺

穆啓　十二月十日

* * *

端正吾弟大鑒：

中國傳統重通學，研經治史當貴能通。桴亭論學五弊，皆是能入而不能出、為門戶自限而不能通者之所為也。故古人為學貴於由博反約，僅務一面，皆有流弊。至於互相詬病，此乃莊生所謂「道術為天下裂也」。穆平生無所長。只是不牢守一門戶，肯虛心尋索耳。

雅禮七十周年紀念文已寫出，徑寄梅校長矣。東發學述已發排，俟出版當再寄奉。竹汀學述頃因病尚未下筆也。此等皆不過讀書時作劄記，無多價值。然時下人懶於讀書，則此亦不無小補云爾。每得吾弟來書，恨不獲當面暢談，稍竭一二，筆札則總嫌不盡，並亦有無從說起之憾。專此順頌

新禧

穆啓　大除夕

* * *

端正老弟大鑒：

上月來書並太極拳書一本，適因忙於撰稿，迄今粗告畢事，未能裁復，相勞懸注。穆去韓國獲得

彼邦明清間治朱學者四家之集，合兩三百卷，閱讀匪易，又為撰文介紹成四萬字，幾費四月之力，將來當附余「研朱餘瀋」中，或可於夏間付印。太極拳幾年來荒忘殆盡，頃由內人依書練習，穆再向內人試練，頃方開始。匆此順頌

儷祉

穆啓　一月十八日

（約作於一九七五年）

七　致楊勇書三通

東波吾弟大鑒：

五月廿六日長函久已收到，備稔勤於著述，足以忘憂，豈勝欣慰。饒君贈言集亦早收到，惟弟作謝譜尚未繙讀。在此雖長日杜門，而總感事冗，精力不濟，亦無奈何也。東方文化八期二卷則尚未見，邇來惟忙於校字，朱子學案自任三校，佑森任四校，彼亦極忙，教課寫文讀書終日孜孜，尚為穆任校書，並極負責。只恐將來出版，仍不能無漏訛耳。　弟於韓柳古文有不滿，幸試再細參之如何。

匆復順頌

近祺

穆啓　六月九日

＊　＊　＊

東波老弟大鑒：

廿七日惠緘奉悉。　弟之功力勤奮，大堪欣慰。惟識解尚待百尺竿頭更進一步，庶可期於老到。前曾勸　弟且一意多讀，勿急撰述，亦正為此。以漢紹堯運發揮班書，恐尚待細思也。能多為札記甚佳，古人成學多用力於此，幸繼續弗懈。承告「蓬大海」治腎石，已轉告內人。朱子新學案已出版，惟連日甚忙，郵寄香港尚須稍緩。在港當可向龍門詢之，然恐須一月以後書始可到。論及余君英時，彼在臺見面多次，知彼正亦在識解方面努力，惟此事非可急求。匆此順詢

近祺

穆啓　十月卅一日

* * *

楊勇老弟大鑒：

來書未能早復為歉。弟勤學不倦，洵屬難得。世說校箋可再版，自是佳事。欲增穆一序，且俟到時儻精力許可，當勉為之。惟穆數年前初讀此書，似前面少卻對此書作者註者及本書內容作一綜合之介紹，不知穆記憶有誤否？此次再版，似應增入為是。不知　弟意如何？聞何佑森言，弟今年暑後可來臺，不知確否？專此不別。順頌

近好

穆啓　一月十一日

（約作於一九六九年）

丙　致大陸親人書

一　致二兒錢行書一通

行兒：

你的各信，一一由你繼母讀我聽了。你所寫三篇雜文以及輝最近抄寄你文一篇，均見你能讀書有識解。盼你能繼續撰寫，不僅自己學業有長進，亦使讀者得益。人生所求惟此，至於生活清苦，如你們現住家屋極逼狹，然能安居而樂，斯亦可矣。盡不必多在此等物質條件上作計較。

我寄去各書，勿求快讀，遇自己有興趣的，須反覆細讀，並盼將你愛讀的告我書名，我可專為你寄，俾可時時在手旁。精讀較泛讀更有益。須積三五年乃能有大長進。獲得一次長進，自感一次快樂。並盼來信直告，勿有隱諱，我亦可對你作更深之指導。

相聚尚無期，惟盼信件上你們能暢吐所懷為佳。我自港返，三月來亦極忙碌。至今始能親手作此書，盼能諒之。即詢近好。

父字　十二月二十七日

（作於一九八〇年）

二　致幼女錢輝書三通

輝兒：

我復拙兒信方畢，隨得你信，十分欣慰。我對你們兄妹五人，最感負愧的是你。因我離家你年太幼，我未盡少許為父之責，但我離家亦出不得已。此三十年來，我寫了幾百萬字的著作，自問對國家民族前途有貢獻。只有如此來向你們道歉，盼你們能原諒。

你們繼母，姓胡名美琦，今年五十二歲，我們結婚已二十五年，但未有子女。她亦以教讀為生，最近和我同在一大學裡任課，亦有幾本書出版，最具學術性的是中國教育史。她亦學教育，雖在大學任教，但她理想是在自辦一初中及小學，來實驗她的抱負。他年若有機緣，能在湖山勝地如你最近所在西洞庭等處創辦一學校，那是何等理想，但時局所不許，則亦無可奈何。我想寄一張我夫婦照片給你們，但此信紙張已多，待下信再說。我此數年來，雙目失明，但還能寫稿，都由你繼母先謄正再改定。若非她，我此兩年亦不能再寫此許多稿。

我最近請一中醫治療目疾，汽車往返須半日之久，我每周去一次。或許在見你們時，我目疾能稍愈，則眞萬幸了。

你們果能在八月底九月初來香港，那時天氣還不涼，可不多帶衣服。不知申請出國赴港手續有否困難，極念極念。黃埭出瓜子，勿忘帶一小包給你繼母一嚐。你們想要港臺物品，先函告知，或可先購買。小梅能記念我，使我十分高興。此函暫此。祝你們全家安好。

父字　五月二十八日

（作於一九八〇年）

* * *

輝兒：

你的信早到，所寄白果樹葉已收到。藕粉未收到。以後只盼你常來信，萬勿寄東西。吃的東西更不必寄，香港臺灣都可買。你所告你繼母做皮蛋的方法，此間不易做，只做鹹蛋方法或可一試。

你們搬家後，盼即寄一新的通信地址來，盼你們遷到新住所去，一切能順利。你夫婦又加了薪，我們很安慰。但你們兄妹五人，只你生活最清苦，你儻有困難，務盼來信直告，我們或可在此亦幫你想法，對你有一些幫助。

我的眼睛從港歸來後，又屢次去新竹，似乎有一些進步。明年春，易兒或可偕偉長來港，我們夫婦當可與他們在港一晤，我或許見易時可與見你時不同，更看得清楚些。這是我希望如此，但亦未必有把握。你的痔瘡盼能去看中醫，或許有助。你身體不很健，盼自己隨時注意。我們就在此遙想你全家安好，待下次再寫。

父字　十一月二十四日

（作於一九八〇年）

* * *

輝兒：

你最近來信收到了，你盼念我們久不和你通信，這因最近一月多來，家中一女傭人離去了。此間一如美國般，要家中雇用一女工極不易，旬日來始用到一工讀生，她對家事無經驗，不習慣，須時時處處指導她，因此你繼母萬分忙碌，無暇和你寫信，使你懸念。但你應詢問拙、行二哥，他們處此兩月來曾有信去，否則你該直接向我們詢問。新亞書院金院長為我們和你們五家通信，盡轉遞之勞，已有兩年，我對他抱無上歉意，你不該去信向他詢問，這是不情而無禮的。我如何向他去道歉？眞是有話說不出。而且我已給為國寫了一信，這就如和你通信了。你思念我們，這見你一片孝心，以後務盼注意。此間非特有變故，大概對你們五兄妹至少隔兩月必會有信，惟不能每人各有信，只一問拙、行兩人，便知此間平安了。

你去廬山，惜乎不能一遊三疊泉，這處是我很喜歡去的。其他未到處應尙多，但能一去終是好。你繼母家在江西，但亦未去過廬山，對你此次之去，十分羨慕。待她稍閒再和你寫信。她最近雖勞累，身體尙健。我亦如常，幸勿念。你們處想已入冬，此間連日氣候仍暖，尙未有深秋景象，不久想

會一轉便交冬令了。春秋佳節此間是過不到的。我言暫此而止。祝

你們全家安樂

父字　十一月十六日

（作於一九八一年）

三　致孫女錢婉約書三通

婉約孫女：

你前後所來兩信，使我讀了都十分欣慰。盼你如此努力，將來當有前途。最要者，莫先存一功利觀，莫急求表現，大器晚成，盼能內心時感有自得，厚積薄發，始是進學成才之正途。

孔子論語尤為中國人為學做人一部大本大源之書，斷非一讀即可了事，須待此下讀書多，學問有進步，再時時重讀，此所謂溫故而知新，盼能深切記之。

又如文心雕龍，亦須於詩、騷、漢賦、文選一切古代文學乃及其他經子集部有瞭解，乃能深入體會。凡中國一切書，均須如此讀。

讀書貴能從深處大處留心，如你所舉「白日」二字，並無深義可求，勿多操心，免入歧途。

你如愛好文學，須能讀專家，如陶淵明集可先讀，讀其詩文，須能體會到作者之人，勿在文字之修飾技巧上大過用心。

並須勿分門別類，如「專治文學」一念，即可限制自己一切聽明。如司馬遷史記亦是一部極高文學作品，不宜認史記為史書，便忽之。又如莊子亦是一部文學作品，不宜認為乃一哲學書，便忽之。讀書先當求其大者遠者，如此限一文學觀念來讀書，便使自己進步不大。

此後看你隨時來信，我會隨時覆你，我在此書中所言，或你亦不能深體，只求得其大意便是。

祝你進步

祖父字　一月八日

（作於一九八三年）

*　*　*

婉約孫女：

五月來信早讀到，你讀論語新解能與朱子集注以及十三經注疏中之論語並讀，甚佳。但論語一書涵義甚深，該反求諸己，配合當前所處的世界，逐一思考，則更可深得。重要當在自己做人上，即一字一句亦可終身受用無窮。此刻你已返蘇州，孔子傳當已見到，不知已細讀一過否。聖人所講道理，不必即能行之當世，但即在孔子當世，聞其教而受益的也就不少了，如顏淵即其一例。你該問自己如何來學孔子，且莫管孔子之道不能行於當時，此始為「切問而近思」。

你喜歡文學亦大佳事，最好能先讀詩經，即先從朱子的注入門，能誦唐宋詩詞亦佳。又貴能推廣於唐宋韓歐八大家之古文，不必通讀全集，能選擇自己懂得的又喜愛的誦讀數十篇，莫急切，只求有入門處。

先生要你們寫論文，與你們自愛讀何書不相妨，只求能從你愛讀的書來寫便是。做學問主要在自己覓得喜愛，不要急切求人道好，此層盼你細細記住也。莫要怕學問廣、書籍多，只擇你所好逐步上進，也並不吃力。主要總在保持自己的喜愛上。你剛才入大學二年級，千萬莫心急，待你回到學校，遇到問題，儘不妨時時作書來問。我與你雖遠隔兩地，或不能一一詳答，但擇要告訴你幾句，對你總有益。我未能進大學，十八歲卽在鄉村教書，亦沒有先生問，但總還讀了不少書，知道得許多學問。你只要眞喜愛讀書，便會有前途。孔子也說：「十有五而志於學，三十而立。」你今只要能志學，距三十而立還尚遠。讀書能如此反身讀，便夠了。四書釋義中的論語要略，也盼你一讀。完了，下次待你來信再寫。

祖父字　七月二十八日

（作於一九八二年）

*　*　*

婉約孫女：

讀你來書，使我十分欣慰，你們的古典文獻專業，據你報告，課程應該是注重在本國歷史文化的大傳統上，這是正確的。苟非對歷史文化傳統有認識，卽不易瞭解到一切古籍深處；但不瞭解古籍深處，亦不易認識到歷史文化傳統之眞意義眞價值所在。此事艱難，望你努力以赴，勿求速進，亦勿望小成，庶有遠大之希望。

先秦諸子繫年一書不宜早讀，論語新解則儘可讀，讀後有解有不解，須隔一時再讀，則所解自增，最好能背誦論語本文，積年多讀，則自能背誦，能背誦後，則其中深義自會體悟。莊子纂箋亦宜看，亦該重複看，不必全能背誦，但須選擇愛誦篇章到能背誦為佳。論語外，須誦孟子、大學、中庸與朱子集注章句為主。莊子外須誦老子。四書與莊老外，該讀史記，須全讀不宜選讀，遇不易解處，約略讀過，遇能解又愛讀處，則仍須反覆多讀，仍盼能背誦。此等皆須眞實工夫，不宜任意翻閱過目卽算。待你讀任何書有困難儘來信，我可就你困難處續加指點。儻讀中國通史，最好能看我的國史大綱。此書實亦難讀，但我在此，待你讀後有疑問，我可指點你。總之，須你有問，我始能答。各人讀書所得各不同，須隨各人性情智慧自己尋一條路前進，共通指導則總是粗略的。

我上面舉了七部書，已夠費時研讀了。你若在此七部書外，臨時有問題，亦可臨時來信發問，總之，須具體問，我能具體答；籠統發問，是無意義的。我此信所能告你者止此，望你深細體認瞭解，餘不多及了。祝你進步

祖父字　十二月六日

盼你告訴我你目前最喜看的是些什麼書。又及。

（作於一九八一年）

四　致外孫顧青書 一通

青孫：

你的來信已由你外祖母讀給我聽了，文字明白通順，又能寫工整楷書，你尚年幼，已能有此成績，想你定是很聰明又能用功好學，眞使我十分欣喜安慰。萬望你繼續努力，好好聽父母教訓，在家做一孝子，在學校中做一好學生，將來必前途無限。我此紙雖只寥寥數行，幸你能善加體會，莫負所望。此後亦盼時時來信。好了，專此祝你學問有進，做人更能講道理，將來得成一傑出人。

外祖父字　二月十六日

五　致外孫女顧梅書一通

小梅孫女：

你的來信已收到，可惜我不能親自閱看，由你外祖母唸我聽。你的文理通順，又性情純厚，滿紙有親切之感，你外祖母讀後，眞是萬分歡喜。你外祖母又説你的楷書寫得極整潔，極清雅，她囑我務必要稱讚你幾句，但可恨我一字也看不見，只有照你外祖母意見來稱讚你，其實不是我稱讚，我在這方面是無法稱讚你的了。但我總是心上喜歡，是我可以告訴你的。我們在此只盼望你能繼續努力，繼續進步，遥祝你平安快樂。

外祖父字　八月三十日

詩聯輯存

一　閩南白話詩稿十首　民國十一—十二年

愛（十二月）

一

好美的月！
我怎麼一人睡了？

我永不再上床了，
除非他和我一處。
　月色在天上，
人影在地下，
我在這裏愛你，
月呀！你知道麼？
　月只是美，
我只是愛，
美的月，要漸漸淡了，
但是，我的愛呢？
　鷄啼了，
天亮了，
美的月，漸淡漸無了！
　唉！
美的月，漸淡漸無了，
我又何必睡呢？

二

曉粧的海，
我實在愛你，
張開你的胸罷！
好讓我跳入，
　海呀！
你那靈妙的眉目，對著我表出些什麼呢？
我要把快刀割你，
一點一點地看你，
我只看到我自己的愛。
　海呀！
你那深靜的胸懷，背著我陰藏些什麼呢？
我要把快刀割你，
一滴一滴地嘗你，

我只嘗到我自己的愛，
　海呀！
我終於愛你！
你儘你那靈妙的眉目，
你儘你那深靜的胸懷，
你儘你那美麗！

三

　我很念焦山，
我曾親他的顏色，
我曾近他的體膚，
我只不能永遠擁抱他在我的懷裡。
　我很念西湖，
我曾呼吸到他的靈氣，
我曾沐浴到他的芳澤，

我只不能一口嘫盡他在我的肚裡。
　焦山峨峨地峙著，
西湖汪汪地浸著，
我耿耿地念著，
還是他們的美呢，
還是我的愛？

荒海（十二月十六）

一

　我和海熟悉了，
曉得他潮的漲潮的落在每天的時候，
我自己呢？
多在將曉未曉的枕上，

興起我腦海的思潮。

二

潮漲了，
一帶底沙灘沒了；
潮退了，
一帶底沙灘顯了。
可憐人們的腳影，
只踏到那海潮退後的沙灘上。

三

破曉的海上，
幾個帆兒穩穩地站著，
一帶荒山閒閒地圍著，

玫瑰色底太陽，緩緩地升著，
故鄉的鳥聲，一聲聲斷續地喚著，
人們大概未起，
我在這時候，來呼吸些新鮮的空氣。

早上（十二月十七）

一

海的美處，
最是薄霧輕雲，加上絲絲細雨。
但是冒著這雨獨自走來看你的是誰呢？

二

我聽到人們底笑聲，
我看到人們底喜色，
但是，我沒有接到人們底眞情，
我還是來觀海罷！
深深底，靜靜底，淡淡底，平平底。

鳩

鳩呀！
你太狡猾！
你不給我故鄉底情味，
怎效我故鄉底聲口？

但是，我又何必怪他？
那一派的鷄鳴狗吠，
不都是這樣麼？

笳聲

清笳如話，
喚起我十年前底心影，
除非是他，
我怎有那力量呢？

海上的漁父（三月十三）

一

深碧的田地，翻滾地耕著，但是何處是他可靠的底呢？
漂白的花，噴薄的吐著，但是什麼是他結的果呢？
他們的生命，就潛藏在漂白深碧的下面，
他們用網打著，用竿撈著，但是何時打撈到他們生命完全的眞呢？

二

漁父低低的在下，
上帝高高的在上。
雲開了，
日麗了，
月亮了，
星明了。

漁父們的打撈，上帝也見慣了。
風猖狂地吼著，說：這麼的生命，還值得打撈嗎？
雨尖刻地刺著，說：這麼的生命，還值得打撈嗎？
這恐是上帝的意思！
——他們零碎地打撈到的生命的一些，早經人家宰治而吞食，——
上帝呀！我們永遠沒有得到生命全部的眞，我們還是小孩，在你給我們初生的顚簸的搖籃裡，讓我們
還自己打撈一刻罷！
漁父們說：
上帝有什麼回答呢？
我給你們的搖籃，就做你們終生之墳墓罷！

三

雲開了，
日麗了，
月亮了，

星照了，
風又猖狂地吼著，雨又尖刻地刺著，
深碧的田地，翻滾地變著，
漂白的花，噴薄地吐著，
漁父們的生命，還永遠地在打撈。

自然的美（三月十二）

海船上的三天，
旅伴同聲祝禱：
上帝！給我們個朗晴的天罷！
現在雨了，但是我們是到岸了。
迷濛的海，擺在我的窗前，
一條濃濃的煙，嬾嬾地在雨絲中颺去，——
這不是海船嗎？

不，
這是自然的美。

水手（同上）

一輩的旅客，勉強地來了，呪詛地住下，希望著他們的前途，混亂地去了。
又一輩的旅客，也同樣勉強地來了，呪詛、希望、混亂而去了。
呪詛只由他，希望是不同，混亂的去了，可以討些賞賜，再迎接勉強的來者。
這是水手的生活罷！

海船（同上）

是你帶的我走了，
叫我寄放在何處呢？

母子、夫妻、兄弟、田園的景色，故鄉的情味。…………
現在是：
狡猾的僕人，冷落的旅伴，狹窄的居處，惡濁的空氣，……
你把那些送我到何處去呢？

海的忠告（同上）

就是你自己，
翻滾，
排擠，
擾動，
而喧嚷，
海呀！
我希望你安靜罷！
你偌大的胸懷，

含容者幾座偉大的島山，
放縱著幾條自由的漁船，
有純潔的飛鳥同你來往，
有青白的天光為你輝映，
我希望你自己的安靜。

（作於民國十一年至十二年任教集美中學時）

二 閩南詩稿十一首 民國十一年

海上（十一月二十四）

若有人兮海之湄，欲與晤兮訴襟期，我獨來兮海上，沙中跡兮紛然。
若有人兮海之央，欲與晤兮剖中腸，我獨來兮海上，孤帆去兮渺然。
若有人兮海一涘，欲與晤兮結生死，我獨來兮海上，波濤起兮茫然。
沙跡泯還有，孤帆故復新，波濤長如此，永不見斯人。

鄉里（十一月二十四）

余本鄉間人，不識城市趣。偶然入城市，覺與鄉間異。懷之不能忘，聊復戲言之。
恐當見嗤笑，不甚合時宜。
余家綠水腰，而依青山足。於時春方小，滿面披稚綠。豈意入城市，舉頭但見屋。
余家既靜僻，天然有好音。時來鳥對語，間赴幽泉聽。松籟與竹響，一一皆清吟。
奈何入城市，只聞車聲轔。
鄉間少來往，鄰曲自相親。何如城市中，滿街只見人。來亦不相關，去亦更無因。
細思城市中，百物眞富有。燦爛炫我前，喧噪逐我後。遂令無休歇，竟日惟奔走。
眼不暇于取，耳不暇于受。究竟何所得，問君能道否？
不如還鄉里，悠然得吾情。俯仰見天地，呼吸有性靈。寄語城市客，來與爾相寧。

夜遊（十一月二十八）

海晏天淸日初匿，四山靜拱一颿直。沙黃水碧相掩映，峯紺霞赬互虧蝕。忽從遙處登山燒，雲朗月白山轉黑。獨留一角徹通明，誰歛屠鯨海為赤。大沈顧我此堪畫，惜哉無人來下筆。余謂此境畫難似，卽似世眼固不識。不曉天地有此奇，翻怪畫工錯設色。或言茲山多狼虎，欲往逼視恨無翼。裴徊卻顧不忍歸，歸臥推窗窗猶艶。

羣山（十二月十八）

難得輕風送雨絲，羣山乘夜洗胭脂，曉來臨海開粧鏡，雲擁肩腰有倦姿。

天馬山在北窗有感戲成長句

我家有名山，曾棲梁伯鸞，五噫傳千古，夫婦渡江南。江南今時異昔時，勸君莫愛江南住！昨夜江南家書至，吾覺江南更可去。古人不復作，今人難相處，我去江南已千里，此間未必堪寄駐，窗外呼山語：「汝名作天馬，可能騎我入雲中，從此消搖不須下？」

冬至前兩夜枕上聽雨（十二月二十）

好夢無端去卽休，夜長孤枕起清愁，閒聽瑟瑟瀟瀟雨，卻似江南九月秋。

之勉家夜飯隔曉成此呈之勉夫婦

把臂重瀛外，十年話舊情，赤心邀餐飯，親手治蘇羹，連夜燒明燭，烹茶剖橘橙，瀟瀟風雨下，不禁我心酲。

棄婦吟（十二月二十一）

落日秋風生，棄婦掩戶泣。借問何緣由？嗚咽為君說：妾本良家子，鍾愛若掌珠。三五戒嬉戲，六七誦書詩。八歲習灑掃，九歲親畚除。十歲學洗濯，十一當梠匙。十二持刀剪，十三裁衣襦。十四妙刺繡，十五製錦綺。家亦小富有，作苦為親慈。女紅有餘暇，教之明倫彝。婉嫿順姑嫜，肅恭奉祭祠。上當媚夫君，下當撫童稚。內以御僮奴，外以應賓師。恐復失人意，嗟跌長見嗤。十六辭雙親，乘輿謁夫婿。夫婿盛意氣，遊學越重洋。賢母未及為，良妻不堪當。結髮未周年，捐棄守空房。夫君未敢怨，惟有自嗟傷。昨夜大鼓吹，新人進華堂。新人誠多美，舊人未可方。

闔自彈淚珠，一一細較量。舊人端容儀，新人波眇光；舊人大懿柔，新人有勢強；舊人聞客至，入厠作羹湯。新人聞客至，應接何輝煌。按琴引清歌，妙舞散奇香；舊人守中饋，米鹽與錡筐。新人挾夫婿，倜儻入都場。千金選鑽珠，百金揀衣裳；舊人雖多情，出入難相將。未若新人樂，飛舞雙翺翔；寄語世間人，愛女莫漫浪！與其刻苦治家政，不如放任豔冶儘風狂！

甲乙兒（十二月二十二）

一

甲兒持梃擊，乙兒額隆起。乙兒告長老，甲兒太無理。長老語乙兒：甲兒誠非是，爾今欲何為？哭泣誂訴之。倘欲還持梃，擊彼如擊你。彼額當更起，你額未遽利。與使兩額傷，不如且便已。

二

甲兒舞手腳，遂中乙兒體。乙兒告長老，彼拳傷吾臂。長老語乙兒：臂傷誠可悲，然我聞爾語，亦傷爾眞意。此為爾之臂，彼為爾之友。兩俱是爾物，彼此更何起？臂傷愈卽休，友傷永難彌。

舊詩四首十年春作棄置已久錄存於此

告蛙

有蛙承不棄，來往我庭中，閣閣時欲吐，默默又渠終。主人開廣懷，萬物等和同，既已結伴侶，何更持淺衷。

憐雀

山雀鳴啾啾，往來集簷際，眾雀忽紛散，一雀飲彈殪，憐爾性命微，乃供人遊戲，雀逝繼復來，飛鳴若無事，因嘆人間世，亦復多此例。

誡魚

黑鱧護千子，成團遊水側。一人持叉擬，十人屏息默。衆人皆欲殺，我獨為悱惻。不惟惜爾命，還復念爾息，慎哉自潛藏，輕莫為人賊。

謝蝶

一蝶翩翩來，裴徊暫復去，應怪庭事小，寂寞無香處。主人誠簡陋，此情客當恕，路陌會相見，飛飛莫太遽。

自集美至鼓浪嶼（五月十五）

赤岸黃牆屋，
青波白板船，

鷗光來遠嶼，
帆影落遙天。

（作於民國十一年至十二年在集美中學任教時）

三　遊蘇州天池山詩稿七首　民國十九年

——戊辰冬至偕翔仲遊天池宿山中歸以詩記之

靈巖道中

清溪帶山脚，溪民傍山廛，鑿石下清溪，一石直萬錢。扛石無壯夫，惟見女嬋娟。嬋娟唱喁于，石重行不前。石既失所依，嬋娟亦可憐。山豁嬋娟老，喁于年復年。君看道旁宅，赫濯起雲煙。

村女

行行日卓午，山僻失其徑，小村藏山塢，叩門吠聲應。村女十七八，指劃語非佞。雙瞳瀠潭水，秀髮覆前額。樸樸布衣履，短袴露豐脛。別有天然姿，金粉不復稱。轉憐時世裝，何如靈內孕，顧我走塵俗，骫髒日不勝，年來劇屯邅，痛極夢初醒。讀書千萬卷，掃無一語剩。即擬脫世累，從此坐巖暝。

彌陀嶺

一徑蜿蜒上，萬松與石俱。石有抱松腰，松有裂石膚。石綴松似瘿，松拂石似鬚。高松與怪石，石老而松癯。是時無赫曦，枕石臥松株。石靜松稷稷，嘉景足清娛，仰視碧天寥，儼若蒼海鋪。扶蘇搖松葉，晴空漾藻蒲。縱軀臥其下，活潑魚無拘。魚樂不常得，人生嗟足吁。（未完）

天池

天池藏山腹，山曠若平地。宛轉一徑通，如入螺旋裡。山翠四圍合，爭巧各呈異。石鼓懸天半，渾渾出奇致。不知何仙人，來此偶遊戲。棋楸依稀是，爛柯不復記。背池石老僧，儼坐默無忌。

仰面蓮花峰，兀突尤開意。聳踞眾山尊，秀拔天外翅，石蓮方怒華，一衲對之思。是誰持鬼斧，樂夜鑿此試。其他諸詭變，一一自為次。池獨以靜照，淵淵更無事。長使諸雄奇，俯首各趨侍。

登蓮花峯頂

吾來到池上，白日忽西斜。鼓勇攀其巔，行徊路如蛇。當年窮民力，曾駐帝王車。遂使寒士腳，希勝差得爬。坐觀獅子峯，屑小似蹲蛙。太湖一盂水，吳城一簇沙。但聞山風響，世囂抑不譁。月色轉清嚴，煙升萬象嘉。長嘯谷聲應，高步欲忘家。

坐峯巔觀火車

極目遠林樾，萬炬閃復滅。火車載行客，攢程何欻忽。前向黑暗中，猛進不停息。時一發狂呀，淒厲而屈鬱。旅人何心緒，萬千不可說。昔賢謂處世，如禪中一虱。吾謂生世間，如坐火車室。彼方乘之去，吾暫逃之出，車行已不見，且看山頭月。

與山僧夜話

寺僧作飯待，山蔬自栽種。告我身世感，慷慨有餘痛。四十喪妻孥，因之斷世夢。入山十七年，寺小如陋甕。誦經發大願：壯宇架宏棟。誓竭畢生力，犧牲為法供。死當焚吾骨，與米共磨礱。遍餧飛潛走，聊作充饑用。賢哉僧志堅，我媿僧殊眾。妻孥哭未已，兄死方餘慟。羈生強笑顏，碌碌何所貢。遂恐心力弱，悲喜成虛哄。願言誌僧語，時時一諷誦。

編者按：七詩原載民國十九年十一月蘇中校刊四三、四四期合刊，筆名孤雲。

四　海濱閒居漫成絶句四首　一九六四年

海樓一角漫閒居，雲水蒼茫自豁如，擺脱眞成無一事，好效年少日親書。
禍難奔亡歲月侵，居然賞樂有如今，商量碧海青天事，俯仰前賢古籍心。
山作圍屏海鏡開，鳶飛魚躍亦悠哉，從容鎮日茶煙了，夜聽濤聲入夢來。
風月宵來醉欲醒，雲山長護日閑清，無情都作有情客，卻覺有情無著情。

編者按：一九六四年九月，先生辭卸新亞書院院長職，屏居青山灣海濱，偶成四絶句，曾發表於人生雜誌。

五 謝兩醫師聯語兩對 一九六五年

送眼科陸潤之醫師

撥霧扶雲回造化
即心對境同清明

送牙科陳民悅醫師

四海聞名習鑿齒
三餐常念齊易牙

六　遊金馬崙成詩三首　一九六五年

初上金馬崙開始吟詩消遣

歲月崢嶸供作客，閒情壘鬱且吟詩，試看窮谷千紅紫，正待清溪一洗之。

重九登高原最高處海拔六千六百六十四英尺

炎徼乏秋意，客興自登臨，舉目非鄉土，關心是舊黔。霧滃天若晦，風黷氣常陰，萬壑飛身上，無堪豁吾襟。

湖濱客舍一小閣瞻眺最宜

小閣一瞻眺，湖山滿眼前。雲煙瞬百變，草樹自嫣芊。卽爾塵勞息，形神俱澹然。

編者按：一九六五年七月，先生雙目施手術，不久卽赴馬來亞大學任教。其時不能多用目力，惟吟詩消遣。初抵吉隆坡遊金馬崙，成此三首。

七　北馬之遊成十四首　一九六五年冬

金馬崙高原三寶寺藏經殿

山中偶上藏經閣，大漠清涼一掬泉，為問何方來大德，低徊慚愧是鄉賢。

金馬崙重九登四千六百餘尺高處

雲浮祖國無由見，地溽新邦未足豪，極目烟塵勞澄霽，滿聽歌哭費爬搔。獨憑寄旅抒傷抱，何似孤鴻唳遠翺，佳節客中名字在，偶來原上再登高。

怡保霹靂洞

此亦一洞府，遊人可暫休，奇勝雖不足，小坐亦淸幽。何如主者俗，徵題滿壁頭，來客盡名下，落筆俱無儔。仰觀但亂目，俯覽亦傷眸，青碧成汚點，斧鑿增贅疣，何當淨洗滌，油漆不復修，庶使眞山色，髣髴猶可求。

太平湖風景恍若江南許君建吾為題十景隨之一一遍觀

太平湖水碧漣漪，堤上虬枝亦足奇，十景品題非浪譽，何年播與衆爭知。

太平山夜宿晨聞滿山猿啼甚悲

險磴紆千折，客舍依磊硐，白晝黃霧塞，深宵擁火坐，清晨夢未醒，猿啼悲則那。

檳城訪大伯公廟

三子者誰歟，俎豆在異邦，史迹無可述，崇祀意則厖，尋源常涓涓，末流為大江，斯土盛文教，遠從三子降，我來一憑弔，殘碑雙目□，想像神如在，莫究言者哤。

檳城蛇廟

滂沱豪雨驅車到，驚奇異怪亂我睛，枝上盤中皆此物，香煙膜拜儼神明，陰柔變幻亦有道，毒在人間澤一生，君且隨俗觀萬象，莫先高視發輕評。

檳榔嶼升旗山蘇氏山樓不寐

樓高不覺蟲聲遠，幔重偏驚月色明，恰似秋深渾不是，時聞遙海輾雷鳴。

升旗山蘇氏山館閒眺

烈日懸空照，風來怡我情，飄灑一陣雨，颯爽勝秋清，俯視亦何有，腹麓渺若平，惟覩千重綠，無路見人行，雲湧海邊滅，雲開海復明，艨艟遙如點，參差列隊征，瞻矚疑常住，迢遞不計程，客心同彼此，留去亦無爭。

馬六甲青雲亭瞻謁李濟博遺像

衣冠何古偉，像貌亦清奇，故國浩然別，兹鄉永爾思，百年長血食，一廟足心儀，史迹無堪述，精神獨在斯。

原注：李公避清入關來此，迄今廟享已逾四百歲矣。

八達林寓廬夜坐

夕陽隱西壁，月色耀東牖，暫此散煩痾，人境亦何有。

臨離吉隆坡携字債數十紙重遊福隆港揮毫兩晝三宿而返途中成兩絶

滿身塵絆且登山，鎮日風光自在閒，好待解删塵絆盡，輕身還復下山回。
直上清涼境，復歸熱鬧塵，同斯羈俗土，相反亦相因。

福隆港客舍與李曾二子閒談星相預言中外遺聞軼事夜深始散

山房鑪火三更夜，史籍民生幾歷年，蓋世功名由命定，驚天事業預言先，相傳已徵羣情愜，孤搜無嫌小道偏，談罷忽來聲破寂，鳥啼虛谷卻難詮。

來此買一車八月折價三之一售去成兩首

買車只聽說車好，賣車只聽說車壞。同一車，貴賤瞬異價，事非可怪。我欲向車拜，汝足為我戒，求售必遭慢，得售必遭殺。人亦如車，且俟人來買，莫向人求賣。

買車如黃金，賣車似糞土。得來固不易，棄去亦良苦。寄語世上人，勿輕動喜怒，彼施此難茹，此施彼難吐，人情大相似，修心莫莽鹵。

編者按：一九六五年冬，先生擬結束馬來亞之旅，於舊曆年前作兩周北馬之遊，旅途中成此十四首。

八　沙田偶咏十首　一九六四—六年

晚眺

荒海無端落眼前，潮生潮退總如烟，卅年往事何堪憶，盡在沙頭夕照邊。

臥病

山無去處常圍眼，海作風濤時盪魂，孤嶼羈囚無一事，病來高臥對黃昏。

閒望

年華如水去難留，世局瀾翻更不休，盡日看雲看不足，正為無事在心頭。

聽潮不寐

山掩雲橫黑半邊，何時皓月出當天，潮聲終夜無人管，常自窺窗惱客眠。

時見飛機凌空而過

凌空鐵翼信悠哉，萬里雲山自去來，鴻雁稻粱鷹搏擊，聳身高處亦堪哀。

漁船

碧波盪漾一扁舟，山作樊籬海作樓，淡日輕風無個事，耕蠡樵蚏過前頭。

卽事

波平風軟日初西，乍聞孤舟泣怨嫠，霎時天容為變色，山雲慘澹雨淒迷。
雲斂山明雨漸收，嫠哀未止哭聲遒，晚光籠海無邊景，半是清平半是愁。

園中木槿盛開

山靑海碧是天涯，雲物蒼涼浪接沙，一樣紅顏怡客意，多情應是木槿花。

連日陰晴瞬息萬變

無端天意亦凊狂，海色山容亂點粧，雲雨風濤頃刻事，春華秋豔一齊芳。

晨眺

碧波如鏡映靑天，照盡韶光不計年，無限慬愁無限夢，空靈一片只依然。

編者按：一九六四年至六六年，先生多病心煩，偶以詩遣懷，留此十首。

九　難民潮來港有感二首　一九六六年

一

烽火驅人作遠遊，海天無盡日生愁，空羨翠鳳雙飛翼，欲去蓬萊不自由。

二

南國風光在眼前，懽情密意盡成煙，莫憐夢裡開心見，一入尋思便惘然。

一〇 雙溪閒吟三十五首 一九七四—八年

之一

孤陽澄晚照，翠竹滿窗明，羣鳥疑我寂，同來竹裏鳴。

之二

山色常然綠，白鳥時迴翔，飛去了無影，飛來又幾行。

之三

溪充耳，山遮眼，白雲來，相覗譜。

之四

丁丁伐木響，溪聲日夜流，只有軒窗內，萬籟默自休。

之五

滿身全覺病，滿軒皆是山，病與山相守，成此軒中閑。

之六

門外有車來往，行人路上頻繁，閉門樓軒閒望，憧憧萬象無喧。

之七

翠竹成堆秀，楓林滿徑陰，諸松齊肅立，竚待病翁臨。

之八

家畜兩稚犬，客到必叫呼，病中客加稀，犬吠益喁喁。

之九

常憶侍親日，北堂言蒔萱，萱今病中發，覩物更難言。

之十

一園花樹，滿屋山川，無得無失，只此自然。

之十一

雲態日千變，山形常若茲，互結為侶伴，終古永相宜。

之十二

山頂孤燈亮，光輝何其美，衢路簇繁燈，燦爛徒俗綺。

之十三

園松離披立，夭矯各不羣，儼如同朝闕，共扶一乾坤。

之十四

雲天開眼舒，閉眼倏轉黑，病中多閉眼，舒不隨黑遷。

之十五

朝熹受虧蔽，幸有晚霞多，斯園因地闢，所遇意則那。

之十六

藥甌粥盌更迭，枕上椅中臥起，且學吟哦消遣，權作陰陽燮理。

之十七

雨濛濛，空不淨；水滮滮，氣不寧；惟吾心，澄而定。

之十八

窗外陣陣豪雨，天地一片溟茫，枕上好夢乍醒，卻覺百體占祥。

之十九

軒外繁燈遠處明，環軒萬籟闃無聲，從知身在人間外，語不全誠亦自誠。

之二十

病起孔誕近，病瘥國慶前，中華與孔聖，盤旋著心田。

之二十一

意興偶然築此軒，無端病養儘朝昏，若謂人生有前定，此軒宜我應無言。

之二十二

因病得閒百不如，恍遊太古獲心初，亦知非我勞生素，且一從容返舊畬。

之二十三

枕上倚中倦，且漫學下樓，園中生氣盛，驟晤轉生羞。

之二十四

平生愛讀放翁詩，長憶中原墨瀋悲，浮海始知翁足羡，故鄉垂老固相依。

之二十五

嗚嗚四面滿窗喧，何事相呼總不言，寧有深情難傾吐，欲隨病叟去中原。

之二十六

陽光入我心，和風入我肺，溫存與滌蕩，諸病隨而廢。

之二十七

夜眠稍覺佳，晨餐微逾量，誰歟妄欲速，私意竟遭抗。

之二十八

久病知養衞，前途卽康莊，不求亦不忮，隨變斯有常。

之二十九

客來稱我神色康，詢我病中養衞方，只視有病如無病，好教病在無中藏。

之三十

凡物皆如此，無生藏有生，於物藏體骸，於神藏心靈，最後無分別，當前何愛憎，惟此大庫藏，始有眞情萌。

之三十一

病來瞬淹旬，病在亦可親，一夜忽乍去，置之勿追因。

之三十二

無端勞作閑，冗雜一時刪，閒去勞復起，淸溪灣又灣。

之三十三

筋骨年來慵似病，小樓寂寂欲何如，山環水匝無多事，長日杜門一卷書。

之三十四

幼生金匱讓皇山嘯傲涇讓與傲習成性，
老住臺灣士林區外雙溪士而雙享餘年。

之三十五

幼讀宋玉賦，便知秋可悲。每秋悲必發，我情轉坦夷。從知春可喜，夏歌冬墨綏。人生有七情，好與四時移，此情有所洩，隨時無不宜，因念寒熱帶，雪澌與炎煨。七情難分別，並向一處滋。內且不調和，每發常離規。釋迦稟大智，亦復具大慈。終嫌偏不協，僅如一足夔。晚年來南服，鬱氣悶不開。春秋僅有名，夏冬亦咄哉。草木常不落，雲水若凝脂。情洩無外所，一於人事縻。卽不溺荒淫，亦復陷虺隤。難得中正情，因乏卓越才。我病值新秋，八月又閏兹。應有好天氣，使我悲心怡。寧知夜不露，亦復晨無颸。噢咻儘嬌養，我悲欲寄誰。外向無可洩，內向持何疑。默誦三百首，首首是吾師。

我屋哦二十韻

山頂列巨屋，氣象何巍峨。我屋山阿藏，相形似幺麼。彼屋陽光滿，我屋隱薜蘿。彼屋人所瞻，我屋少人過。彼屋容龍象，我屋鳥雀羅。而我在此屋，終日謳且歌。自謂君子居，又擬安樂窩。開軒延天地，抽架供研摩。一室窮千古，宇宙入吟哦。巨屋縱環峙，我屋固無他。尤其病魔來，我屋儘婆娑。既養我生趣，又療我宿痾。屋亦畜兩犬，草木自成科。我生作主宰，我屋一太和。我生為大法，我屋是法螺。我生如涉江，我屋隨身蓑。我生如越嶺，我屋胯下贏。在此望夕陽，在此詠蓼莪。我生八之一，淹此如穿梭。我生無可詠，且詠此一窠。

一一　歷年春聯輯存

一九六二年壬寅

七曜齊元願為蒼黎禱萬福
一陽始泰且憑巖室接新春

簷前鵲噪來喜訊
嶺上梅開報好春

迎歲開新占虎變
需沙有待學龍蟠

一九六四年甲辰

歲值龍德遯世無悶
門對春陽受命咸宜

胙史枕經窮歲月
藏山抱海納陽和

讀畫誦書但隨一室
白雲滄海圍繞四窗

一九六七年丁未

門外有貞松每憶前賢珍晚節
庭前羅眾卉且將餘年樂春姸

著書不作藏山計
學道新窺浮海心

一九六八年戊申

新春來舊雨
小坐話中興

歲星已卜風雲變
炮竹如聞鼙鼓喧

一九六九年己酉

羣巒環門護宅住
一溪排闥送春來

觀水聽山皆所適
迎新除舊亦攸宜

編者按：本年遷入外雙溪素書樓。

一九七〇庚戌

溪聲繞砌疑韶樂
山色當門代素書

欣逢新歲來舊雨
漫學老圃蒔雜花

室有藏書思古人以娛老
門無雜事眄庭樹而忘年

一九七一年辛亥

禱炎黃萬代五千載道統長在
欣辛亥一周六十年國運又新

花草環廬盡霑春意
雲煙往事同沐新生

佳趣在窗外溪山風雨晦明盡堪賞
雜務惟室中書硯春秋寒暑不知閒

一九七二年壬子

時局如五里霧行一步見一步注意應從腳下
人心是一線天暗當頭亮當頭光明卽在眼前

一溪當門汚濁全部帶去
羣峯環屋光景四時常新

歲序更新尺璧何堪當黃白
河山依舊寸眸惟有望蒼玄

一九七三年癸丑

地久天長剝復見矣
牛來鼠去小大由之

眼中山水心中人物胸中天地
窗外陰晴身外炎涼世外滄桑

室有詩書滿院春光長住
門無車馬一灣溪水細流

一九七四年甲寅

一元復始賞園中花開花謝
萬象更新看門外雲散雲生
瞬息風雨百世可知誰與論
懷存恫瘝一椽不易聊生安
淡飯粗茶長向孔顏守樂處
清風和氣每於夷惠得眞情

一九七五年乙卯

回憶八十年滄桑家乘國步說不盡
常抱千萬種心事思今懷古念無窮

一九七六年丙辰

倦來高臥倦去漫步閒行勿用研玩六龍味
門外雙溪門內蒼松翠竹无悶嘯傲一廬春

或躍或潛惟慎咎悔
在淵在天莫論假眞

生逾三萬日 一惟曰乾曰惕
壽過八十年何曾為龍為光

一九七七年丁巳

冬盡春來默為小園花草榮悴仰主宰
星移歲換坐看大陸龍蛇起伏待清平

雲煙在上鳥雀在旁有聲有色百千景中亦一景
飄泊為生寂寞為家無著無依八十春後又三春

每期啓後承先願為千秋作牛馬
豈意縈左拂右僅供五體謀稻粱

一九七八年戊午

兩眼漸矇矓且看大陸龍蛇萬象如幻
寸心有把柄漫趁小齋春色一馬當先

原注：客臘病中自謂心境有進步書此自勉戊午元旦戲筆時年八十有四。

乾坤病裡春又到
飲食藥中味卻回

原注：客歲臘盡攖疾盈月大小除始起病床喜而誌此。

書中古味盎然在
病後春光兀自新

一九七九年己未

眼昏如花不慣再看世間色相
心亮似雪猶能預曉天外風雲

計羊年欣逢八度
願春色喜滿四方

讀過百千萬卷書猶存眼底
經歷家國天下事總在心頭

一九八〇年庚申

大陸厄運未轉九億人愁恨萬端不知成何面目
寒舍春光又來雙溪水歡欣一片乃有如此心腸

匹夫有責八六浮生惟抱一恥字
百世可知春秋絶筆已見千古心

盲目捐書心遊千古
杜門謝事屋漏一神

一九八一年辛酉

鬢毛已摧去國離鄉踰卅載
風雨如晦聞鷄起舞期今年

書劍飄零吾身為報國為偷生滿心愧恥終何事
雲山縹緲大陸是天堂是地獄盡日瞻望竟忘年

雙眼模糊事物影像漸成淡
一心清明思求因緣轉益深

一九八二年壬戌

春夏秋冬為雞為犬天隨萬物變
東南西北忽華忽夷身如一萍飄

腳下踏遍幾多桑田滄海未料倏經八十八載
心頭嘗盡不少離合悲歡但期僅限一世一生

筆頭朦昧心頭亮世態忤情變何劇
窗外青山樓外溪天心對我常依然

一九八三年癸亥

江河日月歲歲如常惟有樂天知命
豬狗牛羊年年有變且此除舊布新

景雲起吉星照有待人人期望
布衣暖菜根香但求歲歲平安

有憂有樂依世運
不知不慍在吾心

一九八四年甲子

溪山長親開春倏爾逢甲子
楓竹日壯閉戶僅此作老朋

日散萬步飲苦茗三四回尚有百千紙存稿徐待騰鈔修改
心無一念看浮雲七八次已成九十齡老人惟期頤養安閒

世局蒼涼今日難以知明日
吾道昭朗此心易於得他心

一九八五年乙丑

人心好變江山如舊人心無當天意

世事無常歲月循環世事那隨命令

此正龍爭彼又虎鬥龍虎飛騰抱愴萬方億兆命

生逢羊辰老值牛年羊牛勞瘁瞬逾三世九十春

年年估計大局大生命小生命合一

日日改寫舊文舊歲月新歲月相融

一九八七年丁卯

歲新神亦新幸見老練
人老心不老時有新知

一九八九年己巳

龍過蛇到飛天潛地常存眞元氣
冬去春來收藏生發善順自然性

飛越歐亞廿七天相依親情應猶在
海峽兩岸四十年阻隔倫理有若無

塵事無常性命終將老去
天命好還人文幸能綿延

晚學拾零

一　為學與做人

中國人主執其兩端用其中於民。其實為學與做人，亦人生之兩端，亦貴兼顧而用，使各得其中。如孔子「十有五而志於學」，即學在做人。三十而立，則已能自立成人。此下四十而不惑，五十而知天命，六十而耳順，七十而從心所欲不踰矩，皆指做人方面言。是孔子畢生為學，亦學在做人而已。

論語言：「志於道，據於德，依於仁，游於藝。」志道、據德、依仁之三者，皆屬做人方面事。惟最後游藝一項，乃屬學問。如鼓瑟彈琴，或習御學射，此等皆屬藝，但亦屬人生，只非人生之主要項目，故因時因地及之，僅曰「游」，而非「習」。學而時習之，乃習為做人，於游藝自不同。

與之。

顏淵言：「夫子博我以文，約我以禮。」來學於孔子者，皆志於學問，故孔子博之以文。但又必約之以禮，則一切仍以教其做人為主。故樊遲求學為農，又求學為圃，孔子譏之曰：「小人哉，樊遲也。」蓋樊遲志在學一藝，而不志在學做人，故孔子譏之如此。又如四子言志，子路、冉有、公西華或主治軍，或主理財，或主外交，所志皆在一藝上。而曾點則僅言日常生活，志在為人，而孔子與之。

其實不僅儒家如此，墨家繼起亦然。儒家主「孝」，此乃為人之道。墨家則主「兼愛」，曰「視人之父若其父」，則乃依隨儒家而推廣言之。故曰：「非大禹之道不足以為墨」，則仍主做人。大禹治水，而墨家則主非攻，以助人守禦為業。此可證墨家乃學大禹之為人，非學大禹之為學。

墨翟兼愛，楊朱為我，乃一反墨家之道以為道，但曰：「拔一毛利天下不為。」仍主為人言，非別有一套學問專以為我。則楊朱與墨翟學脈仍是一貫。

楊朱之下有莊周，為道家。其實道家亦仍是一種做人道理，仍在此一端。其他先秦諸子不詳論。要之，可謂多偏於做人之一端。甚至如孫子十三篇，專言兵事，乃書中所言亦多偏人道。要之，非學做人，即不足以當兵，更不足以為師。故中國治軍之學，亦即是做人之學。孫子書俱在，可細讀，此篇不詳論。

又如法家言。太史公史記謂：「申韓源於老莊，而老子深遠矣。」今韓非書有解老、喻老兩篇，可證史公言有據。是中國法家言亦主做人之學，惟所言淺近，無當深遠而已。

又中國為一士、農、工、商之「四民」社會，惟士乃為學，但亦以做人為學。非能孤立做人，故每人各有家，中國人為學貴能成家，卽指其重做人。不做得一人，如何成一「士」，而非人又何貴其學。故中國社會兩千五百年之士傳統，可稱為一「以做人為學問」之傳統。

其道傳至清末，姑舉曾國藩為例。曾國藩以一農家子，及中進士第，入居京師，乃始知為學。觀其家書，告其弟為學之道，卽皆中國傳統做人之道。及其居喪鄉居，訓練湘軍，出平洪楊，人在軍中，而仍不忘其學，觀其訓子書可知。故中國士人，上自孔子，下至曾國藩；上讀論語，下讀曾氏家書家訓，中國傳統學問要之以做人為主。例證明確，不煩多言而可信矣。

但中國人除做人外，亦非無其他學問可言。但大本大源仍在其做人上，其他皆其枝葉末流。中國古人則謂之「藝」、謂之「文」，游於藝博於文皆是。但人非可僅為一文藝之人，學亦非可僅為一文藝之學。班固漢書有藝文志，藝文僅指書籍言，非指人物與學問言。如上自論語，下至曾國藩家書家訓，皆可入藝文志。而孔子與曾國藩，則應入古今人表，不入藝文志，此義淺顯可知矣。

韓愈師說，「師者所以傳道授業解惑」。此所謂「道」卽做人之道，則師道之至要卽在教人做人。「業」者生業事業，人生不能無此兩業，乃以輔助人生，為人生之手段。如孔子亦為委吏參乘，此卽人生之業。農工商皆生業，為士亦生業。學而優卽仕，仕而優卽學，從政亦為士者之一業。則孔子之為魯司寇，亦卽孔子之業。惟當知「道」與「業」有辨。佛家言人生皆由前世業來，是佛教不知人生業外尚有道。而人道卽由天道來。故中庸言：「天命之謂性，率性之謂道，修道之謂教。」此則言師教只在傳道，不在授業，尤較韓愈師說為更近中國文化之大傳統。

韓愈創為古文，乃韓愈之業。但韓愈言好古之文，乃好古之道，是業中卽有道。中國工商百業皆有道。如言「信義通商」，信義卽通商之道。中國人言「天地君親師」，為親者生育子女，乃天道。古者易子而教，為師者教子女孝其父母及其他各道，此乃人道。為君者則以道治人，但為君亦當有師。師之傳其道，不啻如父子之傳其生，以成家，故此卽血統。中國諸子皆稱家學，稱「百家言」。學則必以成家為貴。太史公為史記，亦稱欲成「一家之言，藏之名山，傳之其人」。此之一家，非血統乃道統。依中國人意，學而無當於道統，不能傳後，斯則不成其為學矣。

西方人之言為學與做人，則大不同。為學、做人分屬兩事，非一體之兩端。故為學則僅知為學，不問做人。如為一哲學家，卽為一哲學家。亞里斯多德言：「我愛吾師，我尤愛眞理。」此乃謂其愛眞理尤在其愛師之上。斯則師弟子何得成為一家。今人乃稱之為專家，試問一人又何得成家？哲學然，其他諸學亦無不然。故其學貴能開新，能創造，不貴守成有傳統。希臘已早有哲學，直至晚近始有哲學史。亦可謂學問縱可有史，而學者則不成史。故西洋人只有學人，斷無學者之家。卽為人父母，其子女長大，亦各自成家，非可父子會合為一家。亦可謂此乃西方之道統有如此。

故西方人貴「用」不貴體，非組織則無由成體。實則其謂體，仍貴其用。如今言電腦，亦貴在其用。卽一人，亦貴在其用。用之者愈多，則其人愈貴。故西方社會貴多數，如人之生命，則貴在其體。其體貴有傳統，而非組織。學有傳統，斯為一家之言，又為百世之師，此非由組織來。

西方卽如宗教，縱如耶穌亦無傳統。其傳統乃在教會之組織法，不如中國孔子之為至聖先師，乃在人心與道統上。所謂「打倒孔家店」，只求心一變，則斷然無店可打。總之，西方人言組織，乃無生命性。中國人言傳統，斯有生命性。一屬有機體，一屬無機體，此乃其大相異處。

故西方醫學，重人體解剖，卽求明其組織。中國醫學重方脈，卽求明其血脈之流傳。

西方人言做人，只求不犯法，此乃消極的。西方人並無正面積極做人意。如發財，如做官，皆是在做事，非在做人。西方人言做人，只曰平等、自由、獨立，亦只在與人比較相爭，非在自己做人。如中國人言孝、弟、忠、信，言仁義，言禮樂，皆在自己如何做人。而西方則絕無此等想法。故西方一切全是唯物的，否則說是靈魂的，而非人生的。為學自為學，做人自做人，兩者絕不相關，此是西方傳統。

茲再簡言之。西方乃個人主義，我要如何做人，乃我之絕對自由。只有法律叫你不該如何做，但無積極教人做一人。故西方乃有為學無做人，兩者不成為一體對立之兩端。今再換言之。印度人只知人生只是造業。不叫人造業，卽不再教人做人。西方人則儘教人造業，若認為人就是人了，只有造業一項，才是人生唯一道路，乃更無其他可言。至於靈魂上天堂，則又是另一事。如中國人教人如何做人，此則為並世其他民族所無有。

而中國人則又有立德、立功、立言之三不朽。「功」與「言」皆其業之不朽，而「德」乃其生之不朽。此尤除中華民族外，又豈得與其他民族同言之。當知非立德，則無功言可立。而立功立言，尤必以立德為先。若論西洋，則信教似為立德，科學乃立功，哲學為立言。不知其途既分為三，仍可同為立業，此又與誰言之。此或世界末日之來臨，乃知余此言之不為虛發耳。則又何為而必證其語之非虛發，抑且西方人亦姑求當前，而不再求其後。

故西方無體無常，一切惟變惟用，則又何立可言？惟求使用，不談建立，使非要長崎廣島大量死人，原子能武器何從發明？使非舞臺中能長期賺錢，莎士比亞之文學又何從產生？故西方文化貴在當時使用，不貴長期保存，此則尤當細辨。

當前之原子彈，是否合用，此貴當前美蘇政府詳細斟酌。西方人之所謂眞理，即在此。但求一時之用，乃有一時之立。長時期之將來，則決非當前之所計。此非當前西洋文化之實際而何？而又何待其他言論之闡發。儻吾斯文於美蘇兩政府當前原子彈之使用有所影響，此始為吾此文之眞理。否則吾此文果能刊載報章雜誌，獲得稿酬，亦即為此文眞理之所在。西洋文化事實如此，證據即在當前，又烏得而非之。

故伯夷叔齊恥食周粟，餓死首陽之山，而孔子稱之謂其「求仁得仁，又何怨」。於是伯夷叔齊乃為中國聖之清。三千年相傳以迄於今，受人尊敬。耶穌則釘死十字架，羅馬地下活動遂成耶穌教，傳今近兩千載。依中國人道理言，則其事皆在人心。惟非我族類，其心必異。聖人先得吾心之同然，但未必全得天下人類心之皆然。故西方人雖亦知有伯夷、孔子，但決不尊之如耶穌。此亦中國人所講道理，一當前眞憑實據之所在。而復何疑問之堪生於其間。故惟中國人，乃以眞實人生為學問之眞精神所在，而舉世實亦無以逃於外。願吾國人，其於此深思之。

或言中國人既言「非我族類，其心必異」。何以又言「一天下」、「大同太平」？實則此必據人心之多數言，乃據長時期之人心同然言。故孟子曰：「不嗜殺人者能一天下。」而如原子彈之類，乃決不發明於中國。然則天下終將於何歸宿，而得一太平大同之局？則吾以中國人傳統言之，決將大同太平於中國一「仁」字，而決不大同太平於當前之原子彈。其然豈其然乎？則仍貴國人之自反之心而深求之。孟子曰：「吾豈好辨哉，吾不得已也。」人心之不得已，在仁、在原子彈？其仍待國人之深思之。

二　仁者壽智者樂

中國人言：「仁者壽，智者樂。」此指其羣言。如中國民族好仁，迄今已五千年。西方民族尚智，自希臘迄今僅兩千五百年，適得中國史之半。

希臘人非不有其早年，但希臘人不重羣，前人已去，早不在記憶中。抑且歐洲人迄今無史，古代希臘人亦不在其他後起歐洲人之記憶中，故迄今亦已多遺忘。所尚能記憶者，則僅約略依稀而已，並亦無相念之情。故希臘之在歐洲，與中國以往之兩千五百年大不同。

又如羅馬，迄今不能踰兩千年，而近代歐洲人心中之所能記憶古羅馬者，亦與中國人之記憶追念兩千年前者大不同。

羅馬帝國此乃歐洲人之特創，今國人亦稱秦漢為帝國。其實秦漢乃中國封建之統一，但非帝國，與羅馬大不同。秦始皇、漢武帝之歷史記載亦尚鮮，然在國人心目中，指述能詳。羅馬之創建則模糊依稀，斷無能如秦皇、漢武之追憶。換言之，今日之中國人仍能與秦皇、漢武為羣，而今日之歐洲人則斷不能與古羅馬為羣。縱如近代之英法人皆然。故秦漢尚明白留在近代國人心中，至如羅馬帝國則早已忘失無存。古代如此，近世亦然。最近當代如英國人、法國人乃至如美國人，自今逾兩千年以後，當不知其何往，誰復能記憶之。而如中國人，即如最近之孫中山，乃至如毛澤東，此下兩千年當尚能在中國人記憶中。孰為仁孰為暴；孰可羣孰不可羣，轉瞬兩千年，猶如在當前。此一層乃中西文化一大相異處，一經舉出，易知易解，可不煩深論而自曉。

西方人之所好在其富而樂。如古希臘，其人富而樂，當遠勝於吾國之兩千五百年前，如孔子時代，一讀春秋左氏傳如齊、如晉、如楚、如秦、如魯衞、如吳越皆記載詳備，其人生可樂，又烏得與歐洲之古希臘相比。直至今日如齊之臨淄、楚之郢、西秦之咸陽，東吳之地皆在，又烏得一如古希臘人之可樂。當前之中國人又何處得如英法美諸國人之可樂。

然則人生有可樂，為何中國人不知求？不知此等樂處皆在食色，皆在人欲粗處，似可樂實非可樂。中國人言：「貧而樂，富而好禮。」中國貧人亦有樂，如尋孔顏樂處。孔顏豈不在當時乃一貧人，貧者何樂？樂在人心深處，即人與人相處之一番眞情眞義上，此即樂在其「能羣」。如孝、弟、忠、信，凡所能羣，皆即中國人樂處，而非樂在古人生活之衣、食、住、行上。抑且中國人之衣、食、住、行，實亦遠勝於西方。西方人樂在彼我相比較，中國人樂在彼我之相偶聚，相儕伍，而相羣。

不言衣食住行，即言夫婦之與父母子女，豈不中國人乃亦大大樂過於西方。

故中國人言「知者樂」非如余上文之所言。實則中國之智者，則無不仁，故其樂乃仍在孝悌忠信上，仍在與人相羣處，實即樂在其能仁，與西方之所謂智，有其大不同。

今日西方人之智，以中國人言之，實乃一冥頑不靈愚不可及，烏得稱為智？故西方之智必出於爭，如今各種運動會，得一金牌均由爭來，又何樂之有。

故中國語言文字有其相別處，亦卽有其相同處。如言仁、智，實則仁者無不智，智者亦無不仁。故中國語有其別處，但亦有其通處。如言智者樂，則尋孔顏樂處，豈得卽謂尋孔顏之智；顏子不壽而夭，又豈得謂顏子之不仁？則中國傳世語，從西方觀點求之亦儘有其不可通者，又豈可拘泥以求。西方語尙別，乃無其通處，故其言樂乃屬心理，言壽乃屬生理，生理與心理有不同，而中國人之言仁智則斷無生理心理之分別，中西方語言義理不可相互了解者亦多矣，又豈止於如上舉。故如中國人言「仁者壽智者樂」既非西方之生理學，亦非西方之心理學，又非西方之科學與哲學，而人生中則確可有此，則人生又豈西方科學哲學心理諸學之可達，不如中國人既發明火炮廢棄不用，改為爆竹娛樂，此非中國人之仁且智又曷克臻此。又如近代西方發明原子彈，此豈可謂之乃智而不仁。實則不仁卽不得稱智。中國語同中有其別，別中又必有其通，卽此可證。西方語則有相別不相通，既不相隔又何相別之有。此乃西方人之所謂獨立處。若以中國人言，則獨立必立於羣中，「羣處」與「獨立」，兩語仍相通，否則又何謂之獨立。故必開運動會乃始得獲金牌獎，苟各自獨立，此金牌獎又由何得來？故須平等，乃能獨立。但既平等，又何得有自由？故西方人之所謂自由乃亦只得自由於法定中。非有法律規定，又烏得有自由可言？但整體人生則決非可由法律規定之。故一切西方人生乃自然乃法定，然法又何來，此則豈不當更作一思量乎？

今按論語本文：「智者樂水，仁者樂山。智者動，仁者靜。智者樂，仁者壽。」朱子注：「智者達於事理，周流無滯，有似於水。仁者安於義理，厚重不遷，有似於山。動靜以體言，樂壽以效言。動而不括故樂，靜而有常故壽。程子曰：非體仁智之深者，不能如此形容之。」今按：朱子此注，「動而不括」四字，尤值注意。春秋時，有趙同、趙括兄弟，是「括」義亦猶「同」。東漢書稱鄭玄「括囊大典網羅眾家」，此皆孔子「博學於文」之遺訓。然所囊括者，乃僅大典，尚為知所擇。今朱子則言「動而不括」，始明白申述為學不當求「括」之義。孔子七十，而從心所欲不踰矩，其所欲之主要對象在己心，不在外面事物上。朱子之意亦猶此。陸王即就己心欲成其括，終達儒學之歧途。近代學術西化，曰發明曰創造，科學哲學無不求其括。既已括盡無遺，則繼起者惟有變而無常，但宇宙萬物豈誠如是？此誠今日學術之大害。能深究「不括」之義，乃可繼承而有常。然天地亦一陰一陽而不括，此誠學者之所當深體也。

朱子大學格物補傳又謂：「即凡天下之物，莫不因其已知之理而益窮之，以求致乎其極。」陽明承其意求之，乃格庭前竹子，然不悟庭前竹子固亦天下之物之一例，但當因其已知之理而益窮之，則仍是因舊學，非一憑己意創新，泛濫而無歸。陽明格庭前竹子並非有其前所已知之理，及其困於龍場驛，乃謂「使孔子如我，當作如何處理」。此非後學之時習，乃天命惟新，自成為大聖。則孔子五十而知天命又豈誠如陽明之所知乎？是朱子說格物終不失孔子向學之心，而陽明之發明良知，乃亦可以囊括宇宙眾理而無遺，其然豈其然乎？幸好學者尚善自深思之。

西方希臘哲學家亞里斯多德言：「我愛吾師，我尤愛眞理。」若以上述語申論之，朱子之所謂「因其已知之理而益窮之」，斯卽受師之所傳。我愛其理則鄙棄前人之發明，以企一人之獨自新創，此則今日西方之所重，而吾中國之文化大傳統則絕不如此。此又所當明辨者。

今再申言之，若一如朱子意由其所知之理而益窮之，則前有承，後有繼，斯學斯文可以永垂萬世而不竭。天居其陽，人為其陰，所謂一陰一陽之謂道也。若如近人意，一意唯我創造，是則專家居其陽，宇宙居其陰，則人生曷得超天地而自存？此亦近世文明所當研討一問題。奈今之人乃不此之思，則宜乎無可言之矣。

中庸又言：「執其兩端用其中於民。」前有承，後有繼，此乃人生之兩端。西方人則惟求有創，此則前無承後無繼，故其人生乃無有常，惟有變。前無承斯謂之進步，但後無繼則豈進步之後不再有進步，抑惟有進步乃可無窮止？卽如當前運動會，開創世界新紀錄，豈可永此開創，更無停止？中國人則謂「止於至善」，今試問此至善係何？則誠宜深思也。

三 由己與自由

西方人言「自由」，中國人言「由己」。論語言「為仁由己，而由人乎哉！」西方人又言：「自由、平等、獨立」，是為個人主義。人各自由，豈不相互平等，而各自獨立。但中國人之言「由己」，「己」之對方為「羣」。羣之成立之中心乃即「仁」，故孔子言「由己」，又言「為仁」。為仁即大羣之道。

由己、為仁，中國古人則謂之「有命」，此命乃屬天。人之出生，根本非屬己意。己之自母腹呱呱而生，豈得謂之由己。即其十月在母腹中，非但不由己，亦不得謂之由其母。實則一切自然，中國人則謂之「天」。

西方人尊自由，但人生之在母腹中，又焉得謂之是自由。及其十月呱呱而生，又焉得謂之乃此嬰兒之自由。並亦非其母之自由。

然則此十月而生之一段經過，西方人究當謂之何？中國人則謂之天，孟子言：「莫之為而為者謂之天」是矣。近代西方科學家研究及此，乃稱為自然科學。其他西方科學一切研究均在人類之不自由處，然則西方人重自由，又重科學研究，實卽重在其己所不能之不自由處。

若人生一切自由，則何為人生而必有死？不自由求死，乃不得已而有死，則人死乃屬不自由。何以人人有此一不自由，而人生乃竟可置之不問？並又竭盡一切科學方法，求軍事上殺人利器之發明，如近世原子彈核子武器之類。豈不只貴置人於不自由處？此又與人貴自由之大道理大意義大相違背。故自西方人言，人生首貴自由，則亦應首貴和平，首戒戰爭殺人。而西方則實首貴戰爭，兵戎相見，以致人於死為能事。此則決非眞貴自由可知。

又西方重商業，不啻求人之貧以致己之富。人之貧而至於無以為生，在己亦所不顧。是西方人之重商業？又豈得謂之重自由？實僅可謂之重個己之自由，而決非重人類大羣之自由可知。明白言之，西方人重自由，實乃重各己自私自利之自由。求己自由而不以傷人自由為戒，並以傷人自由為必經之手段，兵爭商爭皆然。故與其謂西方重自由，不如謂西方重小己，重個人，僅以個人小己之自由為主為重，當更為適切更為恰當。

西方既重個人主義，而人生自然實不能僅憑個人。如魯濱遜之飄流荒島，亦豈專憑其個人得以保其生。故個人主義則決非人道主義，亦可謂非人生本位之主義。

抑且方其在母腹十月中，尚未出生。方其脫離母胎，十年乃至二十年中，決不能個別獨立以為生。則人生之決非專由自由，決不能單憑個人意志以為生。甚至其人自二十年後，能自謀生活，但始終仍必在人羣中生活，又焉得不顧大羣而專講個人主義？故西方人之講個人主義，必其生同時無人無待而可，但又烏得有此生？故人生終不宜視其父母亦如機器。則又為何必舉個人主義為人生講究之大道，此誠無可言之矣。

故若講自由，必有一限度。人生講自由必為一有限度之自由。卽在西方，所以於自由之上又必講一法律。但法律卽使人不自由，而又由人定。人類又何以定出此法律？西方人乃必於人生中重多數，卽為判定此法律之團體。但此多數又必隨時而變。故謂西方尊自由，實不如謂西方乃尊多數、尊變。故西方一切道理，均重多數重變始得。

但多數之變，則決非個人一生之自由。故西方文化乃首尾相衝突，無可言其定。中國人則重命，命則若非個人之自由，必歸之天。天又實一不可知，乃歸之於己之性。故曰：「天命之謂性，率性之謂道。」則中國人之所謂道，豈非卽其個性之自由。故中西文化雖若相異，而在其大本大源之最高處，則中國人所言實已包括了西方之所言在內。此義實非不易明白，但近世人不肯思慮及之耳。

中西文化之最高限度，均在一不可知之中。中國人命之曰「天」。西方人又不認有此天，其宗教信仰乃必承認有天堂、有上帝、有靈魂，下落到塵世，則成為個人。其言自由，乃仍謂個人自由，因不認有中國人之所謂命，但亦不得不認有一己之所不可知。西方人之求解決此不可知者有二，一為宗教，一為科學。但論宗教，則必有一世界末日，為個人自由所不願到達者。論科學，則不得謂人生卽科學，乃主以科學研究人生。則當前之人類豈不亦成為科學家研究一工具。又何自由之可言。

依中國人言，則人生始終如一。嬰兒則始終在父母之保養教誨中，此亦謂之人生。其父母卽猶其天地，亦卽其自然。凡此所言，實較近情理。故其言人生，乃必由己為之中心。由己以上，乃有父母，以及於無窮。由己以下，乃有子女，亦及於無窮。此一無窮之人生，實當以「己」為之一中心。而己之與己，又相類似，則人生豈不由此一不相知之己為之一中心？故中國人貴知天，實卽貴在其知己。己卽天之所由以見矣。

己不易知，貴在「學」以知。何以為學？曰以「人」為學。學為人，卽自知其己矣。孔子曰：「三人行，必有吾師，擇其善者而從之，其不善者而改之。」此三人中，其一人卽是己，其他兩人，則皆可為我師。一切事，獨立則不易知，相與則自易知。兩人中一切可有比較，有選擇。其一切比較選擇，豈不全由己？故人之為人，不貴其能有師，而貴其能「善學」。孔子曰：「十室之邑必有忠信如丘者焉，不如丘之好學也。」則有志學孔子，正貴其能知從事於學。亦可謂人生卽是一種學習過程，而學習過程亦卽是人生。孔子曰：「學而時習之，不亦悅乎！」宋儒周濂溪教二程，學孔顏樂處，實則其樂處，卽是生命，亦卽在其學。人生能學能樂，他又何求？但其自為學自為樂又誰歟禁之？則人生之好學，豈不亦人生一至大自由。

今人言人生，好言西化。但言學言樂，卽由西方人來言，又何以易此？則豈不人生大業卽在我至聖先師孔子論語所言「學而時習之」此五字已足盡之乎！苟捨此又何求。

今世人好慕西化，必言「自由」，不肯言「由己」。但卽慕西化，豈不亦當由己慕之。則西化之言自由，豈不仍不能脱離中國人之言由己？故西方人言自由，中國人則言「由己」、「由天」、「由命」，其間異同，又何更待於言辨。

四　變與常

之一

中國人言變，亦言常。凡常必有變，而凡變亦必歸於常。如有巢氏起，人生一大變。其前，常穴居。有巢氏起，始居地面上。自此以來數千年，居室屢有變，而其居地上不居穴中，可謂無大變。則自有巢氏起，而始得其常。又如燧人氏發明火食，自此以下，烹飪之術屢變無窮，但火食則是其常無變。伏羲氏起，乃有家畜。前人亦食犬兎牛羊，但自伏羲氏起，乃知畜牧，此亦一大變，而其後則所食多經家庭畜養，是其常。又自神農氏起，乃有耕稼。其先或先知米麥豆蔬之可食，而耕稼之術則始自神農氏，此下中國之為一農業民族，則歷五千年來乃一常。讀一部中國史，自有巢燧人氏起，至於黃帝，而獲得一大常。黃帝時代所發明更難指數。余曾有一書約略述之。此下中國人皆稱「黃帝子孫」，蓋黃帝之所興起，其尤要者，乃為一天下。普天之下，列國封疆，和平相處，居於中央一大一統之下，故此下中國盡稱黃帝子孫。而中國之為中國者，乃由此而大定，不復有其變。故讀中國史，上自有巢氏，下至黃帝，乃為自古一大變，亦即成為自古一大常。中國之所謂「常」與「變」，其大體乃如此。

論語孔子曰：「殷因於夏禮，所損益可知也。周因於殷禮，所損益可知也。其或繼周者，雖百世可知也。」中國人所謂「禮」，即是人之一生活體。其體常在變動中，如上舉有巢氏、燧人氏、伏羲、神農、黃帝皆一生活體之有變。亦可謂中國人之所謂禮，亦即人生之體之變。其變不但有革，亦必有因。因革即損益，那些處加了些，那些處減少些，總之不出此一生活體之外。故所損所益，亦大體可知。孔子迄今不過兩千五百年，但孔子言百世可知，當歷三千年。但今日舉國人羣言打倒孔家店，此豈孔子所能知？蓋今日中國已西化，不再是中國自古那一套，則宜孔子亦不之知矣。

希臘亦同此人類，同在此人生進化中，宜亦有有巢氏、燧人氏、伏羲氏、神農氏諸變。但希臘人不之重，遂無此傳統，無此記載。希臘人進化至以商業為生，而農民則降為農奴。商業人生依賴在外，不盡在己。其人生重外而輕內，遂與中國之傳統人生大相異。故希臘人羣居，乃僅能有城市，而不能有國。在希臘，乃永無一如中國之黃帝出現，於是其變乃有一止境。變至某一點，即不能再變向前。今日之希臘，乃一如兩千年前之希臘人，而不復有變，其常乃長在不變中。繼希臘而起者有羅馬，羅馬始變為國，但止於變為一帝國而止，亦不能再有變，於是今日之羅馬，亦如今日之希臘，僅存一以前之軀殼，有其體無其用，不啻其已死。

於是而有現代國家之出現。但現代國家變至英法亦告停止，不能再前，乃有今日之美蘇，美蘇恐亦不能再向前變。則不知繼此而來者，又將為何狀。要之，西方文化乃一好變而無常，因亦常止於不變而終止。史乘如此，當無可疑。

其他如埃及，如印度，同與中國為古代一先進文化之國家，但亦窮於變，不能再向前。姑言埃及，有靈魂信仰，所重在死後，不在生前，故生前不能有大變。印度人不信有靈魂，但亦厭惡其生前，如佛教之厭惡生老病死，乃求四大皆空。但佛教傳至中國而其內容與精神乃大變，禪宗五祖引心經「應無所住而生其心」一語告六祖，心即是人生之一常，無所住而生即其變，亦變亦常，即常即變，此已成佛教之中國化。故佛教終於印度衰滅，而其在中國則至今而常存。

西方如希臘，則其心常住在商業求富上。如羅馬，則其心常住在帝國求強上。故其道雖萬變，而其心則一住而不變。故西方雖主變，而其道實有常，惟為不可常而已。孔子曰：「富貴如可求，雖執鞭之士吾亦為之。如不可求，從吾所好。」西方人之所好，乃為不可求之富貴一窮途，如是而已。

茲再言本末源流。中國人最愛言此。中國人非不重其末與流，但亦同樣重其本與源。使無本源，又何來有末流。但非有末流，其本其源復何意義價值可言。而西方人則僅重當時所止之一刻，乃不問其本末源流之所在。故西方人不僅無本源觀，乃亦無末流觀。如美國人發明原子彈，僅為投擲於廣島長崎結束美日戰爭，此後演變所及，則似不在其計慮中。又如西歐戰事結束，美國引蘇俄勢力東來，外蒙古獨立，中國東三省乃至北韓部分皆歸入蘇俄勢力範圍。在美國人顧慮中，僅求加速結束對日戰爭，而此下三十年，以至今日之美蘇對抗，則不在美國人考慮中。舉此一例可證西方人僅知變，而不計每一變之有其本末源流。一切本末源流亦盡視如一變而止。而不知變之必有常，此本末源流即其變中之常。

古代西方人不再深論，專就當前言，似英國人最為稍知其有常。如遊倫敦、西敏寺、白金漢宮及近代國會，古今駢列，神權時代及君權、民權時代，盛衰興廢，皆在目前，又能保留王位，至今尚存。此皆英國人變中尚知有常之例證。及今向外殖民，亦惟英國最有成績。如美國，如加拿大，如澳洲，如南非，尚皆是英國人。使此諸邦僅求自治，不求獨立，如中國古代各諸侯與天子之別，則今日之英國當尚如西周王室未東遷之前，其為並世其他民族所莫能追隨，已屬無可疑難之事。又當推己及人，行忠恕之道，如周代封建之興滅國，繼絕世，不僅有魯衞燕晉，尤當有宋齊楚秦諸邦。則不僅西歐列強，如法、如德、如意、如俄，甚至並世諸民族，如埃及印度，乃至如中國日本，各得其存在，此非為英民族謀，乃並為全世界其他諸民族謀。以近代之科學進步，舉世暢通如一家，固能依照中國人理想，豈非大同太平之日已不在遠。而乃如今日之世界，則人生前途又將於何作期望？

然而西歐文化，既不如此，其他各民族更無所期望。而在中國，則已一惟西化是尚，求變求通，亦惟變於西通於西之是望。則今日以後之世界，固將於何望之？中國孔子有言：「後生可畏，焉知來者之不如今。」今日中國人遍歷全世界，亦已不在少數。典籍尚存，誦孔子書者，亦非無人。中國人言：「夷狄而中國，則中國之。中國而夷狄，則夷狄之。」今日之中國人，則惟夷狄之是望。然同是人類，寧得謂全世界知識分子中，乃決不能有聞孔子之道而興起者。果使孔子之道行於世，中國人亦當同受其賜，又何必問其興起之所由。中國人既重本源，亦同重末流，天地生人，乃其本源。生在中國，迄今尚為一中國人，乃其末流。依中國道理，惟本源之是望。自居末流，亦何足憾。今吾則誠不知天道之所寄存矣。要之，有變當仍必有常，常道不滅，則他又何慮矣。孔子乃殷人，但孔子當身則曰：「郁郁乎文哉！吾從周。」故今日之中國人，羣謂中國落後無望，但不當並孔子而亦譏其為落後。國人崇尚西化，但耶穌乃猶太人，而為歐洲人之宗教主。則孔道之興，又何絕望之有。猶太人縱不信耶穌教，但亦同受歐洲耶穌教之照顧。就今日言，焉得謂孔子之道絕不可流行於世界。孔子之道行於世界，則中國人亦同受其賜。余敢敬以此為此下中國人祝福。

孔子嘗欲自居於九夷，使孔子之道而得行於九夷，在孔子又何憾之有。即在中國亦何憾之有。抑且最近日本及朝鮮、臺灣、香港、新加坡四小龍工商業突起，已臨駕歐美諸邦之上。歐美人或以為乃孔子儒家思想之影響，則東方儒學復興，亦已早有其跡象。關心世運者，豈宜忽之。

今再言西方人有靈魂信仰。靈魂自天堂降謫塵世，乃成為父母子女，此即是一大變。及其死後再歸天堂，即不再是人世之父母子女，此又是一大變。故人之一生，自生迄死，只是一大變。中國人則無此信仰，父母生我，即終生為我之父母。儻死後魂氣不散，尚有靈知，則死後仍有此父母子女之關係，此成為一常。有知即無變，即君臣亦然，即死後無此國，但生前君臣關係仍可不有變。我敬吾君，死後可亦然，此之謂「正名定義」，而靈魂界則無此名義之存在。即如戀愛，人生有戀愛，但在靈魂界無此戀愛。自結為夫婦，而男女戀愛之情，自此取消，故曰結婚為戀愛之墳墓。而中國則男女相愛，乃人生一天性。結為夫婦，而此性遂歸於一而不變，此又中西之異。

本此言之，常與變，實乃人生一觀念之相異。其為人生，則大略相同，依然是一常，而常中也有變，如是而已，實無大相異處。此之謂人生之體，體不變，則終有其常矣。故中國人言常，乃屬眞體論。西方人言變，則實其皮相之見而已。亦可謂西方人主言用，故不言體。中國人則有體始有用，有用故知其必有體，其相別乃在此。

之二

中國人好言常，西方人好言變。當今全世界西道盛行，幾於萬變無常，但亦有變中求常之趨勢。姑舉貨幣價值一端言之。美國為世界首富，美鈔價值高出其他各國一切貨幣價值之上。先尙有英鎊，差堪相擬。今則英鎊亦落值，美鈔獨尊，無堪相比。

姑舉日本與臺灣兩地為例，最近日幣與美鈔價值高下，日幣上升，已達美鈔一元可換得日幣一百五十餘元，故日貨銷售美邦，價值一百五十日幣者僅可換得美鈔一元，即美鈔一元便可購得價值日幣一百五十元以上之日貨；此其為不平等，一利一害，相差有如此。而今則轉得其反，美人競購日貨，形成入超，年有增高。美國不勝負擔，乃求日幣之升值。美日雙方幣價漸趨平等，庶使雙方之出入額亦可漸趨平等。

又如臺灣幣值亦與美鈔相差有四十倍之巨，即美鈔一元可換臺灣四十元。今乃臺方出超遠勝美方，美國亦促臺幣升值。

此實一件超出平等不可思議之事，而乃為當前人人俱知一千眞萬確之事。換辭言之，豈非富不如貧轉乃要求貧亦如富，雙方平等，而富方之要求乃甚難得貧方之同意。寧願己方幣值遠在彼方一百五十倍以下，而不肯升高自拔。其實依中國語言，則窮則變，變則通。雙方幣值相差已達一百五十倍之上，則日在途窮必變之矣。

今再換一事言之，中國人學尚通，西方學尚專。果以醫學一項言之，西醫各分專門，不僅眼科、耳科，各有專門，即在眼科、耳科中亦各分專門。今日一醫院，各專門之醫生，同聚一堂，幾達百人以上。以前千百人患病，同赴一醫求診。今日一病人，乃由醫院中百數十位醫生分別診治之。但就病理言，不論其病在何方，要之同在一身，必當有其共通處。而今日則必分別診治。一身之病，乃分有數十醫生診視，其得其失，亦有當深思熟慮者。

推一身以及於一國，政治家亦各別分門，或言財政，或言刑法，或言軍事，或言外交，一國之政，亦必賴百數十以上之專家分別治理。乃無一總攬大局兼顧各方之大政治家，以扼其要，而總其成。而國事爭端乃日起而無已。

至如全世界，至今交通發達，已如一家，乃更無一總攬天下之大政治家以觀其通而掌其成。今日聯合國會議，全世界百五十餘國，各派代表，各顧其私，乃絕不能有一大通至公之意見，以息爭而趨常。而天下事乃至無可理會，此尤當前時勢之最顯見，而易可共知者。但恨無一人能出一共通公認之常言，以為之作救治。

今日又有一鬨動全世界聽聞之大事件出現，即為南非政府不肯予非洲人以平等同樣之待遇，極遭國外非議。但美英兩邦，則頗主寬待南非政府，勿輕啓爭端。其實美國乃由英歐人與猶太人、非洲黑人共同建國，而實亦非平等相視。他年黑人生齒日增，地位日高，美國內部即可引生起極大變相與爭端。今日雖尚未達此境界，而實可抱此一隱憂。即在英國雖不如美方之深有此隱憂，而殖民歷史最久遠，故彼方政治界亦頗同情南非，與美邦同抱一寬假之態度。其他英國以前各殖民地，今日均已改為自治之諸邦則無不同對南非政府抱不平不滿感，而主張嚴加糾繩。其實此乃當前全世界一絕大問題。異民族相處是否可臻一絕對平等之地位，此為此下全世界一絕大重要問題。亦可謂當前歐洲大局，已有由羅馬迴向希臘之趨勢，帝國主義漸退，而轉向於城邦政治。但此下全世界各民族又如何成為一希臘型城邦自治，而各得和平相處，此實為當前世界人類一絕大人羣政治大問題。而似能明顯成為一問題，以出現於人類之智慧中，實可謂其乃一必然之趨勢。則萬無可疑者。

由上言之，乃知「窮則變，變則通」，乃中國自古一名言。至今而尤見其當然。西方人尚變，但不知「窮則變」之一義。希臘之窮，乃起羅馬之變。羅馬又變而為中古時期現代國家，以至於當前之美蘇對立，其實皆由窮則變之途來。非英法途窮，何來有當前之美蘇。非美蘇途窮，又何來有此下之新變。今日全世界方競效西方喜言變而或尚美或尚蘇，而不知美蘇之當窮。如上舉美金求貶值一事，豈非當前可證可信一實例。

惟西方人不必知變則通乃求通至於大道。西方人無此一大道觀，故乃每變而必窮。中國人非不言變，乃知大道之變必變而常通。迄今已有五千年歷史，可謂其常在變中，而實有一天道，乃常存而不變。此則西方人所不知，而亦為當前中國人所不知者。彼輩乃謂惟變始是一常道，故僅知有變不知有常，以為變即是常，而達於常在一窮途中，則通讀全部西洋史而可知。

此處乃有一大問題，乃謂「變可常，而非變即常」。當謂大道之常宜多變，非謂多變即是此大道之常。然又如謂人生當有死，而非謂死即人生之大道。故西方宗教家乃言世界末日，又言人死則靈魂升天堂，而中國則絕無此等意想。中國人只謂人死必有生，生乃人生之常道，而死則為常道中之一變。但非有此一變，則常道亦將不可存，如是而已。此乃中西思想一大相異處，不得不提出教人以深思。

中國人非不言變，雖天地亦各有變。但天國地方則不變。又圓有規方有矩，則規矩尤其所不變。不變則其常。老子言「道可道，非常道；名可名，非常名」。則老子非不言道言常，但可道可名，則非道非常而已。故曰：「同謂之玄，玄之又玄，眾妙之門。」則千變萬異，其本其源，皆在一同。同則眾異之所從出，亦萬變之所由來，如是而已。西方古希臘有幾何學，三角形分點、線、面、體四部分。線有長，面有寬，體有厚，點則無長無寬無厚。則豈不一切有皆由無變來，與道家之言變大不同，與儒道之言規矩更大不同。無規無矩，只是一變，其變乃亦無古今。古今乃一常，有本末，有源流，其變皆在一常中。西方之變，則無本末，無源流，無常可言。故自中國人言之，羅馬乃自希臘變來，中古乃自羅馬變來，現代國家乃自中古時期變來，近世之美蘇則自現代國家中變來，但此似有本、有源流，仍是中國人觀念。西方觀念則希臘決非羅馬之本，更非中古時期乃至現代國家以及近代美蘇之本。其事只一變，無本末源流可言。故有變而無常，無先後一體之觀念。然則此下當如何，此尤非言議思慮所及，惟有末日一觀念在宗教信仰中出現。自中國人觀念言，宗教與科學亦是人生萬變中一本源，而實同為一體，此則為西方觀念所決不能接受者。西方人僅曰變不言常，故其變亦乃無本末源流可言。今當易老子語說之曰：「道可道，惟一變。名可名，亦一變」。名與道皆出於相異而同一變，故曰平等自由獨立。實則乃有變無常之可言，如是而已。此庶有當於西方之眞。

今人言「打倒孔家店」，中國人兩千五百年有常不變，乃有此一店。西方則「吾愛吾師，吾尤愛眞理」。眞理卽一變則無時無地不在打擊中，而終亦不得成一店。前後只是一打，後一打繼續前一打，除此一打外，亦復何有變。故西方人之變，實不啻自己打擊自己，而打擊乃成西方一不變之常道。試讀西方史，豈不然乎？故言西方，則僅當言今日之所變，不當言明日之所變。豈有所期求到達之一境？若果有之，則惟宗教家所言之末日而已。其然，其不然乎？故在中國，則當言「變中有常」。而在西方，則惟當言「變卽是常」。然則自西方人言之，不變卽無常。今日之中國人，乃欲從西方之變以求中國之常，南轅北轍，其為一窮可知矣，又何待再言乎！

五　名與義

老子曰：「道可道，非常道。名可名，非常名。」是道家主常而不主名。又曰：「同謂之玄，玄之又玄，眾妙之門。」蓋同則常而不變，有名則異而有變矣。但儒家孔子則主執兩端用中，故其論道既主常，又必主有名。論語言「必也，正名乎！名不正，則言不順。言不順，則事不成。事不成，則禮樂不興。禮樂不興，則刑罰不中。刑罰不中，則民無所措手足。故君子名之必可言也，言之必可行也，君子於其言無所苟而已矣。」是儒家亦主刑罰，但更主禮樂。道家則謂禮乃「亂之首」。有禮始有別，有別則起爭，故謂之亂之首。

今按儒家必言名。夫婦、父子、兄弟、君臣、朋友之五倫，則名正而義定。其父攘羊，其子證之，或人謂之直。孔子則曰：「父為子隱，子為父隱，直在其中矣。」故如舜之父頑母嚚，而舜始成為大孝。中國百孝圖，其父母各有缺，其子乃得成其孝。使父母為聖賢，其子乃無孝之可見，亦可謂孝道不於立。故君不仁乃見臣之忠，使其上為聖君，其臣亦當無忠可言。殷有三仁，皆在紂世，孟子則曰「聞誅一夫紂矣，未聞弒君也。」此皆儒家重「名」「義」分別之大道。

儒家正名莫要乎人己之別。孔子曰：「為仁由己，而由人乎哉！」故曰：「志於道，據於德，依於仁。」德與仁，皆在己，若抹去人己之別，則如墨家之兼愛，乃有道而無己。若果有己，豈可視人之父若其父，此乃惟人而無天。若果有天，豈得眾父同生一子。莊子不明此義，乃有齊物論，泯儒墨之是非。「齊物」則無名無義。儒家主「正名」，故於萬物亦必明辨，有其「同」，必有其「異」。由其同乃見「仁」，由其異乃見「義」，故中國人言「名義」亦稱「名德」，皆指其有分別來。

中國古人言道德，道同而德異。後人言道理，道亦同而理則異。故其言仁義，仁則同而義則異。西方人主張個人主義，不僅無仁，亦復無義。各為個人，非為於人中有一己，人各獨立，則亦無義可言矣。道家主「大道之同」，乃主忘去其個人。如莊周齊物論之南郭子綦即其例。西方個人主義，則主堅守其己，而有己無人。如耶穌教，如近世馬克斯之共產主義唯物史觀皆其例。如是則有己而無人。故曰自由、曰平等、曰獨立，實皆有己無人。若謂平等，乃人己平等，則當相互尊敬，惟禮是尚，不當惟法之是尚。尚法即無人。謂人在法律前皆平等，實即在法律前犯法即非人。律師憑法以爭，非可憑犯法者之人格爭。其所爭在法不在人，在犯法與不犯法，非爭犯法者其人。故西方人所爭惟在法，無其他期望可言，此乃所謂之法治。儒家則人己並重，惟論行，則重在己不在人，如是而已。故西方人言「守法」，不言行法，中國人言「行仁」，不言守仁，是其異。

人能反己而從仁即其義，即其禮。西方則無仁、義、禮之三德可言。若以守法謂之義，則法非禮，亦無仁可言。總之一切計較皆在外，不如中國仁與禮之計較則在內，此是大異處。如以商業言，儻以大量收入博取外匯，在中國可謂之不義非禮，其本源則在不仁。而在西方，則商業上無外售內銷必取平均之一法，斯則雙方爭議起，而無折衷之餘地矣。

但西方個人主義，有民主政治之一切由開會多數決定，又有法律制裁與之為對立，又上有上帝天堂之宗教信仰與之為對立，又有科學發明原子彈殺人利器與電腦機器人等與之為對立。是西方之個人主義，仍有其外在種種與之為對立，亦可謂仍有中國傳統方式之局面「執兩用中」。

中國人之兩端，又必有其先後、本末、源流、難易之序，有絕不可互易者。如言天人，必先有天乃有人。然言性命，乃決不言命性，以據其性乃知其有命，捨其人之性，又何由而知天之命。西方人則言靈魂必本於上帝，但上帝又何由知？則惟賴人之信。中國仁、義、禮、智、信為「五常」。仁絕難知，但非仁何來有義？故必仁在義之先，而禮則在義之後。知此三者先後之序，而信之，是乃人之智，故智猶在信之前，而信則居最後，此先後之序，反之心而可知，其輕重難易之分別，乃有絕不可亂者。

今如言「品」，惟人始可品。故或言「品德」，或言「品性」。但天則不可品，故不言品道，亦不言品命。故有德品無道品，有人品無天品，今人則崇西化愛言批評，乃批評天，批評道。此非中國所本有。又如言法，或法天，或法道，法則更在政之後。故言立法，不言立政立道。而西方人之法則一若獨立於政與道之上，亦可謂獨立於天與人之間，其尊莫與比。

故中國人言法天、法人、法自然，而今西方之法則超然獨立於天人自然之外，而非有其所法。但又誰敫定此法，則從多數眾議，而此多數之眾，又豈能超天與人與道而上之？此則由中國語言所斷難會通者。

中國人言「實至名歸」。名與實亦人生之兩端，而貴能用其中。論語言：「泰伯三以天下讓，民無得而稱焉」，孔子意泰伯之讓實乃讓天下，而名不符其實，故民乃無得而稱之。孟子曰：「聞誅一夫紂矣。未聞弒君也。」孟子意紂雖名為天子，而實不符其名，其實則僅為一夫，殺紂未必為弒君。齊太史書「崔杼弒其君」，崔杼殺之。其弟續書，又殺之。其弟又續書，乃終不殺。崔杼弒君乃其事之實，史書則貴正其名。後人所稱之「褒貶」，實亦正其名而已。如伯夷、叔齊，武王伐紂叩馬而諫。武王既得天下，伯夷叔齊耻食周粟，餓死首陽之山。孔子曰：「伯夷求仁得仁又何怨。」伯夷之不贊成武王之伐紂，其心實更在天下後世不在紂，故孔子稱之曰「求仁得仁」。又孔子樂韶樂，而於武則猶有憾。孔子之心，又誰歟知之？故中國史書最貴褒貶，其意乃在此。

如諸葛亮六出祁山，當稱討魏抑稱侵魏？此亦一字褒貶。非僅諸葛之心事，而曹操之果得為周文王，欲其子為周武王，父子之存心邪正亦大可證。故此「征」與「侵」一字之斟酌，乃史筆亦史實。韓昌黎所謂「誅奸諛於既死，發潛德之幽光。」使史書諸葛出師祁山以討魏，此一字即誅曹之奸諛於既死，發諸葛潛德之幽光矣。

馮道長為唐末五代之相，自稱「長樂老」。亂世富貴，羣眾所羨，其名至宋興而不衰。歐陽修為新五代史，馮道之為人乃獲論定。此亦所謂「誅奸諛於既死」也。

故中國史書乃見中國人之人生哲學，可以有奸臣亂世，但史筆則一歸於正。名與實之折中，則曰

「誠」。誠則名實歸一，而得其正矣。故世可有亂，而史筆則不可亂，必歸於正名而定義。此則非其他民族之所知。

近代國人僅尚西化，已不知中國之史法。清室亡，清史乃為中國史學傳統二十五史之最後一史。然僅成一清史稿，迄今未定為正史。此後誰歟能定其稿為二十五史之最後一正史？今國人已不知其中之是非得失，此乃一大可憂傷之事。

今再易辭言之，亦可謂西方科學，乃一種自然科學，以數學為基礎。中國之五倫五常，亦可謂乃中國之科學，惟以名字與語言為基礎。今日之中國社會，文字未變，語言亦無變，但其內容之重要名詞與重要言語則皆已變。中國舊傳統之名字語言皆已廢置不用，所用全屬西化之新名字新語言。故夫婦、父子、君臣皆已非往昔之夫婦、父子、君臣。仁義道德往昔之內容，今日均所未解，或在鄙棄之列。孔子言「正名」，今日則惟知自由、平等、獨立諸名，此皆孔子所不知。即最近當前孫中山先生所提倡之「三民主義」，曰民族、曰民權、曰民生，今必正其名為民有、民治、民享，舉此一例，其他可推。故中國之為中國，亦已名存而實亡。則今日為中國人民者，其對當前之國家，又何所措其手足？或尚美，或尚蘇，乃成當前一大爭題，其他則更又何言。

今再換辭言之，西方為自然科學，中國為人文科學，而為之基礎者，今則盡歸廢棄。一切已往相傳之名字與言語均已不再聞之口舌見之文筆。流行之名與言均已西方化，如曰平等、自由、獨立則人人皆能知，如言夫婦、父母、兄弟、君臣、朋友，則極少一共同觀念可資共守。如言仁、義、禮、智、信，則亦極少一共同觀念可資瞭解。故當前之中國人，論其自然血統，則實仍是一中國人。論其信仰知識文化背景，則名不符實，不得再謂是一傳統中國人。然亦不得謂之乃一美國人或蘇俄人，只可以俗語稱之曰「四不像」。此誠大可嗟歎之一事。今再以文言文說之，則當謂中國人實已非中國人，其然豈其然乎？幸吾國人其自審思之。

今再舉一例，如醫學。今日無論國人與西方人，似已羣知其同係科學矣。但如「健康」一名，古書無出處。在心理方面作如何修養，始得健康，則已可謂全屬無人解得此意。人人全以生理方面言健康，不知從心理方面求健康。此可謂不健康之至，其義又誰知之？尚書洪範有「康強」「康寧」，易亦曰「天行健君子自強不息」，更顯屬心理方面。今則但就二字之名義言，則全屬心理方面，非生理方面。

其實中國人如言大同太平，其言「同」言「平」，皆多指人心言，不指財富權利言。故中國人言正名，亦猶言「正心」。不通中國人之心，則無以論中國人相傳之一切名與言。如言立德、立功、立言，何者始為「德」，何者始為「功」，今皆不得其正解，則又何立言之足云？故今人一切著書立說，皆全無古人立言之本義，乃曰「專家立說」、「開新創造」如是則已。豈有萬一稍當於古人正名立言之本義，則其他乃全無足論矣。

論語本章義旨昭然，爰為煩證而切闡之如是。

六　澹泊明志寧靜致遠釋

三國時諸葛亮訓子書有「澹泊明志，寧靜致遠」兩句八字。竊謂此兩語，實可指明中國傳統文化中一切人生修養與學問中最主要之兩大綱領，而無所逃遯。茲試擇其大義如次。

何謂「志」，此一字惟中華文化傳統中有之，其他民族其他文化中殆不易覓得此一字。此一字從「士」從「心」乃為志，其他民族可以有貴族，可以有平民，但極少其中間士之一階層。如貴族，惟求安其位保其勢卽可。為平民者，則惟求生命之平安亦可無他期望。惟中國之士乃在貴族之下層，社會農、工、商三業之上層，可以有升為貴族之希望，或貴或賤有其一定之差異，其乃有所謂志。如農民治田百畝獲溫飽卽已足，生可無他求，此卽只有一番希望，常年如是，終身如是，無志可言。工商階級亦然。貴族則父死子襲，為其庶仲，亦各有定律之分配。惟士則否，如管仲從公子糾、鮑叔牙從夷吾，兄弟兩人出亡，他日或可返國，或可升高位為大官，事有可能而非必然，於是乃有所謂志。

中國社會多以士為之中心，於是每言志。苟有志，乃無宗教信仰可言。如西方社會，乃以商業為中心，經商僅求眼前獲利，此乃欲而非志。欲得則繼續有此欲，求其繼續獲得滿足，如是而已。志則不然，如管仲從公子糾逃亡，則希公子糾得歸登君位，而己得任用，乃繼續有高官厚祿之希望，此謂之志。如諸葛亮出從劉先主，則希劉先主先得一位，如為蜀國主；又繼登大位，如為當時之天子，而諸葛之畢生志業亦隨之不斷高升。惟其有眼前之高升，乃無宗教信仰之產生。故中國傳統文化中無宗教，亦為多士有志可立，斯無宗教信仰之存在矣。

卽如孔子，其志乃在如西周初年之周公。及其希望既絕，乃曰「吾道不行」。及其七十終老，則曰：「從心所欲不踰矩」，如是而已。此時孔子已不言志，而僅言及其欲，惟能其所欲之不踰矩，則已心安而理得矣。

及孟子已在戰國時，彼之言：「乃吾所願，則學孔子。」學孔子與學周公大不同。孔子人人可為，卽其所謂「七十而從心所欲不踰矩」是也。故孟子言「性善」曰「人皆可以為堯舜」，則不僅為周公而已。其言為堯舜者，乃為堯舜之德，非謂堯舜之位。孔子欲學周公，乃欲如周公之同登高位，孟子學孔子、學堯舜，則地位已可不論，僅在其一己之德性上。如此言之，則孟子之教人豈不已高出孔子之上？然孔子則終為「至聖先師」，而孟子不能及。以孟子實際在學孔子，惟年代不同則所言自異。此下中國儒家立言更多高出孔孟以上者，而孔子乃為至聖先師則莫與之易矣。

以上釋一「志」字，而「遠」字亦在其內矣。孔子之志於學，不僅孔子時如此，卽居今兩千五百年後，亦何嘗不可如是。再以下兩千五百年，或仍可如是，則孔子誠可為至聖先師而無媿矣。

茲再釋「澹泊」二字。澹泊是流水中無多雜物義。每一人心中必多存念，以農工商三業言，農人心中惟以百畝五穀為念；工人亦比較少念，如管工則以竹管與樂器為念，鮑工則惟以鮑魚皮與其所為之鼓器為念；商人則念最多，每以貿易之對方為念，複雜而多變，更易而無常。故工業與農業聯合，其事尚簡；果其與商聯合，自必較繁。中國人之所謂志，乃欲營求如前古某一人，如孔子志在學周公、孟子志在學孔子，其他百端雜念最好能盡力排除，乃見其所志之誠而篤。儻其心中無此志向，則天地之廣大，人物之繁多，其心中所藏，乃亦無法削減，幾至無可記憶無可指數。故非有志，則必有「信」，如西方有耶教、回教，印度有佛教，而中國則無宗教，如後起之道教，乃教人學長生，亦僅如儒家教人學聖賢，此非宗教實仍是一種修養而已。佛教到中國來，亦成中國化，即亦成一種「修養」，與「信仰」有不同，此亦見中國文化之特殊處。

今言「澹泊」二字，則貴心中無多存留，所志貴能專一。但與西方科學家之所謂專家又不同。科學專家乃志在物理上，如牛頓見蘋果落地，凡屬落地之物，均當注意。不如孔子志在周公，非屬凡居政治高位為一國之相者皆當注意。其所注意只在周公一人，則其心中之澹泊可知。

今再言「寧靜」，心志在周公則只在周公上，不再他及，故曰寧靜。治農者其心只在百畝之五穀上，比較簡易。為工者，管則管、鮑則鮑，其心亦專一。惟商人則不然，中國古代商人亦由政治設置其業，亦較易簡。非如西方古希臘人自由經商，則其事繁雜變端百出而無可限止。

中國士人居心貴能寧定，孔子志在周公，終其生一心在周公；孟子志學孔子，終其生亦一心在孔子，中國人稱此曰「誠」。專業即是誠心之一證，專與誠故曰寧曰靜。今國人一慕西化，惟經商營利為重，則求變求通，所謂專所謂誠，亦卽專誠在此多變上，而非中國古人之所謂寧靜矣。

余嘗居家蘇州，觀察中國之商人，如蘇州城玄妙觀兩家零食店，一名采芝齋，一名稻香村，俗語說：「上有天堂，下有蘇杭」。杭州乃南宋時首都，而蘇州尤踞其上，則蘇州誠中國全國城市之冠矣。蘇州城中最中心最堂皇之街市為玄妙觀，但兩側店舖不到二十家，尤著者如采芝齋、稻香村兩家零食店，開設自明代，當逾五百年之久，所製零食暢銷全國，而兩家各僅一舖面一櫃臺。店中伙計不出三四人，至五口通商，上海成為大商埠，又京滬鐵路通車，旅客經蘇州必來此兩店，而兩店規模終不變。舉此一例，可證中國商業寧靜之一斑。抑且蘇州乃興起於春秋時之吳國，其年尚遠在孔子之前，歐洲柏林市初建迄今亦僅六百年，兩小店之生命大體當與柏林相彷彿，然而此六百年來柏林之禍難動盪為如何，豈得如兩小店之寧靜？然則果中國而一承傳統勿務西化，則此兩小店之壽命必當遠過於柏林市，亦殆可不卜而知。此與近代西方經商資本主義之日益宏通擴大，可謂眞如天淵之別。而其他各色情況之務於寧靜一途，則可不煩言而知矣。故中國民族緜延迄今已達五千年之久，而日益恢宏，尚未見其能所抵止。此眞所謂寧靜致遠之一最巨大最眞切之好例矣。

果以一人言之，自古如孔門弟子顏淵，其人一簞食、一瓢飲、居陋巷，此亦可謂澹泊寧靜之至矣。下逮宋代如周濂溪為縣令，居廬山教二程兄弟尋孔顏樂處，如其人亦澹泊寧靜之一標準矣。然五千年來之中國文化，如顏淵、如周敦頤，豈不其標準人物乎？儻以此兩人處今世，居巴黎、紐約其境界與其人物豈可相提而並論，豈可相安而一氣？則中西文化異同，亦卽據此一端而可想矣。今問如顏淵、如周敦頤，其本究何所志，其道終何所達？其人終生在巴黎在紐約，又何得以喻之？中國文化豈不即此兩語八字而可盡其源流本末乎？幸讀者其試細思之。

七　公私大小

公私之與大小，亦人生兩極端，貴能執其兩端而用其中於民。如中國人最重教孝，一父一母共僅兩人，全世界數十億人口，只求對此兩人孝，可謂私與小之至。但人各有父有母，教孝乃教全世界教十億人無能逃其外，豈不又極大極公乎！

又如教忠，論語曾子曰：「為人謀而不忠乎！」人生決不能再無他人相處，亦決不能絕無為人謀之事，故為人謀而忠，亦極大極公之教訓。臣之於君亦僅其一例，豈得即謂之尊君卑臣，提倡專制。

西方人信靈魂，不教孝，此處不詳論。西方君權太甚，乃提倡民主尚多數。中國則「為人君止於仁」，以仁道教君，不重君權只重君德。上古封建，封建有萬國，數千數百國已早不尚專制，及秦漢大一統全國千縣以上，廣土眾民，為君者何得而專制？故西方人重多數，好言革命；中國重少數，好言傳統。乃各因其勢而然，故中西雙方實各重視一端，以求防制或衞護他一端，實於中國執兩用中之說皆無違逆。惟中國人乃能明唱其道，而西方則不能，其分別只在此而已。

又如中國人重農，但不廢工商業，只考試進仕之權限於農民，工商人則加禁止。而西方則政權操於黨，黨權掌於工商業，而農人於黨每易屈服不易操縱掌握，如是而已。

今再言公私，西方人重多數因特好言公，實則正為防制其個人主義之營私來，惟偏在消極方面，無教導進取性。中國人重羣體，即是一大公，而重禮則屬賓主，私人往來乃若小與私，即論君臣亦屬私人往來與政權大體無關。如古者諸侯朝貢天子，其禮甚恭，上下之別顯然分別，但退而各治其國，天子絕不干預。故中國之尚禮，實屬私相往來，與天下一體之大羣局面亦適相對照。但大羣之公，即行於私人相互往來之禮之中，故曰：「人而不仁如禮何？」中國人之「仁」「禮」，對照其執兩用中之義乃大顯，不如西方之民主尚法治，亦有執兩用中之義，而其義則隱，非用中國語則無可加以發明。

今言國際公法，亦因列國各為其私，乃有公法之建立。而在中國則一天子統治萬邦，轉無所謂公法，於是國人乃疑中國為專制，但無法可尋，乃轉譏其禮如三跪九叩首，豈不尊卑之禮甚顯。但不知退而議政於內閣，則相臣之權亦使君上有所不得不遷就者。史跡俱在，惟不讀史而妄說，則亦無可得而加以糾正耳。

明代廢宰相制，黃梨洲明夷待訪錄極加以糾正，但尚有給事中相權之故迹猶存。中國人極重為臣者之私權，故其設教必重德必重禮；西方人設法乃以限治權，乃以尚法為公，遂不重德不重禮，反稱大總統為公僕。既為人僕，又何德何禮之足言？惟中國乃有義僕、有忠僕，雖為僕亦有德可言，有禮可據。西方則雖為一大總統，亦惟守法而止。自中國人言之，其人既無德又無禮，縱守法亦一無足稱矣。其人既不足尊，其治又何足望？中國之所望於政者，乃在其人之私，而不在其法之公，此則尤當明辨而昌言之無忌者。

中國人重大羣，故其言政則必重私德。西方人重個人，故其言政則必重公法。法則非人人而為，非人所限制又何政之足言。

中國人言：「為人君止於仁，為人臣止於敬。」此「仁」字乃心之德愛之理，但非西方哲學之所謂唯心論，亦非西方哲學之所謂博愛主義，其德其愛乃限在一「禮」字上。禮則只是一種形式，內容與形式亦是一物之兩端，仁其內容，禮其形式，博愛亦必限制在形式上。西方宗教上帝博愛乃無一定形式可言。中國人言仁，其形式則在禮，故中國政治亦稱「禮治」。其詳可讀清代之五禮通考，其義則待逐項細加申述，則非深通中國文化大義無以勝其任。

今亦可謂西方人限制人以法，中國人則限制人以禮。但法則不許人如此，禮則只許人如此。即法不許人以行，而禮則只許人如此行。此乃大不同。不許人以行，在其不許外乃儘得自由，防不勝防，西方法治之極限乃如此。只許人以行，許其一二，實亦防制其千萬。故西方人乃謂中國禮治乃防止人自由，可知西方法治乃儘許人自由，此則猶可闡發。

故可謂西方法治乃於萬千自由中防止其一二，中國禮治乃於引導其一二中而無形防制其千萬，此二者之得失，豈可不加以細論。

故中國教育乃只教導其一二，而防制其千萬；西方教育乃防制其一二，而容許其千萬。在中國則曰「規矩」，在西方則曰「自由」，兩者之辨乃在此。

規矩乃方圓之至。中國人只教以規矩，而天下之方圓已不勝其為用矣。西方人之法則禁止其一二，必已見犯法乃始立法，所禁一二其所不得而禁者又何止千萬。孔子曰：「十室之邑，必有忠信如丘者焉，不如丘之好學也。」其實孔子之好學，亦學得其規矩而已。中國人主性善論，西方人同為人，亦皆性善，亦必有忠信，但不知有規矩。如其經商營利，如其講武好戰，何嘗非有忠信之道，但儘言自由，不知加之以規矩，此則法治亦難窮其禍難之所至矣。

今人則誤認西方法治亦即其規矩，此則又不明大小之辨。西方立法皆所謂小規小矩，不得放大，又何足以成治。如禁止殺人乃大規大矩，但即以殺人來禁止殺人，則成小規小矩矣。故孔子曰：「聽訟，我猶人也，必也使無訟乎！」但漢高祖立法三章曰：「殺人者死，傷人及盜抵罪」，亦以得天下。今美國人發明原子彈，試問原子彈一彈之下可死十萬人，其皆為殺人者，否則原子彈可謂之不法之尤矣，美國人之原子彈投在日本的廣島長崎，可謂比之日本人之偷襲珍珠港更為不仁之尤，更為犯法之尤矣。故原子彈之發明乃以引起大量殺人，決不能防止殺人。西方人乃以大量殺人來禁止殺人，此猶其立法防止自由來提倡自由，皆非其道之正矣。

然則又如何來提倡自由，曰如中國人之教忠教孝，即其提倡自由之最好標準矣。於一二小處來提倡，而一切大處乃皆無法逃離於此小處，此非少數大聖大賢莫能達此道，而豈多數之足重乎！中西文化比較，其大致乃如此。

八　君子與小人

論語孔子言：「汝為君子儒，毋為小人儒。」「儒」字乃他人用以稱孔門之學者。孔子一任之，勿加是非辨正。所辨只在「君子」與「小人」。每一階層，每一流品，每一人之立身行世，乃無不有君子與小人之別。此一分辨，可謂歷五千年中國文化全傳統一貫而無變。

但西方歐洲人則似並無此分辨。人羣相處，曰平等、曰自由、曰獨立，如是而已。儻依中國人觀念，其人而為一小人，則又如何？西方人乃惟賴法治，其人而犯法，不免有刑罰。中國人則言：「刑不上大夫，禮不下庶人。」中國人理想，大夫應是一君子，而非一小人。君子與小人之別，則正在「禮」，不在法。禮以對君子，刑以加小人。故中國人傳統文化尚禮治，不尚法治，乃亦重少數不重多數，其意義均在此。

人事複雜多端，法律規定之條文，豈能當人事千萬分之一。故西方號稱法治，而終嫌疏略。多自由，法律條文疏略，難以相比，其所從違又何在？於是其人生行為之主要原則乃一轉而歸向於各自生活之利害上。余幼年讀法國小說，巴黎一貴婦人，獨居，下至近鄉擬覓一養女。此村有兩家母女獨居。東鄰不願往，西鄰則允其女去巴黎，乃得為貴族女。翌年，其女返鄉，高車大馬，坐立行止，迥異常人，不僅其母大歡，一鄉觀者莫不為其母女歡。而東鄰母女則冷落窮苦，一如往年，乃不為鄉人所惜。此可見西方風俗人情之一般。在中國，則其女離別母親，處身富貴，終非可標榜。母女窮居自守，終不失為修身處家之常道。中西文化大相異處，正可由此一節而見。

君者羣也。人能處羣，斯為君子。不能羣居，個別相處則為小人。論語子欲居九夷，弟子言九夷陋，子曰：「君子居之，何陋之有。」以其各自分別，獨居孤陋，故稱「夷」。實則夷即似西方平等義，君子教之以羣居之道，知禮不陋，斯夷而即夏矣。孔子又曰：「十室之邑，必有忠信如丘者焉，不如丘之好學也。」十室之邑，已成羣居，而其羣則陋。忠信即羣居之道，然而人生處大羣之道則猶當多有高出於忠信之上者。故孔子以為忠信不可恃，而仍必賴於學，故曰：「不如丘之好學」，即學此高出忠信之羣道。孔子之教顏淵曰：「博文約禮。」禮即包有忠信，而猶多出於忠信之上。博文則猶多超於禮之上。博文約禮，乃可以處大羣。則非好學不足以及此。

西方人好獨居，好為小人，則並無忠信之需。年長成人，乃僅知有男女之戀愛，此即是西方人之人生大道，而實已甚陋矣。及結成婚姻，戀愛已告終結，則更無自由可言，故又稱婚姻為戀愛之墳墓。是則男女結成夫婦，西方之人生大道已告終了，已失去了其人生志願，即自由之所在。及其生男育女，為父為母之職責，不得不加以養育。而自西方人視之，乃為人生之不得已。及子女成長，各得自由，交際戀愛，各自成婚，離家而去，乃為其人生之常道。故西方人雖有家庭，實非出於其志願。

雖有子女，更非出於其情意要求，斯乃人生所不得已。自然造成此勢，有家實不如無家，有子女亦不如無子女。夫婦同居，自由結婚，亦可自由離婚，但結婚離婚又需經法律規定。此因各人生命之上，尚有一政治團體，斯卽所謂國。西方人但知有個人，其上便是國。個人與國之間，更無一眞誠之「家庭觀」。國之上亦無一「天下觀」。人生如是而已。

中國人不重戀愛而重婚姻，婚姻乃為人道之開始，故夫婦乃為人倫之始。修身之後，乃有齊家。齊家之後，乃又有治國平天下。修、齊、治、平，皆為羣道，斯皆君子所宜務。而在中國乃獨無社會一觀念。因中國人生乃一大羣人生，身、家、國、天下，莫不具有「羣性」。故個人卽有社會性，再不需「社會」一名目。夫婦成家，又有內家、外家之別。夫屬稱內家，婦屬稱外家，實則內外同是一家。家庭之上，又有氏族之別。如古代姬、姜兩姓，相與結為婚姻，羣道兆於此，亦終於此，無他途矣。既有氏族之別，互相團結，而成為諸侯。由諸侯而共尊一天子。天下人羣大一統，卽由此封建諸侯亦由此異姓相婚來。此卽中國古人之封建社會，亦卽中國文化與世界其他民族大不同處之所在。

男女結為夫婦，家庭分內外，乃有氏族之異。「姓」言血統，本之於女性。「氏」言業統，本之於男性。故羣道之外在者，多本於男性之業，乃常稱氏不稱姓。是則羣道乃有兩大統，一為男性外在之職業，一為女性內在之婚姻。內有家而外有業，此卽人生文化自然團結之大體所在矣。近人或譏中國文化為重男輕女，不知中國民族傳統之重要性，卽在女性之血統上，則男女之間又焉得有輕重之別乎？

上述男女之結為婚姻，合為夫婦，乃中國人大羣相處一居端至要之大道。更何有所謂戀愛自由離婚自由可言。中國人立身行為當一切由於「道」，而其道則分天、人。道一切本於羣，而羣卽由天來。卽有個人自由，亦決不違其大羣及天，此始為君子。違離於天及其大羣，則不得有其生，又何得而有所謂個人之自由，更何從於個人自由上來建立法律。

故中國人則只言「天道」，只言「人倫」。所謂人倫，卽人生相結合之謂倫。人羣之有倫，則猶絲織之有綸，亦卽言議之有論。凡其所論，皆卽人道之是非得失，斯則宗教、哲學、法律之在中國，亦一以貫之矣。合於此，則謂之君子；離於此，則謂之小人。然則西方之主張個人自由，自中國文化傳統言之，豈不乃主張獨為一小人乎？故西方之個人自由，乃決不能有如中國所謂君子與小人之分別。

獸畜中羊性最能羣，故中國「羣」字卽從羊。「善」字、「祥」字皆從羊。羊性羣居而弱，狼能害之，故中國人又特不喜狼。西方之個人主義，譬之於獸，則近狼不近羊。其好鬥好殺，亦有相與為羣而得逞其欲者，故曰狼狽為奸。如中國上海英法租界互為毗鄰，亦其例。

孟子道性善，荀子道性惡。羊之為性善而狼之為性惡，是孟荀各有其證，而善惡亦各有其別矣。西方人之崇尚個人主義，與中國人之崇尚大羣主義，自中國人言之，豈不亦如羊與狼之別？而羊與狼亦各在天地中，各本於其生性之別。非可使天道一本於人願，僅使有羊，而更無狼之存在。此則天道之大，非本於人而為天。故孔子少言性與天道，而曰：「十室之邑，必有忠信如丘者焉，而不如丘之好學也。」是則孔子言道，非一本之天，而乃一本之人，故學必求於人。孔子五十而知天命，七十而從心所欲不逾矩，則從心之學尚遠在知天之後。近代西方本科學而求天，乃曰自由，則早已從心所欲矣。其與中國傳統孔子之道，大相違異又如此。此卽中國傳統好羣好善之君子，所當深思而明辨之。

九　繼承與創新

歐洲人有變無常，即以學術思想史論之亦非例外。

歐洲學術思想最早起者為希臘，約當中國戰國時代，如哲學、如科學、如文學、如藝術諸端，各有成就，但自馬其頓統一迄於羅馬侵略，希臘人之學術思想即告衰歇，迄無繼承前世盛業之再起，直迄於今已兩千年，希臘人仍是希臘人，而希臘往年之學術思想則更無再興之跡象可證。

繼希臘而起者為羅馬，羅馬人再不能繼踵希臘人而承續其學術之諸端。羅馬人所特見其優異者，乃在其軍事侵略，乃及法律統治之兩端。羅馬帝國即憑此兩端而興建，但自帝國衰亡，此兩端亦同告衰歇。迄今羅馬猶存，然歷史遺跡，亦如希臘仍可憑弔，而已往精神則枯然衰息再不復興，亦一如希臘僅雪泥之存鴻爪而鴻飛則渺不再覩矣。

羅馬帝國衰亡，中古時期之貴族堡壘，亦多尚留遺踪，堪供憑弔，而中古精神則亦杳無踪跡之留。

此下現代國家興起，最早如西班牙、葡萄牙；海外殖民在當時或可半分全世界，然學術思想則無堪闡述。荷蘭、比利時繼起，亦如西葡學術思想史上殆無成績可言。最後英法繼起，由此乃有學術思想史可言，但此兩國亦僅如希臘羅馬，迄今各衰殆將不復有承。

更要如英倫三島，牛津、劍橋書院興起至今遺跡宛然，一如往昔，但學術盛況已渺不再覩。大抵一百年前之全盛時期，已見於嚴又陵之諸譯，此下極難有繼起，迄今已百年之久。此外如文學，自莎士比亞後亦後繼無人。至如馬克斯倡為共產主義，乃猶太人由邦外遷來，旅居倫敦，非可歸入英國學術中。循此以下百年以來，英倫學術可謂已告中衰。第二次大戰時，有哲學家羅素，可謂僅餘之一員，此下亦將不能續有踵起。法國巴黎亦略如之，自拿破崙起，學術實告中衰，迄今亦成沒落。此下歐洲學術思想能承英法而起者，將有幾多國家幾多城市有此希望，實更難言。

至如繼英法而起者，如當前之美國與蘇俄，則在學術史上實難與百年前之英法相比。美國富強可謂遠超往年英法之上，但在學術思想史上，實難堪與往年之英法相擬，蘇維埃更然。即以比往年帝俄，俄國自推行蘇維埃共產主義，其一切學術實皆無堪與帝俄時代相比。即如托爾斯泰之創為小說，繼起亦已無人。然則以學術史言，近代美蘇抗衡，豈非已告中斷，此下又由何方來開新創造，可謂無可推說。則一部歐洲學術史豈不將由此中斷？此誠大堪殷憂者。

中國學術重守舊，西洋學術重創新。惟其重守舊，故五千年來一線相承可以傳遞不絕；惟其重創新，一部歐洲學術史，先起在希臘，後起轉在英法，今則又告中衰，乃無傳統可循，此誠大足警詫者。在此乃有一人類心理問題可資探討。

惟其重守舊，先有一舊牢守勿失，如孔子一儒家，豈不迄今已兩千五百年未絕。惟其重創新，吾愛吾師吾尤愛眞理，眞理之開創，更愛於師傳，而其果為眞理，一針見血，豈能眞理之下又見新眞理，新眞理發見卽舊眞理失其價值，後起推翻先傳。苟非先傳，又何來後起？卽此便成一不可永久之暫局。

儻依中國人意，則眞理仍此眞理，惟時代變則陳說不得不隨而變，而眞理猶承舊傳，故孔子得為中國之至聖先師，迄今兩千五百年師傳尊嚴依然如故。其實則此兩千五百年中，乃亦時時有變，不斷開新，開新又開新，乃始終遵守一舊傳統。凡新皆從舊來，凡舊皆必開新。新舊兩端，實為一體，用其中於民。孔子亦聖之時者，時代變而學術終不能不變，但一切變則必仍在時代中。惟此一時代，乃變中有常，始終不變此乃中國人之所謂「天」。太史公言：「通天人之際，明古今之變，成一家之言。」古今之變在人，而天則終不變，此如一家父子祖孫代代有變，而其成為一家，則傳統無變，此為中國人理論。

若如西方人，乃無家傳。父為父，子為子，各自獨立，各自平等各自自由，則各成專家乃無家傳之可言矣。故西方個人主義既無家庭血統，自亦無學術師傳之道統可言。苟既無統，則必無尊，各自平等乃亦無尊可見，此則學無可尊而傳統自絕。使我學而知所尊，則其統自不絕，此非皆在己之一心之變而何？

故既見人皆無可尊，則己亦自無可尊。既屬人類皆無可尊，而在外可尊者自成為唯物論。故西方學術傳統中，惟兩宗有所尊，一為耶穌教，所尊在上帝，而耶穌實為一猶太人。其二可尊者為今之共產主義，始屬人人當尊，而始唱者為馬克斯，自稱乃一「唯物主義」者，其所尊實在物不在人，而馬克斯亦同為一猶太人。然則在歐洲人中尚知向外有尊者，一在尊上帝，一在尊物資。然皆猶太人。至如歐洲人乃並此而無之，則宜其無學術傳統之可尋矣。此正為其主張個人主義故。唯耶穌尚謂於上帝事外尚留有凱撒事可由凱撒管，一到歐洲人手，則凱撒亦得信上帝不得自有事可管。馬克斯共產主義之贏餘價值論，僅主勞工得分享機器之贏餘價值，但一到歐洲人手，蘇俄共產政府則無經商之自由。可見猶太人主張，一入歐洲人手，仍必有變，此亦吾愛吾師吾尤愛眞理也。今日人類當前之最大問題卽為歐洲人之眞理究屬何等眞理？若必為個人主義，則個人以上又何眞理可言？此實當前大可研究一大問題之所在矣。人類前途捨此一問題外，又復何其他問題可資討論？

一〇　西方人之都市文化

今日國人率稱中國為鄉村文化，西方為都市文化，此亦未嘗不可謂不然。但中國古人稱「天命之謂性，率性之謂道」。人文化成，天人合一，永成一體。都市則全屬人文界，自然中永不能出現有都市。西方人在其都市生活前，應尚有較久遠的一段時期之經歷，不應棄置不提。西方人好個人主義，家庭氏族非其所尚，故西方人不能有家庭聚合之鄉村生活，而當別有其生活，今姑稱之為苑囿生活。余嘗遊倫敦，其四圍多苑囿，幽靜高雅，埸地舒適。余曾到處流連，每徘徊不忍離去。其實倫敦乃為一大都市，其先如牛津、劍橋，即可稱為一苑囿。既非鄉村小聚落，亦嘗不得即成一都市。其實如法國巴黎，則都市而苑囿化，更屬明顯。更其前為羅馬，試遊意大利，古蹟尚存，豈不苑囿之形態更形顯著。即最早如希臘諸城市，其實希臘人多遠赴海外經商，於其歸居，非可謂之乃都市，不如謂之為苑囿。近代歐洲人，亦豈不盡知都市建設乃其經商致富之方便，逮其財富已成，盡喜散居四圍之苑囿，不喜常在都市。余近三十年前游美國紐約，其時美國商業尚在極盛時代，但紐約商人盡不喜在紐約市定居，必離市別居，晨來晚去，極少例外。故西方之苑囿別居，實在其都市集合之先後。與其稱西方為都市文化，實不如稱之為「苑囿文化」，當更為適切而恰當。

一家五口或至八口，其先父子同在都市，勞苦作活，冀以致富。逮其已富，必在附近別置苑囿。孫曾繼長，必多厭棄都市，不復往返，以安居苑囿為快。故其都市居戶，必多更迭。富者日眾，則都市盡散為苑囿，而整體商業乃見其日漸衰退。今日歐美衰象，即由此來，此乃既成因緣，其都市商業衰勢已見。實因美國人性，同於歐西，亦好苑囿，不好都市。富家必離市別覓居宇。經歷一時期，都市必全衰不再盛，雖為一大陸國，亦與西歐洲海洋國趨勢同然，今已事態昭明，無可置疑矣。

是則歐洲苑囿文化其勢必衰，不如中國鄉村文化其趨勢乃可常。其主要相異處，乃在西方為個人主義，而中國則為家族主義。家庭以至氏族，一線相承，永遠緜延。即如中國古人所稱之倫常問題，中國有五倫，而西方無之。中國五倫中，夫婦、父子、兄弟為人倫，此為血統。推而大之，乃有君臣、朋友兩倫，則為道統。西方以婚姻為戀愛之墳墓，則男女戀愛，其勢亦不可長。中國人言夫婦為五倫之首，故中國人亦稱「倫常」。人生必以有倫而可久。性有七情六欲，西方人僅重男女戀愛，可謂過分重視了「欲」，而忽視了「性」。孟子言：「飲食男女人之大欲」，西方人太重戀愛乃太過分重視了男女之欲，無可救藥者。

故中國為一鄉村社會，戶口盛衰、財富興亡，可以更迭互見。而西方之都市社會，其趨勢乃有盛而必衰，而衰後則不復盛。有其事例，史迹昭然，無可違逆。長時期通觀中西之演變，斯亦昭然可觀矣。

今日西方都市社會已轉入衰期，即如中國之香港，英國人自願退還，不復經營。因英國人視香港，亦僅一經商地，一都市。來者達相當年齡，必退回英國，決不在香港定居。此亦如中國人之所謂「少小離家老大回。」人生有其本源，非願永處末流。實亦中西人情所同，即此一端亦可證矣。

今日如美國，地大物博，應與西歐不同。而立國兩百年，迄今而輕視了男女之性即男女之愛。中國大賢如顏淵，「一簞食、一瓢飲，在陋巷，人不堪其憂，回也不改其樂」，即飲食起居雖貧窮，而亦可得其樂。可見人生眞樂不專在飲食起居上。人生之眞可樂，乃在其性情上。故曰「貧而樂，富而好禮。」貧者之樂，當即樂在其性情。而富者好禮，則可不失其性情。而人生乃同歸於可樂矣。蓋中國人之所重乃在其性不在其欲，故孔夫子「博我以文，約我以禮」此即在其性上。西方人好欲，則其所重即由性而轉歸於欲上去，宜其有此趨嚮矣。

今西方人則輕視其性，而轉歸於欲上去。其性既亡，則欲非可欲。西方人之縱欲亡性，此誠人生文化一大問題，所當深懼而力戒者。中國人能重性而輕欲，此乃中西文化相異一大要端。今日國人一意企慕西化，乃亦重欲而輕性。今日國人之西化，其實亦只在此兩端上。此誠所當深痛而力斥者。果能減輕此兩端之重要性，則性命大義庶可再見，而人生人倫之大道，即由此而始矣。

一一　孔孟荀論學

中國傳統文化，好言孔孟，其實孔孟論學，亦有不同。孔子曰：「性相近，習相遠。」故曰：「學而時習之。」是孔子重在教人「習」。又曰：「十室之邑，必有忠信如丘者焉，不如丘之好學也。」是孔子又重在「學。」但孟子則主張「性善論」，謂「人皆可以為堯舜」，此已與孔子意見有相異。孟子又言：「惻隱之心，人皆有之。羞惡之心，人皆有之。辭讓之心，人皆有之。是非之心，人皆有之。」以此論人性之同善。其實此義甚粗略。

以近代人心言，是非之心，卽可有大不同。古代如中國與希臘人，豈不卽大相異。亞里斯多德言：「吾愛吾師，吾尤愛眞理。」愛吾師，此乃吾心之情感。而愛眞理，則為吾心之理智。中國人偏重情感，故「愛師」。希臘人則較更重理智，故曰「吾尤愛眞理」。今亦可謂重情感偏於內，重理智偏於外。一偏重人情，一偏重物理。亦可謂中西文化不同，大體卽由此而判。則豈得謂是非之心皆同？

又如阿剌伯人生長大沙漠中，性好殺伐，亦與希臘人之近海好出外經商有不同。故回教人持可蘭經卽持一劍，至今仍暢行恐怖主義。就人類久遠歷史之演進論，不得謂歐洲人與回教民族性習非有大相異。然則究謂孰善而孰惡，不如謂之性相近習相遠，較更近眞。

又如猶太人性好羣，大團體可以無入而不自得。但雖有團體而不能形成一國，為政治團結。此又一種人性，與歐洲人、回教人各不同。亦只可謂之性相近，不得謂之同可以為堯舜。

自此推而往東，如印度人、中國人，性習顯不同。故印度產生佛教，與中國孔子義，終覺大相異。

儻更推之非洲、美洲、澳洲，則人性不同更易見。以孔子「性相近習相遠」論之，較易近；以孟子性善論「人皆可以為堯舜」論之，則必有所扞格不相通。故今日而求世界大同，當從孔子之「好學重習」論入門，不得以孟子之性善論為本。

戰國時代尊師孔子有孟荀兩家，孟主性善，荀則主性惡，但荀子著書其首篇卽為勸學，是荀子亦勸人好學，此則與孔子義無大相違。下及秦代始皇帝相李斯，其人本荀子弟子，乃主張不得以古廢今。始皇帝用其議，下令焚書，又廢博士儒官掌古經籍者。是李斯仍師荀子義，其罷免博士官與焚書，皆為禁人勿學此等人與書，仍自荀子勸學重習之義來。下及漢代，表彰六經，罷黜百家，此亦仍重在學。卽孟子書，本亦為博士官學，亦遭罷廢。孔子生時重學，其所學則為經書。今尊孔亦重孔子生前所學，故重經書。則漢代尊孔，實有循荀違孟意可知。

故可謂此下尊孔必尊經，實重學更過於重性，實尊荀更過尊孟。自唐代韓昌黎闢佛，以孟子拒楊墨自比，乃始特別引重孟子。然治韓愈說者，如李翺則重中庸，亦不特重孟子。下至宋代，理學家興起，周濂溪教二程兄弟尋孔顏樂處，亦僅言孔顏，不言孔孟。與二程同時有張橫渠，幼年得范仲淹授以中庸一篇，及其著書，亦重易庸，不重孟子。主張以孔孟教人者，乃實始自二程兄弟，其淵源仍在闢佛上。下及南宋朱子，乃有四書之編組，而孟子遂成為儒學之重心。然其用意專治孟子則實為陸象山，非朱子。下及明代王陽明繼起，陸王乃益崇孟子。故亦可謂中國儒學中之孔孟並重，實自陸王「心學」而大成。程朱並不然，其他如濂溪、橫渠亦不然。故不得謂自宋學興而孔孟即並重矣。

陸王之學其引起後人諍議者，最要正在不重學。此病實自孟子而始露。下及清初諸儒如顧亭林有日知錄，源出論語「日知其所無，月無忘其所能」來，亦重習不重性。又如顏李學派，始祖顏習齋，更主重習。亦可謂乃主張孔門之另一面。至如戴東原孟子字義疏證，更看重了孟子一「欲」字，謂孟子重性乃重欲，則更為失當。實則清代乾嘉諸儒之論學，重訓詁，重考據，仍重在學一面，不在性一面。則可謂清代乾嘉經學亦荀學非孟學矣。

清儒論學分義理、考據、辭章為三大綱。若論孟子可謂最多僅屬義理一面，而於考據、辭章皆不免忽而外之。昌黎始尊孟，但亦重辭章。故曰：「好古之文，好古之道。」又曰：「師以傳道授業解惑。」孟子僅主傳道，授業解惑皆須學與習，則清儒之考據、辭章，又烏得而輕廢。今日國人主復興中國文化，主重興孔道，則所重宜在「學」而不在性，亦不論而可知。

晚清末，西化東漸，時人言「中學為體，西學為用」。言中學、西學，亦重學可知。顏子言「夫子博我以文，約我以禮」，居今日言，應兼通西學始得為學，此卽博文之教也。須能居常守己，勿失吾舊，則約禮之教也。我是一中國人，勿自忘其為一中國人，仍當守中國傳統，此為知禮。但不能忘了當「博文」。孟子之書則最多當為一約禮之書。惟荀卿乃始及於博文。故今兩千五百年來，論孔學，不當僅知孟而不知荀，僅論性而不重學，此則事理彰著，可不詳論而知矣。

抑且孟子生戰國先期，諸子百家言方興，最盛行者僅楊墨。故孟子言「能拒楊墨者，皆聖人之徒」。荀子繼起，諸子學已大盛。尤重大者，如莊老道家。荀子闢莊老曰：「莊子知有天，不知有人。」「老子知有見於詘，無見於信。」其言皆深切有味，勝孟子之拒楊墨遠為高卓。非極精微烏克臻此。

中庸之書則出秦代，其言當較荀子為更精，故曰「天命之謂性，率性之謂道，修道之謂教。」若言楊墨莊老實亦皆率性之道也。惟能修道，乃始有教。孔子言好學，由學乃有教。故孔子又言：「學不厭，教不倦」，此見教由學來。故論語首卽言「學而時習之」，次卽言「有朋自遠方來」，又次乃言「人不知不慍」。孟子之學在求人盡信而好之，故曰「人皆可為堯舜」。試問自孔孟以來，迄今已兩千年，何一時代乃為人盡堯舜之時？此非孟子之輕為狂言而何！

孟子曰：「乃吾所願，則學孔子。」是孟子亦主學。其學孔子，亦猶孔子之學周公，亦惟盡人事而止耳。故孟子又曰：「盡其心斯知性，盡性斯知天。」則性在心與天之間，心在我一身之內。孟子亦主由人盡心始，乃以知性；再由盡性而知天，則孟子之學亦盡人可知。其言性，烏嘗輕人事而僅重天？

抑孟子又言：「食色性也。」「飲食男女人之大欲存焉」，則言人性，不忘飲食男女。食色人欲，所重盡在人，又烏嘗捨人而言天？

抑孟子又言「人皆可以為堯舜」，則堯舜皆出人為，又何嘗言天命？孟子之與孔子異者，孔子生春秋之世，故曰：「齊一變至於魯，魯一變至於道。」又曰：「魯衞之政」，言多分別，有封建性。孟子則每好言天下，又曰：「子誠齊人也，知管仲、晏子而已矣。」故每語其「大」，語其「同」，每輕易其分處別處，不多言。

故孟子言「以齊王」，此乃孔子所不言。

荀子論性惡，謂善者乃偽。此「偽」字依文字解釋卽「人為」，謂其非自然。中庸之書後起，乃始用一「誠」字來作人為之本。其實荀子所言之偽，卽此誠字，非謂善為不誠，更非謂一切人為皆不誠。後人以中庸「誠」字對言荀子所用之「偽」字，實係誤解，非荀子偽字之本義。論語用一「仁」字，實具斟酌，備見深允。

一二　論師道

中國人言「天地君親師」，師與君、親為三，此可謂中國人尊師之至矣。然孟子曰「人之患在好為人師」，孔子則言「有朋自遠方來」，其非好為師可知。韓愈言「師者所以傳道、授業、解惑」，然道可傳則傳，非可強人以傳。授業更無確定標準，授業而背道者則更多矣。解惑則人之所惑各不同，解其惑而違道者又何限。西方宗教乃即以傳道為授業，豈不亦解人之惑，而其惑人則更甚，乃有宗教戰爭之發生。故中國有師教，乃無宗教。中國為師傳道，乃遇求道者而傳之，亦即以授業、解惑。故中國之師道，實即如西方之宗教。所傳之大體實為人道。西方個人主義，則人各有道，不相傳授。宗教所傳，則為上帝道與神道。此又中西文化大相異處。

故中國人從事於道，乃即人生之大業。從事於業而違離其道，乃始為人生一大惑。故中國之道即見於其業。使無業，亦無道可見。孔子亦必待有朋自遠方來，乃始有其業；使非遠方朋來，則又何道之傳，何惑之解。後人稱開門授徒，孔子開門授徒，乃得遠方朋來，斯即孔子之師道。決非僅招收徒弟，吸納薪水以為生。故中國五倫，其人倫之大曰君、親、師。師與君、親為伍，相類似。君、親皆從天來，則師亦從天來，同是道，而非業。故中國人常稱「師道」，而決不稱「師業」。猶之為父非以生育子女為業，為君更非以統治人生為業；故君、親皆得如天地，而師亦如之。此皆道而非業。故中國人必言君道、親道與師道。亦可謂中國人觀念，乃有道而無業。治中國文化史者，在此必當明辨。

故中國人「業」字，本乃樂器之一項。專於業，卽以成其樂，又何得專業以為樂。故業以成其樂，樂以善其生。中國人言體用，乃卽用以成體，非先有體而後有用。

故中國人以尊師為教，而決不當自尊為師。孔子曰：「十室之邑，必有忠信如丘者焉，不如丘之好學也。」則為學乃人生之大道，而為師則決非卽人生之大道。孔子以好學自尊，非以教人自尊。學者能自從師始可尊，而非為人師者之當自尊。孔子曰：「三人行必有我師焉。」當知三人中一人卽是己，其他兩人一相比，而自見其高下得失。高者得者我師之，下者失者我戒之，則此兩人皆我師。故人之可尊，乃在其知可有師，而非謂師之可尊。中國人言「尊師重道」，己之尊師卽是道而可重。故必曰「尊師」，而少言「師尊」。

故尊師乃在己之好學，非為人師之可尊。好為人師則更所當戒。如為民者，必尊其在上之君、親。使為君、親而好自尊，則此君、親誠不足以尊矣。

從此知中國之為師，乃由人自師之。亦猶中國之為君，乃由人自君之。惟親乃由天，故孝道卽猶天道，而忠君、尊師乃一人道，非天道。人之能忠其君、尊其師者亦多矣，但終不能與孝道相比。故中國之於君可以有革命，於師亦當可以有違逆，而於親則決不能不孝。則君、親、師三者惟親屬「天倫」，君師皆不得與之相擬。中國「天地君親師」五字，此語始於清代，並亦在清代之中晚期。

唐代尊孔子為至聖先師，乃以尊孔子，非以尊師。生孔子後二千年，而猶知尊孔子，並亦知尊其門人如顏回。使無顏回之為弟子，亦不見孔子為師之可尊。無大弟子，烏得為大師。故師道之可尊，乃在其弟子。此亦猶君道之可尊，亦必在其臣。父道之可尊，亦必在其子。周濂溪與二程僅得兩次相見，而濂溪之師道，亦可永傳千古而不朽。其可尊亦即在二程。

孟子曰：「乃吾所願，則學孔子。」濂溪、二程生在宋世，亦志在學孔子，生近世者上距孔子已兩千五百年，然苟使能有志善學孔子，則孔子之師道仍將大昌於斯世。故師道之傳而尊，其功實在其弟子。顏淵死，孔子曰：「天喪予。天喪予。」使孔門無顏淵其人，則孔子之為至聖先師，其意義價值豈不將大降。

今人學孔子，乃非眞能學孔子，亦卽非能學顏淵。卽如周濂溪與二程，亦非今人所能學。今人尊師重道則尊此一體統，卽其學當代人，亦必自稱學孔子，如孟子曰：「乃吾所願，則學孔子」是矣。此可謂執其兩端而用其中於民，師弟子為其兩端，尊孔則以用其中。使僅知為師之一端，而不知孔子之得其中，則其為師又何用。猶之君父僅一端。苟無弟子門人，卽師亦不成其為一端。今國人忘其故我，僅知有西方之一端，此又何從而得其中？故今人之好學於西方而忘其從學之一端，此亦可謂不知有兩端，而自失其用中之義矣。

師弟子乃兩端，故尊師而不知自尊，亦卽執其一端而不知用其中。孔子曰：「顏回不違如愚，退而省其私，亦足以發。」其所發，亦卽在顏回己身之一端。儻其私無所發，而僅知重孔子，則又烏得謂之為好學與能學。今國人一意效慕西方奉為師法，亦當稍知有己，不忘中國，乃可得「執兩用中」之妙；否則捨己之田耘人之田，又何中之得求？

西方人則僅知一端，好言一端，如知今不知有古，知進不知有退，知有得而不知有失，其弊顯然，可勿深論。然今國人則務從其一而師之。時變境易，一不可守乃終好言進，但不知進退亦兩端，當前西方則正在退，斯又何從而效慕之。

今日國人言得則必具體，而不知有抽象。今西方所失亦俱在具體中。果今日國人能言抽象少言具體，則庶乎其多所期望矣！中國人好言道，西方人好言利。利卽具體，而道則抽象。今日吾國人何不還就抽象轉言其道少言利，其亦庶乎前途可冀矣！幸吾國人其深思之。

一三　論士

今天地球上全世界各民族，在他們的內心莫不有一套想念，即是他們的生命究是從何處怎麼般來的，又是怎麼般發生變化的？這是民族的一大概，任何民族各自有之，只因文化程度淺，沒有能詳細明白的寫出來，或是確切肯定的說出來而已。

中華民族獨不然，對此一觀念，最早便明白說出，並寫下了歷史。我們試讀中國的上古史，便該知道是全世界人類內心一共同式樣，只是中國人能明白加以說出而已。懂得了這一層，便可更明白地來研究中國的上古史。

我常說中國人是無「社會」一名詞，即無「社會」一觀念的。因此中國上古史也只是上層的一部政治史。大體言之，如庖犧氏、神農氏、黃帝、堯、舜豈不全是一部政治史。推而上之，有巢氏、燧人氏之類，當這時人類尚不能有政治，但中國人也把他們和庖犧、神農同類並視，豈不也已成了政治史。

自此更推而上，有盤古氏之開天闢地，此類古事則起於中國長江以南之蠻族，到東漢時代，乃傳入中國，不得謂是中國史。

今把中國人之古史觀，論其大體，可得兩端。一是頗富近代西方之科學精神，他們研究人類進化，自畜牧社會到耕稼社會的一段，中國古史從庖犧氏到神農氏正相恰當，在此以上人類開始知火食，又以上開始知平地巢居，再以上都只是居住山穴中，豈不中國古史傳說與之正相脗合。

今把中國史論，可知中國民族很早便知大羣人生，必成一團體，必有一政治組織與政治措施，以此較之西洋史，可謂相距實遠，不可相擬。

因中國很早便重政治，無意中遂把人類分成為兩部分，一是政治人物，一是非政治人物。政治人物之領袖為天子，非政治人物則謂之庶民。中國人自天子以至於庶民，卽可謂是政治人物與非政治人物一大分別。

中國人之所謂「士」，其先亦為政治人物，惟為政治人物之最下層，其詳細情形可讀一部左傳自易揣知。

左傳兩百四十年中，已全部有士。所謂「士」之地位與生活，固亦有種種變，但其為政治之最下層，則大致無異。其時的政治層次，則為天子、諸侯、卿、大夫與士，大致可分為五層，直要下到孔子起來，此下形勢乃大變。

孔子亦是一士，孔子心中始終想望一周公，乃是當時的第二階層中人物，或可說是第三階層。要之，決不是第一階層，孔子心中亦絕不想做一第一階層中之天子。孔子只求行道於天下，居第二階層已可當此重任。孔子此一觀念，下到戰國時代而大變，乃有「士貴君不貴」之理會出現，士之地位已高出於君之上，則遂不徑成為天子，已可與天子地位相差不遠了，此如秦始皇時代之李斯便是其人物了。

然而李斯到底父子相隨斬首，於此下士之地位乃一落千丈。直到漢高祖起，非劉氏不得王，非有功不得侯。此所謂有功，大體指軍功；所謂士，乃只重軍士。直要到漢武帝起，表章五經，罷黜百家，儒士地位乃崛興，獲得如孔子時之所想像，公孫弘遂以一東海牧豕奴起而為相封侯。此乃又為士之再起，但非士貴於王者，乃王者後惟士最貴，如是而已。

此下遂醞釀出「禪讓論」來。王莽起而為天子，則又是士貴於君之潮流。王莽不幸及身失敗，漢光武興，雖說是漢之宗室究與西漢王室不相關。其同學嚴光不願以同學平等而奉侍之為天子，覺垂釣富春江亦人生一樂，遂終不出仕，而其人乃為後世士人中一楷模，東漢黨錮亦以士之一地位與王室地位相抗衡而顯其不安。

但士必成羣，於羣士中終必推出一王者，斯能一世平安而達於治。三國時，「位」即為羣士相爭，而諸葛亮鞠躬盡瘁死而後已，以事劉後主，乃為一世之楷模。下到兩晉時代，又有陶淵明耻為五斗米折腰，而終其生又寧為東晉臣不願再為宋臣，遂又羣奉為士中一楷模。如諸葛、如陶，一仕一隱，士中有此兩楷模，而斯世亦終有小康之望。

魏晉南北朝士族已成門第，及唐代統一由考試制度之興起而門第亦漸衰，但唐代已為一士族政治，則與漢武帝之表章五經又大不同。

唐太宗之獲登天子位，豈不以門下羣士偕其同殺二兄，而尤以魏徵乃以其兄門下改隸太宗，乃轉以直言極諫稍贖己歉。太宗至謂「不能殺此田舍翁」引為一己內在之憾事，此尤足證中國政治場合中君王與士之地位之離合高下為如何。唐代政治問題乃在夷夏之分、中央與西北邊境節度使之關係，其終至於五代十國之分疆裂土而唐祚以終。

宋興趙普以半部論語助趙匡胤得天下，恨不能再以半部論語助宋太祖治天下，而吳越王錢氏率先投誠，不費中央之兵力。故錢氏乃為有宋趙氏一代之國賓，而百家姓乃以趙、錢兩氏冠。試一讀百家姓卽知中國之士與君同治天下之大概情況矣。

士之地位與君並尊，下至南宋而益顯。而理學家則又為當時羣士冠冕，故程伊川與朱晦翁乃同為一時之偽學。此亦見當時君與士同爭天下之治之情況之一般。

元代以蒙古異族入主中國，然亦必與羣士合作乃得成其治。許衡生前仕於元，臨死悔之，戒其子勿以仕元官名書其墓碑。試讀道藏一書，更可見當時中國士人與元政府同爭天下之一般。

明太祖以一沙門起兵得天下，為中國史以平民為天子之第一人。然廢宰相實行君主專制之制度，明代士羣始終以不仕為高。明末東林黨爭，促明代之速亡。明遺民則多承東林遺風，不忘論政，而多不仕，尤著者在北有李二曲，在湘有王船山，而船山遺風及清之中葉而更顯。清末革命之風多明遺民有以促成之，試讀清季之國粹學報而可知。

試讀上述，則中國士之一階層，應上屬政治階層，不當下屬社會階層，惟農、工、商三階層乃下屬社會階層，故曰：「士君子。」此見中國之士，以上隸君子，不下隸庶民。又稱「士庶人」，則見中國之「士」居政治階層之最下，故可接通庶人，而士則終非庶人，不與農、工、商為伍，亦由此可見。

今國人則不再有「士」稱，而僅曰「知識分子」，蓋西方知識分子同屬社會，與中國之士有別。故「知識分子」一名稱亦即近代中國西化一明證，而猶稱「士農工商」為社會之四民，則大失之矣。故居今以後，而仍求恢復中國文化之舊傳統，則實應先恢復中國士之一傳統。有傳統之士，乃可有傳統之政治與其道，而民有、民治，則確係西化，無待深論而自知矣。惟「民享」一名亦可謂中國亦舊有之，故中山先生之「三民主義」亦由民族、民權而終之以民享。當知中山先生之「民治」，則實係「士治。」試細讀中山先生書亦自知之，茲不詳。

一四　尚法與尚心

西方人重法尚多數，然開始創法者實屬個人少數，而決非多數。多數僅能表示其贊成與同情而止。故創法立法決自少數人心中開啓。此在西方亦無以異。

但西方重法則重在外，不在內。故雖個人創法，但所重在法，不在己之人。傳之既久，其創法之個人遂亦淡忘。而所重之法，則彌久而彌廣，乃為一世所共守。

文化必有一傳統，西方之文化傳統在法而不在人。故雖創法亦由人，而法之既立，則傳其法而不傳其人。正如科學機器，必經發明，發明亦由個人，而其傳世則在此機器，至於發明此機器之人，則可不久傳，漸遭遺忘。

創法貴在能與人共守，故此法亦決非個人的。但大要則仍有內外之分。每創一法，必首重內在之己，而外在形勢則有所不計。但其法其立，乃見其為羣而不為己。如英國人立法，惟望英國人守之。法國人立法，亦惟望法國人守之。其所創之法，乃以統治他人。而人民之貴法守法，雖本之於一小羣，而可以外延擴張與其對外之帝國主義相依而並存。

如是則立法者亦同貴其本於己心。己心開其端，而他人始能守。乃是「人」「己」同道，同本之一「心」。惟其範圍則貴小而不貴大，貴狹而不貴廣，故英國人立法必與法國異。此為西方之帝國主義亦必以小國寡民為基礎，而為其大本大源之所在。

故西方民主，皆建立於小國寡民，而亦得成其為一帝國。若廣土眾民，則無從創此規模。如美國則非帝國，亦非一國家，僅為一聯邦。其本源所在，仍屬小國寡民。美國之與西歐，外形雖異、內情則同。儻忘其來自西歐之本源，亦無以成其為美國之規模。

當知西方個人主義所以得成其為一帝國，此斷非由個人能然，乃由個人立其基而擴大為一社會一國家，乃謂之民主。惟其成為羣，則亦一小羣，斷非大羣如英國法國是已。其力向外，漸成一帝國，而其力亦隨之消歇。何以故，因其力亦由己建始而推之外向，創立一法，其法本源實亦由其內心來。惟既已完成為法，則已內失其心，而其極則至於非心。如英國人立法，其先一切法亦都由心來。法與心仍是同源。但其法推行日遠，至於成為一帝國，則法已非心。為帝國創法，乃決不由心。主政者乃亦漸失其心，而其得成為帝國者，其心乃一敗而不振。西方帝國主義，不經久而必衰，其意即在此。

今人謂西方人重法不重心。不知非有心，焉得創有法。法必從心來，惟由心而始得立為法。待其法即立，其心有限，亦不能長存。心不自由，日漸消失，而法亦隨之。中國人則重心更重道，道亦由心來。惟道貴廣大，其廣大之致，乃曰「仁」。仁亦由心來，乃成為人類最廣最大之道之法。法言其狹而暫，道言其廣而久，則亦道法一致，非有他矣。西方人立法必有限，惟其有限，故不仁。帝國創法限於其殖民地之相異而不得不相異。於是殖民地愈大，而法則愈多愈狹，至於無法可共，則又何殖民地之有。

其實一切法皆由心來，由其心而立法。法愈大，其心乃愈狹愈小。如英國人至今日由於其殖民地遍全球，而其心乃日狹，乃至於失其心，而乃至於無殖民地之可求矣。

中國文化尚心，而其心不拘於法，必求其化而為道。心化為道乃益見其廣大而可以悠久。在中國則謂之「仁」，不謂法矣。

此心為仁，則為中國。所謂「中國」者，乃於天下中存此一羣一國而已。心為法，則為西歐，此心惟限於此法中。法之推行愈廣，而心之為量乃日狹日淡，而幾於失其心，則一切亦隨之而盡矣。此則如當前之英國即可證。

故今人謂英國人尚法不尚心，實亦失之。英國一切法實莫不由心來，但法日廣心日狹，法日厚則心日薄，積久而法立心忘，而一切俱忘，如是而已。

近人謂中國人重心，西方人重法。此語實大可商榷。人生一切何一不由心來，西方之法同亦由心來。惟法日廣而心日狹，法日深而心日淺，此乃為西方法之弊。中國人則重道不重法，其實法與道皆是心。惟重其道雖若外其心，實則一切道皆由心，此在中國直至宋儒始深發之。若今西方亦有一西方之宋代，能知一切法皆從心來，此則西方生命之再起，亦可由此而啓矣。

西方人重法，求其法之日廣而不免其心之日淺。中國人重道，雖不免其心之陷於狹而終求其能日深。故西方之法在求其廣，而中國之道則在求其深，此因西方人文起於小國寡民，而中國人之大道則在廣土大羣中發揚光大。此則由於天人之際，而起古今之變，其實則仍是一道一心，非有二也。

一五　中西歷史

西周初年，周公封建之治，興滅國，繼絶世，不僅封建周初子弟為列國諸侯，即往古上世伏犧、神農，下迄黄帝、夏、商列代之後，莫不興滅國，立舊世。歷史舊蹟皆得重興復建於新世，與新周諸親屬共建疆域，共興政治，乃使舊歷史盡皆重建為新時代，融百家為一代，會古今於一爐。往古歷史與現世政治融而為一，此乃周公懷念歷史之絶大精神，孔子深心嚮往。此下中國文化傳統，即於此重新建立。而近人則譏之為封建。不知當時封建乃興滅國，繼絶世，明天人之際，通古今之變，使往古舊跡一一得復興於現代，融歷史為現況，而豈如今人所想像追譏之封建。

唐虞皆已滅國，夏商皆已絶世，興之繼之，乃為周初當年之封建。直至二千年後，全中國人無不知有唐、虞、禹、湯，五千年一線相承，此皆周初封建之功。儻非封建，又烏得有此成績？今人乃誤認當時封建為權力劃分，不知乃是名位興建。歷史保存，而意義全失，此可稱今人之愚昧，決非是古人之頑固。

使非有當時之周公，後人又烏知有前代之唐、虞。孔子之深敬周公者在此。周室東遷，強力驟起，大家僅重權力，不知名義，不知周公當年之封建唐虞乃名義事，非權力事。齊桓、晉文之「正」與「譎」，亦分別在名義與權力上。近代西方人僅知權力，不知「名義」，此乃中西文化絕大分歧一要點。

繼今以往，西方權力俱已崩潰，而名義則驟難憑空建立，可憂可慮者在此。然則此下世界又何從興起而建立？僅知有權力，不知有名義，權力已衰，名義蕩然，何來復起？何來嚮往？故希臘僅有回憶名，無追憶嚮往名，西方人久不有歷史，皆為此故。

故中國人言歷史，如唐虞三代，不僅有其名，亦復有其義。如西方人言希臘、羅馬，同有其名，又何有其義？故中國歷史有名義，西方歷史則僅有名而無義。如「鴉片戰爭」、「五口通商」，此皆有名無義，斷不與中國之「唐虞禪讓」、「夏商征誅」，可相比擬。

故西方歷史隨時而變，有「史」而不成為「歷」，歷則隨時經歷，史有一貫相承性，非隨時有可變性。故中國人長時有史，而西方實無史可言。卽治西方史，亦無東方之史義可言。亦卽無通史可言。先後不相承，前後不相通，何來得有史。實則西方人事要當前，不管前後，其內心實無史可言。

西方人無史，不知有從前與以後，僅知有今日。明日之西方史又當如何？今日已難言。西方人亦僅求今日不問此下，故西方政治民選，任總統者僅四年期滿。政治如此，又烏得有歷史之可言。若必論歷史，則四十年為一總統不為久，烏得以四年為期。

故重歷史必爭名位，四年任一總統，期滿連任，亦僅八年而止。中國人必去而不就。因四年八年不成其為史。宜乎西方人之無史可言矣。

西方人僅重當前，隨時即過。故西方天人不相應，宗教不能盛。故西方人僅知有當前之個人，不知有共尊之宗教。西方人僅知有個人當前教，無大羣承後教，此為西方文化一大缺點。

西方人僅知個人，乃不知大羣。法律乃以自保，故西方無法律即無羣，而法律又互為相爭之工具。故西方社會乃一徹頭徹尾個人相爭之社會，惟賴法律為之保障，而法律又全由人定。

今再謂西方並無中國之所謂「人文觀」，亦無中國之所謂「人文化成觀」。西方人既不知有所謂「文」，亦不知有所謂「化」，故可謂西方人乃無中國人之人文觀。依中國人意見，商業乃人文中一部分。但西方人無此觀念，亦無此認識，只認商業即人生，人生即商業，農工業亦皆為商業用。商業與人生，二者實一體，農與工皆商業之工具與手段。故西方可以無家庭，但不得無商場。人生即商場，商場即人生。如是而已。故西方人生徹頭徹尾乃「商業的」。今日國人謂西方乃「個人主義」，其實個人生活不成人生，必待商業，故除去商業即無人生。今日西方商業日衰，實即是其人生之日退。然則此下西方人生又如何？曰商業日衰，即其人生之日退，甚至可無意義無價值可言。但西方終不得無商業，即終不得無人生。故西方人生亦可謂乃「物質人生」，即個人人生與商業人生之混合人生。商業人生則必有物質，又必有法律，二者融而為一，此即西方人生之主要內容之所在。故論文化，西方乃是「唯物的」。個人主義與經商政策，亦是唯物的。其「化」盡是後起加入，此其主要意義之所在。

故西方人生乃一種個人主義之物質交換之人生。個人主義乃其體，物質交換乃其用，自首至尾，大體如是。以個人人生為之本，以物質交換為之用，捨是二者，外無他義可言。其謂法律，乃為商業用，非為政治用。西方政治乃以維持其法律，故政治元首為大總統亦僅以四年為期。續任得八年，僅此而止。試問物質交換，寧有長期八年之持續？故政治在西方人羣中，乃無大意義可言。法律在西方，亦與政治不相干。西方政治乃依賴於法律，而非法律依賴於政治。西方教育乃一種商用手段，泛言之，一切教育與政治皆屬手段，又非一種首要與必需之手段。換言之，即非人生中重要條件。西方人生之重要條件，則在日用物品之交換，此即所謂商業，如是而已。

一六　人生之早晚

一

中國人以天干地支六十甲子一週為自然紀數之一單元，故人生以六十歲為大壽，亦可謂人生六十年乃自然生命一單元。繼此以往，當已進入人生之第二單元，可謂乃人生之新元，或可稱為人文人生，為自然人生之繼續。

人文人生乃自然人生之持續，但很少亦得一甲子一單元，或再十年二十年，其生已盡，即當過世，百年人生乃屬稀有之事。可證第二期人文人生與第一期自然人生，其內涵實已大異。孔子五十而知天命，乃知人生之眞意義所在。六十而耳順，到其時近所見遠所聞，皆知其屬天命。故耳順乃無所逆，因已知其一本於天命。此乃人生大命，何所逆於心，則所聞而皆順矣。

中國人生重視此壽前之六十年。西方人之視人生，則似重視此六十年後之人文人生，故乃重視其人生之後半期即七十八十年而為期則不長。故中國人首重農業，此屬前期人生；西方人重商業，此屬後期人生。中國人生多半屬前期；西方人生開始即重後期。故近世人每以西方為進步，而中國則為保守不進步。

其實後期進步則易衰老。如希臘之為羅馬，乃至為近世英法，進步易見，而衰老亦易見。中國文化緜亙五千年，進步不易見，而衰老亦不易見。此正中西文化一大相異處。

近代西方自英法德意兩次大戰後，衰象遽露，今已老態畢呈。論其前途，顯見無大希望。遠不能與五千年來之中國相比，此為當面一明證。

論文化，當就族類大生命之總全體言。今論英法，即指歐洲人文之總全體。英法之衰，即證歐洲文化大全體之衰落。即如德意，雖與英法有枝節相異，然大本大源則仍屬一體，可勿詳論。

然則歐洲文化其繼起當如何？就前例論，希臘、羅馬皆從其全體作觀察，今亦然。知英法，即知歐洲人之全體，可勿作他想。

然則當可謂全世界人文文化中，歐洲之部則已衰。其他各洲則當別論。而中國特據其一要端。其他如印度，如回教民族等，當尤在中國後。

二

中國人言一陰一陽之謂道。竊謂生命亦可分陰陽兩面。陽面如人之自幼小以至成長之經過，陰面則為一種替換。

中國人以生年六十天干地支往復一周為一甲子，乃生命中一大壽。六十以後，大命已過，周而復始。其實當為人生之更新期，俗稱衰老，實則為人生之轉換期，亦可謂另一生長期，乃卽人之生命之自內向外另一生長期，實卽生命之轉換期。此種轉換乃自外而向內，與六十以前人生之自內向外有不同。卽如頭上白髮，當知並非由初生以來之黑髮隨年而變，漸成為白，白髮乃自原生黑髮外另又新生。故人身逐年有生，隨其年歲之長幼而所生有變，如是而已。

今亦可言，西方人言人生，好言生，好言變，實其所指多在人之初生後繼有之續生。多卽晚年型。中國人言人生，則更重其人之初生，卽最先初生一面言。亦可說中國人言生命，乃多指其最先新生之自然方面言。西方人言生命，乃更重其繼續方面言。其所繼續則多在既有生命以後，不在未有生命以前。故亦可謂西方人所言之生命，乃指其已傳後傳方面言，與中國人之指其未傳自然方面言者有不同。故生命亦可分為自然生命與繼續生命之兩面。中國人言人生，雖日變日新，而一以貫之，始終只重其在人，而不重其在變。西方人則重其在變，而轉不重其人。

中國人言人生，好言士、農、工、商。士之一行，此處暫不論。姑言農、工、商。農卽早期人生，其主動在己而向外。商則轉而為人，乃由外轉向內而為己。工則為其中間之一界。故商業當為人生之最後由外轉向內，此如人之晚年生活，卽人生已成熟以後之生活，與早年未成熟前之生活，自見有大不同。

今當以早期本於內而向外之人生，謂為基本人生。以成年本於外而向內之人生，謂為成熟人生，卽晚期人生。西方文化實乃晚期人生，與中國之早期人生，自有其大不同。

大體言之，晚期人生好作具體、現實之計量。均重功利，而轉輕情趣，故其人生多屬專門性，亦可謂重人而輕天，甚至有人而無天。換言之，卽有具體已成熟之人生，而少抽象未具體未成熟之人生。卽為一種後期老熟之人生，而非一種前期幼稚之人生。其毛病在僅重當前，而不重事後。今日全世界西化盛行，莫非為一種商業人生。故皆求當前之功利，而事後則甚難言。

中國人生之長處，在其看重事後。如農業，春耕、夏耘、秋收、冬藏，主要用力處在耕耘，而所期望則在收藏。而中國傳統文化，收藏已逾五千年，其所耕耘，誠難一言以盡矣。

今試問其所收藏究為何物？亦可謂所收藏卽其人生之本身，非有他物。故人生之延續，仍卽人生。卽如農人，收獲者卽其所耕耘，非如商人之別有所收獲，則耕耘與收獲，豈不同一無二。

今言人生，則曰「求新求變」。斯其所獲，必求新求變。則今日所獲，決非昨日之所獲，又將非明日之所獲，無把握無具體可言。故西方傳統文化中乃有一宗教。但上帝事上帝管，凱撒事凱撒管，人生終不能脫離凱撒，上帝終有管不到，此誠一大難事。儻世界事眞能由上帝管，凱撒不能管，則又成了世界末日，這一世界，亦再無可言矣。

我中華農業民族之最偉大處，在其只問耕耘，莫問收獲。耕耘必待自己盡力，收獲則永是這一天，別無他異，而且有無可收獲處。故三年耕，貴能有一年之蓄。九年耕，貴能有三年之蓄。如是則永無失敗之可憂。如是則惟有成功，永無失敗，此則其最可寶貴處。

若論商業，其成功永遠當求之在外不在己。專求之己而不向外求，斯則無成功可言。既一切不在己而必在外，於是乃必產生有宗教。但西方耶教則言「富人入天國，如橐駝鑽針孔」。如是則商業與宗教豈不又自相矛盾，自相衝突？西方人生之大悲劇乃在此。

西方商業，賣買雙方本自敵對的。而其宗教，信仰與所信仰又是敵對的。西方社會，西方人生，於是乃成一徹頭徹尾自相反對的無疑。西方此種人生，實非自然人生，乃由晚年人生中來，其義已如上述。晚年人生實是一種外在人生，其與自然人生乃是一種敵對的人生。涵義已如上述。人生過六十後，卽須過此種敵對人生之生活。中國人則六十大壽，六十後卽當從社會一切具體活動中退出。孔子七十而從心所欲不逾榘，其實六十耳順，卽已是人生內外一體，天人一體了。故中國之理想人生實當以六十大壽為其完滿告終期。而西方人生實不啻在其初進入社會工作，卽已過了中國六十以後的人生。一切太進步，太成熟了，此又是中西文化一大相異處。

一七　人文進止

西方語言文字中，無與中國「文化」之二字相類語。中國人言「人文化成」，中國人言「人文」二字，已非西方社會所能知。西方人尚專門，農、工、商業，西方人僅重商。人生必兼有農、工，西方社會縱亦有農、工，而皆惟重商，非商則農工皆不得獨立成業，更不言農業為人生之大本，而工商為之末。西方農業乃為天所限，人勝天，以商業視農業，則謂進步。彼中視人生，似商業無進步即人生無進步。西方人好言進步，乃專指商業言。今日則商業亦更無有進步，此乃西方人自毀其前途。中國人非不知有進步，但更知本末源流。農業為其本源，而工商為之末流，此則非西方人所知。

但工商後，仍有進，則惟士人始知之。故中國人言士、農、工、商，而西方則無士。士非農，非工、非商，而為農、工、商前進之所本。使無士，一切人生亦無以前進。故西方農進而為工，工進而為商，此下商乃無可進，而文化命脈終亦斷絕。故西方人今日乃有商業停滯或落後，而亦終無文化可言。

何以謂之「人文」？西方人無此觀念。人文猶言「人生花樣」。西方人工商業亦僅人生花樣，乃自加限制，盡止於此。試讀一部左氏春秋，工商業皆由人文化成，人文亦由工商業而化。西方亦然。西方僅有人文化成工商業，更無工商業化人文。故西方人乃不知中國「人文」二字之涵義，實亦無中國「人文」二字。當前西方可謂工商業已衰，但不知此乃其人文之衰。此下不僅工商業難復興，而人文已絶，亦難復起。

中國自春秋進為戰國，而人文日盛。但工商業則並非日盛。厥後唐代進步，皆在人文上，不在工商業上。唐代商業盛，一切人文皆賴商業，互相遞禪，故有唐代之禪。言禪者，如其隨佛法而俱禪。佛教可以此起彼伏，亦可興滅有時而禪則終不絶。唐禪豈不迄今保存？故中國人佛中乃有禪。「老僧已死成新塔」，此謂之佛。而「禪」乃中國一新生字，亦實中國舊傳義。如堯舜禪讓，此豈老僧新塔之比。故唐代初禪宗實由古文化堯舜來，而豈佛法所能盡。

故佛法西來，而禪宗則終乃中國固有非西來。佛法可盡而禪宗則終不能盡，此乃中國之人文化成。西來佛法皆受中國化，此亦人文之一證。

然則西化東漸豈能至中國亦成中國化，此事迄今尚未露端倪。儻他日有成，此始為西方商業之中國化，乃始為新人生之一端矣。

一八　文化新舊

西方人開始使用 Civilization 一詞，此字法人始用於第十八世紀之法國大革命後，其先本無此一字，可見此字乃當時新興，非固有。而此字所指，基本上偏重在社會物質的建設上。其時科學技術日益進步城市日益繁榮。與中國固有「文化」二字意義性質大不同。中國「文化」二字始於先秦之「人文化成」，義旨廣泛，斷非可限於物質建設上。而西方之所謂 Civilization 亦非中國語所有。此下此一語在西方沿用不絕，愈用愈廣，此乃西方商業城市發展中，斷不可缺，但亦絕不與中國「文化」二字相關，中國文化二字，直到今日西方字典中亦絕無類似義出現。而中國人乃以先秦早有之「文化」一語來譯西方 Civilization 一語，此可謂義旨差別，為西方人所絕難瞭解。

今天中國人又羣謂西方文化源起希臘，此又西方人所絕難瞭解，物質建設乃後起。古希臘及羅馬時皆絕無是發明。卽所謂西方文化起源希臘一語，歐洲人亦絕無此理想。再深一層言之，中國「文化」二字實非歐洲人所有。希臘是希臘，羅馬是羅馬，皆各有事物創新，但與此下英法所創興者大不同。「人文化成」此一語，乃中國人語，中國人所自有之觀念。所謂西方人，乃至今絕無此等同樣觀念之存在。故西方所重在創新，中國所重在守舊。中國有承襲守舊，與西方之開創維新，義各不同。

近代中國人必謂西方文化創始自古希臘，美國文化承襲自英倫，此皆中國人觀念。西方人決不如此想。故中國所重在「承襲守舊」，西方所重在「開闢創新」。中國「新舊一貫」，西方「敵對相異」，不當同類視之。中國文化可謂乃是唐虞三代下迄宋元明清，西方則不斷創新，而一新中又涵幾多分別。總之，皆是由舊變來，與中國人「舊傳新」觀念有絕大不同處。故西方文化乃一創新的，與中國文化之為一守舊的，一重變，一重守；一日趨新興，一仍守舊貫，大不相同。中國文化傳承五千年，儻再歷五千年，仍可有唐虞堯舜舊貫相承之起源，西方則斷無此現象。故中國有歷史，而西方無之，此乃一大因緣。

儻今西方亦有歷史，此乃一日新月異史，非新興不足以見史。中國乃一套崇古守舊史，非古與舊亦無以成史。中國史重在往日，而西方史則必重在來今，此見雙方意義價值之大不同處。故西方歷史重在「變」，而中國歷史則重在「通」；西方歷史重在「後」，而中國歷史則重在「前」，西方人若重其歷史，必重其此下之新興。而中國人重在其往古之舊傳，故中國人治史重其來歷。若治美國史何必重在其來歷之英國，治歐洲史何必重在遠古之希臘。中國人言「究天人之際，通古今之變」。「天」與「古」為中國之所重，而西方人則別而離之矣。故治美國史可以不通之英國，治英國史可以不通之希臘與羅馬。而自今視之，英與美，希臘羅馬與近代歐洲，亦絕不相關涉。古西方人實亦乃無如中國之有史可言，此為其與中國文化一絕大不同點。

今治中國史，決不放棄古代大禹治水一層，而西周史與東夏史，仍有大同，而西周史與東夏史，在中國古代史上，仍必聯通一貫言之，此則甚難以幾句話分別劃清，另創新說。要之，不能「會」，更無「通」。一中國人觀念治此下之世界史，亦當以此兩字，即「會」與「通」，歸納求之。否則斷無古代世界史，至今亦斷無以前之世界史可言。斷之中國，當兼西方宗教與哲學，乃至科學方面會通求之，斷不當分別以求，此則萬無可疑。然則中國此下以中國傳統來治世界史，非兼通西方宗教科學各傳統會通求之不可，否則難以成為此下之史學。

無史學則因不知舊，乃亦不知新。此下世界將如何變，終是難言。世界無史可言，乃亦無此下之世界之可言。不知舊又何而知新，此乃中國傳統有如此。

《錢穆先生全集》總書目

甲編

國學概論
四書釋義
論語文解
論語新解
孔子與論語
孔子傳
先秦諸子繫年
墨子　惠施公孫龍
莊子纂箋
莊老通辨
兩漢經學今古文平議
宋明理學概述
宋代理學三書隨劄
陽明學述要
朱子新學案（全五册）
中國近三百年學術史（一、二）
中國學術思想史論叢（全十册）
中國思想史
中國思想通俗講話
學籥
中國學術通義
現代中國學術論衡

乙編

周公
秦漢史
國史大綱（上、下）
中國文化史導論

中國歷史精神
國史新論
中國歷代政治得失
中國歷史研究法
中國史學發微
讀史隨劄
中國史學名著
史記地名考（上、下）
古史地理論叢

丙編

文化學大義
民族與文化
中華文化十二講
中國文化精神
湖上閒思錄
人生十論
政學私言
從中國歷史來看中國民族性及中國文化
文化與教育
歷史與文化論叢
世界局勢與中國文化
中國文化叢談
中國文學論叢
理學六家詩鈔
靈魂與心
雙溪獨語
晚學盲言（上、下）
新亞遺鐸
八十憶雙親師友雜憶合刊
講堂遺錄（一、二）
素書樓餘瀋
總目